Descubra Juegos Gratis Online

Disponibles aquí:

BestActivityBooks.com/FREEGAMES

5 TIPS PARA EMPEZAR !

1) CÓMO RESOLVER LAS SOPAS DE LETRAS

Los rompecabezas tienen un formato clásico:

- Las palabras se ocultan sin espacios, guiones, ...
- Orientación: Las palabras pueden escribirse hacia delante, atrás, arriba, hacia abajo o en diagonal (en ambas direcciones).
- Las palabras pueden solaparse o cruzarse entre sí.

2) ¡DALE MÁS SABOR AL JUEGO!

Al lado de cada palabra hay un espacio para anotar nuevos términos, traducciones o notas.
Esta edición ofrece un **CUADERNO DE NOTAS** muy práctico al final del libro para ayudarle a organizar sus anotaciones u observaciones con máxima claridad.

3) DESTACAR PALABRAS

Puedes inventar tu propio sistema de marcado. ¿Quizás ya usas uno? Si no, puedes, por ejemplo, marcar las palabras difíciles de encontrar con una cruz, las que te gustan con una estrella, las palabras nuevas con un triángulo, y las poco comunes con un diamante, etc...

4) ¡FÁCIL DE CORTAR!

Los rompecabezas están impresos con un margen extra ancho para poder recortar fácilmente la página del libro. Para algunas personas puede resultar más cómodo resolverlas de esta manera.

5) TERMINASTE EL LIBRO?

En las últimas páginas de este libro, en la sección **DESAFÍO FINAL**, encontrarás un juego gratis!

¿Quieres **más diversión** y actividades para **relajarte**?
¡Es rápido y sencillo! ¡Toda una colección de libros de juegos **a un solo clic de distancia!**

Encuentra tu próximo reto en:

BestActivityBooks.com/MiProximoLibro

En sus marcas, listos, ¡Ya!

¿Sabía que hay unas 7.000 idiomas diferentes en el mundo? Las palabras son preciosas.

Queremos a los idiomas y hemos trabajado duro para crear libros de la más alta calidad. ¿Nuestros ingredientes?

Una selección única de caracteres fáciles de leer, tres grandes porciones de entretenimiento, añadimos una cucharada de palabras difíciles y una pizca de palabras poco frecuentes. Los servimos con cariño y máxima diversión para que puedas resolver las mejores sopas de letras.

Tu opinión es esencial. Puedes participar activamente en el éxito de este libro dejándonos un comentario. Nos gustaría saber qué te ha gustado lo mejor en esta edición.

Aquí hay un enlace rápido a tu página de reseñas de pedidos de Amazon

BestBooksActivity.com/Notas50

¡Gracias por tu fidelidad y Disfruta del Juego!

Todo el Equipo

Puzzle 1

結 故 出 ぼ 圧 室 登 社 お 海 摘 ん 乗 加 場 子 意
ろ 明 確 に 加 ク ど お お ニ 金 ぽ 報 算 家 供 ク
ス テ ー ト メ ン ト を ニ ど じ リ 再 私 た 故
ド カ ニ 向 然 オ サ サ ニ ょ 合 開 ま 賃 ち れ
リ 応 コ 重 能 イ 通 覧 も 開 応 っ の は 退 を
ン ヌ 海 レ 話 ラ 化 だ 開 方 っ ヒ 向 妹 歩 化
ク 囚 も 重 ゴ 圧 合 出 狙 手 重 ヌ ス 育 進 ぎ
ノ 化 き レ 能 一 権 ぎ 私 報 の ラ 物 ぐ に
む 読 き レ 能 一 権 ぎ ぐ 写 所 ぎ 鳥 物 ぐ ょ い
故 摘 デ ル ク べ 結 応 意 ス ぎ ぽ 質 む チ て
結 覧 一 ゅ 報 育 ぽ 方 然 む 退 歩 の 方 上 い
通 合 タ 阪 金 写 ヱ 本 や 育 無 や 室 信 記 カ 側
百 意 が 然 コ ざ ょ 解 報 登 所 特 京 両 圧 ス ま
ゃ 開 チ レ 芸 京 だ 狙 ッ 京 る 定 海 退 親 れ つ
カ ラ ス 精 ぎ ヱ 出 ク ニ っ 室 退 せ ぎ 能 れ

信号
妹を
バルコニー
手の
データが
鳥の
について
特定
ライオン
ステートメントを
家賃の
子供たちは
物質の
カラス
明確に
ゴール
乗算
上記
ドリンク
両親

Puzzle 2

会議は
ガス
ウォーク
ショットが
防ぐ
医学
消え
ベビー
精度
する非難
法定
壁画を
仕上げ
開発
セキュリティを
マスター
スプレッド
最も幸せな
食事
頻繁に

ヒ ぎ ふ 頻 報 サ ぐ 精 何 開 砂 コ 開 暫 て ス ガ
通 合 く 繁 妊 れ 投 狙 ホ 室 安 ル 発 ひ プ ッ
読 し ょ に 画 非 難 上 安 能 ノ 安 レ ニ
マ ウ 報 論 す る 非 ベ げ 故 再 コ ふ 愛 ッ む
故 ス ォ 投 ト せ ん 故 能 写 む で ハ ド 嶋
モ ハ タ ー ク ノ カ 精 登 れ て ノ だ テ 進 ラ
チ や 愛 ー ク が き 場 暫 権 百 育 ク ハ 能 何
医 ショット が 然 精 意 ッ 解 ぽ 解 ヒ ト ス
学 重 く 安 ま 辞 精 ス リ じ セ 壁 ヌ ハ 消
話 リ せ 登 ヒ も ヱ ト リ で 防 重 画 ふ 最 食 え
セ 安 再 出 き べ ニ を 法 定 ぐ 応 再 を ト も 事 ニ
ひ 安 再 出 結 コ 会 議 は ヌ お 進 芸 結 モ 幸 だ 能
海 結 出 結 で れ ヌ も く 歩 方 せ サ せ 意 乏
ど っ き ぼ エ 芸 ぐ で 覧 ノ リ ま 安 能 室 砂 場 安
だ 出 砂 エ 芸 ぐ で 覧 ノ リ ま 安 能 室 砂 場 安

Puzzle 3

```
ょ ラ で 選 択 す る ボ モ ル 全 ス 選 解 結 ナ ひ せ
結 無 イ ブ ク ま 沈 カ リ ュ 員 化 昨 る 軌 レ ー き
ト 芸 ヱ 読 方 だ 黙 お 室 狙 の 一 日 む 道 多 モ 愛
ヒ や 場 ラ 登 を ス 報 私 無 コ ド 囚 そ ニ 妊 摘 合
ふ 場 京 応 べ る 室 報 妊 そ 登 シ ャ ツ 意 ヒ 合 ゅ
最 終 的 に は 消 し 開 り 歩 ニ 芸 選 も っ 加 妊 サ
サ ル 場 向 お だ ホ 育 再 退 ょ に ぎ 報 ん 解 ひ 応
登 摘 育 ネ ズ ミ レ っ 再 海 報 じ 水 卵 選 報 や キ
ハ タ ネ ズ ミ 京 社 写 妊 ハ 泳 ト 芸 に だ っ 解 加
や 私 重 っ 京 海 報 暫 ハ 卵 に 水 芸 選 報 ん プ ひ
能 せ 結 室 じ 社 写 項 弟 報 故 だ っ 解 ま や 投 ノ
暫 乏 開 辞 モ 報 項 目 弟 暫 応 再 登 能 所 然 砂 側
会 会 む 囚 保 応 出 き 囚 然 を 社 登 能 ろ つ ヌ ニ
合 論 解 圧 存 社 だ 何 然 家 は 安 ク ど ぼ 故 精 ゅ
進 所 ハ 場 ニ て 家 は 安 ク ど ぼ 故 精 側 投 ん ニ
```

キャンプ
保存
そり
ナレーター
全員の
家は
卵に
選択する
水泳
ライブラリ
消しゴムの
弟を
昨日
沈黙を
軌道
最終的には
ハタネズミ
項目
シャツ
ボリューム

Puzzle 4

必死
に危険な
時間の
フィールドの
興味深い
のボイド
含ま
いくつかの
ライオンの
子猫
熾烈なの
真の
マップは、
後で
ビタミン
雨量
新鮮
動きの
良い
ストア

```
必 読 写 意 ク 向 登 重 百 チ つ ぽ じ ぽ ク 論 ふ
せ 死 阪 ト ざ の 間 時 解 出 側 ぽ 新 ひ カ ソ 場 解 精 読 通 テ で ぼ 育 ス ク れ 応
狙 化 意 能 べ 真 で だ セ 解 ツ 鮮 ょ 嶋 二 に 危 険 な ひ ク 報 せ 雨 量 ツ 写 場
話 ふ ニ 加 何 れ ボ 子 論 動 ひ 会 サ 私 フ
ヒ 安 写 阪 応 ド 弱 ド べ 砂 乏 合 化 狙 ィ
マ ラ 阪 む 登 ヌ ソ 阪 側 故 き の 烈 狙 ま エ
ッ ビ ヌ 意 ク ま 何 選 ノ だ な 烈 織 い だ ル
プ タ ス つ ヒ べ レ ヌ 選 解 べ 織 選 権 安 ク
は ミ だ 論 ス 読 阪 安 化 摘 い ハ 安 く 場 愛
、 ン 側 む 育 ア 後 再 ラ 辞 辞 歩 場 芸 ど 京
む 側 ま 能 然 で 解 イ ホ ぼ 良 室 報 京 せ 写
私 ま ぎ 真 場 応 社 オ 含 ま 方 い 室 報 場
興 味 深 い ト 進 読 出 選 ヌ ノ 通 愛 れ
結 ざ 結 っ ニ 登 ぎ 重 れ い
```

Puzzle 5

能 化 歩 達 私 だ ひ せ 再 側 ル 妊 摘 合 ひ 歩 辞
場 覧 も 成 ル ソ ツ 退 ま 登 場 辞 写 砂 話 登 論
説 も 無 して せ 破 育 乏 の 教 会 育 場 ス ノ ド 安
だ 明 重 ま ヌ せ れ 破 壊 し む だ つ リ ク プ で
お 側 お 登 せ れ 回 避 金 場 結 ぼ ろ ジ ー メ 所
ノ 狙 乏 の 教 会 の 植 物 報 海 通 ミ ニ ょ コ 精
ヌ 暫 し 場 教 会 摘 阪 京 で 報 ま 無 イ ラ ー 権
メ デ ィ ヌ ウ 室 進 故 砂 向 私 海 を 再 登 権 ぎ
芸 多 室 き 摘 や 故 乏 応 砂 向 私 海 を 無 ん ス
読 ベ ウ ア 乏 応 砂 芸 傷 意 退 ろ 愛 も ぽ 証 ル
ひ 室 権 無 辞 傷 意 退 じ 重 で ハ 向 証 拠 芸 辞
膨 大 所 ろ き テ 芸 合 ろ じ 重 で ハ チ 登 の 乏
詳 細 は 、 き テ 芸 合 ヱ ど ひ 登 の 親 の 乏 育

クリーン
膨大
スノードロップ
回避
証拠
説明
教会の
詳細は、
メディア
達成します
ミイラ
リピート
メッセージ
だけで
の親の
傷ついた
破壊する
ウィグルの
船を
の植物

Puzzle 6

ほぼ
キー
入植者が
変更
競争
セキュリティ
に空
結ば
ブドウ
同様の
ゴースト
たかっ
の価値を
カップ
品質
有料
シリーズは
強打
世界
ステーション

画 画 金 芸 強 だ ソ 辞 読 暫 本 ヱ ぎ 方 シ ろ ぎ
権 画 解 海 打 ぽ し 通 ド 合 く 金 有 嶋 リ 競 ド
ド 品 会 変 更 た お ノ ブ 私 ぽ 料 権 ー ぐ 争 社
く 質 京 セ 摘 か ソ 論 ベ し ド 解 や ニ ズ 本 て
弱 ょ ぽ る 阪 っ 重 阪 コ 写 暫 ウ ラ は 何 ぎ 二
通 ヱ ラ 重 退 応 辞 故 ゴ ー ス ト 意 結 京 辞 多
読 ト 京 報 場 お 安 ス ー 百 暫 エ 室 ば 金 京 圧
カ 阪 プ ス テ ー シ ョ ン ろ 育 解 や 辞 金 開
ひ 阪 ラ ほ ぼ ひ せ ろ や 解 セ 室 画 囚 ま ざ 私
然 多 ま ひ せ カ ど 投 キ 世 私 芸 選 ヌ お 会 狙
場 ゅ 読 能 せ ろ 阪 サ ノ ュ ニ 界 植 者 が ま サ
コ む 出 投 や っ 解 ト 愛 リ 入 能 ょ 妊 精 ひ 加
囚 っ 弱 結 故 妊 ひ 室 ぎ 何 テ 空 ィ に ス ト ホ
妊 同 様 の 私 通 芸 ぎ 応 ひ 化 ぐ 意 の 価 値 を

Puzzle 7

```
不 ゃ お ハ 場 ハ 摘 乏 ひ サ ク ょ 会 感 ワ 権 通
安 だ 一 所 イ ト 私 き 愛 し 画 テ 所 触 イ ど 妊
定 れ 致 海 意 ラ 登 妊 っ 会 ノ 阪 ろ ヌ ル ヤ 教 会
変 写 す 狙 意 囚 イ ど 京 圧 っ き ヱ 子 ひ ー ト 阪
む 位 る 芸 安 サ 組 ト だ 報 ノ 犬 ケ 応 登 嶋
ド サ 応 れ 社 っ 織 側 解 報 ヱ む 権 ー ニ ゃ ト
本 ふ 化 バ 狙 っ 投 投 せ ヱ ホ サ 解 故 キ ス 解
社 だ ク ソ ッ 登 然 開 っ ん ニ モ 重 画 ろ ぼ 解
然 側 ヱ ホ 狙 ク ヌ ヌ モ ニ お 画 歩 風 狙 だ 再
廃 読 方 テ 結 ぽ 暫 店 の 日 曜 金 ど 、 テ 開 ど
液 ど 再 し 再 ぐ ひ ニ 退 レ 方 本 多 そ ヱ 合 砂
ハ 能 進 摘 応 ク コ 京 ト ヌ コ ツ だ の 愛 金 写
れ や 能 加 重 ぎ 再 合 登 写 レ 辞 き ぽ 権 化
ソ 写 ま コ い 父 ヱ 権 能 場 ク 何 ド 圧 レ 応 私
モ 海 モ サ ゃ の 場 ゃ 向 解 ト 結 モ 摘 ニ 話 愛
```

父の
その
変位
ケーキの
金曜日の
ワイヤー
感触
バック
不安定
子犬
教会
店の
組織
重い
、風の
廃液
一致する
ハイライト
コレクト
スキル

Puzzle 8

女の子は、
ドクター
イカ
チキン
現在の
トーク
ノート
チェリー
ラウンド
ブック
の異なる
ナビゲート
実行します
困ら
目に見える
リーク
レース
典型的な
法的には
飛行機の

```
芸 や 法 る 育 摘 出 方 れ ぼ ヌ 論 妊 っ ひ ろ ろ
登 ノ 妊 的 囚 京 ド ゃ 百 テ 画 会 べ ぼ ぎ 海 出
ル スー レ に チ だ ヌ ひ リ ー ク 開 私 ひ 海 だ
阪 安 権 ト 解 は っ 困 向 ェ ブ れ 現 在 の 機 金
応 トー ク サ 場 投 安 ら の ェ モ つ モ じ 行 場 れ
芸 ー っ 話 重 狙 れ も 子 チ 囚 これ 見 え る 飛 サ
で ゲ 投 ぽ 退 ま ど 本 通 は ろ 目 に 能 話 登 圧
ヱ ビ ぼ ぽ 金 ょ 金 ド 、 ろ 能 場 お や ル 嶋
ニ ナ だ 愛 摘 ノ せ ゅ タ 論 然 ッ て す れ っ ク
所 乏 エ せ む ょ エ ツ ー カ む イ カ の 能 ら ふ
意 ふ 精 実 行 し ま す ー カ ラ 読 権 ゃ れ 場 ク
せ ヌ ク 方 画 ぼ 圧 ろ も り 育 ラ ウ 退 故 ぎ ド
べ も 向 砂 ヌ 圧 ろ ひ ひ 話 ン キ チ む テ ろ ぎ
阪 場 お ル レ 論 ひ 典 型 的 な ド む セ 無 じ ベ
ソ 社 だ で だ 典 型 的 な ド む セ 無 セ じ リ
```

Puzzle 9

て	ょ	れ	能	セ	応	結	化	能	出	る	私	化	何	弱	場	報
妊	何	だ	や	退	解	つ	場	ど	し	も	ぐ	レ	何	権	ふ	ろ
読	育	戦	摘	ク	ろ	テ	ひ	つ	囚	英	語	進	サ	ヌ	カ	
野	位	い	し	ひ	ニ	会	セ	囚	、	ラ	所	弱	ろ	サ	リ	退
球	置	の	レ	愛	ょ	エ	報	話	ど	グ	方	拒	決	を	無	病院
ル	が	供	登	場	愛	応	囚	写	ク	ョ	登	否	ヌ	セ	再	読
囚	愛	子	サ	土	曜	歩	投	ス	や	百	ヌ	芸	ド	登	ト	囚
開	圧	証	方	曜	日	ヌ	に	化	喜	ん	辞	乏	覧	到	ヒ	着
ゅ	育	合	無	化	画	一	ろ	写	む	ひ	辞	乏	権	応	き	阪
ツ	合	す	る	化	じ	ざ	ど	れ	読	囚	歩	安	歩	き	ざ	き
形	重	登	化	含	結	歩	場	金	囚	レ	囚	金	選	い	ぎ	応
式	登	じ	ざ	ど	ま	ひ	金	読	加	精	ヒ	安	重	ぼ	テ	や
大	型	ト	ラ	ッ	ク	れ	読	投	応	カ	歩	向	ぼ	テ		
ヌ	ぼ	多	芸	ひ	開	弱	て	投	応	カ	向	化	や			
会	投	じ	画	ホ	狙	ス	覧	応	ラ	画	や					

野球
土曜日に
一緒に
大型トラック
安い
拒否
位置が
英語
、グランド
到着
突風
戦いの
決定を
喜ん
子供の
測定
病院
証明する
形式
含まれて

Puzzle 10

スペル
ゴム
を過ごした
トンボ
動物園の
日時計
スペルの
結婚
エネルギー
ムーン
もたらした
連想させます
達し
選ぶ
つつく
送信
顧客
見え
、キャベツ
、必ず

、	ま	選	ゃ	側	エ	べ	だ	写	海	ニ	投	ひ	弱	ノ	社	出				
必	話	ぶ	解	ル	再	ネ	場	ニ	安	ヱ	ノ	ふ	阪	ヱ	ょ	解	画	っ	金	精
ず	覧	顧	ひ	コ	ひ	ル	ぎ	ぽ	読	登	論	乏	も	室	レ	だ	サ	む	ょ	
だ	リ	客	進	べ	囚	も	読	達	ギ	く	精	や	せ	ひ	ス	サ	場	ひ	ト	
ツ	読	権	進	で	ふ	ふ	ギ	し	ひ	進	重	ょ	連	っ	お	妊	ヌ	話		
ろ	登	リ	ト	重	会	ら	っ	ご	圧	ド	想	さ	結	ぽ	妊	っ	ぽ	海		
故	投	カ	結	育	然	し	狙	過	ン	ル	所	せ	場	っ	ぽ	金	画			
報	報	ツ	婚	じ	登	た	く	を	意	チ	せ	日	お	ぼ	向	通	ニ			
サ	ざ	じ	ふ	つ	私	ぽ	だ	、	チ	っ	時	ま	す	っ	ぽ	ヌ				
場	ぐ	ト	通	せ	ゃ	海	ふ	チ	狙	っ	計	ぽ	妊	嶋	向					
故	ひ	ン	応	て	海	ト	投	キ	故	ニ	何	サ	る	通						
ま	結	ボ	ゅ	化	ス	の	ャ	送	多	本										
登	く	ま	故	応	通	ぎ	ベ	信	加											
所	向	室	ヌ	ふ	本	育	歩	ド	妊											
退	ざ	し	見	え	セ	ニ	嶋	動	何											

Puzzle 11

然 サ む ふ ト 出 能 読 論 ス ま 何 意 狙 囚 解 だ
乏 ハ 歩 話 無 国 や 芸 、 は ト ー ゲ 通 コ ク ド じ
ト 精 ノ ニ 際 し 城 百 精 ロ ノ 報 砂 ス 嶋 ス
グ コ 祖 弱 ょ つ 場 わ の 靴 ニ リ 京 通 社 ウ
ざ ル 父 ゅ 摘 ぐ バ 向 の 砂 辞 加 写 伴 一 金 化
故 ド ー ワ ン バ 武 イ ン チ が モ 方 話 状 何 ウ
ク 無 海 プ 合 器 の ひ ク ト 結 ま ま ラ 状 登 ズ
マ イ ナ ー の 選 花 権 じ チ ェ ア 態 フ リ 狙 ラ
出 多 能 選 ひ モ が 本 べ 歩 通 写 モ っ カ だ 安
ど 登 投 応 だ る 花 論 愛 辞 権 通 側 ス セ ラ 合
愛 ゅ も る 意 く 能 権 隠 す 登 ぼ ス 再 ラ ベ き
ド テ ス ト ま ヌ ニ 方 愛 っ 登 る 投 ょ ス 出 っ
解 結 ト 化 ヌ ぎ 投 応 乏 る 投 ぼ ス ひ む コ 進
退 ハ モ 京 ゃ 登 精 ろ ゃ 開 報 乏 ヱ ひ む 場 だ
ん モ し ひ 登 精

花が
ストロベリー
チェア
国際
インチが
祖父
状態
カリフラワー
隠す
グループ
靴の
しわの
砂の城は、
バンワード
ウズラ
伴う
武器の
ゲートは、
マイナーの
状況を

Puzzle 12

示 し た 投 場 意 お 乏 ま エ 弱 れ も 退 開 ぐ の
ょ ワ エ ー リ コ ッ ロ ブ 、 せ 退 ゃ ひ 出 多 買
画 レ ー サ 向 故 囚 ケ ぽ ニ ょ 犯 芸 室 版 い
像 退 だ ル 歩 安 ド 進 ッ る 阪 む 開 カ も 再 写
が 出 き 百 エ チ ト ハ ゅ る ソ 加 ク ツ で
ま 室 故 囚 お ス ヱ 妊 会 ニ 登 じ 向 ソ 論 も 化
エ 故 面 鳥 の タ イ サ モ 狙 く 向 覧 ラ ぼ ク
七 サ ヌ 意 イ サ テ ノ ヌ き だ ク 出 べ 弱 ー
ぼ 妊 読 ソ ル 芸 妊 画 き ま ト イ ん ょ 写 ま
会 社 て 圧 の 向 室 論 ま 論 ホ ざ レ ぎ レ む
ゃ 機 能 の 責 テ も 側 ぐ 安 冷 快 た サ 投
機 能 後 モ 進 任 向 ヌ 安 育 投 た 重 適 阪 圧 二
後 ひ あ 故 開 だ 登 ラ ト い 選 出 進 砂 っ
に む れ ヱ る 妊 つ 写 登 リ 愛 選 も 本 て お 高 級

の買い
画像が
示した
快適
高級
スタイルの
出版
機能
犯罪
ワールド
ロケット
笑顔
後に
冷たい
会社の
インタビュー
、ブロッコリー
コンドルの
七面鳥の
責任ある

Puzzle 13

暫 む ま 暫 だ ス イ カ ヌ 選 精 お コ ど だ ト ざ
て 再 ゅ 論 も 圧 金 し で き ラ せ 砂 乏 ろ 囚 き
ホ 会 れ 化 応 然 ん る ひ 通 摘 ヒ 然 能 重 登 て
ヘ 辞 解 阪 登 ス や き 写 再 側 な る ぼ 報 し ル ぎ
ッ 通 阪 嶋 に フ ひ 幸 写 シ 囚 妙 ぼ 共 本 登 ニ で
ジ の 後 ろ だ 会 レ お ー 会 ケ っ も 通 京 画 ッ 基
属 て 然 か リ 摘 ツ 社 ン ス ぽ 京 シ プ サ 本
だ し か 安 暫 能 ス カ の ョ ス 皮 オ ム セ 私 て
し 止 つ 多 再 ハ 化 辞 ヘ ス 膚 む ス ャ 写 歩 し
や 停 多 ニ テ 暫 ノ カ 合 ト ひ ャ ト コ 方 し ぐ
ス 金 写 ぎ 能 化 出 辞 は ス ぼ ン だ き ぐ
ん で む ト 読 ふ カ 、 は 平 均 テ ヌ だ ド ヒ 京
圧 場 ス ニ 妊 狙 ト ド じ ぎ も ツ 金 室 話 権 ざ 室 ぎ 向

でき
基本
コントラストは、
ヘン
資格を
かかし
属し
共通
ヘッジ
停止して
シーケンス
巧妙な
オプションの
の後ろに
幸せな
スカーフ
テストを
平均
皮膚
スイカ

Puzzle 14

動機の
特に
許可
塗料は
おなじみ
制御を
捕捉
行為の
一部の
溝が
小さな
運ば
スカート
ライブ
サイクリング
ドライバ
自分を
生物学
輸送
熱くする

ぼ 行 だ 一 安 社 金 特 生 本 許 ド ラ イ バ ん ど
向 為 ス ソ 部 も ニ に 物 故 可 阪 社 再 出 所 ツ 本
ク の カ テ し の 溝 出 学 囚 ま 阪 モ 囚 合 ツ 重
チ 解 一 側 サ の 私 ガ ド 自 辞 ゃ 愛 ヌ リ ひ 登 登
ヱ 阪 ト 権 場 ト 進 小 分 愛 セ 御 制 ス 化 む ュ 私
画 じ 化 百 る ャ ホ 故 さ を 御 だ 応 る つ 化
ゅ 塗 意 レ ち て み 結 お 然 グ ぐ コ 百
本 料 ゃ 社 輸 ヒ 読 捕 ヱ 狙 進 ひ ン 金 重 ラ
ど は 選 熱 送 動 故 捉 セ 愛 解 ょ や リ む 報 登
ニ ざ 重 く 暫 機 多 ル だ カ ん 投 ク 京 ヱ 方
再 ど 暫 る す の 側 弱 ぐ チ ょ 意 ラ ブ つ 金
む き ラ で 百 選 ヌ 故 セ 故 ひ 覧 サ だ 加 だ
室 だ ら 重 暫 じ ラ 加 退 ト 結 ク 社 ま 場 意
ど 向 っ ヌ 何 も も 精 セ 画 ぼ 運 囚 ょ
加 登 乏 弱 会 ぎ き ひ 読 嶋 登 ぎ つ 論 っ 化 登

Puzzle 15

ど百論テだっニリ開バン何辞っ写出能
読チ愛進緩しひだやぎおく解結じヌ報チ
ツニバ乏ショート論朝もかの暫登セ報社海
れリひどいオーディション室報ぎ選出ひ
歩含砂化わかいオーディション側写社海
含め何加だっま寝室のつヌ民選画報ニロ
せにきだっ万人愛会二だ歩っ場報ッウェ
側京迅速二愛会二だ歩にべっろれ写ヌク
京悪結故ひょひ通金金ラ京ひべっ話権安
話本側結狙ト辞場狙弱暫画結ハテレコ退つ画

バン
寝室の
かもしれない
市民の
かわいい
オーディション
緩やかな
バンを
明らかに
あたりの
含め
ポット
万人の
ショート
朝の
に迅速
クロス
悪い
ウェイク
シット

Puzzle 16

バルーン
また
も、
バイソン
ミル
第六
符号
成果
があり
痛み
嵐の
のウェット
、より良い
レポートは、
ロビン
土地の
感動を
カモを
グラフ
読ん

二会ログラフ痛摘多れツヌ摘応精覧圧
通論ヌビ出セみヱど歩圧ひ応サ私精覧ソ
所ヌテ暫ンソイバヒ圧砂ツ覧会モト、ざ
チ報ぐぎも投場ぐむレポート摘っエだ百ひ
し話摘能百化妊二出覧乏ま土何ぽ場ゃ狙
無摘応開つ感おくざカ論圧登ヒの室っ論
因スせ応能嶋動狙ぎラ京まヒ何然ふスっ
向、読乏社ノスをモサ無写成登進ゃま
べよん加クサカ愛力報果リんサ二
阪り良ヌサヒやカ応所ま論側ホサぎ
辞画ヌノ乏まバ応れ精阪京開カも符ス
画のウェット結何だミノスおあ圧歩辞砂本
のま結何し妊登嵐の権二り投歩辞六

Puzzle 17

ひ	ハ	ツ	ぎ	ハ	一	阪	ク	ラ	社	開	ア	ぐ	ょ	ぎ	場	ひ
コ	芸	妊	圧	ノ	二	定	ト	ふ	き	ぼ	タ	テ	ょ	報	論	画
ぎ	せ	ミ	ラ	ー	選	お	の	ゼ	リ	ー	ッ	圧	チ	息	子	の
れ	ざ	結	ゃ	辞	ヒ	ョ	ウ	ミ	ウ	ロ	ク	写	無	方	ク	金
ぐ	セ	ソ	観	点	女	性	の	チ	ュ	チ	論	曲	画	ま	ソ	ぎ
ト	応	辞	点	数	通	セ	結	ホ	き	ー	リ	ジ	ど	砂	っ	れ
百	本	重	お	小	グ	ロ	ー	れ	圧	だ	だ	カ	せ	意	再	阪
有	す	る	カ	、	こ	こ	で	現	実	ふ	ど	投	ル	無	ク	ク
で	セ	話	ッ	所	ト	や	だ	登	し	て	ひ	進	再	ソ	開	摘
読	海	加	ト	ト	サ	ざ	だ	選	ヌ	ヒ	何	側	レ	だ	化	向
チ	ぼ	し	本	会	ふ	海	重	検	ぼ	少	な	く	と	も	写	ゅ
合	つ	ろ	結	お	ヌ	京	重	退	ソ	向	開	論	然	出	せ	で
妊	む	じ	ヌ	ど	ざ	だ	選	退	ヒ	何	側	れ	論	本	ょ	だ
故	れ	ル	レ	ひ	阪	乏	ク	私	ク	し	育	然	出	砂	化	ル
ど	ル	二	チ	テ	側	し	所	懸	念	社	ぐ	ヌ	ょ	砂	だ	

ゼリー
一定の
観点
ミュージカル
懸念
息子の
ヒョウ
現実
少なくとも
検討し
、小数点
ミラー
女性の
アタック
、ここで
カット
有する
クロウ
グロー
曲線

Puzzle 18

ポンドが
まで
カブ
パフィン
語彙
変数
観察し
ボディ
学生
のカラフルな
準備ができて
孤立
自動車の
しかしが
ラジオ
裁判所
、大人を
非常に
小麦粉の
高い

応	裁	出	コ	囚	場	無	の	ス	ト	き	ふ	サ	チ	弱	何	ヌ
合	っ	判	学	生	変	数	カ	ん	側	暫	育	嶋	ク	精	ど	モ
る	砂	摘	所	ス	辞	ラ	じ	何	ぐ	嶋	愛	然	ヱ	再	然	ク
し	か	し	が	乏	私	フ	だ	乏	然	愛	で	報	辞	出	辞	応
故	写	や	阪	ざ	パ	ル	ひ	な	ホ	ざ	ざ	ハ	側	む	側	出
場	場	モ	二	ょ	フ	な	ゅ	結	大	を	辞	芸	い	高	れ	ノ
カ	ノ	結	セ	意	ラ	、	大	乏	人	準	を	投	退	権	い	二
く	精	無	ィ	画	ジ	結	選	ふ	ラ	暫	準	コ	ド	ン	権	再
む	進	ぎ	ン	本	オ	写	ヌ	む	愛	辞	暫	ヒ	で	く	ン	ポ
セ	権	ぎ	テ	ノ	観	多	愛	っ	応	ヒ	辞	ぐ	ま	き	く	ヱ
ベ	私	歩	立	ざ	察	ま	応	ひ	自	ぐ	ハ	小	チ	阪	き	精
ノ	孤	つ	観	で	で	う	自	語	動	小	本	麦	ざ	や	チ	て
サ	立	孤	退	妊	し	通	動	彙	車	麦	二	粉	む	ク	ざ	だ
ゅ	結	立	察	砂	暫	読	車	サ	の	粉	加	の	通	ど	ク	側
ボ	ディ	ブ	登	乏	登	ふ	の	ス	ッ	の						れ
非	常	に	登	ろ	ょ	妊	場	む	つ	ル						場

Puzzle 19

精ヌス百京した摘患画進セ進ア然登開
本っ入キむ解話ぎ者ま芸通るクべ何るひ
レも場ハチく育ろヒ加合ノススィれ主登せ摘
圧進ム室ろピ開ッ室辞合ケス乏テ主読多
進ぐカ百写育ぎハド合スジ退妊ィ張応無
ぐヌスーまリ金応ハスラ海嶋の量合カし
ヌで然済歩囚嶋囚カドひ覧劇故の意コト話
で応経加側クラひ暫ー場金サコリ
弱ラくどひレむどょーはぎサリップリ
摘退んソせ応国ドモ出室ゅスモ投意ッ登
退ヒ覧登歩れ嶋民コ文化のスコろ向一弱
無正をぎ敬遠ざ場通ぐどつ妊明日ゃ種

スケジュール
アクティビティの
した
ハムスター
正を
入場
患者
解説
チェイス
経済
文化
劇場は
リップ
明日
国民の
主張
量の
敬遠
一種
キューピッド

Puzzle 20

ガソリン
キャベツ
笑える
キャッチ
クレヨン
チューブ
テクノロジー
警官
それぞれ
右の
アームを
家具
午後
夕焼けの
早い
だろう
知ら
道徳的な
のソロ・
要因

安れ愛家具通でょ所投合ノホクク安セテク
早いやどヱ重ラサコ解そゃ画歩囚ノロ
会ド側囚会ま道徳的なヒれ圧セ本ジ
トつん金ツヒん画カっクレ選ぽーュ
妊室ぎ報ベキ重嶋登レ午囚けひ出要因
所ぎ金チャキだひ覧登ヌ側ろの進む
笑えるュガセぽ報警カろ京場ぐだ
精安投ーソヱん官社ろ暫故ぞべじ
出権囚ブ選サぼエ進金スを結
ぼエひゃンゅやサもエ精応アーム金二結
知だソ右のひつヌュぼ論ぎ会ふ
ゃらまの話るロて能出ふ社だひ愛解二結
ろ所んベソ・ホ精多育まノ安愛
嶋ま砂る

Puzzle 21

感謝を乏た荒野や弱圧暫合ルコ所アイ通
何ヒ市ひ向歩阪チひ砂圧で重むンデ解し
通ト都妊結さじヌっ向レ無側アティど
方明らかに歩京愛海方シムウントィテ育
方スクニ投サ金読然論議解確なィテ社
ヌことスも再、応の圧セほか大ビィ覧ぎ
ゅがでル正論ぎく進圧百のしやス再ぎ出
ょでも報寛大もぎ覧合ウをトだひヲ狙ヲ
論きざなれのアカウニ育無通京だ
暫ぎるトヒ通ざセ簡素ュ故む話進つ社
会社用品歩れ育圧弱化開再や選だ
狙加ラヌ登の嶋海ぽろっやど選社
ひニホで歩もヱくルゅひ投暖炉っど

Puzzle 22

、質阪ツ狙ホも論ろフル無むだ砂側
ニグ問囚クじ結文っ開ィベ表つそん阪
おスレを百で然の愛ヌどー面方らヱ再
だ覧せー話き話解百加読ルトホすヌル
つだおひてだろ京権投ブぐべまれ話芸
サじ権歩チむ精愛通知モッべ健選っ
ニエ加ふスま神ひ意動はドべ嶋康趣味
オ実重っハ社ツ摘芸エま方与味合
コ証側ぐぼ投ぎ退きドルる意読
ジ登摘結ス金チもだで化能問入
ョヌ狙弱乏私場ぐコ問歩辞写ヱ
ぎま辞狙ぽ私だ囚し題ひてカ重
ゅ辞だじヒ投だッ応エ加サ写たぎ報
ヌカ京登な投プ応合海百進むっ何
京力精何っブルを砂だぎれ場ろ何ぎ

Puzzle 23

だ ド 合 育 ぎ ト 側 し ス 割 せ 嶋 ぼ せ 合 ろ 退
圧 合 ぼ 海 や 私 っ リ ぎ り 向 私 話 本 論 ひ
ぎ 加 ド ソ ぼ 化 多 私 再 れ 込 暫 阪 む っ ド
れ ス ク く い 安 ろ 化 所 依 予 圧 話 多 や 摘
カ 登 、 再 利 可 化 を 存 ぐ 測 読 歩 読 ヌ ょ
応 に 読 ニ 用 育 ぼ 歩 芸 ど ノ 再 応 安 再 報
芸 せ 意 然 私 ヒ 追 加 し シ セ 砂 砂 ク 話 室
も 常 重 要 な ざ 摘 せ ャ ラ ス リ ソ ひ 本 の
が リ 再 非 セ き ク ぎ ワ 結 れ リ ソ 重 の コ
ト レ タ 、 劇 を ン シ ー ュ リ ソ も 室 ブ カ
ン グ つ 悲 こ ト ひ ヌ ぽ が 無 ゅ ス ラ 場
タ ラ つ 重 の 砂 一 場 っ 歩 解 京 も ま 室 ッ 室
ス 京 方 画 よ 権 ポ 百 阪 然 食 っ 会 ツ 報
ン ノ 室 開 う 無 サ 囚 ヌ 然 品 二 囚 解 論 ク 嶋
イ 登 せ ん な 摘 金 暫 投 ト 覧 ざ テ 報 圧 嶋 報

シャワーが
、非常に
カバ
ものの
割り込み
重要な
ソリューションを
、再利用可能なを
インスタントが
くらい
タレント
追加し
リング
サポートを
悲劇的な
、このような
食品
ブラック
予測
依存

Puzzle 24

トピック
サイ
修正
チップ
サングラス
示唆して
ノック
ストリップ
獲得
と考えている
手配
コミュニティは、
制限
緊張
速い
道を
つらら
バスケットボール
クック
国家

手 配 国 ノ ト ニ コ ょ セ 読 示 バ 辞 意 権 イ サ
ク 歩 ひ ピ 読 ミ て 多 暫 唆 ス ラ グ ン サ 方 べ
安 ッ 家 ラ ニ 読 ゅ 意 し ケ ヒ 修 ソ ょ カ 正
精 ク 意 む コ ュ も 乏 ぼ て ッ ツ 報 ド リ
ろ ぐ ク 場 社 コ テ 再 化 制 投 ト 解 ひ モ 無 場
所 摘 何 投 投 ニ ィ 安 ぐ 限 砂 ボ 進 ソ 獲 お 本
と 考 ソ 金 無 は ス 化 カ ど レ 得 ょ 論
も 阪 え 開 ヌ 所 、 速 ツ 画 ト っ 出 選 お 砂
レ 出 狙 室 ヒ 暫 い ラ 重 ル 方 意 ヱ ぼ 意
ス べ 金 ぎ や し ニ 読 再 ょ ら せ 側
ト せ 出 っ ス 無 室 能 辞 場 や ク で
リ 多 ス 道 側 ふ セ 合 ゃ 応 せ せ コ
ッ 嶋 ラ れ を ヱ 故 て お 海 ま ル 無
プ ッ チ 摘 緊 張 ノ 阪 加 ソ ぼ 金 ト 加
つ ょ ぎ ル ろ 育 ゅ 出 乏 ぼ だ テ ま だ ニ ぎ

Puzzle 25

フ イ モ チ 金 然 弱 ト ぼ 本 ニ 加 ク ソ 弱 再 お
能 ラ ス モ ぎ セ ょ ト 質 ま し ノ 芸 安 室 ク ・
応 ト グ ょ 精 然 ス っ 的 合 ざ 場 解 室 、 だ ビ
弱 ざ 京 メ 再 解 ト ぽ な 的 終 最 、 ゅ 、 ジ
報 本 京 ェ 金 真 京 ソ 化 退 歩 報 ノ れ が ネ
ま 報 ろ ぽ 実 応 ニ 精 選 意 図 ぎ び ス 話
ト 圧 ま テ 結 孤 独 な 圧 無 金 加 ぎ ハ
レ む チ だ 芸 ょ ろ 圧 投 ヌ 向 コ ヨ ー テ ト
ゃ ハ ベ 社 ひ 圧 投 能 出 狙 開 権 精 通 っ
チョコレート の 読 ぎ 結 レ 加 ニ 然 ぎ 年 間 つ
や 覧 ぼ ス 出 る も る っ ス エ ょ 加 側 ヒ 然
ょ 方 精 ス 登 安 つ ヱ 覚 え 気 臆 精 ざ コ ぎ
室 ト ッ ざ コ 登 れ 場 登 選 候 気 病 も 頭 百
ゃ お ぽ ゅ カ 狙 意 乏 圧 嶋 む ふ 私 者 の 進
芸 ト ひ 百 然 っ リ 通 ニ 通 ひ ル ト 本 を 他

年間
フラグメント
もつれ
ものを
孤独な
トライ
・ビジネス
気候
百頭の
意図する
本質的な
チョコレートの
病気
他の
真実
覚え
、最終的な
臆病者
滅びるが、
コヨーテ

Puzzle 26

侵略
壮大
用語集
ツリー
リラックス
ドール
アクセス
関与
ヘルプ
ランダム
ことが多い
ヤード
雑用
委員会
フリッパー
キリン
特別な
肖像
寿命光
満足

っ 何 ス ヤ キ リ ン セ ぎ 無 フ 加 壮 応 ひ 阪 愛
し 弱 圧 ー 多 権 嶋 れ 場 登 リ だ 精 大 レ 退 意 む ヌ
き ひ 方 ド 登 側 ヌ 芸 ひ く ッ 登 き だ ド リ む ヌ セ で
用 ぎ 出 論 ひ 海 し 摘 リ パ 能 場 読 寿 権 こ と が 登 辞
っ 語 故 辞 ヱ ベ ク ス ま ー 関 ろ 侵 命 こ と が 多 い ハ ク
ゃ 応 集 や ぎ ニ 無 弱 ょ き 通 ひ 略 光 セ で 多 い 応
百 ぼ 乏 本 愛 阪 暫 歩 ん 何 投 故 論 て が ふ 進
ア も 精 ヒ ろ れ 辞 金 退 海 囚 金 故 阪 て エ て
ス ク 肖 像 故 つ く ひ 無 嶋 故 ろ じ 登 海
レ 進 セ 然 解 れ む 京 側 ト ぐ 結 委 っ リ 方
特 別 な ス 投 ざ ゅ 加 所 開 開 員 ゅ カ
暫 ッ 百 ク 満 足 何 暫 つ ス べ 写 雑 用 会 ト ど
プ リ き ッ エ 出 レ ソ 登 妊 退 ん 進 化 れ
ル ー ド ラ セ き 歩 チ 私 何 権 ランダム 登 海
へ む 場 りゅ 能 チ

Puzzle 27

化 カ だ だ 塗 ひ ま 愛 京 歩 許 ひ 辞 芸 ヱ 選 阪 ト
る 社 ド 出 ス る チ ェ ッ ク 容 囚 ょ 覧 然 出 退
阪 エ 所 囚 投 コ だ 合 所 加 結 ハ ト だ 育 ッ 何 合
ニ 裁 化 ニ 側 だ ま 範 囲 何 歩 内 製 京 画 故 が 存
投 判 だ 意 も せ ニ 会 狙 る 登 レ 品 だ ・ ン 結 論
再 官 れ ひ 読 ど む 投 側 ル 無 嶋 重 の 重 シ や
狙 ソ 解 自 然 両 方 投 多 っ タ 再 狙 故 ひ カ 辞
愛 能 力 は ど 登 ト 二 精 の 態 状 然 画 シ テ も 芸 合
能 だ 多 引 用 海 報 て 再 無 粉 論 き ル ぐ だ ぽ 乏
だ ゅ 本 無 愛 砂 通 洗 濯 方 摘 ひ 磨 歯 ク 再 社 合
ふ 通 育 も ひ だ く せ 歯 ク 再 ツ 阪 ノ マ 報 ヌ ふ

楽しい
許容
自然
ポケット
タイトル
クールな
チェック
能力は
範囲内
マイグレーション・
歯磨き粉の
状態の
洗濯
裁判官
製品の
が存在
両方の
塗る
ひどい
引用

Puzzle 28

セロリ
価格
のり
ました
割り当て
ドア
骨折
試行
見つけ
構造
カタツムリ
問う
注意
ティーチ
おいしい
クロコダイル
退屈
のない
セーター
任命

ト れ ぐ ノ ト く ぼ 百 ル 百 ド ぼ ク 本 ゅ 砂 摘 安
解 構 ひ ニ ラ る ヱ 芸 京 ょ ア 何 つ ヒ だ ラ 室 チ
セ 阪 造 何 ラ な 芸 ニ ン ト 多 論 ま セ 所 所 ひ 側
精 き 力 報 化 っ い ニ 能 安 出 化 お ハ 阪 ニ 精
任 命 重 権 嶋 だ ヱ の り 故 ク ニ い 多 エ 暫 応
ま ゅ ツ ぐ 選 再 ソ 価 だ つ 再 し だ 権 ま 骨
本 エ 会 れ 圧 投 ル 格 見 け テ い ル 意 ひ 折
試 暫 報 れ 能 囚 セ じ 弱 所 私 嶋 投 京 無
ゃ 行 本 海 セ ー タ 愛 コ ロ コ ひ ロ セ 囚
ま ぎ 本 側 ハ 出 て ホ カ ダ つ ヒ 本 エ 注
し ス だ 退 当 ヨ 金 ッ タ だ リ ス 権 私
た 安 モ 屈 砂 う 安 ヱ ツ で 辞 本 意 意
写 妊 解 摘 写 ぽ 安 チ 登 然 京 開 注
会 む 囚 投 ティーチ チ エ ひ だ 室 チ 意
側 応 多 投 ティーチ チ エ ひ だっ 室 チ 意

Puzzle 29

コ ぎ っ の も 弱 ひょ 会 し テ の カ 圧 多 私 通
し じ 解 ガ 芸 故 投 海 を ひ 妊 トッ プ モ ノ ラ て 囚
場 写 然 イ デ ス ク を ひ 妊 再 常 ッ ル カ ス 論 側
ゅ ろ 暫 ド ク レ ー ド ル 再 面 チ 駐 騎 ル ろ お 金
ゃ リ て ラ ラ 社 応 報 ク 面 チ 積 ゃ を 士 無 本 ひ
合 ー ど イ チ だ じ 安 話 ふ む ゃ は 阪 狙 は 向 く
圧 ド ぼ ン 故 囚 力 再 論 ト ハ 故 ょ 選 囚 朝 ド 圧
弱 圧 側 は ゅ 再 カ 再 報 ひ 故 し ぎ 支 ど 食 狙 ト
側 向 投 、 セ 砂 ニ 論 ト 狭 い 再 不 足 援 ょ 場 ル
育 イ 退 論 れ だ て ろ 社 多 も ぎ 重 再 ノ 摘 ど ゅ
リ ア ラ イ ズ を 夜 の 加 て 多 豊 富 な 方 ぎ 摘 興 だ ホ
だ 室 っ 動 私 ゃ べ や す カ も 重 再 ノ 摘 興 だ 権
だ き ど お き サ ニ 豊 富 な 方 ぎ 摘 興 だ 妊 ぼ
ラ 側 画 ゅ 登 じ や す カ も や じ 百 奮 妊 ト ハ 投
で 進 結 会 能 辞 ホ 通 会 サ ス ふ ド ト 権 ハ 投

Word list (Puzzle 29):

不足
のガイドラインは、
アイ
朝食
興奮
狭い
動き
のカップル
騎士は
面積は
デスクを
すべての
リアライズを
カーペット
常駐を
クレードル
支援
リード
豊富な
夜の

Puzzle 30

Word list (Puzzle 30):

クリーム
カニ
やすさ
説得
コーナー
動作
理解して
彼女の
ボクシング
フロント
レジストを
赤ちゃんの
乗っ
サポート
メインが
満たす
セットを
焼く
学校の
シーズン

く だ 結 ひ 暫 動 出 メ 重 論 ま 砂 読 能 ふ 多 芸
百 ひ ハ 金 ろ 作 社 イ サ モ レ カ ま ろ シ ヌ 阪
せ 登 ト ど ハ 話 き ン 嶋 ジ 選 ヌ 方 ー 権
だ 開 権 妊 も 本 場 ひ 狙 が ス ぎ 囚 だ ズ む 歩
ク 愛 し ぎ ん チ 理 ひ 解 し ト 百 だ フ ン 暫 コ
っ ニ 応 室 覧 ス ヒ カ ぽ 通 を ル ひ 圧 じ ろ お
ヌ ざ 室 二 乗 だ ボ 登 意 出 何 だ 砂 っ 室
故 レ む 狙 愛 ぽ ク シ 説 出 コ 読 百 然 ス ク
べ ぼ ょ 向 赤 ょ 金 ン セ 得 歩 化 ょ だ 退 エ ゅ
ょ ざ 然 囚 ち ヒ ッ グ 焼 化 満 ふ 百 何 や
コ だ る ゃ ひ 彼 の く を た 論 室 出 す
ム リ く ん べ 女 結 応 愛 す ま 金 読 さ
合 ポ ナ ト の エ 場 能 ろ レ ふ 芸 写
ま サ ヒ ー 校 ス ま っ ど 画 ゅ エ 権 芸
ひ ま 圧 て 学 乏 で ヱ 圧 精 合 し コ 多 コ 芸

Puzzle 31

ニ ひ き 通 サ 側 ク 場 進 つ ゅ 京 ぼ 積 サ 意 応
歩 ホ 辞 ク 京 金 だ ふ の 嶋 室 ふ 二 極 的 愛 ぽ
ス 何 報 本 出 愛 ト は り ス む 的 愛 場 製 ヱ 話
投 サ 本 出 暫 る 圧 用 や ル 再 な 警 室 れ 嶋 ヱ
出 ド 故 ろ 開 乏 使 い 捨 て 警 嶋 圧 造 ド 会 ソ
ル 弱 画 四 無 圧 レ 思 な ク 告 ま 室 会 ク モ モ
ク ー ペ 半 期 ク 画 圧 少 社 妊 ド 選 会 会
ー ー せ 期 の 私 ダ 登 整 ニ 場 エ ん 盗 ん
サ ョ ワ ト こ れ ら の 実 際 に 通 妊 理 ハ 進 せ ド ふ
ょ ひ 会 退 故 ス ェ ジ イ ダ ノ 通 妊 室 ハ 進 辞 京 百 意
ヒ 砂 狙 ひ む お ネ 向 ひ 嶋 応 私 れ 狙 妊 権 京 写 再
投 辞 っ テ 芸 ト 結 投 だ カ 室 情 お し だ レ ニ
三 角 ぼ 濃 縮 ぎ 選 暫 室 然 ふ 報 べ し だ 登 ニ
ク ニ サ 方 進 安 エ 側 出 画 も っ 然 通 暫 登

Word list:
- 濃縮
- 情報
- サークル
- 製造
- 警告
- ダイジェスト
- 使い捨て
- 実際に
- 積極的な
- 思いやりの
- 盗ん
- 少ない
- 整理
- 使用は
- これらの
- クーペ
- ネットワーク
- 四半期の
- ショー
- 三角

Puzzle 32

Word list:
- 条約
- 読み取りに
- アリ
- キリンの
- 認める
- てしまった
- フィルム
- マネージャ
- ハロー
- 分析
- ファーム
- 波の
- きちんと
- 無意味な
- 月の
- 来た
- 高速道路の
- 溶融
- 外を
- 例外

て 無 歩 む 私 ん ゅ ぐ 暫 だ 無 読 み 取 り に ホ
し 意 合 摘 ラ だ ぎ チ ア 溶 お て 海 こ ぼ 投 き き 波 の リ
ま 味 高 速 道 路 の 精 リ ヌ 融 認 め る レ 論 ホ ラ の ン
っ な 重 故 ひ ヱ ル ぐ 本 ま 例 レ ど ホ 投 所 ラ 投 ニ リ
た む む ホ 二 権 ド ん ク む 能 外 話 ホ ニ 話 キ
私 読 報 意 べ ぐ ヌ ス ふ ょ 例 ひ 多 ァ ぼ 囚 室
テ ク 歩 金 本 重 画 ら ム 芸 ロ 再 覧 論
テ 愛 ソ 再 る 出 金 ト ょ 芸 多 ジ ぎ べ で
お っ 育 摘 覧 ト ヒ 弱 ド ひ 写 ド セ
場 っ も 来 た だ 結 京 月 せ 能 ホ ヌ 開 き 芸
開 何 ノ じ 金 ニ く 読 の 側 嶋 ヌ ひ や ド
会 会 ぎ 本 本 芸 話 ホ 弱 れ 進 テ 退
ょ 重 京 摘 約 向 投 多 通 育 も 場 ツ 分
ニ ぽ ヌ 辞 育 妊 能 砂 歩 応 フ ィ ル ム せ 析

Puzzle 33

ト略ト再出カ論覧ろ摘論側精故京サネ
解ツ語場話ひむ私妊安クノ精精場しク
ろニホサふゃ報何ラ室能ル海ざ登ゅタ
コだテども報社フリジヱ嶋を膝妊精何きおイ
テぐもニラ進化砂じ再弱専でる妊精きぐ応テ
出報スラ貸取っせカ向門本多コぼサじ故私室
セ報ょ狙狙圧個結的本多コ百進再
ホ暫所まだヌ場通人の応トぼサゅ室
社室チ妊す重能化者のらにじ故私室
ぐろ圧会め愚かニ無選方や敵の投合スリ退再
スんニっハ歩応通通さ票囚サもト室
然ぐ所登だに加妊の得てカ砂クもト
おひじだ芸ヌ登ラ妊

観察
会議
フリージア
めったに
取っ
貸します
ビルドを
投票
敵の
パウダー
専門の
彼ら
略語
得て
沸騰
ネクタイ
、さらに
膝を
個人的に
愚か者の

Puzzle 34

謎の
うち
なし
な否定的な
立っていました
との間で
テープ
姉妹
必要な
全体の
オブジェクトを
チョコレート
の商用
眠い
の電話
生産
行く
廊下
上昇
火曜日の

歩応し生せテープ向ヌ会っ暫合しな謎
廊下出産暫金室むク金ゃで愛否のの体
行コド京摘るぎ論登ト権だツ定全全
くドろ圧チ摘姉社二阪セ然故的てセ
話解京権ョク妹でくオなや要な金
立ど京くゅノコっまぎモ二電話投て
何ていましたふ嶋レくジ育読日ぎ
開場ゃ読権ろ嶋上読ブ火曜登
室論化砂登読昇ノひ海読社
ヒ安レ向セ化辞うぎ愛進や出
解開囚応ぽ権歩意進阪ぽス百
でだ弱進覧歩れ百くテ出眠ノ
間ふやくん論すひベ画結合安
のとホ室加京画囚だ画合読ぼ

Puzzle 35

スニ百砂ク大ハ合ゅスヒキガエル読芸
ー向民応ラ京ヌふ登プトレおコ然解
プ暫市リブ丈夫つ通ヱー能狙然私退
・嶋、おそもや私室ふンベ然ヌ然場
応っお狙の場化ハドングリ百弱ラ歩
何摘せ通狙芸べ意場だ合退べ摘能私
でぎお加妊ティぽ場チ愛ヌサ何選ヌ芸
画民主的なディヒ場む応出チ透明誰の
化ふ応ぎもチっ登り精投圧む読応ス
旅行き応協エむテ社待モ彼女能ツ
ニホロス乏何魔女シヒェ化たときにっ会出
ル然ぎタンお論何ー百っ砂二通意歩
愛コ意ドくだ私化すドトろ然囚ざれ妊化故意
だモ安投芸応結じトろ応無ひ妊化
金百二投芸応結じトろ応無ひ妊化故意

、市民
クラブの
ドングリ
スタンド
魔女
テディ
民主的な
スプーン
協力します
ヒキガエル
大丈夫
たときに
その後、
シェード
透明
旅行
期待
彼女
スープ・
誰の

Puzzle 36

育選読こ論き循環ツむ場ニ妊ヌくド向
所む、とクツうぎホをト権チト然ょるろニ社
ひぼスが対象画ッれ越おホトっ辞てぎト論せだトラ
れだクでじラ看ドえ会摘写通ぎト論せだトラ
し安阪きょ単金再にドの護連続した狙だ読でアライ
く乏止まス再砂場ぽ師結海狙っレょ会然アル
登停止すス京砂場ゅ化をテっスア会然室テ
本解ょスふまり術ヱ進向海場を方ふ応分でク室テ
故金母のホ摘百圧読貧コももリッ法ひ応ノ然く歩ト
叔ノ摘開ホくゃ応論画ドホしひ歩母分ざマ論
合バイオレットくゃ応ドサ歩テルゅや母分ざ歩
弱砂京モ話方ま百百嶋愛ゅやの母方カ方ざ歩
ざ私室ドょ工じだやだ乏辞力方ざ歩
摘意ス阪ょ工じだやだ乏

が、
循環
停止
分母の
トライアル
単に
看護師を
技術
アナグマ
を越え
対象
貧困を
ウッド
方法
の連続した
通信
ことができます
バイオレット
叔母の
ツールの

Puzzle 37

```
二 金 ハ 圧 置 く ス コ ア 無 応 ふ て ょ セ 解 芸
場 権 だ 弱 ヒ 京 権 チ 場 脅 威 を っ っ 海 ニ 所 精
ヌ 解 ゃ 然 囚 育 意 ヌ リ カ ニ 妊 ド ニ 化 ソ ど や
話 場 安 読 る き 会 応 ぽ や 場 き 写 京 開 ル ス 読 嶋
し ぐ ハ ぎ ひ 報 精 社 本 読 ょ 計 場 解 ろ ヌ 読 ル 所
ぐ 化 水 結 ん モ 消 読 写 ラ ら 計 場 方 何 ベ リ ー 選
登 妊 分 化 モ 所 防 写 ラ ヒ ラ 通 だ ろ 安 ケ ッ 所
家 し を ニ ツ 消 士 論 ヒ ヌ は 、 だ サ ト 安 ケ 選
族 く ル ー シ メ グ 叔 父 は 、 通 だ ろ お 京 ホ っ
無 ょ ー エ ト き 投 海 意 ッ 考 え る ょ お ニ ャ 私 論
安 ひ メ 阪 シ ニ ナ れ ベ 超 高 層 凝 視 謙 二 む ま 百
芸 ス ゃ 方 ひ 再 嶋 リ 摘 ル 応 愛 し 囚 虚 む 応 ま
暫 狙 覧 ざ 開 然 砂 論 オ 歩 サ 解 安 お な 応 ま ニ
ん 砂 無 然 ひ だ 開 論 ノ サ 京 金 圧 ゃ 砂 ど ニ
ふ ツ 芸 会 ク 砂 論 ノ サ 京 金 圧 ゃ 砂 ど ニ 百
```

メールを
計画
残し
水分を
シナリオ
超高層
ホッケー
脅威を
凝視
ベルト
家族
考える
謙虚な
置く
ラズベリー
消防士
叔父は、
ナツメグ
スコア
シール

持っていた
セル
ジャンプが
起こります
素敵な
、すべての
実行している
ポストの
別れの
カブトムシが
茶色の
レスポンスの
サミットは、
剣テーブル
定規の
ブリード
希望
一度
つま先
ボーダー

Puzzle 38

```
ク カ 読 所 く ざ つ 茶 開 起 希 望 ぼ ら だ ブ お
ま 方 弱 ぎ 再 ょ テ 色 合 こ 愛 こ チ つ ん リ 画
辞 ク 乏 剣 テ ー ブ せ の ゅ り 向 ま ま ー ク
退 暫 ヌ エ 選 圧 ル ソ ド て 権 素 先 囚 ド 然
カ 妊 何 定 ス 向 砂 ノ テ べ 海 敵 す カ 退 セ
ボ の 規 妊 カ 圧 応 社 ろ な ン ス む 持
ー 方 ト の セ ジ 報 砂 、 向 応 だ の っ
ダ 阪 ス ム シ ャ き レ く ホ ニ れ て
ー く ポ 何 シ ン は ス ヱ 読 別 い
ス れ 進 お ャ プ 圧 カ ル て ス ひ ヒ た
多 ぎ ヌ 多 投 本 が 出 ト や ン ク 投 芸
チ ト リ 覧 ょ ー だ ッ 室 だ 安 砂 登
ヒ れ 合 京 読 度 ク ラ ミ 側 摘 論 辞
所 合 妊 覧 乏 む 妊 サ 安 だ ヌ 会
っ ひ 話 画 方 通 で 百 応 進 室 実 行 し て い る
```

Puzzle 39

やニ暫ルっ会リし識話ク話スだ画覧写コ
ツぽむ開ス精方別セて報意ふ場教ひえス
百何ヱぐチ覧報リす進意側つ会向私結え
っ重画ハ暫意合然囚応私精ひ嶋私冗ス
ヌヌラ意私社多ツコチスソ覧ひ摘保ドレ
阪るコ弱ハ事業クー画能だ許んアレド読
れトニやど登再し投合だ無ヱバちスカ故
るニぽ登のミカオレ圧ぎ画一すむ
が成長の合ろ多理論オクヱ方安何
進承合だ方ニ弱処ウべむスコリ通
出認だサぽ愛芸化ム社話狙スとょ場権所
開ノサビ京リ育ぽ覧エ選テ芸ラ囚
金ょぽンリざ階暫ヌ高だせ然サ通ひ
ホッププングだ百場下コ度べっヱドゅ社だ
選能論グだ百場下コ度べっヱドゅ社だ

高度
ダイビング
保ちます
処理
冗談
オオカミの
教え
承認
ホップ
階下
理論
アドレス
識別する
メンバーの
オウム
が成長の
事業
許し
ヒイラギ
コース

Puzzle 40

評価
多くのことを
警察
反応は
友人
紛争
選択は
受信
吸収
探索
結果
オプション
おじいちゃんの
ラクダ
音楽
戦略は
男性の
人形
正確に
カブトムシ

ひせじざ弱話側金意化投るヌぼや精カ
方京ツき警出おじいて育ちゃのく私阪セろ
写狙ふ進察ヱょ弱だゃスきヒく性く室ゅコ
選択は略戦ぽテや読京レ嶋弱論解男探選
ひ登歩べ場覧に弱ヌスはぎ応再むヌれ京ニ
ト話カ正確やダ囚百登応っ意ヌ故ヌ
所し無ラクダ紛じざトだ歩画トぽど
受信ト金ハエ争精応化何ラぽ狙ぎ
ニカムヒ辞圧収れ加歩読暫音進
暫エシ合百オ本ヱ嶋くセ暫せ楽化
話っ能くど形シ論辞ぐの合進化
ヱ能友人てクョ何ょ多報写カヱだ
評価育精ひンぐるくるのぐ阪ヱヌ
だざ登暫結シ暫登るチ写
精っコ意せ果ぎ向せゅコ阪ヱだ

Puzzle 41

芸ぎ無登囚ふエ室エつつ読会報ホ陽能
登ビ百む化意クお化ひ社っマ海気選精
画ー妊グンイスーソリ進りゃネ重要ぐ砂
百ル圧ま再側プレ場権カょ暫れ出拡社カ
暫のぽだ注ぐレスソま読重ょカ再張展ヱ
ソむ登ゅホ写しじま写狙つく育囚示通ラ
て合向妊写しの日曜水然海ぐ進コエを
セトウモロコシの日曜水権登芸モエる
ハと規制を砂ひ国天れれ海権囚芸合何で
ひ話なハ結せ加私タッれ海権登しゃぎル
ぎ社方ょて私っ場報トるお愛ラお安ぎルぎ
向圧ょてドっ場報会百んエ安ぎだるま金
育クククおハルソ会百んエ忘れまひよぎ
ぽニてだむ弱所ろ阪写写摘開ドスう海

語群:
- できるよう
- 必要
- 陽気な
- リソース
- 拡張
- エクスプレス
- 注ぐ
- 天国の
- 水曜日の
- トウモロコシの
- 落ちた
- 展示を
- タッチをし
- 規制を
- スイング
- マネー
- ビールの
- 忘れ
- ハンドル
- となって

Puzzle 42

語群:
- スロー
- 部分の
- ソート
- 石鹸
- 将来の
- を見て
- 勧誘を
- 調査
- バージョン
- シンプルな
- 品の
- ています
- ベース
- 埃っぽい
- 継続
- 通学
- 発言
- にもかかわらず、
- 余りが
- 女王の

将来の品テトだだ然リむん能ぼむに摘せ砂歩んっ側ソ
話愛エ石やカ囚ど化べろまヌ方故もかわらずソート話チ
意狙暫鹸ま砂然多砂ま化社れ場モ調ひベ読摘歩モ
ク辞ヌ本を誘海勧辞ひどトい発す安かヒ継摘おぎニ所
せ登余りが見ハチ画クてン言おソ故せヱぎや継
話然ひだ部進てなプジ覧ょ読育続写ぼつ
場然エて海分ぽろラ百再スぎま育ぼつ
っ埃っぽいヒの摘つ囚ベース多摘京ま育
ニ登退んひ女故芸海 バ所京ツぼべ所
クぎサ育ル王安っ場選くっ育ツ摘ニ
むてヌじモの安場海結ゃ報育ぼやぼ所
通ひクま弱乏安方結嶋き加スぎ写つぼ
学むサまだ歩むル囚進育阪所ぎべつ所
重ゃひ場育摘阪進論育阪所ぎべ所ニ所

Puzzle 43

登登再、金ん通辞報ま海じ結つ嶋絵登
辞愛モ優多私べ加余裕がが社開セ百応然
つ応話れ権ヒ弱んま乏弱る砂っ何話
読愛やっろぽ画覧登用ど金多百母さニ加ホ多合ニ歩禁
も刑ょぽヒ愛ホ雇モ狙然何阪じ砂さんきど室意覧止する
覧務だヒく育モ選方私開じ砂べ解ルニ何阪開能催する
チ所摘論安サハ私報グロ方おめでとう登やチ催歩
ェ安歩ょ囚ひ場然報グロ方おめでとう登画歩京ラ
ッ海やだ室何解ソ座っていー安愛もぎ京会画歩京
クだの解ソ座って々個、ブ解側側阪読結京ヌモ出
が室何パワーの々個子精ヌ安再っ阪結京ヌラ
注洞パワーサだモ子精ヌ妊まニょ通芸ヌっモ出
報窟サだモ狙解帽妊まニょ通芸ヌっモ出
覧側精側狙解帽妊まニょ通芸ヌっモ出

帽子の
チェックが
、優れた
クラスの
お母さん
座って
注が
開催
刑務所
禁止する
グローブ
おめでとう
余裕が
、個々の
絵筆
洞窟
雇用
パワーの
の素敵な
目的の

Puzzle 44

カー
ヤギ
ウォッチ
櫛の
欺く
個人は
テレビ
第十
クリップが
イチゴの
スポンジ
レビュー
疲れ
学生の
正方形の
の物理的な
は何も
電車
単語の
クラッシュ

場所所私画れニ暫ゅむ話本ぽ阪進むカ
ス化き方覧スクラ応ひ本ニ私重圧社ゃっ然何
ニポ阪クだクシド本辞弱化選ぎも室ッ圧精
芸化ンチせら権進やく退はん育ヌじ然
ヱるヌジリ写まシ報読開海退ヌスノだく室再じ何ッ精
金く写どリ無向まリ開個人暫海金結っ所ぎリクだ意登ツ
ぽ乏れ故通方芸リカ狙摘ウォ再無チ電車通だ話
ん物理的な向ゅノ欺学んれッチ芸乏海無ぎまク
のゴ退乏結しテどセトッ語単お第電通海通囚ク
チイ化投ざ再クレビ正方形のサ十嶋芸通通無ぎコス
ヒ暫おクレビ正方べ疲ヤギ精ゅ何通無ス
能選ヌ砂じの覧れニくも歩ヌん乏無コス

Puzzle 45

じ論多会モきェょ退検ぎぎホ弱テ能
ペっテ嶋開ノリチベ査会然サ進るおざ
てニマ不ぐクなせ要重の行旅会芸ヒ場登阪然
嶋ょー可選再写開防会出ダくヌ側歩無ぎょ登
リ話テの能ホ社権室飛再エ狙阪らトだ論
進だの側ヮ辞ノ所ぎ行モリむおひ能阪登ざ
ニ辞写ヮや方せ攻ト撃機編を登ま妊精でん向
所日聞いてテざ随化応っ一社精会ヒク砂歩妊
会差お作成今日のざ随化応れ進タ安ス然権乏百カき
ゃ選化今日のサ付ル撃応っー社精会ヒクだ砂歩妊
安摘投しるサし砂れ進タ百化会写だ百カき
ぼ暫精解権報愛ぎニ安スセ然権乏百カで
写ざ退む室阪ソソ読インチ臭出百権
ょで歩開精摘ハ百二重モェいレ重権で

日差し
のテーマ
付随
今日の
認識
検査の
編を
ペニー
攻撃
インチ
防衛
旅行の
ダウンの
の重要な
聞いて
飛行機を
臭い
不可視の
モンスター
作成

Puzzle 46

奪う
ちょっと
スチーム
ベル
長さが
成分
拡張する
管理を
オープナー
ストリート
表示される
たいと考えてい
欲求
数の
の経路
アヒル
音声
新しい
編集
スペルチェック

場論会ラた編集能読長覧ざ合ざゃ表方
ちょっとれいし新べさ奪う成分化示合だ
ヌひせヌひ阪と側ルが管理を多ひされる二能
覧クチむ再結でラえヒコ摘摘カヌ故んスんど
エッチむ再結でラえヒコ摘ひヌ故路方だハ
ニェスょセ圧選方ぐてヒい声の経囚せチひざ投
スチームぎ弱ぐ妊ぐヒラじ辞数圧応ょだも
サルナ私圧辞モ芸ラチアニせチ退金方ス金
摘ペプ会ひまル私解側論育クょ然精辞むで
拡スーっ所愛じ覧能ひれヒ場退金権やつ育ま
砂張オ応き能ソ愛っど所ル開金精然権やつ辞で
サリカすサ狙加写エ阪応砂ひんぐっ摘弱乏阪育で
弱側側論ニ暫求狙れ場ひんぐやつ辞育でま
おサニむ砂海ひ出ヱれ摘弱乏阪育でま

Puzzle 47

```
エ ス 脅 デ 通 っ 精 出 多 妊 ツ 向 私 登 セ 登 ぎ
だ ッ 威 リ 解 重 進 き 場 報 セ ニ ソ 会 愛 私
然 阪 通 だ モ 選 ケ 写 話 ノ 報 圧 解 だ や ク ど
ぽ キ チ 歩 て ひ だ ー 話 、 大 カ 近 の 環 側 遅 報 摘
ス グ ト 然 ク だ メ ジ 結 最 近 有 再 ょ い 所
阪 報 ノ 安 妊 メ 向 本 む 退 利 っ 故 登
百 社 ル 場 愛 ど き モ ま 多 海 な 解 ろ い し
ス 何 百 芸 ラ 報 ヱ 愛 せ ノ 場 開 決 ょ テ 読
チ 開 二 ひ 側 所 登 ま ク 摘 化 金 せ 読 ふ 進 ク
砂 想 ょ 進 ク ピ 京 狙 本 ざ 覧 だ 側 加 しゃ っ リ
ヒ 像 ニ ス マ 科 学 者 写 れ 加 応 解 ゅ っ で 向
多 室 ノ エ は ひ 本 フ ェ ン ス を 現 在 発 育 ル 見
き 室 コ 化 る 、 ク ぐ コ つ イ ぐ 菜 精 見 ル で
囚 お 室 辞 ひ ニ 嶋 応 何 コ 選 野 進 百 せ で 向
開 お 室 辞 ひ ニ 嶋 応 何 コ 選 野 進 百 せ で 向
```

メジャー
想像
ピル
デリケートな
解決
チャンス
現在
野菜を
フェンスを
、最近の
遅い
クマは、
最大
ストッキング
科学者
発見
コイン
有利な
環境の
脅威

Puzzle 48

ソース
正しい
不規則な
示しています
招待
必要と
ビット
ブロー
進捗状況を
ホテル
車両
庭の
定規は
優しい
オベイ
回復が
だと思う
フェレット
話す
シェル

```
正 も や せ レ む し ヱ ふ 示 方 ト ク れ 無 阪 っ
し 乏 選 サ オ ベ イ 登 話 ノ し 京 モ や ま ニ ひ
い 論 ス 圧 登 ソ フ ェ レ ッ ト て ツ ょ 定 招 待
リ ヒ 登 し っ ー 覧 だ 摘 場 覧 登 い や 規 海 つ
れ 多 精 ル セ ス ヌ 読 何 無 百 だ ま は す 囚 ニ
ゃ ト 庭 の 回 復 が 多 権 ク 砂 方 ぽ ぶ 加 話 選
解 妊 弱 ビ ド 出 リ 然 歩 ニ お ん ろ ー 場 愛 セ
っ 本 し ッ お 嶋 向 狙 権 ル ぎ れ だ ト ょ ロ 二
サ サ ま ト ま せ ノ 論 海 ぎ 会 再 ひ ト 金 む 会
辞 だ 話 ニ 写 砂 選 モ ま ツ 選 シ 論 故 再 画
も ぎ 場 ノ く 開 画 ヒ ひ 化 狙 ェ 圧 ル 車 出 や
進 捗 状 況 を ニ 権 育 狙 ひ 海 ゅ 故 テ 両 ゃ ょ
ソ 権 話 所 必 ょ 育 重 本 ゃ 室 ゅ ホ
ん 登 ニ 通 要 じ ヒ 開 暫 読 安 社 応
登 然 ニ ト と き 不 規 則 な だ カ 話 故 多 ぞ
```

Puzzle 49

```
イ フ ル ー ツ ド ケ ー ス せ 選 話 ア ド く き 挿 入
退 べ 論 モ リ ぼ ぎ 選 ょ ニ 多 選 ク サ モ コ 入
や が ン ー ケ リ ハ ろ 環 写 育 軍 テ 応 出 方 し
海 ヌ 好 ト リ カ ー テ ン 境 話 隊 ィ セ 席 だ 安 妊
退 ク 奇 好 を 忘 れ て し ま っ た ブ エ お ぽ 妊
摘 無 心 む 叫 故 芸 ニ 出 応 無 ニ 愛 向 っ ノ ド
再 ょ 旺 祖 百 ん 砂 心 解 ょ 登 も エ ベ 退 ゼ ロ
き ク 盛 母 で き だ 配 方 ひ 多 ま 百 何 退 カ 方 意
投 ん 出 ニ ぐ じ 何 ん 向 く ま ぎ ス ヌ 応 画 報
れ き 進 再 愛 ラ の 厚 さ の 囚 エ 妊 京 オ 報 じ
再 海 ぽ 選 セ 開 む ニ 会 ひ 無 ニ 再 選 狙 報
む 進 出 じ ぽ ヱ ハ 何 報 合 ニ 狙 ス ン お じ 結
ヌ 再 ゃ ぎ ト 重 報 精 多 モ ま 室 結 ぎ お お 結 京
化 開 む ト れ 平 和 辞 ひ ス む ヱ ル ぐ ん 論 京 室
暫 能 私 ん 側 ょ じ ぐ ニ ど ひ 解 暫 ニ 妊 妊 室
```

好む
叫んだ
ゼロ
祖母
心配
イベントを
出席
アクティブ
フルーツ
環境
カーテン
挿入し
の厚さの
平和
忘れてしまった
オレンジ
軍隊
ケース
ハリケーンが
好奇心旺盛

Puzzle 50

```
単 れ 笑 辞 所 ト 社 ク せ コ 社 開 に 読 何 サ ポ
な 通 っ 進 通 ト ニ 等 し い 向 愛 つ 通 テ ト つ
る す た む 画 ろ 海 ひ 選 報 け 乏 レ 最 ス 無 応 テ
べ 権 や ニ ぎ リ ク 愛 報 て ス ざ 悪 多 進 テ ッ
調 リ ぼ だ ふ ひ 向 画 出 だ れ だ 意 お 進 圧 ヌ
ワ ざ 愛 テ 本 何 画 ぐ ホ 愛 能 登 方 育 ろ ヱ カ ス
れ ー 海 ひ て だ ホ フ コ 所 歩 囚 向 場 ふ カ や
嶋 ま キ 写 阪 読 方 ラ 開 だ 弱 側 ホ 合 カ 砂 セ
あ ソ ン 画 芸 ボ フ イ 会 歩 ホ だ ヌ だ ル 摘
報 る レ ぼ グ 能 ル カ ロ 化 向 外 ヌ ょ 摘 ゃ
狙 モ こ じ く だ ト ー 芸 出 観 日 ホ ふ 重
通 読 ヒ と 進 嶋 ト ラ ッ ミ ア の レ 本
お 勧 め し ま す 場 安 ク ッ ノ リ 阪 然
で ゃ 役 歩 べ 摘 ぎ ク 意 ン ゴ 安
選 鼓 舞 割 写 ソ ツ 退 サ 室 ヌ 辞 然 重
```

あること
笑った
に向けて
フライ
選択し
トラック
ポテト
日の
ボルト
アトミック
ローカル
ワーキング
鼓舞
等しい
最悪
役割
お勧めします
調べる
単なる
外観リンゴ

Puzzle 51

、せや無報む育ルク読投ま本退ペ連弱チ
ニ何今結誕チ室てむ出室歩解ン絡き能
ンひ後じ会生合弱ソ摘愛私だろ先狙愛
ジサたに族の数過読や選通向論ニゃソ
ン安し摘精百出投応権ろ摘ホ会京
育砂応嶋っヌ然写群重ニ社所ラセモ摘
くラカ囚愛妊チつまスン金解応て難なゃ
砂コセぎ海トク圧テン結ホろ開無京は
だ合無海ぐクッ方覧ろ阪二百習育
戦略登狙京写ょ選じケ応化メ向報囚
ゅだセ精し報選じざっ応ジュースモレれ
ラ辞ド支ら豊まもレ圧安結ジュースドーネモレ
解ソ論豊かだ砂的なぎテドーネチろませで
エ狙スか支配的な暫ヌひだチろませで
本登辞なド暫ヌひだチろませで

ジュース
ペン
モーメント
ジャケット
過半数の
戦略
練習は
レモネード
マシン
の家族に
、ニンジン
連絡先
誕生の
群れ
豊かな
した後
育て
困難な
支配的な
今後

Puzzle 52

含まれ
砂糖
キャロット
心臓
雑誌の
態度
次の
泥だらけの
休暇は
利益
歯磨き粉
労働を
資源
失われた
比較
明日は
、カリフラワー
カナリア
値の
コート

退解意含ひ解泥辞やルヒひ資合ニだ登退だ
合開で場ませ選だ休金然開源京っま応だ会っ
テ値の態おら読暇能心臓サぼ歯ま嶋の投故
阪れ故労度ぐ重二は明場チぎ磨き次化通ゅ
所ストをゐ辞のノぼ明るざニ粉進辞む解ゅ
クルトをルヌ乏ま方る暫権退む故嶋む私
、カリフラワー解っコサ化社退や安投嶋応る
乏選写るキ話然砂るレ比意お安じハ私ニ
ん嶋っャカっょ室砂セ較会覧安故画ぐ
ス失ど進ロナ再加るどコ覧コ私サニコる
雑わ妊でッリょクチ利益砂糖サ故る画
誌れホ嶋トアチョク利ざ場っコ嶋む画
のたぎルー結通話ラ益場糖サニコる
百嶋ホしコノラスざ場っス糖ニコる
ヌひくセ弱狙百ざ場っス糖ニコる

Puzzle 53

```
ぎゃふぎだ権んてルくむ向しラ社カ登
失望わ私つヱヌヒ応囚ょ安てソ応クぐ
関スふニトだ絹のような全い開ぎ狙何
係進わッ画スプリングのにるぐニや論
のせむラ海応ゃまスや特きクょ精阪ク
再百ひきス然嶋もッス暫定し場育室能
ふ室巨大ひルツスレ乏嶋再でトだ第カ
京読ハ乏通退投化っ再トニ収四だれ
エ無ヒ影き海ヱま登ぽニ本開育故
ドエト響読無選ぽぎ私ニ出スニまむ
むソひす合乏叔人嶋ヱ本囚進バ育故
ハードる二意ク母口アリーナ嶋ふッむチ
写ト側て回室意ひ者化結ク写摘多私せ
室報無解クぐ山合ルコモ金れどむやヱ
会ん暫私暫金猫もひ多て乏カ摘何れヱ
```

している
の特定
影響する
アリーナ
レッスン
失望
叔母者
ふわふわ
第四
バッチ
ハード
関係の
山猫
安全に
スプリング
巨大
収集
二回
人口
絹のような

Puzzle 54

のプロセスの
ソファ
シャンプー
砂漠の
しばしば
ソーセージが
するものと
銀行
少し
物語
機関
古代
と言う
調査の
バタフライ
はいを
事実
美しい
語っ
、十分な

```
すサニぽひ無解登とれ本加弱弱二開ょ
物る、十分な美しい言の漠砂く写合む
語ひも開ぎ嶋少機関うプ愛進側ぽしチ
能ソれの開然応ん応私狙しセば語れば
多ファ古代私合調査何ゃニ結開ふきふどく論乏ぐ
ニ結解ぼ側やつるべ京バ場合だ重芸再モし選通退ニ故私ろ
二合ざて精社覧阪妊権ぎ室ヱだ話囚ふ多歩故画ぎ
合ざスンベ妊故方能だフライ応摘室暫芸シャンプー
精応リドラ登ふ妖囚ヱるモ所会ハクテま暫重ソ
```

Puzzle 55

だ	登	能	側	ヌ	故	化	愛	圧	圧	本	デ	ス	ク	画	歩	パ
通	再	だ	む	ヌ	摘	ソ	開	圧	ぎ	カ	ニ	ま	ヱ	チ	石	ン
む	っ	場	摘	ク	適	ょ	投	圧	縄	タ	マ	ネ	ギ	は	、	は
私	し	京	能	本	切	鉱	げ	に	ラ	ヌ	権	モ	室	て	方	選
狙	然	ホ	ひ	て	な	カ	山	育	モ	報	ゅ	テ	退	暫	ろ	
登	ク	海	ス	リ	チ	ヌ	ラ	多	会	育	ヌ	も	る			
乏	リ	っ	激	合	場	然	阪	京	れ	だ	論	圧	報	化	能	
ヌ	ス	報	サ	怒	バ	ー	キ	だ	ろ	天	狙	故	お	チ	ゅ	ヌ
ベ	マ	き	無	ク	ゃ	ょ	ャ	室	ひ	読	使	ぼ	ふ	ぐ	社	る
ニ	ス	加	報	要	求	出	ッ	ョ	ヌ	月	曜	日	クス	べ	ヌ	
愛	の	科	理	暫	ま	ゅ	プ	砂	ル	ま	弱	弱	で	べ	ラ	
しよう	乏	ん	や	海	チ	ん	ソ	ャ	芸	ひ	れ	退	再	だ	ニ	ょ
向	モ	読	愛	れ	ょ	ツ	ホ	出	意	狙	ノ	つ	ひ	ぐ	だ	ざ
海	れ	ニ	ひ	ハ	ン	バ	ー	ガ	ー	解	る	能	画	再	ラ	
無	ク	多	分	貢	献	ひ	ん	向	ク	る	れ	チ	所	覧	結	ざ

キャップ
要求
鉱山
バーン
パン
天使
多分
デスク
適切な
タマネギは、
投げ縄
理科の
貢献
しよう
月曜日
石は
クリスマスの
ハンバーガー
圧力
激怒

Puzzle 56

引っ張っ
セクションの
を介して
、リンゴ
の階段が
確かに
無視
休日の
泳ぐ
ムカデ
関連
人の
ワゴン
カエル
複雑な
、ポテト
そのもの
システム
火傷を
色の

社	妊	圧	芸	サ	室	故	話	火	阪	れ	権	ヱ	能	無	報	応
レ	育	シ	だ	も	加	無	写	傷	ク	摘	報	れ	加	無	ヌ	テ
ラ	権	能	ス	モ	ぎ	視	複	を	囚	海	ク	加	ク	向	進	合
引	む	再	テ	選	能	泳	雑	出	ル	ゴ	ス	ン	覧	ん	ト	百
っ	べ	無	れ	だ	海	ぐ	読	な	百	ま	ワ	権	覧	投	お	
張	安	ヌ	暫	デ	カ	ふ	選	故	コ	コ	百	応	読	弱	せ	
っ	結	合	話	ょ	ム	れ	お	ゅ	ス	ス	ス	読	側	意	ぼ	
確	か	に	人	辞	エ	お	ゅ	退	で	本	を	権	ト	妊		
も	画	辞	の	愛	ス	、	リ	段	そ	介	進	ょ	ホ			
故	歩	ぎ	応	つ	ル	、	ン	ゴ	階	の	し	重	京	無		
本	乏	だ	登	日	、	ポ	が	登	乏	も	社	色	の	だ		
登	ぽ	嶋	歩	休	画	精	せ	ざ	進	の	て	カ	ん	ス		
芸	レ	し	や	ニ	海	精	ひ	嶋	百	通	の	ぼ	摘	ニ		
ツ	ヌ	む	解	ゃ	ひ	論	ゅ	セ	権	リ	リ	覧	ヒ			
読	ス	ょ	重	開	加	れ	エ	解	関	連	モ	ニ	ク	ふ	応	カ

Puzzle 57

```
ょ 退 登 会 会 登 側 辞 薬 物 会 エ ゃ だ ど 読 応
ッ ト 摘 芸 所 意 社 多 二 方 ぎ ょ 登 ス 年 金 歩
だ 京 通 セ 投 支 出 エ 安 無 本 サ 画 暫 減 少 セ ぎ
社 閉 じ 込 め る エ ン ピ モ 化 故 チ リ 阪 ひ ニ 開
囚 画 ホ 愛 歩 育 ン ド ル パ 進 化 ト せ 能 サ ヌ テ
再 歩 囚 所 ト 行 ウ フ ホ エ ホ 退 カ も ノ ー き ろ
ま 能 意 テ エ 向 ォ ふ セ ア て 再 マ や ー ビ 場 選
所 トゥ 強 い く む セ ク 所 コ ふ ギ ス テ 合 せ 傾
能 阪 結 ふ っ 能 砂 ー ク 材 ど レ 側 百 百 結 向 が
ノ に お 存 狙 権 ョ シ 暴 料 開 力 塗 料 ヌ ホ 然
し 十 意 続 だ ホ 室 側 開 ャ 海 進 百 ヌ 故 圧 写 モ
コ 分 ハ 読 百 室 む ぎ ツ 化 論 合 ト 故 圧 然 ク 精
投 な 圧 会 定 義 私 能 ひ 画 ス ホ 場 話 セ 然 ク 精
進 論 ひ 重 セ お ド て 向 権 方 囚 セ 狙 解 写 精
ニ お 金 方 社 私 能 ひ 画 ス ホ 場 話 セ 然 ク 精
```

サービス
に十分な
エンドウ
塗料
ピン
タマネギ
閉じ込める
セクション
傾向が
少年
歩行
存続
支出
定義
薬物
パフォーマンスを
減少
強い
暴力
材料

Puzzle 58

飛行
管理します
クラウド
ウサギは
社会的
アームチェア
ガチョウ
基金
柔軟な
学ぶ
立派
ビート
フェンス
提出します
崩壊の
摩耗
行い
市場の
適格
破壊

```
何 選 フ ぼ 場 解 ル 向 砂 っ ろ 摘 ク ど ま モ で
重 再 ェ っ 金 ヱ む 基 適 格 ま レ ラ ぼ 市 場 立
ひ ぎ ン ヱ や 社 会 的 金 崩 壊 の ウ ラ 場 精 派
行 い ス 進 場 も 加 レ 多 ビ 破 セ ド ま 精 退 の
飛 ヌ ツ ツ 何 安 ノ ル ゃ 写 ー 退 辞 な 砂 ひ 精
だ 金 加 ヌ 側 乏 囚 弱 き も 再 ト ソ ガ 会 コ る
無 多 合 故 通 狙 コ ひ っ や 圧 海 チ ヌ 論 話 き
開 重 管 理 し ま す ア ー ム チ ェ ア モ 社 芸 合
摩 耗 ぎ せ ヱ ヒ 提 出 し ま す ギ 辞 登 む ひ
摘 ト 応 通 辞 ニ 辞 狙 ぎ ろ 権 は 合 ト 暫 読 ぽ
応 だ ハ ツ 応 無 金 ろ ホ 所 ま コ サ も 報 べ 選
ク ざ 学 ニ 投 乏 狙 ろ 論 金 京 ト お 意 せ
セ だ ぶ ょ 砂 く ト ク せ 何 ゅ 多 歩 せ れ サ っ
愛 ぎ 歩 く 応 ク 向 狙 っ 無 私 無 れ サ っ レ 覧
```

Puzzle 59

```
何 化 ん 歩 論 弱 発 生 昇 ク だ ク 精 る 百 サ 育
ど リ ぼ フ ォ ー ク モ ニ モ ヱ の 摘 ろ 話 サ ょ
、 応 乏 会 所 投 ニ バ る だ 画 ん 辞 話 暫 圧 る ヱ
会 だ 山 む 所 投 応 ニ っ ま だ 妊 覧 が 結 結 能 暫
能 ぼ 狙 嶋 れ カ バ ー き 向 ひ ひ ゃ 退 暫 ヌ 写 問
モ ー テ ル カ 通 因 ぼ 無 選 ニ だ 野 ょ 画 画 京 リ
退 ゅ 画 長 い ブ 出 じ ど だ 心 ノ ド 応 報 ょ 囚 選
も ヱ 達 成 し て ブ レ ン ド 私 意 だ 再 ぐ お 登 安
ト 話 与 え る レ リ れ ぎ ソ だ ま べ ひ チ 場 ク ド
与 え ろ リ 辞 精 ざ 登 エ ろ せ だ 退 む べ ひ 権 ク
ろ ひ ク ラ テ ノ っ 重 百 退 む べ し ま 応 権 ぎ ニ
ひ ス ま ぎ ノ っ 登 エ ろ 精 し ま 応 権 ぎ ニ 本 結
```

野心
クロック
与える
訪問
、山
長い
バニー
昇給の
悲惨さを
フォーク
歓迎を
モーテル
話して
ブレンド
発生
達成
グレース
スタッフ
カバーが
告白を

Puzzle 60

リアライズ
下降
ソーダ
小麦粉
簡単
民俗
ベルで
理由
ポニー
タスクの
の影が
モック
叫びは、
弱い
ランプ
エンド
キャンペーン
終了し
血液
細かい

```
タ 海 や ふ 会 ス 写 小 ぎ 嶋 ツ 合 ヌ 場 終 ポ ラ
ヒ ス 再 ゅ べ の 影 が 麦 論 だ き せ っ 了 ニ ン
下 降 ク ッ モ れ 弱 場 弱 粉 叫 び は 、 し ー プ
ん 開 登 の 辞 出 べ ス い か 細 血 も 話 っ せ ス
論 理 ベ ル で 通 チ 能 出 液 ノ っ 囚 会 歩 摘
じ 囚 由 ホ コ ぐ 場 暫 方 ベ 化 ぎ 登 育 重 登 だ
海 つ 摘 る ょ 囚 だ も ひ ダ 安 登 多 ツ 愛 愛 応
も 安 解 京 だ モ 狙 狙 モ 民 場 せ 場 ょ 辞 室
選 妊 故 簡 ヱ ぽ 安 ク 俗 っ 意 エ ド 芸 む
ト 乏 本 単 ま ホ 狙 ぎ っ 場 安 ン 側 ツ
じ ヌ 覧 て 妊 つ 狙 話 登 む セ 精 何 ー ペ 報 カ
芸 ぐ 読 愛 ぽ む 会 写 や ら っ 芸 ク 故 ン ャ 砂
能 ド 開 ソ 登 ふ 投 故 画 意 能 ホ ラ イ ぼ
応 応 で べ 能 ヱ 加 摘 ク て く 阪 写 ハ ズ 然
```

Puzzle 61

然	ヌ	ホ	摘	や	ク	リ	経	ク	側	延	ほ	う	れ	ん	草	精
リ	お	多	ど	狙	砂	コ	雪	済	だ	期	乏	論	圧	モ	議	場
、	だ	ぼ	ヒ	っ	ん	だ	の	を	作	成	し	社	ヌ	て	論	リ
マ	摘	む	進	歩	嶋	乏	コ	ク	適	用	ひ	今	ノ	っ	話	応
ウ	だ	コ	圧	退	ト	ク	ノ	ー	ざ	機	ク	ヌ	や	乏	く	お
ス	海	く	解	写	レ	を	京	話	ぎ	ニ	ラ	辞	愛	暫	ぎ	甘
の	覧	プ	登	私	だ	囚	病	気	の	イ	チ	ー	報	ど	ヱ	い
読	ク	ロ	ハ	で	だ	会	ヌ	マ	ウ	ス	場	画	結	愛	歩	ゅ
安	決	セ	圧	室	ぎ	方	安	方	覧	場	覧	ニ	ノ	開	側	く
ハ	定	ス	登	き	る	応	ヒ	方	向	だ	リ	だ	精	何	無	合
社	完	圧	登	嶋	開	画	っ	向	ょ	ゅ	ト	退	二	覧	サ	ハ
開	璧	ひ	覧	愛	ゃ	然	百	リ	ゃ	ゅ	て	い	化	も	愛	側
弱	囚	ま	愛	だ	応	ふ	て	リ	ゅ	て	退	い	つ	で	も	つ
カ	ル	阪	選	レ	ょ	ふ	て	て	退	い	つ	で	も	つ	サ	
金	ひ	選	レ	ょ	ふ	て	て	退	い	つ	で	も	つ	サ			

Word list (Puzzle 61):

- 、マウスの
- 機能を
- データの
- コートを
- プロセス
- 甘い
- 病気の
- 議論
- 雪の
- いつでも
- ライター
- ほうれん草
- 決定
- マウス
- 完璧
- 今や
- 経済を
- 延期
- 適用
- 作成し

Puzzle 62

パ	全	体	に	デ	合	愛	ら	っ	覧	ひ	重	圧	自	ま	へ	社				
ー	話	話	れ	ザ	能	ル	プ	ナ	イ	パ	サ	場	体	看	ア	ょ				
テ	ま	れ	何	イ	カ	ゴ	リ	シ	向	き	多	ヱ	護	ゅ						
ィ	出	何	能	ン	テ	ニ	所	ュ	ス	つ	ク	化	摘	ド						
ー	っ	退	を	サ	ぐ	む	選	社	を	ぼ	ょ	摘	結	し						
は	も	を	通	ト	何	惑	ヌ	狙	無	ク	ぼ	嶋	セ	故						
、	ぽ	通	じ	ル	チ	星	圧	摘	価	エ	た	リ	ゃ	読						
無	ド	じ	て	サ	通	登	ソ	ぼ	ろ	退	や	ド	ハ							
た	い	て	っ	知	暫	ス	ニ	狙	ヒ	方	に	し	退							
故	べ	っ	お	結	再	投	開	い	サ	か	嶋	故	き							
き	登	お	安	チ	く	栄	弱	穏	レ	ニ	や	読	芸							
ま	ク	サ	百	合	ざ	弱	ソ	養	開	ぎ	金	ハ								
じ	ピ	安	だ	し	弱	側	モ	素	ノ	ゃ	所	退								
ま	ッ	百	ヌ	合	レ	歩	故	対	テ	摘	ひ	き								
場	グ	境	界	選	コ	重	む	ト	ぐ	ま	で	ろ	無	ハ						

Word list (Puzzle 62):

- 自体
- ヘア
- 高価な
- 惑星
- 看護師
- デザイン
- 境界
- を通じて
- 知っていた
- いった
- 穏やかに
- 全体に
- ピッグ
- パーティーは、
- 栄養素
- 反対
- パイナップル
- カテゴリ
- ラッシュを
- 腐っ

Puzzle 63

```
、 ひ リ ひ 摘 だ 故 室 私 ぽ ノ 解 報 ハ コ ひ ヌ
つ 比 エ ょ ニ 故 本 カ つ 描 く ド 進 場 コ だ 芸
ぎ 精 較 方 別 妊 阪 論 ヒ 故 ス ド 論 グ 乏 報 安
目 百 芸 熱 本 合 故 ス ド ハ ワ だ ベ ヲ 写
が 社 京 本 報 投 歩 ニ 能 ニ 歩 ド ー レ グ 狙 ツ 妊 社
覚 写 報 サ ニ 歩 ぎ 劇 場 側 ショ ど ズ や ド っ ク ひ
め ク ク 合 ス 弱 む 的 ぎ ッ シ 社 ぼ 選 ツ 足 む セ ホ
た っ リ エ 金 退 レ て 読 む ェ ク 乏 自 転 車 の ハ き 妊
妊 精 ッ ニ れ 役 員 む 所 ぎ ェ 安 歩 っ 痛 い 再 計
ぎ コ プ コ 出 の 雪 だ る ま ア ニ 応 だ い 合 ぐ
ぽ 故 バ タ ー 写 学 妊 向 ホ ツ ま べ 進 結 じ ま ぐ 圧
多 モ 狙 ど 能 論 チ 加 再 モ 登 っ 通 ぐ ベ
京 ヌ 合 能 圧 乏 レ く 阪 画 方 権 場 歩 つ 圧 べ
む 覧 コ ト っ 能 論 チ 加 再 モ 登 っ 通 ぐ ベ
```

クリップ
ドラグワーズ
熱帯
別の
自転車の
描く
バター
足が
劇的
痛い
グレード
合計
ショック
、比較
役員の
目が覚めた
ココア
大学の
シェア
雪だるま

Puzzle 64

幸運
ホイール
悲しい
避難
捧げる
ドラム
吸血鬼
種類の
ネイティブ
発音を
干しぶどう
鉛筆の
流体
ボローを
最高の
に沿って
大きな
でもない
横に振りました
冒険的

```
能 会 歩 レ 加 最 ょ ト む 登 コ せ ょ 本 室 金
歩 だ ど ま 写 ぎ 高 退 覧 も 阪 画 社 狙 方 私 ざ ひ
ク 嶋 阪 ト 退 摘 百 の 類 種 ノ 京 ネ 百 ぐ 向 鉛 筆 の ろ
ボ ひ 吸 冒 険 的 干 多 重 摘 ル ー イ ホ ド ハ ゅ 悲 し い 圧 京 リ
ロ 所 血 妊 チ た し ぶ 振 に 横 結 避 ゅ 話 ク ろ 能
ー 重 鬼 社 サ モ ぶ 嶋 ヱ っ 権 精 側 難 せ 育 百 ひ ろ 故 ぐ
を に ト 私 向 ど 阪 ぎ 所 乏 ブ ツ せ ヒ 阪 妊 愛 読
音 ぽ 沿 ぐ 側 向 京 妊 ト ひ ぽ 出 権 い む で ク ヒ
発 ひ 画 っ ソ で 読 ょ む 応 く 論 流 ヒ 体 場 ヒ
で 権 側 ド て ま 覧 も 圧 エ 所 芸 ど 再 妊 愛 故
ひ 然 囚 ラ ん モ ヒ っ 海 れ ひ 投 乏 能 弱 読
ぽ ト 退 ム 芸 ま 解 選 場 ヒ ヒ ソ 安 阪 場 ぐ
ょ 投 ゅ カ 妊 ょ 登 妊 精 然 ま 退 報 再 妊
大 き な ニ 狙 セ 写 歩 出 っ き 解 読 る 弱 読
京 登 幸 運 話 権 嶋 出 っ 報 ぐ
```

Puzzle 65

```
解 ツ お 読 や 能 改 だ ま ド 芸 チ ふ ひ っ く し
意 ゅ ハ ょ リ 弱 善 化 ふ 進 ラ タ ニ べ 解 愛 サ
お モ 投 む 加 く ド ス ニ 報 ヌ イ ク イ テ べ ス
結 サ 摘 育 登 安 通 じ 論 結 だ ホ レ 能 囚 権 通
チ 場 摘 覧 せ ま 摘 重 再 あ ホ ー ス タ ル セ 私 進 解
結 無 精 む 電 退 ヌ 再 あ ま り に も タ れ 暫 乏
意 ヌ ホ む 気 レ ク リ エ ー シ ョ ン エ ル 乏 つ
話 結 合 ト ぎ 場 権 ニ セ ジ 圧 論 辞 抱 き し め
精 安 ん て 京 阪 モ ス ジ 退 多 必 加 囚 ょ 圧 向 ト
ま む 取 故 ふ ト ッ ポ ィ テ 見 加 育 ヌ ニ 化 べ
ニ コ 引 摘 ホ め ー ケ 覧 ニ 辞 狙 加 ヌ 報 覧
ド 投 応 ニ ス 方 コ ツ 結 安 修 ド ど チ っ 金 標 ヌ
場 ス ク ラ ブ ク 弱 は 合 ノ 理 本 チ っ 金 覧 標
ク 写 ゅ ぐ ま 場 私 、 加 社 を 化 ま 京 っ 通 準
読 愛 サ ハ 金 だ 然 妊 ク 化 故 覧 室 ツ や 合 セ
```

抱きしめ
ため
必見
あまりにも
テイク
レクリエーション
標準
修理を
ホタル
結合
取引
改善
ティーポット
スポーツは、
イタチ
電気
スクラブ
ドライバー
クレス
ケージ

Puzzle 66

読み取り
考えます
見つけます
葉を
作られた
みなさん
に従って
、適切な
いっぱい
干ばつ
政府
方向
政治
リスト
ロック
何も
カール
電話
思っ
食べる

```
芸 重 エ 芸 ル て 見 チ ろ モ セ む ヒ 金 に 加 、 適
砂 愛 覧 ラ 投 ル っ 干 応 無 て 無 サ 従 ま 切 な 加
ひ ざ 囚 れ モ け ば 投 ス 何 モ れ っ 加 て ス ノ カ
出 本 場 せ て 覧 ま ヌ セ も ト 政 お ュ 読 方 り ベ
ク 場 会 解 ゃ じ す 投 退 意 せ 所 妊 ん 方 向 覧
然 ぐ 政 治 重 ふ ク 論 合 圧 ラ お さ 読 取 育
解 ぼ ひ 結 社 電 読 写 だ エ 覧 妊 ニ な み ク り
重 思 進 ろ 弱 百 話 ぎ っ 然 室 圧 通 み 乏 力 開
本 重 っ リ ト 考 ま 阪 カ ゃ 故 読 辞 圧 囚
嶋 室 い ス い え っ ー れ ク 結 妊 歩 ひ 然
ぎ 意 っ い 辞 投 ぽ ま チ 方 れ 向 故
覧 む 会 本 だ 然 無 進 ス 登 囚 せ ひ
コ つ 葉 せ 向 ロ す 通 ヌ ふ ラ 向
食 育 を 狙 歩 ッ ク 圧 私 故 ぐ せ
解 狙 加 京 権 べ ヌ エ 阪 ヌ チ ぐ 私
```

Puzzle 67

```
ざ 本 っ 室 ソ 選 応 っ ホ 然 登 ぽ 写 意 っ 芸 開
所 話 ヤ ソ ヒ で 論 ゃ だ 会 加 ひ じ っ ヒ 遠 高
む 権 ヒ 乏 妊 タ フ な 京 安 や モ ニ 暫 く さ を
構 築 金 融 室 覧 能 ト つ じ 百 育 最 チ 化 れ 汚
ひ 所 チ 室 れ 弱 退 ょ 誰 愛 然 砂 や モ 摘 ニ 再
も 然 話 セ 歩 参 加 狙 か 結 選 金 圧 話 ヌ 読 阪
能 圧 嶋 ぎ 開 応 ろ 私 の 応 る 応 話 ら 画 圧 私
リ 嶋 ク 所 経 の ム ラ 合 ろ も ハ 辞 多 画 写 セ
ん ク ッ 経 験 芸 庫 ニ ソ グ ひ 退 ド 私 合 ト 多
ゃ チ ヌ ス レ 蔵 る 社 ン ロ ぼ 開 投 致 ビ 海 論
る ト ス ヱ 会 冷 多 化 プ 進 ゅ ニ せ 命 ス 合 応
ト ヒ ラ グ 乏 リ ク ヱ 化 権 再 お ニ 的 会 一 っ
育 あ り が た い こ と に 弱 意 ネ ギ な お ん ろ の
```

最近
クモ
タフな
ネギ
プログラムの
金融
経験の
致命的な
プラスチック
構築
高さを
ありがたいことに
ヘロン
参照
ビーチの
誰かの
遠く
汚れを
冷蔵庫の
スグリ

Puzzle 68

は、
妻の
ディプロマ
キス
インターセプトを
エンジンが
ギャロップ
サッカー
ウールの
メカニック
、標準的な
開始
タウント
より多くの
改革の
蜂の
川の
輸入
彼の
リーダーの

```
多 ツ リ 妊 本 っ 通 ろ 暫 ん 写 サ ぼ 乏 開 サ 砂
く メ も 故 で ラ ト 登 ぎ ヒ 京 二 始 圧 ル 権
ヌ 京 カ ク ゅ ツ 圧 応 れ 権 ぽ 所 ド 阪 進 囚 ヒ 投
重 出 モ ニ 狙 重 、 標 準 的 な ラ 権 進 せ ソ 狙
ソ チ ひ エ ッ 妊 は よ り 多 く の ホ 投 改 リ 然 ノ
弱 再 読 再 カ デ 読 ラ 然 だ ル 重 革 愛 応 会
ド 話 ソ レ 意 ふ 加 権 登 が リ 摘 の 彼 ざ
ト ろ 結 読 を ト プ セ ー タ ン イ 選 川 本
ン ひ 精 場 ヒ セ ロ ヱ て 狙 ジ だ ょ 蜂 砂 何
ウ ク ぼ ソ 育 所 マ 妻 の ン 所 ヌ ま 砂 嶋
タ ー ひ キ 圧 ぐ だ ー 進 エ 化 サ せ 通
圧 ゃ ル れ サ だ ト ヌ だ べ 進 ス ロ 論
ょ ト っ の エ む 合 だ ー レ ト ニ ャ 一
ト 結 だ 輸 っ 結 登 テ リ ひ 金 権 ギ ざ
弱 レ ろ 入 囚 ょ ハ 暫 安 ひ せ 加 芸 リ
```

Puzzle 69

出 開 ょ ま 論 精 ヌ 応 方 向 ディレクター ミ
投 て 投 ロ れ 化 海 で コ ン パ ク ト 側 囚 ッ
社 き 何 バ 妊 何 も せ カ ョ 会 エ 私 ス ひ ョ
習 ニ っ 解 能 レ 選 室 ん シ 開 出 ヌ 阪 解 ン
慣 能 故 写 ぎ 方 パ く 化 ッ ル 嶋 論 愛 モ 会
む 解 エ 本 数 え る 安 結 っ カ る 室 権 写 愛 阪
モ セ 解 おす 嶋 応 ト き ふ 応 加 化 権 ツ しおし 備 有 罪 無 合 せ
出 ア ん 嶋 く テ つ ふ 応 化 精 写 の 夏 な 準 の 下 に 解
応 ル ク ん テ つ ひ ス 信 モ 写 デ 的 モ ヌ 圧 論 下 に 無 合 せ
セ ろ ん ィ ブ な 論 れ 囚 摘 て 砂 ス ポ ー ツ の
不 注 意 な ィ ひ ス 化 権 ツ し ょ 結 精 だ 嶋 権 故 ド ョ せ
嶋 論 話 竜 が 故 進 き 読 側 レ 辞 狙 て 砂 ス ポ ー ツ の
ふ ト れ が 写 解 き 読 然 社 乏 ス ん 無 ふ る チ ボ だ テ
ラ ホ 写 芸 れ て 然 社 乏 ス ん 無 ふ る チ ボ だ テ
開 然 芸 れ て 然 社 乏 ス ん 無 ふ る チ ボ だ テ

方向ディレクター
もの
竜が
パパ
ロバ
具体的な
アクティブな
の下に
ボード
スポーツの
準備
返信
不注意な
数える
習慣
ミッション
ディスカッション
夏の
有罪
コンパクト

Puzzle 70

、キツネ
鍬を
人間
知識を
候補
空気
コンピュータ
自主的な
エージェント
の中で
プラム
多くの
フィクション
近い
教室
生息地
昨年
ワーム
パターン
親切

の 中 で ぽ ス ス き ツ ス ひ ニ 空 再 嶋 知 人
阪 通 ヱ セ ぽ エ き し に ぽ ッ 気 室 っ 能 識
辞 合 出 再 ソ 精 投 ヌ 近 い 通 狙 ク ざ 本 ル
っ カ 歩 ク 側 読 ヌ ホ ま 出 進 再 ざ ぽ 辞 場
辞 登 サ 報 む 摘 フ 登 何 話 カ 囚 再 出 応 然
エ 社 ふ 側 ろ ト ィ ま だ れ 会 読 ぎ 多 所 ゃ
囚 無 て ゃ 開 ろ ク シ ざ 親 読 ク 出 化 だ ぐ
ざ 妊 ど 通 ニ 応 ョ だ 切 く 室 多 何 ニ だ
解 室 私 テ 報 で 覧 れ 向 加 開 応 だ パ む
昨 年 精 狙 ワ 通 登 モ 多 カ 、 意 ネ ぽ ピ
だ 室 っ 摘 妊 一 場 く ラ ニ 私 ッ 狙 ン
能 れ 嶋 能 つ 何 ム れ 精 合 キ っ 地 ま ひ チ
本 ゃ 権 リ ひ 妊 ょ ラ 自 的 話 ニ 歩
重 権 覧 リ ル ベ ル プ ぽ 安 候 補 ぽ ひ ま ひ コ
サ 覧 リ ル ベ ル プ ぽ 安 候 補 ぽ ひ ま ひ コ

Puzzle 71

もぎざ選狙選ぼ開おの維持するす述記
芸ょき応ツせまおクの近写れょ紹囚ひ
ぎっ写所ぼまニ所ろざ話に本も介ぽ会
ひ育重京ぐの乏ろん高いヌ画ノ証賢故
育ヒ砂乏ハ背トヌょウく本速件ぐ無側
おニ京まハざトヌ高ょ京海重慎ぼ現だル
覆べ会砂圧ひ芸合精ょ京育慎ぼ画開合モル
能っ意金然ん報海育精ぼ加京代、モ公
チまつゃハチ狙む嶋ヱ百然きっ登結安多
トだテだニソ弱話驚然写むひ社資ドモセ
摘通のド精ヒ応室っカ写ぐぼき社愛むソ
通常の暫加レ海覧ゅレぐぼき社愛むふど
然ツ向暫レ圧リ応ろホっ写むひぼラ嶋ソ
損圧芸加ぽ圧リ応嶋本ヌヌラ嶋どセ
失ニ執行ぽ圧リ応嶋本ヌヌラ嶋どセ

証拠は
慎重な
ウィンドウの
執行
記述する
賢く
現代
、公共
損失
紹介
維持する
通常の
の近くに
、投資
背の高い
事件
覆っ
ので、
驚き
高速な

Puzzle 72

コンパニオン
女性
パセリ
壊れた
プレイヤー
先のとがった
しようと
ボール
結婚は
叔父
個別の
深刻
単位を
服は
隠します
レター
ケフィア
となっ
行動
剛性の

っスゃ愛ざ芸摘安まき結阪ひス個ヌホ
安場摘方画ゅハき側応婚芸化社別ょド投
しぎ何ざ重スヌ化とスな結故読応のんド
れやだ叔出クじ出女の読ホルヒ再辞ゃレ
場行動父しまエニ性剛イヤータンク服選
囚ヌ隠テモハ二囚権ハコ通京ボ投砂モモ
愛テ弱応おニぎ阪権ンパ退ょませ合権ル
や解応ドハ社壊せンオ覧ろル合モしく
狙選ぐレ深刻たパニ育囚ニぎ摘よべニ
ょべフィア深刻てっオ精化阪ソうまじ
ケフィア通まふ育がでパ画阪方んゅ合
嶋ぽ通ル弱クぎ結との写読京暫合
コ写乏ニ弱カ芸辞結と権でリセベ社ュ
スレチじ弱辞ぎ先チぼゅセベ社ク
安

Puzzle 73

側忙幸せ妊退ぺゅ望へ映画契ぽ解百ぎ
登し笑阪守るイ圧遠リラ室約て暫読進
本い愛いきヱ芸ンス鏡多却ジ化本カ私
ノスろひヱ登多入ん場下カコハ囚安加
覧阪通まイ退ざノカは向きあなルぽひせ
何通まイ退ニく妊重じ加セャカサし結スむ
フォローニくス故弱選っ重ゃカサ吸京カ
カス嶋ボュー暫選阪ゃ百エ合ニれ池の権ぎ
怒ぽ多ウー暫選阪ゃ百エ合報カむぎ
くっ買カスモソせ報側重ヌ結京の権ッ
ょノてヌょまろ故化向通登テ囚ク写論側愛
せ重ツいき出き場権私登ぐ写進暫側ノハ
モ読ド場加お芸加だ応ソ側っ会嶋リ意何囚ノ
だぽゃ歩ラ読ょむぐ嶋リ意何ま囚ノ

単語リスト:
- 笑い
- 望遠鏡
- あなた
- 買っ
- 守る
- 契約
- 池の
- 却下
- カウボーイ
- フォロー
- ペイント
- 呼吸
- 幸せ
- ヘラジカ
- オオヤマネコ
- 入力は
- 映画
- ニュース
- 忙しい
- 怒っている

Puzzle 74

単語リスト:
- ズボン
- 引き出し
- 、パートナーの
- タオル
- が可能な
- 兵士
- 外部
- ピアノ
- チャレンジ
- アセンブリ
- マイル
- ラダー
- 結婚式
- 怖がっ
- ローブ
- 運動
- コミュニティは
- 誕生日
- 種を
- シンク

ラダーニ本海ト安ゅソシチャレンジゃ二精
だべ開囚ろじセハ側ハまンれ兵クヌゃ所会
、パートナーの化圧種をクだル士話ホチオイマ選
報引ココ進ヱぼトエ故ト選ノま出愛タヒぼしヒ
む育きハつ開重モ私登む結砂オルょ加ぐで
何乏社方出妊然るお向芸だお金側ス結向ぼ
二ど方トロ然しせ論圧ぼお私多テ婚ク進ざ
海トエ重弱や選摘写ろレ外式意ヌ運ホ
で意じまおゅ選私百ぼ私多無加動ニ
ノ読んテふ怖何コぽっ部再能ヒ側ヌ
アセンブリが通カ解れ何話精
ピスソボ応てズ然っノむ摘方場運動側ホ
応出百誕生日コミュニティは側ホ二ヌざ
社登誕生日コミュニティは側ホ二ヌざ

Puzzle 75

ト 海 海 機 室 乏 エ ル る ク ふ お せ く 妊 登 プ モ
私 話 論 ま 能 ル レ 圧 妊 チ や ば べ 応 ソ ッ シ 弱
ど 然 故 だ 嶋 は 再 ま ク 投 何 辞 あ ト リ シ ル
ひ 能 ヱ 歩 再 む 、 嶋 信 頼 性 の 場 ち き ュ ー
辞 権 お ツ セ セ ョ チ 加 海 退 し べ ゃ 歩 ル で
べ 結 応 圧 解 で 歌 だ ヒ ャ ぼ 実 用 的 な ん で ソ
ぼ 精 結 レ じ チ や う 面 応 ノ 覧 金 故 化 私 で ソ
出 結 話 ソ 安 や く 退 白 間 合 　 ア メ リ カ の 写
ル ベ 京 ソ 何 摘 投 い 違 芸 ソ 社 く 囚 ク サ ゅ ノ
サ 写 何 れ 方 ひ 室 く っ ど 発 エ ク 然 会 た ま ま ノ ウ
能 ど 砂 能 魅 力 る 囚 精 会 揮 狙 ク カ じ だ ハ ウ の
れ 暫 れ て 金 ぎ 阪 囚 精 場 暫 選 辞 阪 何 覧 退 圧 の
百 通 ヱ 故 も っ ハ 意 場 暫 選 論 ス 私 報 雪 玉 圧 の 多 本
反 映 無 弱 故 海 販 売 せ 論 ス 出 ス 作 り を だ
応 ホ ー ル ド 乏 化 サ ク 出 ス 作 り を だ 多 本

まだ
魅力
間違っ
歌う
ホールド
実用的な
おばあちゃん
販売
ノウハウの
アメリカの
反映
たまま
プッシュ
雪玉
発揮
信頼性の
ルール
面白い
作りを
機能は、

Puzzle 76

冬の
ピザ
リス
自身が
誤差
天気
第三
、まだ
宗教的な
バット
黒い
海を
の耳が
シャウト
砂の
に静かで
本体
縫製
話しました
重力

妊 じ ニ ひ 意 ど 合 話 ま 育 第 お れ 愛 モ 登
だ 囚 ュ 砂 加 暫 場 無 し だ 三 し 私 き 化 開
だ 狙 退 エ て テ 会 ヌ こ ま 阪 ト 室 ふ 解 し
圧 ひ 側 多 妊 る ッ ふ 砂 投 、 ひ 誤 権 化 ベ
権 力 芸 話 ぽ ツ 安 じ る 登 読 た 差 故 チ ニ
む む 登 ぼ 黒 ヱ 摘 ラ 開 阪 バ 阪 何 く ハ リ
せ に 縫 芸 い 精 れ 応 ぎ ぎ ッ む っ ヒ ぐ ぎ
化 静 て 本 精 れ セ ス 安 る ト 重 阪 意 権 ゅ
だ か 宗 製 体 何 む ピ の 冬 ウ 力 会 然 で き
の 本 教 セ セ ふ 解 ッ 天 の ャ 開 じ ろ 権 る
耳 や 的 な 何 所 ハ ザ 気 も シ 歩 報 だ の コ
が 砂 応 選 ふ ト 応 弱 妊 天 側 登 百 精 精 精
お 重 ぎ 能 ト 論 ニ 摘 覧 気 応 乏 き や や 砂
ぎ 安 本 二 自 む ひ 無 金 妊 だ じ 報 画 本 リ
出 本 二 安 身 ヒ 会 意 ぐ 嶋 ハ き 場 辞 場 無
海 を 育 ト が 応 覧 ゃ 本 だ ま モ も 無

Puzzle 77

```
合 ニ ぐ 阪 ぐ せ 側 や 本 、 故 ス 本 化 何 ぎ 摘
サ 結 社 ス 加 嶋 ま 最 テ 場 嶋 通 社 ひ ま に
ひ 冷 蔵 庫 ど 再 ぐ 精 後 応 以 圧 画 ひ 精 退
だ 白 摘 て 砂 摘 サ 側 登 前 狙 愛 私 場 阪 船
能 ノ 登 妊 ソ と ほ 呼 登 き プ マ デ 再 意 話 て
き 結 ハ 安 ニ だ 然 ヌ れ ば む 権 囚 辞 ナ ク っ
ざ ト 歩 ニ ぎ 歩 愛 精 話 無 る 結 向 覧 ニ ル ホ レ
ヌ 所 お ぼ で 砂 精 何 じ だ 結 論 じ 登 ふ だ ラ ろ
宣 言 百 ツ 無 合 権 出 エ ヒ ぽ 京 芸 論 加 ソ レ 砂
ハ 退 男 の 圧 だ 精 合 妊 結 じ 輝 き 加 せ 乏 結 能
バ 参 合 百 レ 精 妊 結 トチ 投 コ 側 選 覧 話 ニ 室
ジ 加 圧 だ 精 合 妊 結 じ 輝 れ せ 結 話 き 登
ヌ す 責 任 レ 愛 嶋 安 開 ル 投 チ 妊 コ 側 セ ル 側 向 き 登 室
ク る 本 嶋 安 開 ル 投 チ コ 側 セ ル 側 向 き 登 室
```

参加する
冷蔵庫
プレート
以前の
バッジ
責任
男の
輝き
ホーク
すぐに
白い
ほとんど
宣言
、最後の
故郷
ディナー
マップの
ニンジン
と呼ばれる
風船

Puzzle 78

平野
サンドキャッスル
おそらく
部門
削り
ドッグ
いつか
様々な
歴史
壊した
蚊を
アプローチを
マーカー
週の
スケートを
人気の
怒ら
ギフト
時間
シネマ

```
海 故 応 チ ニ テ 化 レ せ 精 百 も だ ア 暫 ト
覧 ク 室 い ラ 育 読 ゃ ん ス ニ ソ チ プ だ 私
ニ ル 登 モ 私 ル れ カ ス キ ン サ を ロ ん 暫
芸 乏 覧 百 芸 ひ ス ャ 安 ニ 京 レ 再 ー 話 だ
話 だ 再 所 権 ゅ 読 ケ ー 蚊 を っ 歴 チ ヒ ん
ト ふ 加 ぼ 所 ド 論 っ 室 時 安 ろ を サ 嶋 話
べ お 能 マ 然 ト ん ま フ 間 ニ 暫 ノ 再 愛 ヒ
会 ぎ ル 覧 ヒ ッ シ む 応 ギ ヌ 化 リ 歴 ん サ
じ 削 壊 権 論 グ ネ 方 場 人 ゅ 私 様 ノ な 覧
ま り し ク 合 マ ぐ 部 気 リ 様 登 育 リ ノ 歩
も く た 話 論 愛 摘 門 の ひ 々 囚 チ 私 ソ 能
れ リ 安 私 会 ゃ 退 側 週 囚 な 退 様 ソ 化 弱
能 百 故 辞 や ヌ 怒 そ 選 育 ど チ 々 ま ぎ
カ ん 応 百 ト く ら 海 平 歩 育 多 退 育 ま
お エ 結 セ 意 重 し 圧 ド つ ひ 歩 ざ チ じ 退
```

Puzzle 79

世 解 、 は 係 関 の 者 有 所 無 べ チ く る 進 摘
ぐ 狙 室 圧 リ ト 問 会 サ 狙 ゅ 何 阪 つ ん 敷 く
ゅ 集 化 ま 躊 躇 題 に ま ひ せ 登 愛 ヱ 多 然 ぎ
退 砂 計 ト ツ 応 に ま ら 進 す も お ぐ 選 ょ 通
ニ 結 加 イ ッ ヒ と き む ス ド 安 覧 だ 向 エ 歩
故 ぼ や ル ビ チ 交 ド 安 登 海 京 開 選 育 モ ス
ヱ 大 狙 カ ジ 解 っ 渉 ゃ ぎ 京 嶋 育 モ サ 写 唯
報 声 本 の ョ 社 狙 弱 ゃ 投 安 故 無 サ 故 一 故
だ 京 読 本 ン ド 何 合 進 投 安 妊 精 し の ぐ
参 加 し て く 狙 べ 砂 進 ょ て 応 妊 精 で セ 砂
ひ オ 登 じ 室 ヌ ド 氷 の で 百 側 だ る フ ラ ヌ
リ フ セ く 故 ク ニ ト 急 に ど れ ま フ セ ヌ ひ
報 ハ ろ 愛 ヱ 化 ん ろ っ 出 ま 何 本 ダ ン グ ル
ょ 暫 故 押 ス お ル ゃ レ 狙 れ 本 権 合 狙 方 向
モ 権 れ 下 や 報 室 乏 読 リ 所 権 合 狙 方 向 ま

イルカの
オフ
参加して
ダブル
大声
押下
の関係は、
氷の
唯一の
フラグ
敷く
の問題に
ビジョン
所有者の
集計
躊躇
ガラス
急に
交渉
ダングル

Puzzle 80

テロ
ソフトを
フィギュア
偉業の
写真
王子
定住
起動
高貴な
熱心な
曇らせる
靴下
生きて
ウサギ
尊重
クジラ
要因が
睡眠
アヒルの子
稼ぐ

尊 重 出 で フ だ 室 ま 画 睡 る ざ ゅ ス ト ま 精 ぽ
弱 解 セ 報 ま ィ 投 ハ 眠 ノ じ べ 室 ク ラ ヌ 合 ひ
投 れ て 圧 京 ソ ギ ヌ 多 ス れ ク 乏 ト ソ べ ひ 解
無 ス む 京 京 ひ サ ュ 歩 阪 ら ク 重 ラ っ カ 応 狙
暫 応 多 京 ょ 偉 ウ ホ 狙 ア ろ ど テ く 辞 ソ 読 開
く 社 だ 能 サ 業 っ 加 の む ら 嶋 ロ ぐ 要 読 加 百
ル ト く 選 き ざ ハ 曇 ニ ん 海 る 論 ひ 因 ヌ く カ
ジ ラ 読 だ 海 て ゃ 投 心 熱 ク 結 ド ノ が ク べ
ひ で む エ 海 ょ ゅ 嶋 な だ 何 っ れ 稼 ひ ま
多 ょ ニ ヌ 起 動 暫 高 貴 ぐ 方 れ ク ア ょ 重 写 ド
て ひ サ コ ラ 写 お ろ 王 の ル ヒ 私 ノ ヒ
や ハ む ヌ ニ も 場 じ 子 ん ド ヌ コ 再 定 住 進
ヒ ス ハ 育 も れ 化 生 き て き ソ フ ト を 定 住

靴 出 通 阪 芸 化 生 き て き ソ フ ト を 定 住
ぐ 下 阪 芸 化 生 き て き ソ フ ト を 定 住

Puzzle 81

```
ラ 芸 ト ヌ 囚 く ル ふ ク を う 緊 急 ニ きょ 投
ノ 登 ラ 会 権 登 ぎ しょ 語 奪 な 阪 故 登 所 開
だ ー ブ 多 砂 じ 権 囚 選 言 おう 海 り 開 カ 阪
て 般 ル 正 確 な 側 距 所 辞 ヌ 減 す 声 ラ 結
ニ 的 の ふ ぽ ょ 再 離 エ コ 加 らす 私 の ド レ
し な 羊 乏 ぐ 絶 解 場 写 か ひ カ し ヒ っ し
本 ラ 登 無 話 ッ ぼ ス セ お 圧 然 ラ ッ ホ む
お で 愛 再 ツ ぼ 場 砂 ス く ド ル 社 囚 投
の 伝 統 的 な 再 本 側 摘 ク レ イ ジー ゃ
解 乏 ふ 室 本 側 ブ 然 能 会 辞 う ク レ イ ジー
ア ン ティー ク ミ ル ズ や ゅ まっ 砂 れ ホ ゃ
私 多 無 き 写 ぐ ッ 場 ー 囚 側 く 無 ざ ヒ 選 権 き
る 海 妊 ラ つ カ ク 辞 チ 権 ゃ 歩 暫 計 ろ ざ 本
だ し せ ぎ む 登 ス ラ ヱ 金 合 モ 故 算 登 っ だ
ル ぎ ろ 精 だ ま む ど っ む し て ソ 機 投 や だ
```

言語を
一般的な
チーズ
アンティーク
ミックス
うまく
を奪う
減らす
ライラック
ブルー
トラブルの
うなり声の
計算機
絶対
緊急
羊の
クレイジー
距離
の伝統的な
正確な

与えられた
先の
ます
月面
椅子
ペットの
を失う
トランク
貿易
ファーマー
グレープ
フクロウ
カスタム
参照してください
怒っ
量る
クライ
に失敗
待機
シート

Puzzle 82

```
無 グ レ ー プ 画 テ 権 暫 登 画 何 応 読 お む サ
ハ 椅 子 京 合 狙 投 与 え ら れ た 安 出 ぐ 量 る
ょ ぐ ト 月 れ コ 辞 ま 然 狙 ツ ぽ む 読 て
結 然 テ 砂 面 弱 ろ く フ 場 だ 読 ひ 多 セ
カ 安 リ ヌ 会 出 方 ヌ ァ 嶋 辞 通 ニ 場 覧
ス ぎ ル ニ ぎ ニ ぐ を ー ぐ ま 場 能 故 ゅ
タ 嶋 辞 や フ ク ロ ウ マ の 先 社 で だ 圧
ム セ だ ト 開 ホ 金 ぽ ー ト ラ シ ゅ 怒 っ 私
嶋 ょ 登 室 に 失 敗 砂 囚 ッ シ ら ん 待
ぽ 辞 カ エ ニ 加 妊 投 ま ペ ま ク ソ 機
本 私 ひ 方 ま 故 ニ ぽ す 側 話 っ ぼ ヒ
囚 ぼ 狙 せ 登 ふ ん じ 写 画 京 ヌ ぎ
ホ カ で 参 照 し て く だ さ い じ 方 ス っ ひ ぼ
覧 阪 ひ れ ト 海 場 化 百 ヌ 向 リ サ
能 ヱ 論 ヒ ま ヌ ひゅ し 能 退 出 貿 易 エ
```

Puzzle 83

阪 開 投 の こ 。 多 場 も ラ ン チ ト 登 効 跳 登
社 ト や 家 レ ド ロ ッ プ ハ し ざ ニ 化 重 果 ん 室
ひ 育 金 ラ 乏 コ 明 確 化 ゅ 若 い 出 社 く し き ヌ
向 む 解 本 解 で ー ひ 故 ゅ 向 ニ 安 す て ク し
ひ ふ ぎ 意 ふ ヒ ベ ド ど 場 れ ゅ 二 ひ ク コ リ べ
だ 応 合 も 合 ん ニ ぼ が 重 報 ん せ ヌ れ っ 読
ん 重 だ 無 権 く ぐ 囚 転 報 ん せ ヌ れ ぽ 洗 ひ 意
チ き 囚 だ フ ロ 転 送 サ ン ド イ ッ チ ト 浄 本 歩
馬 の 京 妊 口 送 、 パ ス の 教 授 ス 百 阪 く ょ 開
社 ひ 退 ぐ ー 加 ク 組 れ 結 ド ド 阪 つ 故 海
京 登 る モ ト ふ 出 読 み ニ 所 画 妊 お 二 リ ょ 立
ぼ ょ 外 国 育 囚 ヌ ベ ゃ 合 だ わ 衝 突 ニ 百 確 無 室
多 ス 化 出 無 側 出 る 摘 だ わ 室 重 意 せ 阪 愛 写 辞 無
結 覧 応 画 ゃ ぎ 暫 ヱ 室 重 意 ひ リ ひ ラ 故 っ 退 き む 室
れ モ ニ 画 る 読 登 ひ リ ひ ラ 故 っ 退 き む 室

若い
明確化
確立
外国
。この
効果の
家の
フロート
のレコードが
、パスの
洗浄
教授
サンドイッチ
組み合わせ
ランチ
馬の
転送
ドロップ
跳んだ
衝突

Puzzle 84

十年を
不適切な
コーヒー
を明るく
進める
賢明な
綿を
ボウル
ポーズ
チューリップ
もちろんの
陸上競技を
聞く
エルフ
ブレーク
ブラウン
ハンマー
恐れ
噴火
悲惨な

多 ひ テ 方 だ 何 ヒ ク 所 ろ ニ 暫 金 進 投 百 じ
れ 故 コ ハ ゅ ヱ 本 ざ ょ 解 不 ろ 弱 め 綿 金 べ
だ ク ト ス ス む や 通 ク 適 ざ を る を 向 む
登 お 阪 ス ま 登 通 ク じ 室 切 じ 狙 明 開 技 や 室
摘 エ カ ソ 登 能 二 ぎ や な ゃ 多 る 登 競 む 応
砂 リ ル 私 登 っ 噴 火 む 精 む ひ る く 聞 上 二 向
ヱ ド ウ フ ク セ 登 コ 会 悲 も ょ ん の 陸 ろ 何
退 愛 ボ っ れ サ 本 阪 惨 重 ち ぐ カ 出 し ひ 圧
嶋 ど 妊 百 愛 弱 乏 多 な 明 ょ プ じ レ 乏 リ 嶋
ト 登 再 ん む 然 て 開 ヒ 弱 賢 ハ 歩 ッ 摘 狙 妊
海 開 解 ざ ぽ 論 再 ス だ 合 ニ お っ せ リ く だ
む 退 サ コ ズ 再 エ を チ ン ウ ラ 解 ブ レ ク ヌ
百 も き 向 一 十 年 ヒ 本 だ ス く で レ マ ュ ス
ょ 本 ふ 暫 ポ ヒ 精 本 芸 再 加 ト 話 恐 ン リ チ
退 能 室 投 し 芸 一 安 ヒ 再 ト 話 二 だ エ ハ や で

Puzzle 85

```
トっラきニエ無応意クし方ぐ乏キセト
化重チゃ何在ぼ方芸ヌサ精ュょ内部ド
れト側ニ何雨まラ囚ぎトだ精せリ嶋しる
ま金なき好のラカ囚せお実精や応水話愛
解ハ囚だぐルカ囚陽実れ行解噴ょろ写
ニ阪だで権でモ方囚気ゅ私エ化むせ乏ろ
所通っ権能で料圧をドヒ出むどニせ弱結
ま、次レアネ料理場ソょヒ写狙むソ無忠海
ふ開年アホニ温を進ぽ写ソ狙ど海何芸ノハ
本るコ齢ニ度ろや食用ど海何芸し解ャ画感
狙金スト圧ホもんでくスホニ育解ヌなノ
サ嶋トニぽ育ニろきてれ芸解ヌょハ
ま会のぽ空社ハろクもャ本化ラ本ャ囚の
写芸だ応京やふマヌツ化まラ本感のハ
```

キュウリ
忠実な
コストの
空洞
、年齢・
ハーフ
内部
雨の
マーク
実行
料理を
陽気
温度
アネモネ
年次
の好きな
噴水
在庫
感の
食用

Puzzle 86

楽しま
バイクの
会話
な性質を
恩赦
のヒット
分割
、緑
のすべての
ボトル
温度計
カードの
感謝し
南部
遠い
芝生の
ている
数々が
いらいら
願いを

```
応スヌるぼお合おてト弱ツ応意楽重愛
画報能せ意辞で芝ょ投多ひセし謝感ド
遠いカードの登てドレ二ぽ論再加故スど
退再写て育べ海ょ然通狙権応い会
分割し登故ざす安ぐル室でノ側ら進所
会ノ読狙ま弱話ょぽ会故論能場ざせ故
お場摘歩辞芸結ゅハ室暫ボ能らてる化
温度計なチ登数バも暫カ安歩私
工投んヌ性何々イ緑南トヒ能エ故じ精
恩赦ぎ精む質がてク部のヒ退ニ論多海
砂故無阪重クを会願多結化ょ狙ル
く解話ク辞リい場ヌ弱私向故ゃ
コ辞やひレで百権ヒ社ト百側レ向狙き
```

Puzzle 87

```
き し ぎ 弱 会 ハ も 京 覧 論 れ ひ 安 再 ッ ぼ 結
ソ だ 狙 辞 写 ゅ ゅ ラ っ 場 結 だ ニ ふ ス ニ テ ぎ
覧 ホ ラ べ 化 ま 妊 精 ぼ ニ 話 圧 ひ ょ ト ス 通 ッ
お ぼ 能 本 ざ 愛 ホ き ク ぼ 話 画 室 摘 チ む テ だ
サ 囚 も 弱 退 歩 限 ざ っ 場 会 選 芸 ヌ 乏 ざ 阪 読 ひ
っ ま だ 投 ニ ノ の 可 能 を み し 憎 人 カ 芸 も 育 ソ パ ま
リ ヱ 投 員 は の 可 能 で 妊 な 歩 べ 場 退 ソ 級 所 ー
従 業 員 サ 方 ロ ヌ 妊 て 覧 シ ニ ス ふ 上 ノ ス ヌ
本 芸 サ 術 カ メ ラ て 芸 き ー 博 物 館 の 見 ッ コ
通 当 術 に デ ヒ だ や ひ 樹 皮 ま ン タ ャ ト ぐ
ょ 嶋 に 覧 ィ セ や 選 む エ む 向 モ っ 意 応 プ レ 表
む 応 覧 投 テ む 報 金 ん む ヌ 読 っ 金 て レ 重 す
ク 辞 投 ー 登 テ 何 ト ぎ ょ や 故 芸 リ ふ
無 べ ぼ ル 無 側 ぽ ま 話 然 ぐ ろ つ ま へ で て
ダ ー ク
```

本当に
ダーク
意見の
パースニップ
憎しみを
ノット
ディテール
樹皮
口の
芸術
従業員は
隣人
の可能な
表す
の上級
博物館の
カメラ
権限を
シーン
ヘリコプター

Puzzle 88

検出
と思います
売り手
コーチの
カワウソ
範囲を
ストリーム
独立性を
の足
愛情の
同一
病院の
メイク
最大の
教師
シリーズ
スノーフレーク
軽自動車
カップケーキ
ささげる

```
メ ろ 教 独 同 一 範 と ソ 開 で ひ 阪 精 て 然 ヌ
イ 海 師 立 く 写 囲 む 思 暫 ろ カ お レ 進 ソ
ク じ エ 性 ヒ 意 を 二 側 い 金 通 ッ ド 無 室 っ 検 出
ぎ さ て を だ ト も 進 ま て 解 売 プ ヌ ゅ コ キ
も さ 選 て 阪 ん ホ 囚 シ 百 り ケ 故 れ
む げ ヒ 愛 意 開 多 何 阪 ど リ 手 の 大 じ ソ 開
っ る 弱 覧 く っ 歩 多 病 一 社 最 っ ま 歩
砂 場 摘 ト ま 退 結 場 院 お ズ ウ ひ リ じ
話 つ 退 無 ノ 育 ま ど 育 ょ の カ ワ ひ サ 話
ム 室 だ だ 選 妊 方 ひ く て 情 覧 れ 安 京 カ
ー 論 し る 弱 ぼ 圧 ん ぽ 応 愛 進 登 出 覧
リ 読 じ 然 所 ト 登 ぽ 化 応 弱 軽 の 足 進
ト 社 だ ハ 重 れ ふ 安 方 圧 せ ス 場 阪 本 ぎ 動 無 能
ス ノ ー フ レ ー ク 社 二 せ ょ 妊 テ て 車 無 ヒ
開 ょ 投 報 ヌ べ 場 ノ ゅ 応 妊 応
```

Puzzle 89

危るっ風重ット登王れセス晴ょ二再何
く険向呂画エ応金二室簡ケれドカだど
妊ホ性論貴ど撤るじ故素ル弱釣所カは
ヒ乏ひを族ホ方回まも化トぐ狙嶋りじ
登ふ金嶋の囚写結ふ無ふレータス社ぬぐ
ゅつ芸囚重京場ひぎーコリ狙本進場歩辞
ふ覧ぎ二乏ヌょっ進狙本進権てじ私選会
提供阪ホ加てる本加重安ラへ囚圧ぐれだ
所ぽチで選ど砂応レ話写出モラひだハど
ト暫選ょま通く育ベょの故べれだひだク
愛情ょゅ何結向む権まヒ着用し、実際ロ
親愛なる何向だむ応レ着用し、実際にだ意テ論
ソ何表現結向む権まだヒ
テでソ精加ニまだヒ

Word list

着用し
への
愛情
王室
提供
簡素化
撤回
七の
晴れた
釣りは
貴族の
、実際に
レタス
危険性を
風呂
何でも
スケルトン
親愛なる
表現
スター

Puzzle 90

Word list

カメ
前に
関連付ける
バッグ
アドバイスを
ビュー
フィル
緩い
ハリネズミ
ホット
のサイクルの
気に入った
送っ
最も
他人に
実験
エッジ
中間の
コンテンツ
デイジー

ホ合実験ラ能化妊二出ト送阪コクノハ
ット写を覧何京ぽ京暫妊ぐたっ入に気リ
トぎスまイ化ソ意む方ディジードむ私ネ
のサイクルまの関連付けサスしエ登てト開ズ
京サバド育スる化ま会ぎラ無だミ
ニ応おア歩権歩スいっヒ安コ百くツ
ニおアト論育歩れ論ヒべ向加私本他二
やト論京無のス辞べんっ報芸人カ
辞何京無重ぎヒ出せべし多サぎ辞にメ
モノだ重ぎざフ囚せー方ぎ嶋多前
コバッグ社何投だビュ多安方ヒ本ヌ
ン社何投歩意ヌヌー出方ララ妊芸ゃ
テン最も育ゅヌ解っっテ登囚つ
ンツ何登応二て画まノぽせルセだき育

Puzzle 91

```
読 囚 も ス ゃ お に ひ ク 圧 故 選 れ 画 だ 解 ス
阪 驚 時 々 プ 論 後 可 能 投 登 辞 罰 す 能 ホ ワン
お 異 ぽ 々 ト リ の モ 愛 ハ 読 ノ 投 る 海 ホ ぽ
然 的 遊 然 海 社 場 北 写 社 だ れ お 芸 意 レ せ
ト な び 心 砂 登 私 パ グ サ 極 は 写 進 も ト せ
画 ざ 心 砂 合 で む 登 ぎ ル 写 会 私 権 レ る ま
暫 チ 無 権 っ 精 退 本 育 ヌ む キ サ だ る 多 ッ
応 れ 所 精 リ 退 る レ 安 む ネ ぎ ど っ 場 精 退
る 選 精 能 無 向 む テ ン 幅 ハ が 意 ょ 写 ニ ろ
で 向 ラ 選 私 む テ ン ト 狙 ン 化 社 ん 進 何 登
再 む 私 選 テ ン ト 場 チ 幅 狙 社 海 ゃ 百 私 ス
や 妊 ニ レ ル 場 チ ツ 無 狙 ホ ぽ ゅ 何 無 カ 本
し ソ ク 社 思 い 出 さ 権 ツ ど て テ ソ 退 カ 本
チ ェ ー ン 相 互 作 用 ソ ニ 乏 カ 退 ノ ぐ 側 報 ツ れ 向
相 互 作 用 ソ ニ 乏 カ 退 ノ ぐ 側 報 ツ れ 向
```

スワン
驚異的な
テント
思い出さ
トラム
ネック
チェーン
パンの
購入
罰する
北極
キッチン
の後に
時々
スプリングは
ハングが
可能
相互作用
幅広
遊び心

Puzzle 92

世紀には
秩序
キャットキン
草原
重量
についての
町の
ピース
ステートメント
靴を
ミルク
決めます
被害者
文字
安全が
ワイン
男性は
どこでも
コール
壁を

```
リ 意 何 報 セ 決 方 覧 チ テ 読 所 圧 京 無 ル ル
側 ざ テ ッ ス め 室 報 れ 歩 私 じ 権 安 意 砂 で
ふ ぽ ト 金 町 ま 結 カ れ ホ 重 ヒ ー ピ ス ど ろ
ぽ ぽ ど 妊 の す 文 字 ク 本 む ニ 京 ー こ ド ぽ
写 コ ニ 妊 ニ チ 意 チ 登 何 弱 エ 重 ー 無 で ゅ
ス テ ー ト メ ン ト 壁 ゃ 私 会 ぐ 故 室 も ル
ヌ 読 ス 金 ひ イ キ を 論 開 本 男 っ コ 報
ミ ル ク 何 ぎ ワ 合 ト 草 原 方 被 ぼ 海 辞 論 故
靴 を ゃ ド き れ 再 応 ッ 圧 害 性 は 会 ど
く き テ 海 京 ス 開 ソ レ ャ ク 者 無 育 世
安 社 重 退 ヒ 画 重 ロ 乏 圧 方 キ べ 妊 ぽ 紀
ん 全 ぎ 故 ん 歩 ハ 応 故 秩 私 所 ろ 室 応 に
チ レ が 結 辞 ろ リ 社 秩 序 進 金 海 ろ い っ は
愛 画 チ カ 覧 報 れ 金 本 ヌ 何 権 の て ゃ 応
辞 応 合 覧 報 れ 金 本 ヌ 何 権 お っ
```

Puzzle 93

```
せ 向 ょ オ ヱ 多 ラ む ニ 狙 退 室 レ エ ょ む 場
ろ 登 む ー ター ク ス 合 れ 京 農 家 通 ス は く
お 弱 ゅ ト ヌ 加 辞 私 出 方 も 権 コ ホ さ 医 療
ガ 本 レ イ 摘 ノ だ れ ソ ざ 金 も 金 む で 愛 通
っ ひ 多 お ふ っ 多 嶋 ス 通 再 無 加 み し
ま モ ダ 圧 約 私 社 長 の 出 金 所 ぼ ね だ 応
ホ レ ノ ー だ 束 イ ヌ ろ 海 だ 会 乏 尋 ハ 百
愛 辞 ょ ト 権 スタンプッテ ス 会 方 ぐ せ 妊
何 ス れ ハ 精 レ ス ハ 嶋 側 無 ょ 進 阪 ハ 加 育
ク ぎ 辞 ど ホ ド 摘 だ セ テ っ 状 ク ク 見 弱 辞
ぽ だ 権 つ ニ ハ く ひ 読 ん 況 向 会 て ぎ 鉛
く ド 妊 無 も ぐ じ ひ ピ 結 読 ヱ っ き 会 イ 筆
場 ヱ 自 ゃ 画 る ス ど ー 権 コ で ク ト ょ べ じ
せ や 身 応 ぎ っ 囚 ル マ ニ 金 応 ま ろ ひ ン ト
ぎ 育 の ふ ぎ 解 再 コン だ 暫 ろ だ ぐ 所 ト ヌ
```

ステップ
スタンプ
自身の
鉛筆
ピーマン
ドレス
スクーター
状況
尋ね
社長の
医療
約束
オートバイ
農家
レモン
ガンダー
イベント
見て
はさみ
スタイル

Puzzle 94

きれいを
連邦
なっ
検査
トップ
平和的な
の鼻
少数
絶滅
聞きます
エンドウ豆は
スティックは、
、これまで
アクション
リスク
再度、
ブルーム
受け入れ
遠征
代替

```
ま 出 砂 チ ト 百 リ ク ト 権 エ ひ 向 合 ブ だ く
論 れ チ ャ 話 む ス て の 鼻 ン 検 査 せ ル 囚 写
ル 加 ハ 金 百 金 ク 愛 コ ド 加 芸 ル 精 報
受 意 辞 側 側 く 通 再 セ 狙 ウ 応 場 ー ノ 退
お け アクション 度 海 会 豆 代 ぼ で 応 写
カ 会 入 ハ 絶 滅 れ 、京 狙 は 替 ぎ き す ホ 読
場 を い れ ク 本 ヌ な っ し 通 聞 れ こ 側
し ぼ 私 重 ク 妊 ん 的 私 多 ぎ 投 私 無 っ
摘 安 論 論 摘 画 選 室 和 重 写 登 、暫 ざ エ
だ む せ 応 再 や ょ セ 平 ヒ 通 場 狙 コ 安 ぐ
モ し ス ニ 歩 ク ま 愛 嶋 ソ ス 狙 ど ぼ っ や
ひ 権 画 何 べ 多 百 ホ ざ っ テ 通 室 妊 重 ト
ひ ト サ ホ ト 遠 ど ッ 応 金 嶋 ィ る ん 連 加
話 ホ 出 少 数 征 ツ 開 ん 海 ッ ゅ ル 邦 囚
覧 出 れ 権 や 写 場 ひ っ 読 歩 、プ ト
```

Puzzle 95

意結ドド方進ゅ芸く社再ょ狙トヒの安
だじパ社百だ暫んべ読安海覧ょ生お投
然むイロ百能ド画阪カざ結向求当加る
ま育ロま批判ド投て京応ツだ手続き報ド
戻ゃッへを権れぎふしニ友はのふてつ
社りトッドれべ育て選ヌレ人の弱て妊
ク意弱ド画育進ニ向テヌレひて妊摘案
重ル所っチ学結術エホだ圧ひ無考読画
く安予想摘結だ的何ゅキウだ応モっラ
ょ利用可能など方ソ摘出本ゅキウイ応室
登安ど会ぽき応解選論ぐ圧場海阪ベト
に通せひ加報乏リベ圧場海阪ベト投せ
自信スっ加報乏リベ圧場海阪ベト投せ砂

の友人の
本当の
学術的
戻り
ベイ
利用可能な
苦しみ
の生産
ヘッド
つららの
人は
パイロット
批判を
に自信
キウイ
手続きの
満たさ
追求
予想
考案

Puzzle 96

増加
記事は
使用
ワニ
チーム
御馳走
品揃え
管理
権限
、したがって
愚かな
災害が
目の
スウェーデン人の
洪水
不安
条件
バスケット
ケトル
乾燥

写海む育ぐ本無ろチ条件暫品揃えレサ
だも写ヒニク合無ー多辞話ステべ出しぼ退
スじ開話結ド会むム解再阪ゃモ砂重ぼ乾燥
ウゃセ目の加嶋サ愛所向ちお場向海スひ
ェ不安トソ登合っセノスハ室応クスむま結
ー育御馳走所だチぽじノル二ぽ室セ本進べ
デトケ側でせれやや室チお投出阪ぐ私報ニざ私ぐ妊安金
ン能私摘バざ登合権限やチ報ろ洪水増加
人京方ぽ結だスほせ災害化摘妊ぞ辞ス多
のま結お記ル妊管理っ砂画リ故ニざ
結弱愚室事愛報じ側じ覧ま所暫場
乏トかはワ報ひ害がた、圧リっ洪スざ
加やや な ニハょゃ使用二妊ホ暫場ざ加

Puzzle 97

```
ぎ 読 ゅ 囚 開 能 じ く 論 や 阪 セ 解 嶋 ス ヱ 応
愛 海 登 ヱ ぐ れ ま 登 ひ っ 本 圧 登 ょ ホ 権 ヱ
私 ル ニ ク ざ チ ま 社 会 て ク 報 嶋 ト 権 出 ス
ト ど 金 砂 ハ ど 乏 ヌ サ ッ カ ー に 場 報 弱 百
コ 読 選 監 視 応 ぽ 海 輸 出 場 覧 だ ク 然 思 ト
ひ 方 て 重 ょ し ア 化 投 お ゅ 最 初 の エ 議 喜
イ ン デ ッ ク ス ー 歩 弁 護 士 を 社 ひ に ん ん
レ テ ゅ 通 阪 や テ ど 読 ス バ 化 占 め る う し
ス だ 故 芸 二 精 ィ ク ッ リ ト ッ ぎ も 何 ら ス
ト ル 成 京 進 意 ス 選 出 登 無 ー タ ブ の 向 京 投 う だ
ラ 芸 功 ト 意 ト 投 私 ス 進 だ っ だ 多 京 投 能 だ
リ カ 合 場 金 レ 登 開 乏 進 ひ 画 ゃ ま 影 れ 再
ぎ 多 も 圧 砂 の っ ん ゃ ト 妊 無 登 選 読 響 せ ゅ 論
報 私 場 育 ど 解 じ く ふ ヒ 本 暫 選 セ 開 る る
```

占める
まま
弁護士を
影響
もらう
ストーブ
成功
不思議に思う
レストラン
トリック
喜んで
アーティスト
バッタの
輸出
インデックス
最初の
ブラウス
サッカーに
暖炉の
監視

Puzzle 98

```
圧 ノ し 故 ん ぽ 再 く 結 歩 狙 前 方 時 ヌ 社 し
嶋 ト イ 場 解 れ 登 加 ル 能 海 凍 結 し 計 ド ひ
相 登 テ ズ 権 何 ぎ エ 愛 サ 妊 通 結 室 出 コ 芸
手 お ス 権 場 ぎ セ レ 狙 ょ 辞 き 解 き チ 出 社
ぼ 社 き ソ 加 ら ょ 多 摘 臆 妊 ひ 陪 出 ぽ 感 会
然 登 ソ 場 ひ セ 弱 狙 話 病 き ゅ 審 感 じ れ ら
れ 進 ど 加 阪 ょ 多 つ ひ 方 ス 陪 員 じ 何 投 ぼ
混 合 エ バ 加 重 ひ ラ が ヌ 審 を か 場 だ
海 多 れ コ 所 暫 論 イ る 、 員 再 中 百 砂 多
登 ス ろ ン ひ 室 ス モ ざ 向 を 砂 ム は
精 暫 つ パ ヌ 故 投 側 写 退 ひ ワ ー ム ヌ 私
セ チ 投 金 ク 意 む 加 因 む 無 社 圧 報 ま ニ
ぎ 場 く ト 合 砂 金 解 ざ 然 お 社 コ 投 ト サ
加 退 解 通 っ ヱ む 出 む 然 故 ょ チ 加 投
```

陪審員を
中程度の
バス
臆病
ノイズ
前方
ワームは
凍結
資本
コンパクトな
混乱
感じた
空腹の
ライン
相手
何か
、経済
時計
持っているが、
ステイ

Puzzle 99

```
テ し く っ 育 金 っ 狙 側 ど ふ だ っ エ ソ レ っ
写 百 ぎ 選 犬 ク 阪 リ 嶋 べ 向 社 二 出 無 弱 能
故 て 写 二 の 真 エ お 意 能 テ ニ 向 本 再 登 や リ 能
然 通 ん 論 ま ざ 似 エ 通 ヒ ニ 無 権 検 索 自 動 ぽ ミ ズ ネ 応 し
然 べ 安 狙 ざ 通 弱 ヒ 女 ル だ の 検 索 動 ど ぎ く れ モ リ ょ 応
コ ス テ モ ト 芸 解 で じ ゅ 嶋 だ 場 愛 子 阪 の 公 メ モ リ ヌ
ん ぎ 暫 論 ト ゅ じ ゅ コ テ キ ス ト エ ょ 加 ス ス 園 ル 権 ト
セ 歩 論 ヒ ッ ス ト だ エ ょ 加 ス ス 園 エ ツ く 砂
脂 肪 合 ヒ ッ ス テ キ ス ト エ ク ド ラ イ ブ エ ツ く ろ 投
ト 二 ろ 乏 っ 誇 覧 だ 重 ト む 然 登 も 然 妊 ウ ざ 小 麦
選 圧 れ ス 誇 り 調 選 重 ト む 囚 て エ 社 ス 加 や る ん
つ 二 何 育 故 覧 理 選 も 囚 て エ 社 ス 加 複 砂 意 る 側
ひ ま 覧 故 選 理 も 囚 て 写 話 れ 瞳 複 砂 意 力 つ ん
して ください は 、 写 話 れ 瞳 本 弱 の 雑 力 つ だ 側
選 ひ 百 っ 圧 セ 所 ト テ 本 弱 の 雑 力 つ だ 側
```

スツール
自動
犬の
ウエスト
脂肪
複雑
テニス
公園
検索
調理
女の子の
トガリネズミ
メモリ
瞳の
テキスト
真似
してくださいは、
小麦
ドライブ
誇り

Puzzle 100

ミス
サイリング
キャンドル
のポーズ
卵の
取ら
夕食
センチピード
スペース
シマウマ
海岸
添付
私達の
の仮想
新聞
中央
、すでに
選挙
ひょう
視力

```
ひ 阪 選 故 重 海 重 投 、 選 能 向 ヌ 中 央 狙 摘
ま 論 化 ニ ズ シ 岸 ド す 砂 登 サ や 所 ょ お き
セ ン チ ピ ー ド マ 育 で 取 ら イ ん 選 ヌ キ せ
新 聞 意 ぎ ポ 所 ん に 嶋 リ る 多 添 ャ コ
愛 り 想 仮 ヌ の 達 私 チ く ふ ン 視 妊 付 ン て
む 海 選 挙 辞 場 登 ウ マ る ノ グ カ 力 妊 ド 選
し れ ヌ 室 ク 精 然 合 ん グ モ ク 圧 選 ル ょ 側
加 覧 乏 エ だ ヒ も セ 弱 コ モ 阪 圧 ざ 京 読 セ
ゅ ハ 愛 む ホ 歩 ラ 無 ヒ 能 圧 ク ひ 進 二 ッ
歩 狙 モ だ 愛 ひ う き ド 圧 ょ っ ク 阪 私 ト
ス ペ ー ス 加 ょ ホ 嶋 き 本 ぎ ひ 加 多
ミ 登 ひ れ ぎ モ 出 社 場 エ だ き 囚 ス
ソ ス ヌ ぎ ラ 能 摘 論 カ 投 社 本 狙
能 画 安 タ つ ざ 本 ろ ソ ひ や ら 然 ざ
ツ 覧 だ 食 ヌ 私 側 ヒ む 妊 ろ ツ 覧 写 阪
```

Puzzle 101

適嶋百れて成っカヌまむム合ま覧応つ
用ろ化ん登熟キリーラコトス会れ秘む
テサす暫結通コチーースス論囚っ書おひ
セル話だ愛精もひス会ま画再育スヌひ歩
ヒか芸や歩奇妙方愛権ひス化ニ再画理ぼ
からるソカ報なひ所ニル狙ラホ地ひぼ
らの進だ再ホ安ホ嶋砂モ育森ひょな
の法育選完ャぐにホルまハって進ぼレ
法輝む嶋能工再ひ砂モソき再チ芸側っつ
輝きは、可工再所更 る ゅ ょ 通 無 チ 投 選 つ
きは、持って再ソき故囚料っ化レだゃ
京何社つ再写まノ出エ合ゅ精料下ぎッ応
読仕事を摘ツソ権社愛の下ぎれ化然
再仕事を摘ツソ権社愛の下ぎれ応然

ワードリスト:
- キャリー
- 秘書
- 無料の
- 奇妙な
- 適用する
- 成熟
- からの
- 法の
- 森林は
- 仕事を
- 下の
- 危険な
- 持って
- 完全に
- 更新
- 輝きは、
- ブラザー
- 可能な
- 的地理
- コーム

Puzzle 102

暫何会ホでれるぐぐ離ょざま嶋っ声芸
むニ阪無だむ本保てラしゃ会ラを然リ
チエキスパート棚持退くじ一覧演出弱
意嶋レぐっ場しおキビン目ぎ奏しエル
投陸上競技愛する応登側無囚嶋意ノコ
子羊ん開の信頼写私レホ嶋んチ論せゅ
ブぎニ怖暖能芸向再テ登化せ化能
ぐラシ恐室辞ヒ向所合海き京通
てラぎ開ノいテ画ラ再っ写ふお
摘シ百曜だし京育退安会妊ベん
向ぽ日テ嬉意や安育加無ノ百
化嶋場せ阪っ応投囚育辞ぼ弱開
応百摘っ妊くサ記念砂社弱登ぎ
ひたいけ合写私ルス念通芸ぎ
話エまんテ弱側論
リひる読歩摘ど弱私乏側論通芸

ワードリスト:
- キャビン
- たい
- 保持
- の信頼
- 記念
- 声を出し
- 暖かい
- 陸上競技
- 日曜日
- 恐怖の
- ブラシ
- 離れ
- 子羊
- 愛する
- エキスパート
- 嬉しい
- 演奏
- せっけん
- 本棚
- 一目

Puzzle 103

再グマざハいゃだカヌニ多方暫側合ょ
何ントミヒる歩カ能だニ退向ぼ嶋安私
てニ場のろ加般なも開うテだ菓室を館応るし京にあり
ページレト私分写自トルひぎ通サ無砂故巻ぎ結囚や再応ひ故ニレ歩
側レト私分写自トルひぎ通金摘戻き合や再囚応ひ故ニリすれ
く然のつゃ重てぎ方ひれでし結報弱退ふ応まゃ京
然せカチコぎ育選化妊所ぼだサ登金話ゃ京ソ

マグ
いるようだ
巻き戻し
円形
、シカ
バナナ
謝罪
博物館キノコ
を超えて
ミトン
時の
ファミリー
お菓子を
必要があります
一般な
の夢の
自分の
のトレーニング
異なる
ページの

Puzzle 104

キャリア
火災
唐辛子を
結果は
保証
スティール
ホスト
深い
一人で
軍事
歯ブラシ
来る
夜明けの
治世を
正式に
中心
ケアの
ひよこ
鋭い
最良

っ化む軍画き中一人で来る正結果はエ
治火ひ事ヌ合心ひゃ無ん圧式圧何ぼ良応ょ
世災ヌテ報話ニ何向しヒ育解にむ最社意安所
を囚だ摘退リで権む百ょ海化ょニむ権社ド
ドセ社チくれじ乏私出ブラシハ報ぐ圧何解側権
トぽ場カくル暫方重退ララチ京育何ひこ百
し結ぐ精無ヌ方ホテ室ヌ暫ぐニよ芸所
ニ囚通側ヌ方トゥ唐辛子をを乏ひ妊ょ
ク京れケアのハろ出阪ーれモ出辞ト
会本本だ選トふ鋭いカつせ金カ方ひ
安化つっぎニリぐア能ルで化社ル辞
夜明けのヌぐヲじ然コヌヌカ方
れヒぐ砂深いじ然コヌヌカ
ニ所ひニ通いじ然
セホカ通いじ然

```
レ エ チ 狙 ろ 生 ニ 地 妊 ろ 場 ヌ る れ 狙 選 多
し 故 所 ヒ ゅ 囚 ま 何 域 辞 論 故 動 画 ニ 合 じ
ぐ 写 く 権 ニ ト ソ れ レ 乏 阪 摘 物 暫 ニ ク ク
ニ れ サ 場 方 エ 開 論 写 多 登 ひ 、 開 能 ツ ツ
ぽ だ む 話 安 糖 は モ 歩 重 精 ひ 無 登 ぐ ラ 解
く チ レ ベ ル を し し 多 っ ぎ ー キ ス ク ル エ
れ ろ ぼ 室 歩 病 子 の ぎ 室 覧 シ ョ 場 ト む ス
ク ベ 然 安 セ 皿 ヌ 牛 エ ク セ リ ッ ト ル ひ ケ
驚 か せ ま し た 狙 水 ぼ 辞 ソ ポ 、 開 砂 だ ケ
ツ 京 ス ゅ 逮 捕 サ ぽ っ 育 選 ニ 出 常 む コ プ
故 ヱ 選 リ ろ 安 ふ 多 れ ヌ ラ く ク 乏 に ソ は
ニ 所 私 ル ひ 所 写 も る 芸 弱 ツ ブ ロ ッ ク 投
ぐ き ホ き 政 府 の 会 ぎ ひ 年 の 百 く 応 出 育
ひ お ヒ 金 出 多 精 っ 京 ニ ペ ア 再 ひ く 現 ろ
化 し 開 チ ぽ 本 ぽ ト 故 弱 ぎ っ 無 愛 退 ろ ひ
```

驚かせました
ペア
エクセリットル
水牛の
子の
糖は
出現
レベルを
年の
エスケープは
政府の
生まれ
病皿
、常に
ブロック
逮捕
地域
ポリシー
スキー
動物、

キジ
発見しました
可能性の高い
傾斜
勇敢な
シナモン
バーストを
オフィス
マニュアル
撮影
動詞
シャワー
センドを
今夜は
コミットメント
理由を
食べて
ダンスの
リリース
予約

```
予 約 で 囚 お ノ も 報 ノ 何 阪 発 ニ テ ヒ 阪 ど
結 安 芸 側 話 し 所 安 場 る ス 見 芸 何 カ ぎ ホ
場 化 や 応 育 ふ 画 然 写 室 ラ し シ 京 画 リ 海
ヱ 報 ト 向 側 ル 所 登 セ 本 ホ ま ぼ ワ モ も だ
百 だ ハ 乏 覧 マ や 今 ニ し 論 囚 理 ー リ 摘 無
合 つ 報 ょ レ ニ 今 ざ 能 セ 画 理 由 を リ 画 ス
写 摘 ぎ 摘 食 ュ 夜 可 は 勇 囚 ド 論 出 ー 進 合
砂 合 多 退 通 ア む 性 芸 敢 化 ラ 論 権 バ 歩 安
権 動 詞 通 て ル 能 の 勇 な ぽ 論 画 バ ス 傾 キ
コ ミ ッ ト メ ン ト 性 シ ホ っ 意 っ の ス 斜 ジ
ニ ぼ ル や で む ょ の ナ オ ぎ オ ー ン 通 ダ ょ
無 登 加 画 撮 影 意 高 モ フ ィ ス 論 を エ し
嶋 安 ラ 化 辞 せ 退 い ン ィ ニ 画 の 進 覧 応
写 ノ 芸 ん 乏 っ 室 れ 愛 ス て 本 通 っ を 開
チ 百 辞 ス 報 場 っ 画 ト 海 ニ 阪 ス 進 開 っ
```

Puzzle 107

```
も乏進嶋まセ画囚ぽ囚化テコどひホ方狙
れぼル出かぎカ社つまヱ弱ラヒおんヱ多
ハ覧百故向方テて精ヱツカ百て解進ょ丁寧な
ス意出登嶋ールガンカひくれ室モきひ側会ざ麗華
海故登嶋ァ登ホ方リつぎ京結ひだひゅ応だ
リ能でヌオ私本ル登むト会ひ何精ヌぼ再圧金権べん
加意圧心の・ドク再通椿ツタ金権ぐ
権退ひ再安何だ百む故円スクッボ弱
ニも安くな京ウツベ話ぽ、形ざシラ再ヌ重
ノ化くら京ヌサ出コ答えはの買ー然ヌむ
っ送らぎれれむゲぎ月選海いょまむ
ひゅ開社ヱ私や辞ー古満んど退金カど
チ論二登ひし消防士のムぎいだぼ会安ホだ
```

のオファー
かむ
丁寧な
サウンド・
消防士の
カンガルー
買い
かなり
古い
選んだ
タクシー
楕円形の
ベッドの
送ら
華麗な
心の
満月は、
ボックス
ゲーム
答えは

Puzzle 108

個人
、過去
祖先
ゴブリン
バレンタイン
ポータブル
評決
、脚
クッカー
先生の
画像
星が
アプローチ
誰かに
贈り物
シングル
有名
キツネ
復帰
休憩

```
ふ通くド画何妊バレンタイン復っむ海ざ
どヒっヱ本リ重チ無クま会帰コひ覧
れ妊休辞芸重愛だ応ッぐサ画ぐ祖論だ登モコチ弱加
ゅシンソ場多じて精カスだ無先生ノコ愛重
せ場ハグ狙ぼ室写私精出場セ安ぼ百圧私
場弱ぐ解狙ルブタ有、写加登ぐレアプローチ個人
弱然摘ろ報テ名過ポテ金ぐ弱砂り物無金や精
然多ニ論きれ社つ去ヒ加で室ヌ贈り私育所ぐ
多ソハ応だ向ラ能ぼ画コ誰ざれ再合だ育ソぽ場
ソふ重ぽドッやっ嶋ホだょ辞ヌに星合登ぎソぽ化
ふ重意海キツネ話育報ゴブリンニ所進脚チ評決阪つル
```

Puzzle 109

方会まぎ包何多無れ能登育無ニニ百登
多同ニんレ側何通常安だテひ弱覧場も
方自じク登故ゅクってだ画論登選てふテ
ひ身べヱ歩はアデイモア側金サ愛登ふ結
ょ解ハ渡、イリ無モ開嶋覧ぎど結カる
会読室しまラ合登っ囚阪をま芸こ京結海
ひモナすイ配生姜愛電結ヌ本ひ話歩加
んラスしれ布能結愛権だだ会故む愛ドぼ
ゅモしつ百す所読海京圧読む緑やひ所
精結っ百百るで権二話だ囚分、芸ロ乏
モタひモ応まセ開場ルクアラートのだ
ゃーソ百然ク彼女はアラートどっく百モ
無キ覧然接存彼女安クどっく然側能も
ヌー安接続論在安アラートのく然ヌも

どこ
分子の
自身は
アラート
ナイフ
アイリス
包む
同じ
存在
渡します
緑、
粒子
彼女は
電を
配布する
ターキー
接続
生姜を
アイデアは、
通常

Puzzle 110

オープン
地理
花の
大規模な
の代わりに
機会
大根
突然
ネイル
ネギを
フィット
男が
フィードの
プレス
ホール
歯科医は
行わ
黄色
ヒマワリ
知恵

然向ひも再ぎト海再まっ所百ひノク会ま
社本スま所き然チ多き解や覧クだん応ょ場
砂フィット画ネ芸多精会んだだゅ出場ホ砂
解砂どス地ステだ進ヱぐゅ話サ砂ヱ
オチ地サてニ本だの向何何男歯だ出室向科医
選ーリ突然ニ暫代狙わ話れは通ひ
スレプ京や海ひ重り大解私結つ
まひぽンセ砂論マ模写根所ひ辞も
意何妊愛ひし能ヒ因ワな化ニ狙然知も
芸ニフィードべ黄の故リ化ホ退恵
結ベレ話わ色所読私応辞狙ぽ論結
通乏解行色精まひ応ヌ安解チおっ
応何セてレ精場じヌ安化ぽ加もも
ょぼ私おレネギをコ私セ室んス砂選退ニ

Puzzle 111

選 チ 戦 争 きゃ ニ 危 場 、 ル 摘 ま 大 私 社 囚
に 対 して 化 く コ 開 機 最 砂 京 ひ 学 乏 選 報
書き込み 何 覧 金 調 エ 近 加 囚 応 院 能 む 話 多
おき べ 芸 エ ニ ホ 進 整 応 妊 精 れ ひ ヒ ヌ 然
ノ 側 ひ 進 ク 命 阪 ラ 百 愛 選 セ 解 無 意 応 社
、 業 界 を 命 向 む 摘 雄鶏の 独 立 化 セ ク ろ 急速に
暫 イ ふ ひ き エ ゅ 解 精 場 貴 ま カ 応 ろ だ 故
合 レ ン ロ テ だ 嶋 雄鶏の 重 芸 砂 キ モ 所 私 ま
ベ プ 登 テ だ 嶋 登 ヒ 金 応 会 ハ ニ 砂 ベ ウ 海
ル 意 ス コ リ コ ジ ん 応 選 ぽ ニ 砂 や ひ 社 リ を お
話 画 ク 悲 ノ 鳴 だ ど 写 応 ン ざ て や ひ 出 歩
は 解 場 ひ ヒ ヌ 写 妊 画 会 ト 摘 い な は で れ だ
せ ぐ 摘 暫 ツ ヒ 精 場 室 妊 画 会 ト 摘 い ぎ 嶋

業界を
戦争
調整
雄鶏の
、最近
書き込み
大学院
悲鳴
独立
命を
キュウリを
プレイ
危機
ではない
貴重
エプロン
、急速に
に対して
、インテリジェントな
話は

Puzzle 112

医師が
燃やしました
サル
スチール
ヤギは、
タイガー
ネット
のいずれか
さようなら
原因
納屋
ペース
スリップ
維持
防止
失礼な
世代
ディスターブを
条件が
サーブ

条 圧 サ れ セ ひ 重 ど ス リ ッ プ 退 っ ス ト 安
ヌ 件 ル ー チ ス ん ト お ス ト 燃 所 化 モ 能 権 圧
だ 加 が 金 歩 狙 ニ 会 進 権 ぐ 安 や ぎ し 論 だ 医
覧 多 カ れ タ ニ む ス ツ ょ 失 精 れ 登 ま 圧 論 師
エ 読 能 所 イ ガ く 論 ぽ ヌ 礼 加 ノ だ を 防 止 写 が
ネ っ 何 愛 ー 然 場 退 ゃ む さ サ ー 止 育 然 た
原 っ 登 論 場 く セ ニ ト む 砂 よ っ ブ タ 育 ぼ ハ
因 ぐ 然 ト 芸 だ で リ だ 進 モ う る ス 社 で 育
百 話 ト コ の い ず れ か 因 ら ざ 弱 ィ ヒ 私 く ニ
く ト ヤ ギ は 、 暫 ど ゃ 通 っ ぽ デ 砂 ゅ テ ス
ト ヤ ギ は 精 意 世 本 妊 お 然 で 場 選 ィ く ペ ス
話 報 退 精 意 世 代 方 写 社 百 つ 方 ヌ ー ス 納
故 維 場 写 ぐ 代 ゃ 側 暫 無 加 画 ヌ ソ で ニ 屋
ゃ 持 つ 投 論 辞 れ 登 退 阪 ク ノ っ レ だ ひ 無 屋
解 ぼ ク つ 進 れ 登 退

Puzzle 113

```
キャンディむルセで側ヌ応ぐ合むト削
側故でせんだ彼故ぎ圧品海テリ本い除
論ル狙京場らちゃツざ育種何チ野生薄を
摘ょトマトルの魚む通本囚歩てテぽ海選私
デューティ場報場本開カっ画ろソ弱京ゅど
弱じケ無るひボーてっ権べ論海辺結俳京
ラエ乏スクセニトラ論海ウエスタン妊優海
セ圧会もひモ辞工会室話方コ室ニ読故海
っ化合ハでだ辞重モ利点摘ぽ本む囚方妊結
社楽育しゅだ芸モ然ヱ側ツっ通きクざ会海
写芸無でだクざなひ座京登然私ぽ京会セど
会場選京愛急惰なひ海二っやま嶋だ芸ひれ
て選ふツむ覧応むれ海ノ化モ登ど話社権ひれ
るソ本ルエ所ホドノ化モ登ど話社権
```

魚の
楽しむ
野生
キャンディ
トマト
友人が
側辺
削除を
薄い
ウエスタン
利点
除い
彼らの
ボート
デューティ
座っ
品種
怠惰な
スケート
俳優

Puzzle 114

研究
空は
いる
郵便配達
バンズ
回避する
結論の
世紀は
関心
理解
プッシュを
フォーカス
バスケットボールの
当事者は
レポート
フェンシング
ギュッ
基本的な
迅速
株式

```
ど精暫私再ひニ圧ぎ読コも結育研カ覧レ達ト
弱バスケットボールのプっ意ソ究ヌ配ムま
んスケット再囚ゅまやプぼ郵便空基ホべ
画回避するフェンシング圧シ論ひバンをモ本な暫べ能
ひ辞出退然スろし側ぎヌむ多化ズセま画もニ
ひ読阪投覧カレ故能通投はま進ろ当室
ひ画っべレポートサレォく育リソ解世っ事京
百応で加囚論サレヒフだ進結理紀者解ぼ
迅速室せノ弱ぽひ能く話結世は当百狙ヌ
化だ本レ圧会方ステぎ私れ通論紀のは解ハ
サ登側ヌノヒで関摘安ク報論無者ラ進事当
狙能おるノだ芸心ふ加多加報論百狙ぐ解ぼ室京
ギュッ株式所き多サ摘ざス暫ぐ話ハラヌ
話育ぎ論何ニ暫ス摘ざス暫ぐ話
```

Puzzle 115

子供ス場応くざペ曇乏イせ妊社囚阪じ
せれ主重嶋ひ合ッり嶋登レ場育ハふて
然故要画合必育サ然辞つニサー弱能
覧選な育ずまス化ざカっ解報レスきゃ話
だヒコチんト出出海ざカっ写っ解報進社ぎエ話
ややコま合権ちゃあのヌ砂狙ふ阪百百加圧舞読金を全ぎろ
結芸特ままテ沢光故サイトぐ囚画う弱どニュ京チュ狙だ
くイつーのひトカゲウ注意深い弱どゅ京チュガテま
つむむグ合メガネ話ソ阪重加登コリ弱エガテ登ま
退所社ルぽぽカ登るソ阪重加登コリ弱退場ま登
報故ぐ何能ヒ登る狙だど選退場ま登

ウサギの
全体
トカゲ
イーグル
注意深い
、特定の
子供
成長を
振る舞う
ペット
主要な
イレーサー
メガネ
障害
曇り
ちゃう
光沢のある
必ず
ガチョウを
サイト

Puzzle 116

想定
ヘビ
慎重に
延期を
簡単な
週末は、
狩猟
ピンク
乗り心地を
感情の
紳士
採用
専門家の
名詞
経験
教育
王冠の
検索が
サイズ
ドレイク

カゃ化む妊登側ひ私ヌ化安阪覧るだ週
覧べじ再歩開選社もひ方コっエきひ末
簡ぐて感情のス門専海ドレイクんふは
ょ単だ乏乏画ニ芸合投無想加、
ピサな進乏王検索がハ育つテ投想きラク
ンま権エレホ砂化読海エソ何育ふれ
クだ読結海化報海退私砂教狙嶋海
で採用場重ハ話報故加退意開ビっ
む慎重に解登れ京べ私べろホ百嶋ク
重ヒ延ど囚通ベっひ多チヌょだ狩
ま本所期やぎ地ひ乗だヲ登猟向
んだ精名を選クリょ進紳合ヘん
ド囚然登詞弱方ざっ士ッ経ビ然
京歩会ょ弱ょ報れぐカド論チん
せル報サイズ報れぐだ暫論ょ歩ホ然

Puzzle 117

```
利 用 可 能 金 振 ク な ど カ と 私 本 ク 金 社 フ
屋 外 で 同 向 る 開 利 う ヌ 同 愛 様 ひ ス カ 私 育 ょ ラ ッ ト
話 辞 読 意 京 ざ 社 便 む ニ き よ の 報 加 辞 読 乏 ト
つ ひ し 方 貧 退 て れ む ニ 歩 方 ゅ も 加 レ ク 読 ぽ 砂 応
妊 し 方 ソ て 無 然 場 ト ニ 歩 育 ゅ 安 辞 応 ル 読 エ だ
く 話 ソ ト ど 化 歩 育 通 べ 安 辞 応 作 プ ニ 球 段 落 エ
ヌ 通 能 嶋 囚 場 育 ヒ ゅ モ 応 操 タ ー ン を 球 無 だ
再 意 嶋 囚 結 室 か ョ ハ だ モ サ 応 社 ニ 狙 ぎ 地 落 多 覧
乏 覧 会 何 出 ゃ ツ れ ソ 登 ヒ 安 辞 ぎ 地 開 無 ふ
社 百 ヒ つ ぐ 囚 お ろ ル ス ハ 向 権 ル ト 重 芸 画 覧
会 ろ 再 通 ヌ 愛 ナ 報 ル モ ふ ニ 読 セ 然 加 権
解 再 加 ヌ 芸 ラ ッ モ ゅ 登 向 ぼ レ 読 登 然 加 ふ
れ だ ゅ だ 所 愛 ぽ ト ふ ニ エ ひ せ 通 登 然 加 ふ
モ 妊 む 所 愛 ぽ ト ふ ニ エ ひ せ 通 登 然 加 ふ
レ イ ヴ ン 結 ん 重 京 ヌ リ 阪 何 芸 チ 場 っ 権
```

貧しい
のような
クロッカス
振る
ナット
フラット
屋外で
同意し
プール
便利な
操作
地球を
と同様の
段落
利用可能
スレッジ
ターンを
どこか
レイヴン
社会

Puzzle 118

より
応答
地域を
植物
公式
努力の
スライド
の入り口
ノートブック
は決して
実行に
プロパティが
申し訳ありません
優しく
紫色の
行動を
急いで
の有害が
石炭
スニフ

```
だ 嶋 画 ヌ 申 く 実 辞 ヌ ト ぎ 進 努 む る だ ぎ テ
投 コ 通 歩 画 し 弱 行 テ 出 応 場 力 急 い で モ 場 何
権 や ひ ゅ ホ 優 訳 モ に ロ り 入 の ぼ 安 京 ジ モ 圧
ぽ セ ホ 歩 登 阪 登 あ 本 行 の 色 サ 阪 ク ま 育 ス
ド カ ぼ 場 所 多 権 ハ り 動 レ 紫 室 画 ク じ だ ニ
レ 公 チ 本 ょ 重 る ヌ よ を ス だ お 応 場 ま セ フ
ノ 式 報 く 話 ク 海 セ ま 辞 チ 育 写 じ だ 然 ぎ
弱 ー カ 社 ク 再 は む 百 植 ホ 精 ょ 妊 ま 場 く も
ス ト ト ふ 京 決 ん ぼ 物 の 有 害 育 ヌ だ テ く
ニ だ 投 ブ 通 石 し カ 側 愛 ヌ 京 ふ 弱 ス も
だ 写 百 リ ッ 炭 て コ ょ 意 ヒ 画 通 ス パ 私
ぐ 退 ス レ 開 ク ツ ゅ 辞 ラ ヱ 京 芸 ロ ス
京 報 っ テ 百 私 ヌ ノ 育 イ ふ 選 無 プ テ く
京 地 域 を 弱 選 応 答 摘 ホ 海 ド 開 応 画 権 私
```

Puzzle 119

つ カ 妊 お テ ゼ 囚 退 愛 写 さ 開 ゅ 京 暫 じ 通
覧 社 ふ 結 投 サ 権 っ ド さ ホ 所 覧 社 精 れ テ
計 ゅ カ ノ 会 登 囚 ラ 乏 方 ヌ か で 写 リ チ や 百 開
投 算 ラ 化 側 安 ニ 囚 方 ド 妊 な 需 愛 ヲ 化 精 ソ 安
ヒ 嶋 ス ス カ ひ だ や ゅ む ス 定 要 ホ む 狙 ニ 安
ニ 方 の 太 字 加 レ カ ま 向 ぐ 安 を 登 側 進 歩 ぐ
ト ノ プ 字 加 っ 愛 カ 室 報 金 場 不 感 増 能 ろ も
れ 砂 ラ ツ ベ リ マ イ ラ プ 弱 精 殖 選 ん 安 所
ひ 乏 ラ て 所 海 っ ブ 自 由 ん 退 社 金 ジ 進 っ 場
ゅ て 所 帽 子 セ ー ホ 本 ざ れ 登 写 ェ 安 精 写
民 だ 帽 応 ヌ 摘 本 場 れ せ 所 結 サ ク 精 応 通
報 間 応 場 始 め る 方 ぎ せ 登 場 ヌ ろ 海 写 写
ざ 期 場 始 ろ 方 せ 化 覧 狙 ぼ 育 話 ど 重 る 多
食 器 棚 ろ 方 せ 化 登 ニ リ 妊 開 向 ニ ふ 複 ょ
海 ホ 化 ま ト 登 ニ リ 妊 開 向 ニ ふ 重 複 多 ょ

ゼブラ
期間
始める
ささやかな
増殖
太字
カラスの
プロジェクトは
自由
重複
計算
カリブー
ランプの
プライマリ
民間
需要を
食器棚
帽子
不安定な
感を

Puzzle 120

ゴール
セキュリティ
ワイヤー
エネルギー
カブ
動作
メールを
一度
通学
表示される
アクティブ
パン
考えます
ので、
宣言
内部
瞳の
いるようだ
レベルを
バーストを

せ 無 い る 内 育 ひ ざ 所 の ク 通 表 ヌ 歩 投 本
だ 本 る 然 部 考 え ま す で 会 学 示 二 瞳 通 囚
エ ス よ セ 故 結 結 画 多 、 乏 ル さ の じ ノ 多
ニ で う レ キ ド 画 ス ハ や 出 れ ら む ト 覧 ク
や き だ ベ 摘 海 ュ ス リ 芸 お ュ れ 通 側 ょ
ド 化 多 ル 応 通 リ ヒ ざ 読 ト る る く 言 む
何 れ ト を 海 通 っ 投 テ や べ も 作 精 摘 サ
だ バ ゴ 一 度 ん 囚 リ 話 べ 動 登 然 ル セ
む ー ー 所 嶋 や 狙 ィ ワ ス 登 画 エ ろ 重
読 ス ル メ だ ぎ 場 合 報 結 ひ ネ 圧 ひ 暫
摘 ト ゃ ひ 通 狙 ゅ 阪 結 二 会 ん 出 安
場 を ヱ 摘 お 砂 安 っ エ 話 多 せ 歩 然 京
投 て 論 化 妊 多 き 通 ぼ 弱 ド ト せ ぐ 京
アクティブ ひ 歩 し 無 む つ 通 パ て 乏
く 圧 画 セ カ 狙 育 読 む ま ヌ 嶋 ひ ン て レ

Puzzle 121

ぎ が 最 サ 連 想 さ せ ま す 本 出 っ ニ 精 だ 投
悲 可 悪 登 報 ク ぎ ス 私 や 写 ニ 登 出 卵 に 開
惨 能 歩 摘 報 ざ ト チ ェ イ ス ッ せ 先 話 生 投
な な ろ 貿 じ ロ ふ 合 ・ 然 解 結 化 場 意 積 の 水 カ
権 難 ぼ 易 ト へ ソ 論 リ 論 っ 金 京 合 極 的 な カ ヱ ッ
限 困 ラ 写 ク も 重 ふ 所 ー ど 出 私 ニ 京 暫 な 茶 色 の
る ろ セ も 京 で ひ 臆 エ 出 や き む ラ 金 ひ 然 海 芸 ス ン ダ
ぼ だ 論 妊 ろ 写 砂 モ 病 重 本 安 ひ っ 愛 嶋 ん ひ
ひ 通 お こ 再 安 モ 向 者 能 金 ひ ま き 側 ソ 登 ド
む 育 ス 再 じ 結 ク ハ ド れ ゅ ひ ま 弱 選 き ざ ノ
然 無 用 じ 結 ク ハ ド れ ゅ る 所 ひ ま 安 ど だ サ 登 結 辞
の 商 用 き ハ ド ゅ る 所 ひ 退 だ 妊 通 場 エ や 報
側 多 解 む 所 場 ゅ む ひ ま 安 で だ
ゅ 応 唯 一 の ひ 退 だ 妊 通 場 エ や 報 辞

卵に
連想させます
ストロベリー
チェイス
臆病者
積極的な
の商用
茶色の
最悪
困難な
ヘロン
が可能な
唯一の
貿易
悲惨な
噴水
権限
ダンスの
サウンド・
先生の

Puzzle 122

バルコニー
子猫
達し
ヒョウ
来た
無意味な
人形
必要
アヒル
イベントを
第四
ビート
の中で
単位を
感の
七の
実験
ブラザー
ネット
いる

何 歩 海 重 通 チ 芸 妊 人 百 狙 ニ 囚 っ チ や 画
画 ニ 本 ニ 第 四 の 中 形 バ コ 会 ー セ だ ヌ 無 意 味 な ク
ヱ む 私 セ 論 私 感 で 私 画 嶋 結 っ だ じ 解 ハ だ ぎ
っ だ ニ ろ レ せ せ む リ 育 権 論 っ 場 じ 出 歩 を ト ン べ イ
つ る 百 せ ひ カ カ 安 故 れ ド 能 論 ヌ 百 チ 位 ル べ
ヒ ョ ウ 私 読 社 登 ゅ 阪 必 れ ク ニ ろ ま 嶋 っ ス ソ だ ヒ 囚
サ 摘 暫 私 じ ノ 応 選 精 要 い ぎ 単 意 も
ニ 登 応 芸 ヱ ニ ぐ 愛 達 所 る ぐ 選 ぎ 所 ひ 砂 ャ エ
ょ 実 験 応 向 投 会 社 登 し 応 サ 論 カ 解 も 多
合 登 応 ハ 解 読 ま で 開 弱 ヌ 能 ホ つ 選 重
子 ハ 猫 海 ニ 本 狙 で ネ ー ト ラ 投 ぽ ひ
く べ 無 多 重 せ 愛 何 七 再 暫 ア ヒ ル っ 解 選 砂 多 ャ
無 だ 重 ル 歩 れ ブ ザ ニ 応 百 側 べ ラ ゅ つ ひ 砂
だ 京 ろ じ で ソ 本 ド き 故 重 選 多 工 囚

Puzzle 123

ひ 話 サ ぐ キ ヌ フ 摘 ス っ 読 妊 巻 き 戻 し の
ト ど ポ 御 ャ ツ ォ 読 沸 ー 、 最 後 の 登 ニ 問
サ 摘 ー 馳 リ ト ー 何 騰 百 プ 砂 百 来 将 通 私 題
話 ヒ ト 走 ア 摘 カ 解 歩 れ ド ・ 育 将 サ ル に
出 ぽ を コ カ ス 兵 士 空 洞 育 再 現 レ ス 故 室
に 対 し て コ カ 通 多 ノ だ 応 れ 摘 覧 在 室 何
無 て 育 囚 お 出 囚 化 ホ レ 乏 っ 解 育 圧 再 化 愛
論 先 論 所 だ 囚 ソ 加 レ 社 ぎ モ 結 し 弱 能 辞
信 て の 安 と 投 私 百 っ 意 ひ 出 ノ ょ き 嶋 能 辞
号 て 通 ろ ホ 故 モ て 多 ト 囚 コ 話 ヒ キ ガ エ ル
妊 話 ろ ら が モ て 囚 能 ハ 開 覧 歩 ラ チ ベ テ ー
痛 い セ 画 芸 っ ツ 囚 能 コ 開 覧 歩 側 ド 解 会 ー
ス 権 歩 れ 論 画 ク 百 ヌ れ ヒ ょ ん 暫 進 覧 方 モ
れ 応 ハ 金 融 論 ぼ 話 読 て ん 権 き 暫 進 覧 方 結

単語リスト:

信号
サポートを
沸騰
スープ.
ヒキガエル
将来の
現在
モーテル
痛い
金融
先のとがった
兵士
、最後の
の問題に
空洞
御馳走
巻き戻し
キャリア
に対して
フォーカス

Puzzle 124

単語リスト:

その
捕捉
オーディション
少なくとも
文化
巨大な
プルを
退屈
得て
との間で
、最近の
必要と
の厚さの
戦略
基金
惑星
クレイジー
調整
ボート
トマト

ん ト ホ そ 開 本 意 じ ヒ ク 惑 方 ラ 社 ツ 場 エ
っ 化 権 れ の 近 最 、 場 レ 星 調 圧 囚 室 っ ひ
重 社 ホ 然 オ 退 報 百 安 イ 整 話 妊 嶋 ニ れ 摘
テ だ 進 摘 ー で 開 二 出 ジ 側 能 ソ 故 巨 ニ 基
ろ る く ニ デ し テ ホ ー ボ で ま 能 戦 大 ソ を
歩 だ む し ィ 話 っ 芸 マ ぼ ひ れ 会 略 な ル 退
カ 進 だ 重 シ テ 出 会 ト 間 の 方 所 権 プ レ 狙
ぐ 百 べ 乏 ョ 狙 ニ 退 屈 の 厚 さ の 多 ル ざ テ
然 権 画 登 ン 画 場 本 ひ と ぐ 方 退 文 化 む 読
加 育 れ だ ひ 再 捕 捉 弱 ひ 方 然 室 出 ざ リ 必
ク コ 話 海 ぼ ど ヱ リ 辞 ノ せ 室 再 ぐ 私 ハ 要
登 カ ヌ 歩 登 芸 登 ぽ 登 ヌ ヌ 得 ひ 私 ぎ モ ひ
テ 多 場 テ 私 ゅ 所 阪 ろ ま ん ノ て 精 能 ひ 向
チ ざ 京 応 応 べ や ど 応 少 な く と も 精 能 モ
ハ コ 所 辞 ス も 応 少 な く と も 精 能 モ 向

Puzzle 125

```
ノがクッェチだ関やチしヒいの気病応
ひ多ょロれセん連みなさんつ民下で結
満たすニックク再ク安暫辞くで場にぽや
リれひックひ加阪ティーチニのわし暫ラク
無応ニぐすだ覧安アメリカ故どラント安グ
失礼な加暫権ニレ向環然論ト場れれレド
修正応ょソクル圧ト境モ歩ぎチーおト写
報ヒ育解室何退会れスの海モせ嶋お狙ッ
ぎれ育囚セモン海多スや多ニ論場
るおル読何退どスタ暫辞チパ退レ乏多論
ヌ通読何退レハフャ応ぎホだ何合乏ぎヱ
お精ニくレ辞ッフゃぎ加だ退画ひ能ぎ
集計会っ社辞退応ホょじ出っ重圧ェ
ドル無辞退圧選辞ど出っ重圧阪海れヱ
```

しわの
国民の
修正
ティーチ
満たす
クラブの
チェックが
環境の
関連
スタッフ
クロック
いつでも
病気の
グレード
みなさん
の下に
アメリカの
集計
パンの
失礼な

Puzzle 126

含ま
に空
暖炉
脅威を
招待
崩壊の
社会的
飛行
ライター
全体に
は、
怒ら
在庫
樹皮
ヘッド
弁護士を
軍事
スキー
星が
植物

```
ぐど飛行怒ら含ふツカベ登ぼぐ弁退ょ
論育ぽエホカスまだ応だッ囚私護じむ圧
まひ軍ニラ全に囚ろま覧弱士て権リニ歩
社せ重事ニタ写向まエ応ぼソ会ぐをモコひ
モク無む何まキリえだくふ砂っチコ妊ドつ
植無安多てスリ崩だ百百ぎクカ歩暦嶋開
物ヒて化せツ壊のヘひ樹暖炉社意れ
ふ待方通読ふだ乏通む皮脅威を的きく
招投安星がテドまチ辞画ひむ写ざどチ
も愛空歩ど結まス本論ベひ弱をホ社ヌ囚
にヌ空しむ百応ょ場れ私在暫応まヌ報京だ
ょぽ覧進意ま社私庫ヌ室まヌ化ク登まだ
```

Puzzle 127

旅 組 の ひ し 心 故 会 ノ こ 再 応 ぼ 化 本 本 ヌ
行 み カ ツ む ド の ょ ハ ぎ と べ が だ 管 応 囚 の 通
カ 合 ッ 故 室 ま 性 だ ノ 社 階 下 百 理 ふ て 安 誇 り
砂 わ プ だ 無 応 剛 休 だ 社 進 モ 今 日 い コ む 妊 阪
無 せ ル 話 し 結 ろ 私 弱 化 モ の 場 会 砂 芸 権 ま ク
ト も ゅ れ ゃ れ 阪 芸 向 進 き 選 能 砂 れ 囚 テ ン 出
べ ゃ れ ゃ 社 ス 登 意 私 権 再 所 も 室 安 っ 読 ト ぐ
ル 社 、 優 れ た セ 限 お マ ヒ 能 室 テ て 通 ツ ぎ ト
ト 室 歌 う 演 奏 歩 乏 く 能 ワ リ サ ぎ 然 育 論 セ て
暫 歌 う 演 奏 く だ ソ ニ 側 ホ ト ぽ 安 れ 論 ん セ ぐ
ゅ ニ 芸 く セ 妊 ひ 摘 画 ゃ ぎ む 所 イ レ ー サ ー だ
チ 応 ゅ セ 妊 向 ラ ク ひ お 摘 社 イ レ ー サ ー だ ぐ
ぎ ベ エ 向 ラ ク ひ お 摘 社 イ レ ー サ ー だ ぐ

ことが多い
のカップル
旅行
ベルト
階下
、優れた
今日の
クリスマスの
休日の
剛性の
歌う
組み合わせ
権限を
テント
管理
誇り
演奏
心の
ヒマワリ
イレーサー

Puzzle 128

ショットが
変位
を過ごした
マイナーの
かわいい
ドール
クレードル
認識
拡張する
物語
キス
深刻
アンティーク
噴火
の足
売り手
苦しみ
粒子
歯科医は
オープン

ょ 解 深 投 ざ ク 弱 キ や テ し 選 社 ニ ス れ チ
応 リ 刻 だ 報 方 レ 側 ヌ 囚 歩 ぼ 権 結 退 ス
海 論 ま か わ い い れ 選 投 論 ぽ だ ヌ し 社
応 写 ア ン テ ィ ー ク 金 京 語 過 ご し 私 た
て っ 側 の 足 ソ 方 ド 圧 き を 室 チ ど 報
売 ン プ オ 海 ろ 応 応 ー ざ も 進 レ 摘 狙
り ソ じ ナ 応 加 出 ド で だ 然 精 む ぎ ひ
手 ま れ イ で む ぎ ス 苦 む ス 多 権
場 育 だ マ 社 噴 ク 歯 能 ぼ ホ ベ ド 方 で
ヌ ト 妊 せ エ れ ん 科 ド し 砂 ニ 話 意 囚
会 シ ョ ッ ト が レ 向 医 ぼ み ベ ソ 砂 私
弱 ヲ 精 加 拡 張 す る は 本 っ 応 ハ 登 多 レ
然 ぼ 意 能 進 妊 登 二 ニ カ だ 変 百 砂 通
進 ヒ 応 ま れ ょ 私 狙 粒 ぐ 認 レ つ 位 ヒ れ
む 登 側 れ 妊 愛 投 辞 開 子 識 囚 ょ 海 砂 場

Puzzle 129

```
で 化 弱 ニ ふ 暫 む コ っ ヌ コ じ 男 所 最 大 の
開 砂 暫 ソ コ ニ 百 妊 っ 話 ぐ 応 性 報 ま こ セ
重 ぎ じ ロ ビ ン 何 だ つ ろ ぼ な う よ の こ 、
ぼ っ 投 圧 ぎ ク 故 ま 加 カ 芸 無 二 覧 ふ 生 出 コ
育 故 本 ニ 囚 む ふ 育 だ 社 カ だ ん 取 り に 歩 学 ス ハ
せ 何 せ 用 適 ク セ エ コ ふ 化 ょ っ 本 気 空 社
登 る す 強 打 ろ ル ニ 乏 場 ホ 芸 無 ト 登 百 囚
妊 妊 る よ 強 打 本 解 投 バ ス ケ ッ ト ボ ー ル 進
登 登 非 り き 本 解 合 ひ ク ノ 安 壊 語 砂 ニ カ て
ト ト 難 多 き 育 合 レ ビ ュ ー チ し っ 室 せ 安 ハ
故 ふ く ろ ぎ レ ビ ュ ー チ し っ 室 せ 私 だ 本
だ 芸 ソ の ぐ 何 ま 会 海 愛 ト た リ テ ひ ん て
っ 話 ょ ン ト ク ま ゃ て 辞 多 事 件 何 合 ら 出
何 む ホ ウ 然 ス 育 す っ 本 安 エ べ 応 海 応
向 方 れ ダ 多 本 コ 論 然 側 権 出 ニ き 応 海 応
```

する非難
強打
トーク
ロビン
、このような
バスケットボール
読み取りに
男性の
学生の
レビュー
ダウンの
語っ
カエル
より多くの
空気
事件
壊した
コストの
最大の
適用する

Puzzle 130

消え
昨日
ストア
後に
実際に
となって
ほうれん草
まだ
量る
洗浄
忠実な
会話
本棚
自分の
、脚
アイデアは、
ナイフ
雄鶏の
利用可能
地域を

```
安 洗 ゃ だ 場 地 ア ト ス 再 実 利 金 つ チ 室 化
ぎ 浄 ぎ き む 域 イ サ 意 際 つ 用 ぽ 能 社 解 だ
然 能 選 ソ エ を デ ぐ 圧 本 に だ っ 可 話 だ ニ ト
圧 妊 多 ド 弱 報 ア ノ ヌ 棚 暫 後 ぽ 能 だ 砂 出 で
つ 育 ス 嶋 ん 権 サ だ 合 選 モ ぎ 進 ぽ テ ス
弱 ニ 選 む と は 多 、 弱 じ 開 カ ま で 乏 場 会
再 能 テ 所 な 会 忠 ヌ 向 解 ハ 覧 だ ま コ 加 レ
金 芸 ゃ ん っ 話 実 な 摘 歩 安 出 し だ テ べ カ
っ 場 室 テ て 多 だ ラ や 阪 写 、 脚 し く 海 写
阪 ド し ソ 多 ぐ 重 画 せ 場 ナ 場 結 ス ま 阪 ッ
む 場 ろ 愛 モ 嶋 ニ 向 登 重 リ 画 ニ フ 論 チ お
て ぽ 自 ほ う れ 草 化 ス ス 安 話 ツ 意 ま 投
ん 分 だ 報 消 所 故 量 ク ノ 昨 百 ス ま 海 阪
応 出 の 鶏 雄 え 無 る 応 然 応 ル 読 進 チ 投
投 カ ぎ 読 ニ 精 ぐ 覧 応 然 応 ル 読 進 チ 投
```

論無ト場京モきテテト意通京育ぼ育化
期待本ぎ場で芸解スニエ精ぼ罰する報ネ
つフィルムドカ論圧ま権狙京方阪再意イ
るっ柔軟な論圧安稼れ多京ニノぎ乏ぼル
取引むでカれ砂多ぐヌ京カ愛応る側育や
コむ向きひい圧っクだニノくぼ向報まヌ投
サヌ方弱ラを開再く本方論育ルざヌの
重てひラ登側開再く本方砂ひ報ざヌて
登りて跳私多だ辞解トひ砂方小麦粉のいっ
能ざ場剣テーブルパースニップ歩重圧ょ靴におル
トラ歩だパースニップ歩開圧辞然故
スエハひ加むビス再ス登む百開圧辞然故ス
ニ忘れっひヌーれ画歩ろ退モサク然論ホ場スル
精ひ摘報向もサヱ権ニでヱ論ホ場スル

つつく
靴の
小麦粉の
カニ
フィルム
期待
剣テーブル
忘れ
暴力
サービス
柔軟な
取引
稼ぐ
ペットの
跳んだ
パースニップ
罰する
についての
きれいを
ネイル

クリーン
喜ん
出版
運ば
高い
、正確な
シャワーが
クック
制限
チェック
禁止する
カーテン
古代
見つけます
覆っ
アセンブリ
輝き
な性質を
ダーク
注意深い

アド育ひ注場妊合シ化ク圧精応ハニル
写セヌ弱意リクャれ囚暫カ無ぎ場レ社
開れン一リク深っワ見クだぎ再スっ側
ゃろ選ブく場覧い一クック登ホ愛ヒひソ
芸ま投スリ育読社がモ本嶋スる
ヌ画会きモ権無ぎカ育登ク然輝
狙嶋だニ方ルょるーテ場読ラだ
運ばノ百むしで登べ禁加室妊ぎ
然ぐん意登レだも育加妊側むヱ
加選ハ権レ摘写ヌ側じ喜圧
ノ加クス合ひふ場嶋出んダ弱
ひお愛無お性サレ工版一ま投
古、正確な質チェック合通報ぽ化ク安
セ代進多百をっ登社高報多ょ加ク
応報解嶋つべむ囚妊いだ辞

Puzzle 133

育 出 所 ア 論 場 サ 圧 お 向 所 お 解 応 だ 精 っ
ニ テ る ナ 能 ひ ツ っ 経 カ 摘 ぐ ま 選 コ 安
る ク ソ グ 囚 き ひ 歩 本 済 投 権 狙 ま ー ナ ハ 暫
摘 ラ ニ マ ト ラ ブ ル の こ な ど レ 能 ー ハ 多
ぎ ス 応 ュ ヒ ス ド 高 価 な 。 カ ノ 本 や 安 れ ひ ま ょ
応 の 応 き ー 高 価 な 。 カ ノ ド 応 妊 室 論 ま べ
っ ニ ヌ 開 投 ざ じ レ ざ ト ベ 加 育 ヌ オ プ 登
通 所 京 ニ 結 解 精 ざ ク ト 海 ヌ プ シ い つ
ラ ぎ 結 解 海 登 解 論 ク 辞 む ノ む ど シ ョ か ん
登 ド 摘 開 ボ 京 囚 囚 重 読 論 ニ チ ヱ 何 狙 ヒ ン
き 喜 効 果 の 圧 安 出 砂 再 化 二 的 二 狙 ひ ん
話 ん 誰 阪 だ 圧 囚 写 砂 解 存 ど 統 ク 退 ひ も
解 で か に 所 囚 ゅ 砂 だ カ 所 続 進 退 伝 安 結 解
雨 の ト ニ コ 何 ぼ し 登 室 嶋 多 ベ イ ル カ の む も

Words:

テクノロジー
コーナー
アナグマ
オプション
クラスの
存続
経済を
高価な
ボール
ニュース
いつか
イルカの
の伝統的な
トラブルの
効果の
。この
雨の
喜んで
誰かに
プレイ

Puzzle 134

Words:

沈黙を
時間の
カップ
ミュージカル
明確な
スプーン
通信
ポストの
ヒイラギ
クラッシュ
に沿って
リーダーの
曇らせる
の可能な
コール
スウェーデン人の
持って
仕事を
楽しむ
スライド

ハ 京 加 嶋 る ス 愛 会 阪 選 ト ホ も ひ 歩
だ っ ヌ ヌ ニ ス プ 読 所 選 コ 故 多 何 歩
百 ぎ 出 無 楽 ー 所 ド ぽ ー き 精 能 ソ 通
に 沿 っ て し む ン ド 仕 事 を き 登 通 応 コ
所 嶋 ス ギ レ 故 辞 仕 通 信 明 な 会 写
読 安 ラ イ ポ ド て ベ ま カ ッ 沈 テ ノ ミ
む 意 ヒ ポ ス て ク ま カ ッ プ ラ ッ シ ュ ス エ ー
報 ら せ る 百 本 金 の 能 登 進 合 開 べ き ょ カ ジ
曇 む 合 開 進 百 金 ュ 開 進 合 べ き ょ 力 加 持 っ て ル
登 画 京 進 ひ だ し 登 能 進 ろ ざ な き 嶋 ニ
ャ ヱ ぼ 多 加 ク し デ サ 能 能 投 圧 ん お
論 ヌ ぼ 応 能 摘 ク ー リ ン 人 の 無 社
ヌ れ 写 ス 愛 応 再 ハ 間 の 一 ダ ニ ー
画 登 写 ス ウ エ ー ト 応 再 ハ ニ 間 も ラ リ ぐ
登 読 場 レ 愛 登 ざ ゃ 論 ろ 能 時 ら 京 重
歩 ソ 阪 ニ ゃ 論 ろ 能 時 ぎ ら 京 重 進
カ ラ 報 れ く む 何 退 室 ヌ 多 退 何 て 再

Puzzle 135

出	ハ	能	ハ	ぼ	覧	ひ	ス	と	カ	写	ゃ	選	写	写	論	リ
側	社	年	っ	振	つ	向	同	し	ま	圧	ノ	再	レ	ツ	ヌ	辞
芸	ひ	の	私	囚	ま	意	様	ど	チ	側	ラ	ジャ	ン	プ	が	暫
圧	ド	く	進	本	舞	セ	っ	の	サ	ソ	ジャ	ン	所	辞	何	
ん	辞	多	加	聞	う	狙	報	泳	暫	っ	べ	ょ	嶋	結	サ	ょ
カ	場	保	せ	き	む	百	は	ロ	ぐ	阪	出	ひ	向	ぐ	ひ	通
ん	個	人	証	ま	送	ん	何	愛	ー	意	セ	圧	れ	ぐ	お	ま	芸
て	ノ	砂	く	す	ら	ぼ	も	狙	百	カ	再	合	乏	パ	ま	ス
弱	セ	ぎ	室	世	っ	読	ク	セ	通	論	ル	き	イ	進	愛	進
社	ぎ	京	ひ	代	ミ	ル	ク	社	出	摘	投	ふ	ぎ	ま	登	ぎ
囚	向	投	ぎ	目	む	む	モ	ざ	金	サ	ひ	金	ロ	報	登	京
ボ	ー	ダ	ー	が	ま	女	応	ヒ	多	京	っ	ド	ッ	ウ	ま	む
写	ぼ	覧	だ	覚	再	王	向	ま	室	側	化	加	ト	社	れ	合
ツ	で	ぎ	解	め	写	の	ゴ	チ	イ	解	む	解	金	ま	乏	れ
故	ス	ぽ	ぽ	た	ド	む	ニ	ト	場	通	愛	応	登	報	る	れ

ウッド
ボーダー
ジャンプが
女王の
は何も
イチゴの
ローカル
泳ぐ
目が覚めた
多くの
ミルク
聞きます
パイロット
保証
年の
送ら
個人
世代
振る舞う
と同様の

Puzzle 136

状況を
オプションの
スカート
ポット
示唆して
ものを
認める
なし
ホッケー
座って
モンスター
回復が
破壊
ソーダ
冷蔵庫の
ビジョン
文字
ノイズ
センドを
曇り

画	ま	ツ	状	示	唆	し	て	ニ	投	だ	ス	ふ	嶋	認	お	テ
ス	登	乏	嶋	況	ス	な	っ	セ	も	く	カ	解	れ	め	画	室
モ	る	ノ	ス	タ	ー	を	画	座	ン	ポ	ダ	じ	る	や	し
ン	ス	タ	ー	権	場	故	ひ	ン	ド	ー	ソ	ノ	イ	ズ	百	だ
て	暫	ま	ノ	ゅ	解	れ	ホ	画	を	ノ	ト	ト	意	ラ	蔵	冷
だ	覧	登	む	ま	チ	側	ッ	を	ろ	弱	も	の	庫	ヌ	会	
報	報	ラ	ま	つ	ク	権	ケ	京	せ	百	弱	曇	ン	を	暫	ざ
破	囚	場	京	権	ヌ	会	ー	ノ	き	場	り	ョ	合	砂	報	摘
壊	然	ル	ホ	で	妊	ツ	ク	ホ	だ	ぼ	テ	シ	育	ハ	報	
て	再	ぽ	嶋	選	暫	ド	ニ	て	ひ	テ	き	プ	論	回	加	
リ	む	ラ	百	摘	て	ょ	覧	愛	育	場	て	オ	っ	復	モ	
む	っ	場	京	ニ	室	向	退	然	ト	二	所	話	が	ヌ	
重	狙	選	ホ	加	囚	ド	安	乏	ス	海	合	っ	百	登	芸	
き	コ	二	嶋	乏	っ	向	京	権	ド	本	ビ	論	ひ	多	応	
百	ふ	愛	選	私	京	お	再	海	ス	育	ジ	っ	ゅ	
や	ま	ト	場	進	出	囚	ぐ	ス	文	字	覧	ひ	側	写	合	ゅ	多

Puzzle 137

芸 ノ 不 海 ぼ 決 能 ふ 圧 包 む エ む で ゼ セ 加
れ せ 適 ビ ニ 定 ょ 画 も だ 摘 ど ホ リ ト セ ル
守 応 切 ッ 芸 ク じ し ク ツ 通 退 圧 ー る ル 通
ノ る な ト ぐ ニ チ 暫 エ ホ 故 ス 海 ヱ 通 常
方 い 定 ク ス 百 論 精 本 ま ひ 然 ん 読 じ む
れ て 安 カ 登 側 意 意 ぽ び 育 て 社 べ ラ れ
歩 え 不 場 京 精 退 ホ お 投 通 向 通 ノ べ
場 考 故 き 精 阪 室 ニ も 芝 生 隠 圧 ヌ を
べ と 応 重 出 摘 で グ 解 私 の ふ 圧 感 動 論
れ サ れ 寝 応 ト 重 レ い ー だ 側 す ぐ ト 辞
本 る 室 応 出 社 い だ せ 摘 分 ス 何 チ ひ
レ き 私 話 の 受 け 入 れ せ 析 通 論 せ 結
む 論 て 故 砂 砂 カ 阪 お や き 報 論 室 ま ホ
ま 応 れ ょ 選 タ オ ル 連 む 応 多 ん じ ま ト
ル 解 写 報 故 安 ょ モ 邦 ょ 会 解 通 ょ チ 読 ト

重い
隠す
寝室の
感動を
ゼリー
のほか
と考えている
分析
ビット
グレー
決定
守る
タオル
不適切な
芝生の
受け入れ
連邦
通常
包む
不安定な

Puzzle 138

顧客
、大人を
シンプルな
スチーム
定規は
ブロー
トラック
フライ
山猫
甘い
、比較
悲しい
干ばつ
のレコードが
フロート
検出
スケルトン
暖炉の
一人で
どこ

フ テ ど ト ぽ 室 ろ 化 エ 暖 む ざ 合 写 ぐ 妊 通
む ラ こ ラ 話 私 多 応 炉 ん も 弱 京 レ 圧 ひ
を 甘 イ ッ 選 画 ツ ホ の ス ニ 本 ツ お セ
人 い 話 ク 無 お ぼ 開 ざ れ 読 場 む 進 悲
大 ょ 私 側 テ だ ぐ ド ぶ ラ 本 合 お 解 し
、 比 く 室 覧 写 私 室 結 ひ 歩 選 い
ヒ 一 人 で シ 精 合 ベ ス る ょ 意 ス
報 結 退 摘 重 ト な テ ぬ ょ 登 化 画 ェ
ょ 顧 ふ 無 向 ル 進 海 読 ぽ ツ 会 ゅ
圧 ノ 客 ふ 故 ケ 安 検 定 ト ブ 権 ス
ク ハ っ ヌ レ セ 登 出 規 れ 育 ロ 写
だ だ む サ 海 サ 場 辞 ト 干 ん ー 進
安 無 し ク ニ 登 ス エ れ ば 側 む ひ
覧 無 圧 べ き 出 論 チ ロ む 選 合 ソ
金 何 退 何 多 き む ー ク フ 写 の
　　　　　　　 話 多 山 猫 ツ 摘 社 報

Puzzle 139

サ す も ょ ト 進 ラ ょ 多 育 ニ 妊 れ 狙 砂 ど し
だ じ る 無 然 権 読 権 っ 乏 ニ 報 投 テ ニ じ 私
本 当 に も イ ン ター セ プ ト を プ ラ ム 経 済 向
画 乏 ド ょ の 語 単 育 つ 能 も 除 精 削 ル ょ 結 サ
ル コ ふ 開 社 と セ ス 開 ヱ 応 ハ 妊 百 ソ チ 会
ぎ 開 嶋 登 会 カ 画 本 シ ブ 重 ニ ク レ エ ト 育 覧
ツ 解 人 お 故 っ ん 京 シ ー ニ ャ レ だ ヌ ト も て
セ 応 の ス っ ん 話 百 ロ ン ラ 出 場 だ 阪 ク ニ し
読 ひ テ 私 意 社 再 向 グ チ カ 室 判 官 ト ク 妊 サ
ヒ む 意 ヱ 社 で ぐ 多 っ 百 ぎ 加 方 会 セ し 得
場 ド ぎ も 芸 結 京 ノ 愛 やょ 落 れ ひ チ ヒ 京 ふ
因 ハ 嶋 弱 再 ル 京 ノ 愛 やょ 落 れ ひ チ ヒ 京
ぼ る 情 再 度 た と き に ヌ 読 暫 た ド レ イ ク 暫
レ 本 報 度 た と き に 入 植 者 が カ モ 選 ノ っ 合
ょ ニ お 、 入 植 者 が カ モ 選 ノ っ む 合 方 つ

入植者が
会社の
経済
裁判官
説得
情報
たときに
落ちた
グローブ
単語の
育て
するものと
人の
インターセプトを
プラム
シーン
本当に
再度、
削除を
ドレイク

Puzzle 140

変更
父の
レース
スイカ
溝が
ものの
のガイドラインは、
協力します
レスポンスの
櫛の
失われた
そのもの
躊躇
計算機
ます
数々が
時々
記事は
クッカー
電を

ソ 失 ぐ 加 暫 ま 読 ひ 再 数 時 々 退 ヒ 再 精 多
写 わ 出 て 然 ひ ト 写 ツ リ 々 然 ク ぎ て 画 本
阪 れ 圧 じ エ ニ も 金 ひ れ ヱ が も 合 ツ 場
向 た 出 ま ク 狙 歩 乏 ス 歩 無 溝 摘 の カ イ ス
芸 ぼ カ 無 選 加 ひ 開 し 暫 ハ ニ 選 室 も の っ
の ガ イ ド ラ イ ン は 、 圧 育 向 育 故 そ モ
論 摘 ぎ れ ぼ 私 ニ ク 記 事 嶋 能 ひ む 然
多 場 れ も 多 結 安 砂 話 ツ 合 る 囚 出 無 私 だ
安 で 社 リ 圧 育 出 ま だ 読 協 レ 合 ノ ラ ひ
で ま 歩 く ど 京 室 応 ふ ま 力 ス カ 乏 報 ツ
ヌ ト 妊 だ っ チ 愛 コ 辞 弱 ゃ 変 ポ っ 百 覧
芸 摘 狙 き ゃ 退 歩 躊 躇 更 ヌ ン 論 乏 だ
竃 を き ハ 精 エ 応 開 計 算 機 レ ス レ ク ソ
重 き ニ 本 じ 本 も 出 故 摘 無 囚 ス 登 の 父 故 だ セ

Puzzle 141

```
無 応 投 む ブ ざ く 京 ぐ だ て 歩 お く 芸 カ 辞
嶋 だ れ 場 ラ 、 ぎ 方 何 応 砂 会 ん 摘 ホ リ ニ
意 摘 ひ 嶋 ッ 適 快 セ 室 狙 本 し 辞 せ ぎ リ ヌ
チ ろ ド サ ク 切 故 彼 リ ソ 結 妊 読 チ 投 フ や
ヱ 多 リ ト ゃ な だ ら ソ て 進 お 能 結 ヱ ワ 嶋
選 択 す る れ 敵 ざ 砂 再 育 ト れ 砂 ド ノ ー サ
ヒ ふ 精 ゅ ざ 素 解 シ ハ ど 燃 場 会 ソ 百 安
ぎ ス 精 精 通 ブ ラ シ 臆 精 ト 病 や 辞 提 出 す
じ 投 む だ 化 も れ ょ 精 ニ し テ 辞 阪 囚 今 ノ
出 ん 何 京 嶋 ゃ 本 望 結 む ま し 言 語 を 後 化
能 ハ 進 ホ ク 合 側 遠 ヌ 解 ま た 結 出 無 ゅ や
投 狙 再 ふ じ 向 解 鏡 ヌ ま ニ ウ ズ ラ 退 や エ
カ テ ひ 育 百 合 場 ゅ 化 れ ニ 巨 大 話 狩 猟 ヱ
ゅ 育 百 合 場 ゅ 化 れ ニ ウ ズ ラ ゲ ー ム
重 ト 狙 ベ ル 通 応 ぐ っ ゲ ー ム 明 日 は 精 ヱ
```

選択する
ウズラ
カリフラワー
快適
ブラック
彼ら
素敵な
今後
明日は
巨大
を介して
提出します
、適切な
望遠鏡
言語を
臆病
ブラシ
ゲーム
燃やしました
狩猟

Puzzle 142

大型トラック
クロウ
ガソリン
なくなっ
フィート
濃縮
雇用
ちょっと
バッチ
野心
看護師
もの
自身が
要因が
被害者
ステップ
真似
保持
レイヴン
地球を

```
砂 私 ト 通 重 ぎ 重 私 看 能 社 ド 方 ゅ 退 ク 向
暫 海 権 カ 百 ッ 加 ッ 護 自 故 ひ ふ 結 ベ ロ ょ
だ ょ 辞 安 コ 会 方 砂 師 身 室 ひ で 話 場 ウ 結
ハ 阪 真 も ま ょ 本 エ が ヌ フ ィ ー ト 結 レ 論
ニ ハ 似 ガ の ふ 阪 ク ニ ぐ ド 圧 芸 チ 結 だ チ
カ 妊 場 ソ て れ バ ッ ち っ 会 乏 だ ソ 重 も ソ
歩 開 重 リ ラ 阪 嶋 ラ 所 お 阪 リ 育 れ ざ 結
解 金 ふ ン ヴ イ レ 開 愛 ト 地 濃 ク 応 レ
だ せ 摘 て ヒ ざ 型 圧 意 何 方 球 縮 解 だ む
本 重 育 応 被 害 者 大 ニ 海 側 を ス ょ エ 登
保 持 ス テ ッ プ カ 話 ひ つ 投 選 登 意 通 エ
ま ゅ 要 圧 ふ 室 方 再 モ ち ょ っ と お 画 サ 心
じ エ 因 乏 本 ル だ ソ ち な 選 ゃ 雇 っ 野 加
ぽ 砂 進 だ 狙 摘 ヒ 向 狩 所 な 登 る 用 多 投
```

Puzzle 143

きて調じ登べ育進阪金だ加化るモハ砂
砂話れべょ動運社暫し社でだ話覧応能
レ予解安る物重座話投精ゃ愛解ヌ室通
ラ約コニ来園二半投金らどボウれだむ
狭いむだ来の期、砂四しるニゅ権然も
コミュニティはセっ重応ヒた応合乏結
ニリ辞や結っ愛金工圧通何だラ多ょれ
ぎざや結モャ愛金通たヌだっし嶋進安
カーペットどモドオコジョ責ヌ囚狙会やモス
し加ろ画重ぎ化クチどぎ任場急ススぽ監ざ
退ハ何エ報出じ応タチ結社いゃモスざ
ハ阪解砂金砂会場育イーバックいっで監スざ
コ故権ハ登歩権社二化方ソっでト視
写トくざ方ます れ安ク結ドテサク視

バック
ドクター
動物園の
オコジョ
コミュニティは、
カーペット
狭い
四半期の
調べる
日の
イタチ
運動
話しました
責任
ボウル
監視
来る
予約
座っ
急いで

Puzzle 144

ライオン
実行します
万人の
役割
バター
ボローを
コンパクト
叔父
発揮
ディナー
以前の
部門
晴れた
代替
の鼻
ストーブ
感じた
輝きは、
配布する
薄い

場むぼトヌ役割カサ囚ゃざホ報ヌざ合感
砂進故然ホ化進私ひ二安妊能論摘暫じた
ストーブじぼじホトき育私室レセ嶋ルれ晴む
ハクタ叔レチド進ひは画っサ圧社だ開論す
でパバ父だセ権ど会、写精ニや芸囚狙ままっ読
ぎンコ辞ルれひノ応意投海ト本重行しま歩お
クト砂ルれ砂芸画合ひラ読多狙ま万ニ育ふ
方カれ解モ然合二何開レ実狙人ょソも何権
の鼻ょ解ぐ然写合代前の発ニ薄れも砂本だ
金ぐニク論んょエ何替発揮私っ砂レ
暫所ライオン権ソ摘出育ホ囚妊ぎ
ボ合む配布まて選部門ハツ嶋サっ摘妊ぎレだ権
芸だリトニを弱社然所ラてぼ摘妊

Puzzle 145

故 セ ぼ 覧 ツ 砂 品 の 子 分 能 ク て ブ コ ぐ 応
せ 写 ニ れ ソ 能 開 給 歩 覧 エ コ ざ ル 意 ク 場
ひ 場 海 ぎ エ 不 化 意 リ だ 狙 て ニ ー っ れ ク
方 ル 愛 ク ハ 注 チ ニ 圧 ま じ 論 て べ 然 ヌ 圧
通 ざ 写 ぼ ヌ 意 ラ 育 場 ひ っ テ ル 芸 画 ひ だ
無 チ ぐ も 場 な 場 テ 学 校 の れ ス だ 海 ま ヌ
チ レ 百 ゅ 囚 測 開 帽 ざ っ 論 乏 ト っ だ ぐ 私
ベ ー 所 コ 測 高 級 子 ク 室 う 失 を つ ぎ も ひ
百 重 ズ 多 定 通 阪 金 紹 ひ 合 ど 符 解 ニ 出 投
だ 辞 開 合 べ 重 モ 紹 介 話 だ ソ 能 号 ツ 場 乏
衝 突 ヒ 画 ひ シ 会 方 許 写 ト ざ 嶋 私 ラ 方 れ
応 ラ 報 せ 然 ぼ ー せ し 場 写 ざ 通 金 故 所 加
教 会 の 私 愛 ル ょ ズ 開 ょ ツ で 圧 ぎ 所 所 で
行 い ま 会 も 無 開 化 ン 進 登 ゅ 向 暫 ク 加 ひ
き 出 無 せ 加 海 出 れ 芸 ひ む ト ヒ 場 方 ひ エ

教会の
測定
高級
テストを
符号
ブルーベル
シーズン
学校の
許し
品の
行い
昇給の
不注意な
紹介
チーズ
を失う
衝突
分子の
ナット
帽子

Puzzle 146

データが
インタビュー
コントラストは、
布の
トピック
少ない
ヤギ
市場の
方向
タフな
ボード
個別の
シネマ
睡眠
ウサギ
ディテール
チェーン
トリック
、経済
コーム

ト コ だ カ れ 会 べ ゃ イ ン タ ビ ュ ー シ ネ マ
リ ン 室 ヌ モ 通 退 結 ラ ル ー テ ィ デ む 妊 ト
ッ ト コ ヌ 個 別 の 布 社 エ 睡 ェ ろ 応 ろ カ カ
ク ラ 故 権 セ ひ 登 の だ 眠 カ チ 砂 圧 然 何
写 ス 阪 ソ 合 摘 方 所 お ク ひ 権 ど サ 結 て ス
ボ ト 故 ひ コ 話 向 ウ ど 乏 ノ 再 百 故 ク ハ
ー 、 嶋 ぼ セ 開 し サ 論 ト 化 精 れ 化 れ れ
ド 退 砂 画 場 ま ギ 権 や 写 ま で 読
ヱ テ き し も 開 論 て 本 つ 砂 ソ 重
データ が 市 場 の 話 コ 登 ピ ク 無 本 故
コ ー ム 京 覧 や 多 ニ ヌ ふ 会 サ ッ ル 私 多 海 妊 精 応
チ ぼ 弱 圧 精 ス ト ふ 会 サ ッ ル 私

Puzzle 147

ぎ ク 原 画 乗 話 ぎ る や 辞 妊 ま 辞 表 面 選 満
合 ウ 因 像 算 ド 出 む 報 乏 投 エ の ん は じ 、
ド 弱 エ が 育 海 私 登 進 画 光 沢 砂 色 ざ ょ ふ
ヌ ひ 所 ス ト 意 安 コ 意 ゃ 再 道 ぐ ヌ な ざ ま
化 ス ど デ 結 場 会 ト じ 合 応 徳 乏 ク ふ だ 出
報 だ る 出 コ ふ 愛 む 本 開 通 的 な 登 何 二 つ
サ ん つ イ セ ハ 教 故 ひ 下 の サ 応 し ざ ク し
ウ 私 出 ン エ 応 師 ふ 読 ょ ル 金 ふ 化 サ ニ ざ
ニ サ お 場 ひ 妊 サ も ひ 安 重 ラ な サ ニ 所 所
れ 阪 ギ は サ ょ も ひ 含 ょ エ 応 ふ 登 報 場 報
側 モ 退 択 選 レ 退 合 ま ド も 化 サ 歩 方 て 方
嶋 権 歩 結 辞 だ 合 弱 ぎ レ リ れ 報 ニ だ 方 方
登 ヌ ぎ ひ 権 重 弱 私 登 崩 京 解 報 ざ て 二 二
何 解 覧 読 弱 ふ 本 私 登 壊 解 だ て 方 方
合 乗 っ ハ タ ネ ズ ミ ぎ 合 然 ツ ョ ニ 方

崩壊
乗算
ハタネズミ
画像が
含め
道徳的な
表面
乗っ
選択は
色の
ウサギは
デザイン
レター
教師
ウエスト
下の
結果は
満月は、
原因
光沢のある

Puzzle 148

精度
機能
ポンドが
動物は
サングラス
他の
オブジェクトを
起こります
承認
、山
理由
ドライバー
クモ
服は
グレープ
ブラウン
軽自動車
インデックス
時計
脂肪

起 登 合 嶋 ぎ 多 理 由 し 狙 サ て エ 写 コ オ だ
承 こ ょ ひ 辞 サ 室 ハ ツ 安 ン む ツ 画 ッ ブ っ
選 認 り ク モ 登 進 金 だ ラ ま ろ 辞 側 ジ イ
社 話 セ ま 覧 ソ 脂 肪 弱 愛 ろ だ き 能 ェ ン
百 重 ヱ 合 す 時 計 ソ 無 ス ひ 化 合 し ク デ
ク ヌ ヒ ヒ 場 合 カ ド ヒ サ だ 話 向 ヌ ト ッ
お 登 ひ 嶋 ト ょ 結 せ テ 覧 チ 社 機 ポ を ク
ぽ る む カ ド ラ イ バ エ ブ ラ ウ ン 能 ン 向 ス
化 通 百 お 服 は 解 阪 ヒ 本 て 場 ド か ラ
ど グ ぐ 論 セ も じ ヒ 向 モ っ 出 ク が ゃ
何 レ ろ 結 乏 じ 社 暫 軽 自 動 車 他 ん サ 育
て ー 登 室 歩 能 精 ひ 然 や の ろ 山 場 囚
ニ プ 嶋 側 室 能 度 ニ 砂 通 ツ 社 く 多
ソ 安 ま ど 話 通 ぼ て モ 暫 二 覧 だ 選 ツ ヒ れ
ぐ ヌ 登 通 ぼ て モ 暫 報 権 ツ 安 ド 乏 室 で エ

Puzzle 149

ひ	ア	論	重	ク	弱	側	狙	ト	オ	廊	向	育	む	モ	覧	カ
私	ホ	ド	ニ	出	然	テ	ゅ	所	オ	下	可	能	性	の	高	い
っ	む	ン	バ	然	ニ	ぽ	ぎ	リ	ヤ	コ	多	室	芸	ノ	楽	し
ぽ	両	タ	開	イ	テ	リ	海	ア	ネ	精	れ	も	ょ	ニ	ラ	ス
圧	方	ス	精	ノ	ス	を	じ	マ	コ	れ	モ	れ	っ	ろ	ス	阪
歩	の	チ	方	や	ぼ	ん	由	ネ	理	報	圧	再	応	投	ツ	ー
ろ	会	画	方	き	ト	れ	歯	登	阪	通	海	別	話	愛	ー	ル
論	芸	暫	重	私	リ	て	ラ	ブ	報	ル	ょ	の	ビ	信	じ	場
向	ひ	ニ	通	意	ふ	れ	ラ	ト	ら	敵	素	精	セ	ー	じ	コ
ク	見	つ	け	ニ	ぎ	写	場	ど	シ	向	の	れ	ニ	送	場	ま
コ	再	結	ス	ひ	選	再	リ	な	洗	濯	金	じ	嶋	ど	ス	ど
側	登	圧	画	育	ト	画	む	が	洗	の	開	っ	お	コ	も	応
摘	権	結	で	ん	エ	決	定	を	成	作	金	囚	通	ス	嶋	
ド	会	ま	ょ	つ	ん	魔	合	ゃ	百	写	ど	ニ	場	おも	ざ	
嶋	ヌ	ヒ	ぼ	ゃ	囚	女	ク	ト	乏	エ	ひ	ゃ	ぎ	芸	ざ	応

決定を
送信
ビール
両方の
洗濯
楽しい
見つけ
廊下
魔女
スタンド
が成長の
の素敵な
作成し
別の
オオヤマネコ
アドバイスを
歯ブラシ
ペア
理由を
可能性の高い

Puzzle 150

かもしれない
チューブ
例外
陽気な
カテゴリ
政府
誰かの
、標準的な
生息地
雪玉
海を
冷蔵庫
ささげる
つららの
ステイ
キジ
存在
命を
子供
感情の

結	、	存	ヒ	ク	登	れ	っ	つ	ス	応	ト	方	ニ	能	場	ク	写	地
ぎ	標	在	ぼ	じ	結	ざ	囚	何	ん	さ	写	場	合	だ	私	阪	方	ホ
ツ	準	政	府	金	妊	む	だ	狙	化	さ	海	進	だ	生	息	の	子	囚
ホ	的	安	ま	向	リ	だ	感	の	の	せ	れ	キ	玉	を	方	阪	だ	ひ
い	な	れ	し	も	か	ト	情	投	百	キ	ざ	ジ	誰	を	の	何	供	やれ
所	気	つ	チ	阪	チ	チ	ヌ	投	選	ざ	き	多	か	命	だ	ス	し	圧
リ	陽	愛	ら	サ	ま	ュ	投	画	る	き	や	海	を	る	登	テ	エ	登
つ	ル	然	乏	ら	サ	ー	妊	私	暫	や	投	む	ど	ハ	ま	イ	圧	圧
る	ハ	登	ふ	っ	ブ	ブ	京	冷	無	投	ニ	チ	登	ゅ	ぎ	で	海	海
私	だ	ラ	ス	出	の	例	蔵	コ	ソ	応	摘	ス	覧	無	ざ	む	ト	
ぐ	ラ	ょ	ラ	育	ツ	外	庫	ヒ	カ	ノ	多	進	故	ゃ	退			
無	ょ	し	っ	所	百	ソ	報	リ	テ	レ	ク	ス	る	退				
解	話	本	能	画	意	ハ	ざ	ゴ	ょ	ド	ス	京	む	海				
せ	せ	て	写	読	ざ	狙	ぐ	リ	ヌ	ス	京							
チ	エ	く	結	ニ	サ	乏	囚	ざ	モ	レ	退							
写		ゅ				て				る								

Puzzle 151

サ私無てセき弱だハディプロマしサる
海進レ料ゅキ改革のられこ方合ドイだ
砂暫ノセのやュツだい然通だ会リズ私
ポリシー者芸リリニら安でベルンょせ
側場芸進加合ニ社テい暫投ル権クル百所
安ろソ結参ゃ歩愛スィ海室仕結リ重側
妊スひて百や画砂くひをニ上ノ応カぽレ
京圧セひぎ精ぼひ故ト京だげむモゅ投
論歴史背の高いゅれカコノる重操ゅス投
ホ復妊しムろおひ選無一リ重テ作やス投
本退帰芸ゴヱぼ圧社場トニ再金京ゅ投
ひ側でカし社ぼ進ツ海百側故応場弱っ投
ひひ画だ消戦るゃ側れモだ金始ホ何投む
ぎ会故所育略無だ無明確化故め解リお
おむ本ヌスはで解解てむ故合るろ読お

参加者の
ドリンク
セキュリティを
仕上げ
消しゴムの
これらの
戦略は
コート
改革の
ディプロマ
背の高い
歴史
明確化
いらいら
無料の
ポリシー
復帰
サイズ
操作
始める

Puzzle 152

説明
安い
スタイルの
一部の
満足
ドア
火曜日の
を見て
絵筆
解決
事実
彼の
怒っている
ダブル
森林は
の信頼
ページの
の夢の
消防士の
魚の

進百る報クや乏ゃヌ側結暫愛の信頼じ
応ス多ニ方るおドし嶋ヌ摘金夢てノ写
海方画再開説本ア社多何トセのジーペ
ぎ妊海権ぎ砂明権読リ海私退彼チ狙ノ
だ登所場れ化ま重ひ砂ぽクヒ海方むホ暫
ト二事実トエだ結然権ハだ然通カ進ル
加狙ゅ圧芸べむ多精故スしレノ無ラ
べ応応森リリ話ふ側ぎタひくゅ側チレ
嶋ひラ林ラ私じ開レイれ能曜応ろ
故ツク決はしホーだ阪ょルく日二テ絵
選解決多何ひトだ論モじ日ゃ筆
能るニ工京魚の向開のヲ妊満て
化ダぼ覧チの投海応しぼ選防ぎ囲画ゅ足
モブ安っ投海応れでエヌセ金消画てくれ

Puzzle 153

ゃ乏ノのソロ・る通何し読ざリ然リ弱
ゅ社まクリ狙もヌ摘覧故権圧登ざ応何
再だで知ハピアノ引砂無合出妊真許囚容京私ク
写私っ張っテ引砂安スれ安質物投許肖像論
進歩て能向多安所重くヱスて投ぎれぎ肖像
探何い所側し妊女性ぽホカの方京解ふも
ス索次のま写ドンクヱスコ写海練習は
辞ヱのき写権囚手百話想読定ラ応話ノ
ょ辞権相手百話想定コンパクトな何然ぎ通ク

| 物質の |
| 真の |
| 女性の |
| まで |
| のソロ・トライ |
| 肖像 |
| 許容 |
| 探索 |
| 練習は |
| 次の |
| 引っ張っ |
| 知っていた |
| 人間 |
| ピアノ |
| 砂の |
| 相手 |
| コンパクトな |
| 想定 |
| 努力の |

Puzzle 154

最も幸せな
ナレーター
意図する
ランダム
、市民
冗談
できるよう
激怒
天使
簡単
議論
干しぶどう
昨年
、キツネ
急に
の関係は、
凍結
丁寧な
段落
同意し

っむセ本重砂ドニカ重合ラ室丁写じせ
激怒まド昨年モ論登ラ方や寧百ひナ
トぽ会ヌサ応投コ論せゅ加な凍結レ
ょぎヌきせ写ひヌ弱開嶋ざーー
、芸話ラ登だ所ニで話育セぼじター
ランチツ圧阪解コ冗チュまソ本能合レる
ダも干ニだ意談ソひ議場同最選重重
ム意つ妊レハっ結論応論意ぐ多芸何
意リぶルヒコせ進砂くま論しゅ退芸海
天使どできるよう、ざふ報コ方レ重解
京合う歩話京嶋無市意やひテぐだ私ス
ド然阪方乏圧再ヒ民べ会向応嶋投くハ
精コの関係は、段ソ妊急にラ読まと
進リ選愛簡単退落読ひエニラ読ま乏ハ

Puzzle 155

ウド育乏フ育結読読ろト開サま会能室
ムールブりっ故ソじょ開京ル私だソざ
投リル狙ーひ意側サ方ろ育進ニ結私応
合ブ論のジレじ百ニクツノ使摘コ写も
エトひ会ア登囚コンテンツいだチス砂加
たかっ議再摘サド育だろう捨加マノ辞
芸だひ百方む向進所チだ囚て精ウだ辞
しま画っルゅてク本ふ開覧室クスリべ
学生合開テ能で海安育圧論フ京だヱ社
ひぽク場だ愛故画百ピザひフラだ投退
化王ひ化レ精ニ精阪ひふ京グ応レ社場
圧ふ室場化モるゅ金向ル芸きニひ応会
ぐバイソン場ネ石炭ド話ひニく応話化
ひ会側加加再つー結所ヒひ育ぐ反ぎ化
再権ざむツヱコチド、ポテト通映弱選

たかっ
バイソン
学生
だろう
使い捨て
フリージア
会議
ブリード
レモネード
、ポテト
マウス
ウールの
反映
ピザ
フラグ
王室
コンテンツ
ブルーム
リスク
石炭

Puzzle 156

雨量
ウェイク
ショート
、再利用可能なを
緊張
孤独な
シナリオ
ホップ
スペルチェック
フェレット
セクション
閉じ込める
メカニック
ルール
人気の
若い
聞く
チューリップ
ヘリコプター
フィット

ノドコ社ンョシクセス芸だっへ論、加
ぼ加応愛登ルナヱ緊開ツヒくリも再メ
ドつ芸孤ゃーリ乏張だ人気のコヌ利カ
読ソ意覧独ルオ側っスウ歩論プふ用ニ
意読百どぼなれ若いっペェ出タ権可ク
ざサ海ぼ意雨ぎスま通ヱルイむ能写
やるドぎ暫量チーリップチク阪なる
レむヒ投ショートニ能だソ再イを無
能進おしェ芸ヱッ意妊化再むホチ
コ故意まだ阪てレぎ権ん読ヱフ囚論ひ
ひセ社クれし京ェひぽモホテ社圧も権
ま育社然所コ弱フく報側だろ場だ弱
砂ょチざ出登れ聞リス登意モふレ解
ひ意リべ開カ応くモっ海海クノレじ
ひトし化んどど登ヒ二ノ多閉じ込める

Puzzle 157

狙 場 画 結 ゃ サ ト 狙 ラ ぎ 弱 ざ 数 の 開 何 ス
ス テ ー シ ョ ン 弱 報 少 数 退 ぎ べ へ 退 ぼ 進 ク
だ ろ 登 っ ラ モ く 愛 ド コ 無 芸 の 終 育 結 京 ひ
能 エ ツ だ 成 れ 権 登 無 阪 読 ぼ 話 結 や ん 覧 通
ぼ ツ サ モ っ 室 出 知 通 で だ ひ 摘 意 ま ら べ 読 登
場 百 画 化 歩 私 何 結 だ 何 安 エ 金 ぎ ま ら チ 登 ま
リ ニ 報 応 二 方 腐 っ 関 与 合 所 理 育 歩 ク ょ ょ
ス 無 多 向 ぼ ま 陸 上 ホ 摘 彼 女 解 写 ヌ で 場 失 望
室 ぐ し 砂 ま 再 ひ 結 結 競 精 は し の 百 会 出 ろ テ
ど 結 写 摘 り 結 金 で だ 技 を て う 解 せ 会 っ 向 じ
百 能 で や ざ カ エ フ ァ ミ リ ー ニ 精 ヌ っ じ
ハ く ぼ ツ 読 写 能 ヌ る だ 出 だ い ら く ま も じ
話 阪 本 所 ぽ ぼ 通

単語

ステーション
の後ろに
通知
くらい
関与
理解して
数の
失望
終了し
腐っ
でもない
結合
うまく
陸上競技を
への
レモン
少数
成熟
ファミリー
彼女は

Puzzle 158

単語

ブック
子供の
行為の
懸念
追加し
ヘルプ
セロリ
しばしば
熱帯
ホタル
販売
様々な
ファーマー
ハンマー
従業員は
決めます
重量
スツール
プッシュを
フラット

グリッド

従 業 員 は 海 読 金 話 し 加 追 ぽ ヘ セ ソ 砂 無
圧 ん べ ノ 然 ぽ 本 然 ば 出 読 な ル タ ホ ま 場
ニ ざ 妊 側 安 れ ニ 室 ぽ 様 な 結 プ ク ュ ク 歩
画 方 ル 写 懸 ざ べ ぽ ば 退 ル 結 結 ク だ 登 ス
ど ゅ セ モ 念 る 無 百 乏 ぎ ベ 結 精 方 応 ヌ っ
ょ ん ロ レ 向 リ 百 進 画 じ 結 ま ひ る ぽ ノ 合
ん 登 リ 権 愛 だ 進 も ふ 社 精 然 て ク ど
通 ぐ 摘 弱 然 乏 覧 応 社 ヒ ま ヌ ー 熱
ソ 所 販 売 然 フ じ む 応 ト ト 場 室 マ ル 帯
ニ 海 狙 開 だ ラ モ れ 退 ぬ 暫 ク 読 嶋 ひ 選
阪 読 ブ ッ ト む ぽ ハ 行 開 愛 側 だ 狙
プ ブ ッ シ ュ を 向 じ マ 安 子 供 の っ サ 合
覧 私 嶋 や 金 登 ぼ ー モ ん ゃ ソ 登 画 会
本 歩 ゃ 画 セ 海 然 エ コ 無 ゃ 室 場 会 画 セ ベ

Puzzle 159

```
ま 囚 防 止 れ 報 サ ス ろ 子 然 ド 辞 ス せ ニ 妊
チょ 細 阪 ぎ 南 だ お ヱ 供 カ エ 室 登 合 通 辞 ヌ
サ べ か せ チ ざ 意 ひ また ち 社 嶋 暫 ろ て 加 ト
ヌ ル い 結 ッ プ く ひ 写 化 ッ コ ツ 論 応 ひ サ
ぐ だ ト 応 べ ラ 圧 だ 暫 ぎ シ テ ょ 社 が つ
場 京 ツ 投 読 化 ジ も 実 旅 行 の カ 愛 ニ 砂
べ ざ 再 べ マ ウ 圧 再 用 インスタント 京 弱 ソ 海
テ 乏 ラ 多 オ ひ ヌ 的 愛 加 サ 砂 ニ 真 七 論
ニ だ 権 意 ス ょ ぼ な 定 規 の ッ 砂 カ 面 ク
京 圧 芸 無 どる の 故 ノ ヱ ホ ヌ カ 時 で 実 鳥 も
じ 狩 く 重 京 っ オ サ 到 ス て ょ ス 応 サー 金
阪 退 ぎ 意 ろ ぽ レ 着 トレ 話 チ お ま 育 の だ
退 ひ ぽ 話 ひ 応 べ だ ぎ 歩 ン 故 多 ホ 再 出 辞
ト 本 無 べ だ ヱ ま テ ジ 金 愛 重 読 レ 読 ひ
```

子供たちは
到着
七面鳥の
ラジオ
インスタントが
チップ
真実
定規の
旅行の
オレンジ
細かい
、マウスの
サッカー
プッシュ
実用的な
南部
芸術
時の
ホスト
防止

Puzzle 160

証明する
ゴム
皮膚
ツールの
ことができます
受信
反応は
継続
のテーマ
好む
ペン
カナリア
ソーセージが
境界
大きな
驚き
損失
ホーク
平和的な
のトレーニング

```
れ 辞 阪 む 証 明 する 反 私 百 合 クっ 育 ニ 論
ょ 精 ト 辞 ぎ 故 れ 本 応 精 ト ふ 意 ょ ノ 話 ド ろ
百 ひ ド 摘 せ レ ト ニ 精 権 写 ソ む ヌ せ む ぽ 囚
皮 膚 室 妊 重 ヌ ニ 精 能 多 チ ー 選 百 ま 損 歩 む
だ 囚 登 せ ハ 退 驚 然 が と ヱ セ 重 解 も 失 応 ツ
ツール の す まき で サ 継 嶋 ジ ハ 意 登 コ ノ
ヌ 圧 ぎ 重 だ 海 京 カ 続 摘 が ス っ ろ ひ ろ
ホ ろ 合 だ 受 好 ナ ゃ き ツ 応 平 ソっ
マ ー テ の 信 辞 リ 弱 な 的 安 再 芸
阪 だ クニ まひ 再 ア 応 ひ 重 社 ヱ ス や ん
ス 会 安 意 ク 場 ヌ ク 選 や 境 ニ ヌ
投 囚 重 ノ ト 阪 ぎ の トレーニング 報 界 ぎ 向
乏 ノ 意 き 芸 然 側 て 登 ゴ 選 ト 結 おむ
進 べ 暫 進 ク む つ カ お ム 本 ツ 何
囚 ニ ぎ 側 ん モ 出 ラ 何 セ 能
```

Puzzle 161

```
騎 能 開 無 ど 辞 ひ ろ ま ス ヒ ヱ 安 標 二 日 解
私 士 っ 権 ぎ や ぐ ま ざ ド ひ 歩 準 て 差 重 結
ぎ せ は ネ を 囲 範 痛 み コ 覧 二 定 義 論 摘 コ
カ ー ド の 投 モ っ 妊 コ 能 故 ハ ぎ 調 査 の き
圧 土 チ 解 再 カ 二 会 ぐ 応 も ぐ 選 退 話 こ 重
多 結 地 意 結 室 ト 室 ホ お せ ヌ 化 石 せ コ 故
愛 チ コ の 多 育 場 暫 写 辞 チ 多 は 読 ろ 写
む 覧 ろ 二 解 場 だ 嶋 覧 歩 カ ま 圧 開 故 ヱ
本 向 故 暫 摘 て 阪 京 場 ト ー ラ ア シ テ ど ろ
や れ 辞 社 ひ ヌ じ フ 無 ル 退 民 ン イ ク ざ 写
レ 嶋 室 砂 ス て ん 多 コ 能 間 グ ル し き ヱ
歩 応 ハ 登 出 ァ 故 育 嶋 会 圧 海 向 ど く 合
が 、 じ 歩 歩 無 向 暫 む 安 開 多 向 選 投 ぎ ト
れ 登 妊 選 れ じ 私 室 ざ ょ 進 催 選 投 ま れ 安
し 然 加 海 解 故 リ 通 報 投 て ト ヱ 芸
```

カモを
土地の
痛み
騎士は
が、
開催
日差し
調査の
ソファ
石は
定義
標準
テイク
カール
カードの
範囲を
シングル
アラート
ネギを
民間

Puzzle 162

一緒に
シーケンス
正を
膝を
必要な
雑誌の
材料
クラウド
小麦粉
ありがたいことに
ミッション
マーカー
ブレーク
のすべての
町の
キャンドル
正式に
渡します
バスケットボールの
カリブー

```
カ 能 カ 解 私 ス ど 所 ト チ 妊 モ だ 登 登 っ 会
だ っ ふ リ ひ ン レ 側 ヒ っ 芸 む 社 側 ニ リ 画
町 の ク モ ン ブ ケ 愛 チ 多 れ 社 ド 無 応 ヌ お
ぎ て 投 む ブ ー 故 ド む キ 解 ノ ぐ 必 り な
ホ べ ぼ ク ク シ 何 所 育 ニ ャ ぽ 弱 要 が テ
ま す サ ッ ー ホ も る 乏 加 ン 話 あ ヱ
す の し 開 ホ ん 論 向 通 重 ぽ ホ ド り 乏
圧 て ん し ょ 読 二 権 登 ざ に 本 ウ た 進
登 ク ク 芸 ソ 正 投 暫 妊 室 ラ い 写
ど し つ ふ ょ カ を 一 話 ひ ク こ 故
渡 ま す ょ 方 結 膝 合 緒 式 故 ー と 砂
ぽ ス や マ も 写 論 弱 ゅ 正 雑 ノ ニ に 重
テ 化 意 ー ミ ッ シ ョ ン ヌ 故 誌 チ 方 粉
能 摘 ぎ カ ク ヌ 社 材 き く の ブ 小 登
ヒ 海 権 ー カ だ 乏 料 能 嶋 ス 辞 合 麦 社
バ ス ケ ッ ト ボ ー ル の 加 社 ト ひ ハ ヱ ぎ ス
```

Puzzle 163

```
乏 嶋 ろ 選 投 通 く ル 精 妊 私 読 方 弱 側 退 ヌ
せ ニ 故 多 投 ぽ ッ 乏 多 金 の 妊 報 出 金 覧
場 ど 登 室 摘 サ 能 囚 京 プ 妊 再 ル グ 写 だ
っ 退 カ 摘 必 見 略 語 ド 通 安 摘 恩 摘 愛 多
本 っ 乏 芸 は っ 囚 私 育 む ど ー ケ い 登 意
っ 論 ス ル 囚 会 民 を 結 テ 出 ス の サ 二 ぎ
覧 場 学 覧 会 や 俗 海 金 円 出 ル ぐ 多 精 ど
ニ れ 術 ざ ノ 写 側 楕 形 の 画 登 二 精 週 応
応 ぽ 的 ニ 化 じ ど 円 場 だ 芸 ざ 故 の 室 う な り セ レ ゃ ベ
買 い 会 ぎ ラ 再 ゅ 画 バ る ニ カ ッ ト の
ふ 無 開 リ ダ 百 芸 退 ツ ス ク ッ ボ 室 重 精 所 声 妊
カ メ ラ リ ー 応 芸 場 ブ ラ ウ ス 妊 し 重 精 の も
ホ ゅ エ サ エ せ 芸 故 ハ レ 話 り 海 で む ス エ
乏 サ も 本 暫 加 カ 狙 暫 だ 百 ル 狙 百 ぎ む エ も
```

グループ
カット
略語
ケース
はいを
のプロセスの
民俗
必見
ラダー
週の
うなり声の
恩赦
カメラ
学術的
ブラウス
バス
深い
ボックス
楕円形の
買い

Puzzle 164

スプレッド
回避
あたりの
明らかに
現実
キリンの
リソース
クマは、
確かに
傾向が
ポニー
誤差
進める
表す
本当の
影響
鋭い
エプロン
ヤギは、
理解

```
あ 傾 進 画 影 だ ぽ じ 通 安 や 解 所 本 進 だ ラ
た 向 め せ 理 解 ん ニ ス 妊 京 ど ソ 摘 ヌ 表
り が る テ ざ っ 芸 ひ 海 砂 多 ギ は ぎ 向 ク す
の ポ ニ ー つ 妊 応 故 加 加 ひ ざ ヒ 再 乏
当 何 辞 せ 読 ス ヌ き 合 重 登 し ま 二 セ ふ ヲ
本 キ リ ン の ハ ヌ だ 百 論 室 ま 所 マ ゃ 狙
歩 百 ろ ヌ ル ド ス 私 会 ホ 金 ハ て 故 開 ク ク
ヱ ゃ 権 モ 話 側 れ リ ざ コ チ だ 金 故 二 京 せ
ぽ 現 鋭 い 意 覧 合 ヒ 私 ス 金 結 私 本 誤 場 読 向
明 実 で っ 無 ャ 海 進 故 安 リ ぎ 意 っ 差 む も
や ら お か コ ク む 京 安 阪 ソ 多 む 私 せ む ょ 開
歩 退 弱 に 化 ド 京 確 つ お ー 場 回 室 通 合 通 ス
登 つ 何 写 化 ッ ド レ プ ス つ チ ル 避 ま エ プ ロ ン
弱 何 写
```

Puzzle 165

ノ ホ ヒ ふ 登 再 ド や ぺ ょ ぎ で 話 お 本 狙 社
に 辞 妊 選 ぽ だ ス 登 ッ ひ ス ホ ラ ょ 向 応 ろ ヱ っ
カ 十 進 応 ふ 開 報 結 何 オ ひ 話 乏 読 方 歩 ャ ン 完璧
ウ テ 分 登 貢 セ ラ 何 る ょ オ フ ィ ク シ ョ ン ま
ボ 辞 ヌ な 献 レ ク 古 ひ 選 カ や 狙 資 ド ヌ 何 だ ゅ
ー チ 囚 開 画 し い テ ス ラ ズ を 精 格 ヌ 会 エ ち ん
イ 能 芸 画 方 無 サ ポ ズ リ ま 化 を 再 師 社 選 安 と
読 ニ で 方 退 愛 進 ー む は 一 本 海 護 エ ち ソ 選 安
る や 退 無 退 ノ エ 京 、 加 ス 摘 表 現 室 看 ん 投 然 だ
論 然 だ ホ 妊 開 海 ヌ 結 摘 能 せ ヒ し セ く リ き
覧 ク 感 を 妊 開 海 ヌ 結 摘 能 権 ト 私 登 登 嶋 だ 育
弱 ク ロ 妊 開 海 ヌ 結 摘 能 権 ト 私 登 所 囚 ぼ 育
妊 つ ら ら ホ ト 加 話 だ 歩 精 れ 所 囚 ぼ 育

資格を
クロス
つらら
きちんと
看護師を
ラズベリー
オオカミの
レッスン
貢献
に十分な
完璧
スポーツは、
教室
フィクション
カウボーイ
表現
靴を
古い
ペット
感を

Puzzle 166

壁画を
ボリューム
破壊する
チェア
熱くする
サポート
停止
叔父は、
謙虚な
軍隊
ブレンド
の影が
危険性を
最も
幅広
ワームは
シャワー
オフィス
専門家の
採用

意 テ 停 レ チ 砂 投 べ 京 辞 方 ヒ つ 圧 ツ く ぽ ニ ヌ コ
っ ハ 止 退 ェ ぽ ひ 謙 虚 な 安 論 ぽ ぽ ヒ 登 ひ き せ べ じ
シ ャ ワ ー ア ら ん き ぎ 圧 登 む テ 何 ひ ス せ ぼ じ 辞
ボ リ ュ ー ム 摘 ぽ レ せ エ 弱 ス ろ ニ 応 じ く 何 ニ
テ 解 本 セ 会 お 精 ま ノ じ テ き ひ サ ぼ く 芸 本 ぽ
故 ド ラ 無 報 ニ 狙 精 ぎ ひ っ 軍 隊 ポ じ 嶋 の 影 が
熱 側 論 し つ ま し 何 で 登 危 海 ー だ 壊 く ラ ヒ
ブ く 狙 報 室 リ モ ゃ コ 合 ニ 険 ノ ト 芸 場 す 乏
レ 開 す じ 会 ま ノ お サ 進 性 ト 嶋 だ 結 だ チ だ
ン ト 無 る 退 ひ 愛 専 る を ょ の す チ ェ
ド 愛 幅 ワ ニ カ 無 弱 門 場 故 画 場 る コ ス ャ
百 覧 広 ー 乏 囚 ひ 最 家 く 壁 だ す ど ス
向 採 場 ム ト 最 登 然 の 叔 父 は 、 る コ ス
乏 用 れ は ハ 写 も 育 ソ 通 話 私 会 や 百
や オ フ ィ ス ス 育 ソ で 京 ひ

Puzzle 167

百 向 を る ツ 論 歩 金 る 英 で ト 暫 妊 芸 京 ひ
芸 お ム 結 お 論 摘 応 摘 語 ひ ノ だ 加 社 会 話
ス ノ ー フ レ ー ク 応 安 話 ド セ 能 で 退 側 し
セ し ア ニ ノ ク だ 海 場 選 択 し 画 じ レ ヌ し
化 ラ の ょ 化 リ 愛 二 辞 画 っ 囚 多 ラ ヌ 阪 む
所 ゃ 近 応 進 ッ 室 だ ン ク ろ 多 登 ょ 辞 り む
覧 読 く テ ざ プ 重 阪 権 ジ 歩 や 話 す ぼ 安 何
ル ソ に 前 応 再 て 解 ス ン 故 ショー モ 意 結 で ざ
ピ ー ロ グ ラ ひ 嶋 応 じ ス 故 ショー ル 多 私 解 テ
ソ ティ ン 、 ニンジン ょ ぎ 投 無 砂 ル 意 多 私 解 摘
で ン む テ ぽ ふ クっ る 本 コ 結 フ 本 社 ろ 報
囚 ロ ヌ ラ ス 開 サ ト ハ 加 無 食べる 再 投 コ ろ
せ フ だ モ 然 向 論 どん 投 寛 大 セ 応 コ ろ 報
ク 摘 無 場 然 向 論 どん 投 寛 大 セ 応 コ ろ で
驚 か せ ま し た く カ 向 リ ろ べ て ル 精 で ど

英語
グロー
アームを
寛大
フロント
ショー
ソート
ピル
話す
フルーツ
選択し
、ニンジン
クリップ
食べる
の近くに
ニンジン
スノーフレーク
前に
スティール
驚かせました

Puzzle 168

上記
含まれて
一定の
ヤード
リード
余裕が
注が
輸入
数える
記述する
コミュニティは
アヒルの子
綿を
北極
秩序
陸上競技
画像
大規模な
危機
主要な

育 秩 れ 主 要 な コ 側 能 再 囚 摘 進 ル 含 ゅ 嶋
る 無 序 向 読 む ツ ミ 場 ド で セ 余 権 ま ど ょ ソ 通
れ ニ ま ス ま 投 ヌ ュ ス ツ サ 裕 場 れ 進 ト ま ソ る
っ 出 ろ 大 北 ぎ 再 ニ 阪 れ が て ト ま ざ セ
再 私 ま 規 極 解 ア の 子 テ 陸 上 競 写 安 ニ ニ 読
ト テ 何 模 愛 ひ ヒ 化 金 ィ 暫 ま 故 レ カ
再 覧 読 な ツ ル ラ だ 注 だ は む 狙 圧 じ 砂
応 金 だ 覧 意 ひ 弱 辞 精 応 一 登 然
ふ ヤ 社 阪 ぼ 安 れ 加 再 狙 摘 定 の 応 ょ
サ ニ 開 サ く リ 画 だ ベ ス 応 社 レ
化 ス ー 妊 登 故 テ や 像 乏 摘 百 ざ
し 記 ド 多 ト 摘 じ セ 数 上 会 入 二 ト
解 述 金 覧 綿 芸 危 ク え 記 摘 愛 ノ 弱
っ す リ ベ を 機 権 ス る 写 覧 セ
応 る も む ド 暫 側 おモ ヒ ト ヌ 話 狙 読 ノ

Puzzle 169

高何話芸てフにっくテ金ス退べ精ひ解
出貴ラ家ゃォ向能レコエぎ愛京妊コハせ
側百な育はーけ乏再ハきせじ解会化暫だ
ル作られたクて工圧論乏れ進本結おニコモ
意ま所お登選力は狙金ドセリエだら方お登画ゅ
覧因ま場芸だぐあ多覧能能でカ私権応だろ妊室ル
囚ど方れナビひ合権選覧っニぽ投体結ス妊意じスル
方れホテゲ有選料れっハっ安菜自分化出解何ろニコ
ホテだょー料然通ニ登がヌ野摘動車スキル室通やアイド
ニプロパティがヌざのつ室通やアイド

家は
有料
スキル
ナビゲート
自分を
自動車の
アイ
謎の
野菜を
に向けて
フォーク
自体
作られた
妻の
スポーツの
入力は
あなた
高貴な
たい
プロパティが

Puzzle 170

水泳
典型的な
嵐の
、ここで
警告
規制を
スロー
正方形の
新しい
心配
笑った
安全に
減少
フォロー
マイル
ライラック
状況
遠征
女の子の
彼らの

所笑愛阪れ海合ノ規サ狙精ラ辞も再登
ルっ砂サで嶋権制ホ向ヌ弱サだ方ラ
ツた囚水権くん会を囚心配阪っ芸ざや精
エ応話泳再ぐ論ノ囚砂ま二まゅ向暫報
画投化妊乏れき報だ能解進ク暫ぐセ
何百つ愛読、二社ソ安全京重工むる
トマ向べまぎこゃ場ヌ権ま乏ク向典
本イニ歩狙き社ホ正報芸阪ハ型
精ルヌ室ベド進ヌで方ソク砂報モ的
砂ヌぎ金ス新しいコ解ツラ減ヌな
テ話多ゅん会私解て警ック写ろホエ
進おヌ嵐多狙愛むて告サ覧退狙況
しヲ安の無遠征ライラック安ク彼ら本ク
フォローロス本化ヒサ覧退ノホ狙本
コぼくせク場化ヒサ

Puzzle 171

ず 必 、 読 モ 弱 画 ソ 多 妊 パ リ ょ の 蜂 ざ 選
砂 や す べ 囚 安 囚 出 社 エ レ セ 砂 電 暫 の キ
ぐ 出 て 熾 烈 な の 故 ル ル ベ リ 話 の ヌ ャ 通
ひ 社 登 論 競 出 育 向 意 暫 持 投 室 登 ッ カ
社 覧 写 本 結 辞 話 し 無 ぎ 的 投 方 合 っ チ ょ
覧 愛 テ リ ツ 社 む 室 応 摘 歩 な 応 権 多 ざ だ
愛 ラ 権 ヌ も 本 合 覧 ニ だ ん ぎ 乏 合 京 化 じ
ラ 権 登 育 暫 ひ ド ソ れ コ だ 社 砂 多 報 だ
権 き ゴ 大 丈 夫 加 応 ま 場 故 圧 開 育 投 見 ぽ
き ド ン グ リ 曲 線 ま 精 本 ス ク 通 モ ー メ ン ト じ
エ リ 報 能 私 本 お 室 妊 ト リ や 応 発 見 多 れ
弱 、 考 え る ひ ハ ど ャ だ お ツ し 開 投 ハ ひ
ゃ 選 私 砂 ひ ど ゃ だ お ツ 動 詞 狙 論 ぽ だ
向 ニ む ト ト 合 写 真 故 化 エ 歩 で ひ っ 社

熾烈なの
競争
、必ず
曲線
キャッチ
の電話
大丈夫
ドングリ
考える
、すべての
発見
モーメント
、リンゴ
蜂の
パセリ
写真
エルフ
動詞
維持
基本的な

Puzzle 172

の価値を
イカ
状態
悪い
の簡素化
姉妹
正しい
データの
パーティーは、
却下
アプローチを
おそらく
減らす
教授
相互作用
男性は
約束
アーティスト
スチール
食器棚

多 所 覧 ル 進 ア ル ん 囚 芸 摘 論 無 ソ の し デ
ま 所 百 ヌ ス 歩 ー ス 状 態 方 投 方 退 価 じ ー
何 チ お て 嶋 チ テ 摘 故 通 側 化 阪 値 京 タ
ぎ ハ そ だ を ゃ ス ソ 再 ィ 姉 何 再 妊 を 画 の
減 く ら ラ 応 チ 摘 登 妹 却 加 能 ゃ 化 サ 狙
ぐ レ く パ ー ティー は 、 ト 所 下 の だ せ 素 登
ど す 室 ロ 百 ま ク せ 嶋 合 簡 イ 化 再 然
報 故 報 画 プ ま む 弱 嶋 ニ 囚 応 だ カ 約 室 社
辞 れ む カ ア ぎ 所 っ 社 退 イ だ 束 海 カ
開 ヌ 妊 も 乏 で 向 し 報 ハ ベ 退 れ 社 相 話
然 し リ ヌ ひ 男 性 は 応 ス 結 食 お ニ 互 ざ
モ 会 暫 権 ニ 解 ク む も 画 器 場 化 作 っ
ふ っ ソ 教 金 海 多 ょ ハ つ 棚 ノ 用 お
も 進 加 授 妊 加 で ハ 化 砂 テ れ 場
ク 話 写 合 や ん 投 京 方 れ 重 芸 乏 テ 金 何 妊

れ ょ ひ 側 多 ハ 画 合 社 れ く つ 精 ぎ れ 加 覧
リ ア ラ イ ズ を 進 精 ソ 嶋 だ 開 ひ ど ヱ ツ ヌ
出 乏 つ つ 重 ニ ド 圧 だ 故 ふ 報 出 テ 精 意 じ
セ 前 能 故 摘 ラ レ 室 き 辞 愛 方 退 登 お ん ひ
ラ 再 方 偉 業 の レ ス 開 会 て ク ヌ 社 囚 歩 ひ
合 方 ニ 狙 ざ 摘 百 ヌ て 再 塗 芸 だ 多 重 ヌ 歩
私 私 私 ク 嶋 社 方 維 乏 ま る 百 っ カ 画 芸 ウ
ょ 能 コ ノ ヒ 嶋 持 支 任 つ 、 阪 加 朝 能 京 ォ
ひ エ ン 傷 つ い た 援 命 ル 通 ま 能 加 の ー ク
摘 金 パ 歩 権 ょ 社 す 結 安 応 金 通 だ ツ 日 能
退 も ニ 行 能 結 ゅ る 安 論 圧 怖 応 曜 水 っ ヌ
化 話 オ ょ 側 調 精 能 多 を ハ 場 が ふ 室 ざ ッ
安 欲 ン っ 覧 理 ぎ だ 多 ょ 能 カ 画 っ ど 水 摘 ツ
再 求 て ま 妊 重 む ょ 能 ト カ ゲ ま 妊 話 ク ヌ
摘 精 ニ ん 投 ヌ 出 故 ト カ ゲ ま 妊 話 ク 摘 ヌ

ウォーク
傷ついた
朝の
塗る
任命
支援
リアライズを
水曜日の
欲求
歩行
機能を
維持する
コンパニオン
怖がっ
、まだ
偉業の
ドレス
前方
調理
トカゲ

メッセージ
形式
用品の
クリーム
ハロー
マネージャ
コース
スプリング
ショック
シャウト
所有者の
羊の
シリーズ
の生産
空腹の
テニス
完全に
有名
利点
のような

も て ム 妊 ど ハ メ チ 所 話 れ ひ ヌ 用 ぼ 加 の
マ ネ ー ジ ャ ロ ッ チ 有 だ 室 ぐ 無 品 権 べ よ
投 利 リ 進 の ー セ ト 者 圧 応 む の 海 形 く う な
ヌ 点 ク き 生 羊 ー ウ の ぎ モ お ゃ 空 進 乏 式
ぎ カ ス 読 産 画 ジ ャ ショック だ 暫 所 論 覧 ざ 故
重 場 ニ テ 応 有 く て 報 場 摘 つ 選 写 出 る コ
く 重 嶋 だ リ 名 完 ク べ 海 登 モ く む 京 結
会 砂 エ だ シ ン 弱 グ ろ ホ 向 ホ 嶋 向 ゅ
多 画 エ ソ リ や ょ コ に ク む ス 画 投 読 海
ゃ 何 安 ト ー ま 結 摘 だ エ 解 ニ ょ 話
ん し も ヱ ズ ス ひ コ ヌ 妊 ス 室 暫 方 ど ど
私 ひ 側 じ ソ ラ 応 結 一 然 べ 砂 っ き っ 育 カ
ノ 海 っ ぽ カ 投 画 リ ス れ 会 ぎ て る 化 だ 金
れ 選 む カ ヱ 登 妊 レ ヌ ょ サ 場 結 れ 摘 む 加
ま 応 ふ ク ヱ 登 妊

Puzzle 175

```
バロテ金アカウントを葉、クだゃ話何
、イれ然ィむ弱嶋第方を最安ロ覧無狙
ブょオ論フクょスツ三ひ終ホッヒ意ニ
ロで向レケ興愛意も的芸加ヒカニ私
ッい報ラッ奮だ何ルな写ぽ通ス合話
コ買つひく気かかょ権砂プヒロ読何
リの上級ス辞に芸私動解ムロラ社カ所
ー辞トだ囚場入金しベッド男ざ室ヌこく
じっ読も海だた百側登だ通室ヒ結ソ優し
も無本ニ所故しゅ合通れ海意れ場育レ
ょ登乏テぎ社ろ登スんヌ写選論ふサ
本重れ嶋権ふ加画ょモ延ひソだて囚ク読
場解サ投ろ登覧延期ス側や論育サ
まルまど合ど海ひソだて囚ク読レ
ツど合どきむ海ひソだて囚ク読
```

、ブロッコリー
の買い
かかし
アカウントを
ベッド
、最終的な
興奮
バイオレット
延期
葉を
プログラムの
ワーム
行動
ケフィア
第三
の上級
気に入った
男が
クロッカス
優しく

Puzzle 176

アクティビティの
寿命光
観察
シール
置く
多くのことを
の重要な
管理を
庭の
進捗状況を
外観リンゴ
バー
下降
思っ
タウント
エンジンが
嬉しい
キャビン
謝罪
品種

```
ク進退妊多投方ゃ覧れ乏キヌ海開投社
進ょっニ京っ選登進ツ海ェャホむっドん
捗報進話ま通意登報ランッビ場選ウタ
状辞レんゅ管ま嶋ぐ再しジ謝トンヌ砂
況進ヌ権理ま百通観合ン罪アクィだ
をぎ寿ゅをのぐ観察暫下選テ私金歩
ルぽ命光ト重通側会砂歩アィ力無
加妊まュニ要置観方論ふルビ思ヌ
サヒ育し結なくき読だサま庭テっ話
バー会室ドっ所読サぎのィ側ま
外観意通多くのこと品チ妊場
ニ室リゴ育シールで方登種のクい
ュ開妊ぼおれぎ出まむだ写権海嬉
クク方進選弱ニ囚覧ヌ重のしし
化方ろだんも妊リ解ゅ側ツク
レヌれカ写きひ再辞側側場加ク
```

Puzzle 177

```
場 多 ヌ ド 応 能 多 権 愛 セ せ ぎ 所 ふ 病 皿 ヱ
ド 然 私 再 故 向 だ だ つ 化 歩 ふ 覧 だ だ ソ じ
ノ 画 だ コ 然 っ 権 化 ヒ 応 記 砂 ヱ ど 写 ひ テ
ベ 私 お ス ノ テ 金 摘 き ソ 念 百 ひ 狙 出 暫 私
ニ 私 て 乏 愛 カ っ で 不 お 菓 子 を 登 写 摘 会
分 割 圧 場 退 バ 弟 登 思 ヌ ク ひ 混 無 退 向
お 辞 百 能 通 タ ぎ を 議 ど セ 場 ぎ 育 乱 暫 読
デ イ ジ ー ひ フ ぎ 金 解 に 百 育 ク 画 安 愛 読
本 モ ま シ 金 ラ 故 ふ 思 権 妊 ク マ 意 重 嶋 故
ヱ 狙 か ク 海 イ 安 思 う 残 し プ リ ト ス ス エ
場 会 ら タ 退 結 ひ れ 員 を 辞 ツ ケ ス ひ ま
見 通 の 場 所 ソ 陪 審 員 を ー ナ ト ー パ 、 ニ 育 ろ ク
て 常 ざ 無 ラ ソ て ル つ ぐ 出 ニ は む ろ
狙 せ の 画 乏 写 ド 精 レ 覧 合 何 ソ 弱 く 然 む ニ 進
```

単語リスト

弟を
マップは、
位置が
ストリップ
残し
バタフライ
通常の
、パートナーの
分割
デイジー
見て
不思議に思う
混乱
陪審員を
からの
記念
お菓子を
病皿
エスケープは
タクシー

Puzzle 178

ガス
塗料は
笑える
コヨーテ
分母の
循環
トウモロコシの
ポテト
ジュース
バニー
今や
高さを
作りを
フィギュア
恐れ
のヒット
レタス
壁を
輸出
ペース

```
加 輪 で ホ 進 向 セ 作 ク 芸 ろ ポ 百 セ 社 能 暫
歩 出 砂 暫 お 本 ガ り 権 出 ひ 京 テ ー ヨ コ ラ
ょ ま ニ 選 画 ク ス を 壁 出 ク 報 て セ ト レ タ ス
圧 芸 化 ひ 阪 モ 合 さ 解 ん ゅ 退 ッ 阪 お お
ペ ー ス テ 砂 ぎ 高 ク ぐ ト ぽ れ ヒ 摘 投 ト
精 報 ラ ラ 故 海 芸 多 通 っ チ ど の 安 ん ジ 育
場 室 ヒ 投 ニ 選 辞 合 笑 モ 登 だ 意 囚 多
ゃ ど ま 歩 コ 応 笑 え サ ハ ぎ 分 ゅ だ
会 ざ で 塗 料 は 愛 る ト 加 精 お 母 の
ぐ じ ツ 読 ざ 会 て ヌ れ 投 ア 所
多 読 む 側 然 テ や レ 退 フ ギ ま ノ
再 読 ゃ ひ 妊 エ ソ ャ ヌ ぎ ィ ュ 乏 摘
も 画 乏 向 ス バ 向 ク 多 ル ん 重 べ
登 安 覧 化 安 循 環 ニ っ ー 意 ぎ の 応 権 通 ス 解 故
```

Puzzle 179

```
ア 登 チ 医 能 ラ 合 ぎ 歩 ヱ 登 ぐ し 海 場 歩 合
圧 イ ヌ 師 笑 方 ふ だ 写 愛 せ 結 テ ハ 向 権 ヌ
百 室 デ が 育 つ い 再 重 所 ぐ て 場 、 安 ヌ で
、 退 じ ン ま 結 愛 ニ ギ フ ト じ フ オ グ 贈 り 物
ぎ よ 妊 通 カ 退 ィ 特 応 で 解 ラ グ 故 ラ ン 砂 側 写 ム
ニ ホ リ カ 退 ょ 特 の 友 人 の グ 重 ン モ デ む 場 る
狙 れ 狙 良 い 選 テ 狙 ィ 阪 ク も 右 ン ス レ ド 私
多 ぐ 京 故 属 し く て 妊 場 囚 所 ぎ サ 愛 ク ヱ ロ バ お
チ 適 用 応 何 開 て エ 報 ク だ ヒ ヌ ト 出 ヱ ロ や 砂
ざ じ テ ま 応 再 暫 方 き ト だ 安 ん ニ 然 愛 狙 ろ 側
も ゅ 話 阪 暫 方 歩 ル 報 ク だ ヒ ヌ ニ 然 レ 愛 だ 側 向
退 応 海 方 歩 百 ル 安 ん 然 ミ ル 暫 方 狙 ろ 側 や ぼ
ト 辞 エ 出 ぎ 登 画 本 京 ミ ル 暫 方 所 圧 お や ぼ
乏 し 報 ド 話 何 応 で だ 摘 視 力 所 圧 お や ぼ
```

、グランド
属し
、より良い
ミル
右の
アイデンティティ
フラグメント
オウム
アドレス
の特定
デスク
適用
ロバ
笑い
ギフト
オフ
の友人の
視力
贈り物
医師が

Puzzle 180

土曜日に
読ん
ことができる
ネットワーク
希望
カブトムシ
ピッグ
ドラグワーズ
ダングル
テロ
シート
もちろんの
持っているが、
センチピード
異なる
一般な
リリース
休憩
世紀は
期間

```
百 合 ト ネ 化 再 写 歩 む こ テ ハ 囚 ひ モ 故 育 辞
異 ヱ 、 ッ ぽ 芸 加 世 安 と ロ 開 場 ド 弱 お 弱 コ
だ な が ト ー シ く 紀 が じ 社 何 ヌ ー ル グ ど ン
多 般 る ワ ハ 乏 し は で き 向 出 ま ピ グ 方 ダ 室
ノ ー い ー 希 能 弱 狙 ェ き チ ト ま ッ チ ょ 摘 退
ぽ ヱ て ク 結 望 会 も 登 開 ト ベ ん セ ン ダ ぎ せ
ょ テ っ サ 報 ト 会 土 曜 日 に チ ん ス ド ひ 読
テ る 持 出 ひ 乏 れ 多 カ 場 合 私 読 百 摘 ラ 圧 ん
乏 場 囚 能 金 報 む リ ブ 応 し ラ 結 摘 グ 京 む ス
ベ ノ 海 テ 暫 故 多 権 ト チ 暫 歩 海 お ワ 側 ズ 憩
ト で 嶋 ま ぎ む ろ エ 妊 ヌ 辞 重 私 京 ー 応 ハ ク
ヱ ク 嶋 ハ 通 ひ 意 期 シ 辞 開 私 ゃ 側 ヒ 圧 暫 チ
弱 ふ 砂 リ リ ー ス ベ 間 辞 ク ニ ゃ も 応 て 圧 暫 ク チ
ソ や ホ ャ サ 投 モ む ク ざ ソ ヒ も 圧 暫
圧 テ ろ 進 登 話 海 も ち ろ ん の て 圧 暫 ク チ
```

自 圧 化 拒 に ま ヒ バ ノ 話 ょ 向 話 本 百 歩 ニ 何
権 身 嶋 否 も 識 グ ン リ ム ツ タ カ ハ き ざ 弱
だ モ の 私 か 多 別 を 界 業 で ん ょ 何 ど 歩 加 ん
っ 重 親 開 か お ニ わ モ す 登 で ん く 出 再 私 る
ヱ 応 じ 機 わ ら 憎 し み を 弱 登 場 サ 京 海 自 安
コ じ 機 登 や ず 無 妊 モ 登 側 投 モ 開 リ お じ だ
お 論 行 や で 、 応 ド ス 変 数 ひ れ て ょ ル 然 も
合 ぼ 飛 写 リ 能 ド ス 砂 所 れ 百 し 意 て ぽ 妊 弱
ゅ ぼ 写 ト ラ ム ニ ぎ ソ ん れ 意 し ぽ 妊 弱 愛 ガ
紳 士 ス だ レ 海 ざ で ん じ せ ひ テ や コ 百 れ だ
海 ト ま レ 海 囚 カ じ 何 報 ひ テ や ヌ 話 や ヒ く
ス コ ア 囚 ぐ む 読 セ 室 て 弱 ゅ だ ヌ 話 や ヒ く
室 ニ 然 セ 室 て 弱 ゅ だ ヌ 話 や ヒ く せ 開 囚

安 ト 覧 む 何 登 ニ 退 無 ぼ ひ 投 写 意 ろ 画 ろ
読 ド 会 方 ん 参 で 能 報 ゃ ぽ エ 論 暫 ひ 意 報 私
レ せ せ ヌ 金 語 加 京 ょ 歩 ニ 可 能 ハ 育 話 話
覧 然 鼓 ぐ 彙 ぐ す 登 社 ょ ひ 登 力 ぽ ク ゅ
安 ハ 舞 コ 重 タ ふ る 故 も ひ 百 囚 再 ヒ 投
や っ 退 セ イ ン 権 追 方 ざ 私 嶋 写 モ モ ハ
チ 画 加 カ 芸 チ を ブ 求 エ じ 通 っ 阪 摘
歩 ネ ニ ひ チ 芸 し ド 精 ポ ろ 重 ろ ト ニ
故 ギ コ 場 ろ 本 ス ウ 報 ー 乏 ぎ 芸 だ
モ 金 無 ノ れ に 同 ひ 摘 ズ ろ 本 精 で
合 安 愚 か 者 の じ ょ 報 だ 停 最 近 権
ノ ゃ ひ 本 解 リ ソ む ア 止 府 の 通
摘 場 だ 再 開 金 ひ 応 だ リ し 方 側 せ
加 化 ニ 進 応 お 百 だ ひ て 十 ヱ 動 進 側
、 常 に ヌ お 登 狙 だ ひ だ を ト く 選

Puzzle 183

```
安 能 開 だ 金 場 辞 く ヌ じ 精 収 ス 囚 も 愛 て
む 重 所 意 レ 本 本 ヌ ヒ 写 嶋 集 ワ ス リ 無 方
ス 方 セ ホ ー や て リ だ ケ 方 圧 写 進 モ ク 出 ん
ニ 論 き タ ー 所 ポ リ だ ケ ッ 加 ウ エ 下 辞 や 京 ん 応
ひ れ ろ っ パ イ ナ ッ プ ル ト イ ん て っ 母 叔 応 大 学 百 芸 院 べ
精 っ ラ ゃ 摘 む 側 故 ラ っ 写 何 所 妊 場 だ 覧 狙 開 ょ 場 友 通 解
能 ツ 会 っ ラ っ 然 だ 育 ゃ ソ 妊 ひ ニ ソ 生 能 姜 を 応 歩 ぼ 応 意 ニ
引 用 結 リ ひ き ゃ 重 辞 京 お ぼ 多 せ 登 映 ん を 理 修 写 ど 場 ス
妊 つ ス も 多 狙 ん 覧 化 育 レ く 開 場 画 安 開 能 ひ 場
側 ぎ 阪 再 化 育 レ く 開 場 画 安 開 能 ひ 場
```

引用
ポケット
セーター
叔母の
友人
天国の
忘れてしまった
あること
収集
エンド
パイナップル
を通じて
修理を
スグリ
映画
押下
スワン
キウイ
生姜を
大学院

Puzzle 184

ベビー
不安定
外を
月の
教え
成分
だと思う
示しています
群れ
値の
労働を
ピン
ため
候補
、公共
チーム
私達の
添付
さようなら
のいずれか

```
チ ベ だ 退 ま 囚 示 つ 向 ま 安 応 再 候 場 圧 芸
ゃ ー ビ と ヒ 化 し 私 通 れ 登 ラ 補 ぼ 囚 教 通 じ 投
コ 画 ム ー 嶋 ぎ て 意 ノ 弱 ま 添 論 何 え 圧 権 ょ
て 嶋 開 コ リ う い 加 愛 不 だ 付 じ ソ だ 本 ひ 私
ど る 話 お 投 ぽ ま 方 ひ 安 加 テ 私 海 ゅ 室 通
ヌ 登 ょ 投 所 ぎ す 嶋 登 定 育 再 ゅ レ コ 応 さ
応 れ 応 ス べ 阪 登 弱 労 育 成 分 で れ 方 よ
ひ ぎ ぎ ぎ ニ 妊 阪 弱 ふ を 重 ま む 室 う
意 室 ラ 京 登 阪 む ま 月 っ 私 れ 然 論 な
阪 お 百 ぼ で ホ の 達 外 む 進 、 ら
ひ チ 開 弱 ひ 論 群 ず い の を 開 せ 公 ヒ
登 報 た ひ テ 向 れ ひ 値 ピ 化 出 共
合 す る 意 開 む ゅ 狙 ク ン 金 嶋 開
っ ス 砂 ふ っ 報 読 私 ひ ト 社 読 読 お
京 重 ぎ 出 ぎ 百 私 妊 読 ト 本 読 読 お
```

Puzzle 185

温優砂ん囚ややスカラスの芸出砂ル話
度し論報芸ヒヤドド合ク験スひき京所
論い報ど開ド歩育ストま経故ひカだひ
権っク圧れ契結リト重覧ハ愛つ海場カ
だ側金ょ辞約婚セ意覧やセ無暫場ラソ
所ふぼっク投式圧トすだ辞ハむでま
ヒミれ砂論嶋ひてツ血さじ解ソま
ぎむラズラ大サ画も液博応っ安私
ふせだーダニ根然投向物社ょ嶋弱
ぽ向リポ投イク画ひじ館合画る弱チ
芸ろ京の圧だビチ外国のル地理ぼるべ
無管理しますょンろ摘画化ェコるべ
カラ何むぎ嶋私ラグベ検登だ暫くソ
刑務所ヌセ方ヌょ会覧索べ重覧方まし
るセお嶋権砂ニ京おっが加乏ぐ暫摘カ

- ミラー
- やすさ
- 生産
- ダイビング
- 刑務所
- 優しい
- 管理します
- 血液
- 経験の
- 契約
- 結婚式
- ランチ
- 外国
- 温度
- 博物館の
- のポーズ
- 的地理
- 大根
- 検索が
- カラスの

Puzzle 186

- 両親
- シャツ
- の植物
- 一致する
- 武器の
- 平均
- 警官
- 常駐を
- 警察
- マネー
- ています
- 車両
- の家族に
- 最高の
- 宗教的な
- すぐに
- 先の
- アネモネ
- 中間の
- 関心

通警おレもクて応アソだっ安摘まヱの
まま官く育で場出投ーネマ再ハせど植物通
場海ソ乏だモ登レぼ話モ所ぐツどひクト
囚何む芸でラだ写砂選歩カチぼニ狙開精囚るっ暫社
退芸ニ妊し側室ノぐ間中常車両ひふエ精テ
宗教的な読ドぼの方っ故室ふ然砂百報多
場ク精警ラべの家きじ側ひ読二だふ芸登
シ画エ察べ一乏均族にっ常駐ソっ権ラ
ャ最高の進致平均いてしモ覧をュるど読
ツ海スで会すまいる親ぐ芸権画投摘社ゃ摘
ホ読故っる両親側金す器の投エモスや読
暫選ぼ応ょ社ゃ本チ武ャ然きひ再せじぼ海本モチモスゃ摘や読

Puzzle 187

能 強 い 私 ろ 何 ・ 親 ニ 権 場 ニ ろ ド ひ ル 単
私 画 芸 金 ざ 出 ろ ビ 切 応 開 狙 解 妊 場 ッ な
重 砂 私 ひ む 京 精 レ ジ 報 金 辺 論 だ モ る る
ガ チ ョ ウ を ぽ ま リ ニ 覧 ッ 社 出 狙 側 ヱ 多
構 ふ ソ 話 期 リ 育 ま 然 ェ 話 故 応 ィ 京 エ 乏
造 テ 辞 囚 延 場 ト ひ 安 ウ 金 芸 論 愛 つ 進 乏
会 再 っ 条 件 が 同 様 の ド ィ フ 京 多 退 乏 場
然 祖 母 む ふ 金 嶋 結 私 出 ろ 報 阪 精 場 方 歩
合 妊 エ ク セ リ ッ ト ル 読 出 ニ 加 呂 ょ や き
ベ 画 ひ ま 今 リ 覧 側 ど 妊 摘 風 ろ 意 権 む っ
愛 安 何 ド 芸 夜 解 ょ べ 側 能 ヱ ろ 摘 お ぎ
も 故 お サ 海 弱 は 百 リ 読 て ト む じ 海 お 結
頻 繁 に る 故 論 暇 社 ニ 報 む ニ お 画 お だ ス
多 リ ス ト ゅ れ 休 所 加 れ 室 ょ っ 通 や だ

頻繁に
同様の
リーク
のウェット
・ビジネス
構造
祖母
単なる
休暇は
強い
リスト
親切
風呂
エクセリットル
今夜は
フィードの
条件が
側辺
ガチョウを
延期を

Puzzle 188

だけで
レジストを
クリップが
防衛
投げ縄
薬物
長い
プロセス
あまりにも
ホールド
スター
新聞
ミス
秘書
華麗な
バンズ
障害
、特定の
慎重に
スニフ

ま ー 弱 つ 海 バ 嶋 防 側 で 退 プ ロ セ ス ク 新
カ タ 精 ん モ ぐ 出 衛 チ ニ ま 場 セ だ ミ リ 聞
論 ス 秘 書 ズ ト 登 ひ ニ 乏 育 狙 ま ト ッ プ ぐ
海 ニ 、 特 定 の 話 ぼ 登 む セ 合 ひ っ が 登 ノ
ル フ 狙 会 る 障 害 投 歩 選 重 ト モ 無 方 リ 然
合 セ 会 辞 進 百 画 砂 然 れ 退 百 ツ 故 報 多 囚
っ 解 社 摘 覧 薬 京 社 サ ソ ニ 所 故 レ ス ょ 精
投 乏 ろ む で ホ 慎 サ 弱 ソ 話 選 嶋 コ チ 投
精 レ ジ ぎ 登 通 ょ 砂 芸 応 解 出 芸 登 報 て げ
ぽ ス だ 結 ろ 解 ぎ 重 っ ぎ あ ょ 登 話 縄
華 ト ノ 通 ま ラ る 囚 も ヌ だ 通 画 お 投
麗 を ラ せ れ ド ニ コ ぐ ス け 安 進 で ど
な 化 嶋 サ ニ 加 レ 精 ス ヒ で や ホ
カ 登 ノ ま ッ ロ 開 向 囚 リ ー ル
ド 出 ろ 出 ヒ 登 長 い ド

Puzzle 189

```
せ 開 ろ ク ぐ 論 阪 弱 で 多 場 む 災 写 だ 選 リ
と 思 い ま す ひ ス レ 会 合 れ な 害 に ひ エ ト
だ 会 ぎ 家 サ ン ド キ ャ ッ ス ル フ 静 故 ヌ 故
再 所 ふ 具 本 お ば あ ち ゃ ん フ か じ し 然
ガ コ 小 麦 ロ ー ブ ヒ ク モ っ ラ ぎ で ス の ヌ
ン ひ チ 阪 再 砂 ク 側 エ 何 カ 場 敵 の ア ま
ダ リ 阪 エ ッ ジ 場 金 ト カ 囚 弱 ホ チ 金 進 画
む ょ 年 次 ょ 成 能 話 二 故 ニ 生 乏 だ ツ 覧 妊
重 だ 進 然 結 ひ 長 読 ぼ 狙 サ ー 摘 き ま べ 方
二 芸 し 京 力 権 ク 最 ハ だ ト べ 故 モ も ク だ ヒ
愛 故 投 精 選 弱 ょ 京 良 会 二 囚 阪 育 れ 権 ゃ ま 芸 歩 カ
も 話 だ 故 選 弱 ょ 京 良 会 二 囚 阪 育 ひ だ ヒ
金 金 ん 二 会 何 ひ ま や エ 方 ヱ っ 登 ゃ ま 芸 歩 カ
室 圧 会 何 ひ ま や エ 方 ヱ っ 登 ゃ ま 芸 歩 カ
```

のカラフルな
家具
すべての
敵の
ビーチの
ローブ
おばあちゃん
に静かで
サンドキャッスル
生きて
年次
と思います
エッジ
ガンダー
災害が
サッカーに
小麦
最良
ケアの
成長を

Puzzle 190

のボイド
息子の
した
チョコレートの
特別な
拡張
目的の
二回
発生
雪だるま
幸運
改善
リス
複雑
、すでに
ポータブル
アイリス
話は
ウサギの
ターンを

```
ひ テ 発 ふ ル 私 ラ 側 摘 ソ お 辞 選 カ ょ 向 ク
話 然 生 ひ 場 京 ハ 育 多 せ 社 ぽ れ 歩 愛 百 ウ サ
安 ょ 退 レ 幸 運 覧 ひ れ 改 善 複 雑 ス ヌ ど し ギ
選 ゅ 覧 故 モ れ ひ 退 再 意 阪 乏 ぽ て だ の の
ふ 安 れ 雪 だ る ま ト 方 砂 辞 だ ラ モ ク 二 阪
で ょ 本 会 サ ド イ ゅ 会 れ ノ 狙 進 歩 ル 意 ぎ 弱 海
ス お れ 結 然 ボ 愛 的 リ 選 多 ぽ 再 話 ス せ
お 権 化 息 子 の ヒ 目 方 論 ぎ 私 室 話 む ょ
権 れ 能 能 ヒ ン ー タ 特 別 阪 意 狙 ッ ポ タ ヌ
れ 話 結 を 開 レ コ ，す で に ん 辞 ひ ひ 場 二 意
レ は だ 京 り き 応 ョ 拡 張 室 応 テ リ 側 ぐ 回 阪
登 京 り き 応 コ 場 だ 圧 向 辞 リ イ れ 方
れ て ひ 応 化 ド チ ト 芸 ゅ ど セ ス リ イ ア 嶋 ク
弱 愛 化 ド チ ト 芸 ゅ ど セ ス リ イ ア 嶋 ク 阪
```

Puzzle 191

ゃ 所 で ぐ 然 能 て ソ 辞 ぽ 能 で る 検 然 コ ぎ
会 ど 急 惰 な 囚 べ シ マ ウ マ ひ く 登 討 じ ま
乏 し 論 ツ サ 能 食 き ハ だ 狙 ぼ 愛 投 し ぎ ヌ
ょ 方 妊 権 意 結 事 精 ど ド あ 側 ぼ 会 応 ど サ
製 っ 囚 応 ん 暫 ぎ 圧 が あ り 二 応 上 故 る ぎ
造 む テ 愛 退 ょ 加 百 室 開 方 ホ 金 砂 論 ゅ 解
方 チ む ド ヌ じ ホ 方 側 ま ラ ニ 合 避 難 チ 加
ノ ス ぽ ラ ム 画 ヱ ざ 側 き 芸 ぽ 京 電 車 ろ ツ
阪 ゃ 化 つ ル 覧 し 側 き 退 会 ヌ 故 百 然 ホ ホ
ル ぽ 声 を 出 摘 出 現 二 会 向 チ 避 明 手 社 ベ
ミ イ ラ せ 無 最 的 は 思 ょ つ ヌ 電 日 場 の ド
海 ス リ ッ し 進 報 い 出 リ 重 投 百 然 レ 精 ド
登 項 二 乏 通 ラ れ 出 チ 重 明 ひ 然 社 手 ベ ド
妊 阪 目 投 モ 百 妊 れ さ 登 日 化 つ 重 場 の 精
海 歩 弱 れ ぽ 再 ト き 登 愛 だ 重 レ 場 の 精 ド

手の
食事
項目
最終的には
ミイラ
があり
検討し
明日
製造
上昇
電車
ドラム
避難
隠します
思い出さ
シマウマ
声を出し
出現
食べて
怠惰な

Puzzle 192

達成します
困ら
シット
に迅速
非常に
ボディ
骨折
デスクを
理論
ストリート
有利な
要求
シェア
参照
エージェント
女性
ワニ
接続
研究
スレッジ

を ツ 解 骨 研 究 乏 カ 論 シ だ き ぎ 弱 暫 登 ホ
ク 弱 選 ひ 折 京 応 論 ヱ ッ 女 報 速 ク 非 要 二
ス ト リ ー ト ク 故 進 ト 性 も ぐ 迅 非 常 求 ヱ
デ れ 育 所 接 弱 重 方 意 も 進 ノ に レ ぐ べ ぐ
き 愛 権 嶋 続 サ ろ く 金 重 社 ょ 砂 ベ 化 育 ぼ
ノ 圧 ア 覧 セ 登 向 ス テ ニ 困 ボ む デ 結 摘 化
エ ー ジ ェ ン ト 理 論 サ 開 ら ッ 育 ィ ス ニ 結
ス 有 し て シ 場 阪 だ 歩 歩 ぼ や ヤ 参 照 ぐ ト
レ 利 化 京 退 権 じ 歩 歩 ト く 応 ィ 金 画 合 権
ッ な 加 コ ド 愛 ス 芸 育 ヌ 結 登 参 愛 ニ 側 レ
ジ き 画 然 も 登 ま 権 ヌ ぎ 室 リ 愛 精 ぐ 本 向
海 ま ん 狙 安 ヒ つ 向 も ろ ヌ 登 精 ベ し ャ る
ま 読 ど 社 二 何 摘 だ 達 成 妊 し す ワ 進 ラ ラ
場 然 っ だ で ス 弱 チ 狙 摘 ク リ 側 何
ヌ ヌ ド ド ス 金 退 弱 ゃ だ 摘 囚 ゃ ぐ れ 通 せ

Puzzle 193

化 権 ゃ 然 月 囚 選 せ 嶋 ト ソ 安 か な り 開 ぎ
囚 だ 抱 加 曜 リ 結 っ 結 ひ 愛 精 報 テ 加 室 ま
海 満 き 話 日 な 否 定 的 な ト 向 発 っ る 嶋 ん
囚 た し マ ー ク 加 ょ 精 写 場 テ 圧 見 し ヌ 故 所
合 さ め 男 の ひ 重 テ 解 読 安 向 覧 だ ま 聞 狙 い ヌ
精 会 応 出 ホ ド ひ 妊 覧 サ ぽ 何 て し ま 会 乏 解
圧 チ 出 ぎ ド ラ 化 辞 歩 精 ヱ し ま ま た 何 乏 リ ヌ
ド ロ ッ プ ラ 化 投 応 百 解 セ 海 お も お 登 つ 狙 が た
ラ 出 ょ 開 応 ト 側 嶋 多 ひ 育 二 や 金 博 物 必 ず し
暫 ウ ざ 応 ヒ 結 ト 多 て だ ヌ タ 画 食 ニ コ 嶋 エ 写 加
評 コ ン ヒ 結 ト 多 て だ ヌ タ 食 ニ ッ 登 場 キ 狙 ル 覧 だ
き 決 囚 共 テ 精 読 ホ ニ 精 っ じ 覧 ノ も 写 加 、
ツ 応 結 ぐ 通 化 ス 選 ヒ 精 っ 明 確 に コ っ 京 カ
セ 結 ぐ 通 化 ス 選 ヒ 精 っ 明 確 に コ っ 京 カ ょ
プ ラ ス チ ッ ク で モ だ 明 確 に コ っ 京 カ ょ

明確に
ラウンド
共通
な否定的な
聞いて
月曜日
抱きしめ
プラスチック
たまま
男の
ドロップ
マーク
満たさ
、したがって
夕食
博物館キノコ
発見しました
かなり
評決
必ず

Puzzle 194

必死
、キャベツ
ロケット
サイクリング
キューピッド
民主的な
パワーの
出席
マシン
リアライズ
合計
ギャロップ
知識を
料理を
バッグ
目の
占める
自動
マグ
実行に

ホ れ も テ パ き 登 セ サ 場 ふ だ 応 会 お 通 ひ
お ホ だ ラ 報 ワ 覧 ゅ エ 狙 知 識 を 向 登 ヌ 通
退 エ キ 嶋 で 合 ー ホ カ 囚 、 ア ン エ や 狙 ソ
辞 開 ュ ろ 論 計 応 ヒ ひ の 場 ン シ 室 セ 写 ろ
も 百 一 登 コ ト 然 ク 自 目 選 お 占 マ グ 的 な
重 通 ピ ャ 報 加 れ ぐ ゃ 動 ニ つ 狙 選 民 な 所 ど
ニ 意 ッ ド ツ じ れ 方 ベ 阪 画 リ ア 登 主 結
ぐ ざ ド ラ 覧 っ テ ひ 芸 登 ぐ ア ラ 席 阪 ょ ま
ニ セ 本 加 精 ひ む 会 ぐ テ 砂 イ サ ぽ ク 重 進
く 登 砂 芸 料 暫 室 ト バ ッ グ ズ イ リ 合 意 投
ツ 写 ト を 応 く ト バ ッ グ ケ だ 報 実 ク 故 必
ひ 化 ヒ て カ ま ト プ ッ ロ ャ ギ 行 ぎ ノ モ 死
ふ 権 で ぎ 圧 側 チ 権 ぎ テ 私 暫 に ょ カ 私
セ 乏 ヒ っ で 安 ノ 写 コ 辞 私 グ 妊 再 百 ぽ 摘

Puzzle 195

```
だ ニ 囚 ハ ニ フ く 無 ト ク 読 ヌ 場 ソ 有 夏 合
阪 登 ぎ だ ん ょ ェ コ 多 嶋 再 テ も テ だ 芸 の ヌ 海
の オ ファ ー 無 だ コ 不 シ ン く サ 芸 開 室 チ ヱ せ
れ セ ふ 百 チ ひ セ モ っ ぐ ヱ グ つ む 範 囲 内 愛 れ 阪
進 歩 ぼ 合 圧 ょ 何 ン し グ 芸 ぽ チ ヱ 内 的 な ス が
ニ ぐ 権 む 歩 何 モ ニ 投 る つ む 範 囲 本 質 ひ ど
そ り 京 海 金 狙 砂 じ 芸 愛 合 ソ ひ か し が 花
暫 社 バ サ 通 れ ふ つ 何 ひ 芸 愛 合 ホ し か し 鉛 筆 囚
解 阪 開 レ ン ヱ ス 達 成 テ ラ ヌ 辞 ひ 化 ん 京 ル
ひ 金 退 ク ッ タ ア タ ヱ ニ 注 意 ヌ 登 っ き 化 囚 京
つ じ ヒ 育 結 海 イ 側 ン 向 プ 康 登 覧 退 安 ん 所 覧 ル 登
ヒ ク 精 ぎ ょ れ ゅ 阪 ン 向 プ 康 傷 火 砂 っ ニ 無 登
ク れ ヌ ヌ ざ き も 故 エ 故 展 示 を 傷 場 無 所 っ ニ 無
多 っ ひ 妊 嶋 論 何 登 歩 だ 場 無 所 っ ニ 無
```

そり
花が
有する
アタック
しかしが
健康
本質的な
範囲内
注意
展示を
火傷を
達成
夏の
口の
鉛筆
スタンプ
不安
のオファー
バレンタイン
フェンシング

Puzzle 196

推定
バン
裁判所
早い
問題
悲劇的な
疲れ
ベル
誕生の
パフォーマンスを
カバーが
待機
を明るく
ハングが
安全が
かむ
、過去
ターキー
ではない
タイガー

```
私 セ っ ざ ぎ が 全 安 場 ひ ハ を 解 本 誕 ヱ 開
ラ 嶋 だ む 圧 ベ グ 狙 海 側 バ 明 場 摘 生 っ ハ セ お く
場 ク パ フォ ー マ ン ス を ン を 辞 の ひ が お や
何 れ サ タ イ ガ ー ニ キ ー 場 カ バ ー 退 ぎ 写 ょ
で は な い 早 ク 弱 場 圧 解 っ 無 レ ニ ぎ 弱
サ コ 的 百 ク も じ ゃ 私 ル 圧 無 写 ゅ お
裁 乏 劇 悲 ソ も 報 タ ノ 推 定 ニ ヒ ど 過 開 ノ
ク 判 悲 育 歩 サ ク 問 題 ト リ 投 歩 写 精 嶋 弱
再 嶋 所 ひ む 場 で ニ リ 論 権 れ 合 無 写 き
ぎ ヌ む 何 だ 金 開 ヒ 能 べ だ ぎ 金 辞 ぽ 合
ょ か 側 ま ぎ 百 登 能 モ だ る ぽ 退
ル 選 ソ モ 待 機 加 疲 ニ ゃ 写 何 登
エ 乏 ク コ モ レ ニ ぼ 歩 ぎ だ 京 退 登
愛 む 権 合 覧 れ だ ぼ 歩 京 も 何 辞 登 出 育 ク ひ き
```

Puzzle 197

セ歩報場ビだケちたヌ加何写ニ関応だ
所ッ覧つ一暫一ゃくだ合無だ海連覧ふ
ソ結トニルぎキうさ謝をろ選付覧サ
クおゅの店の方んぎ写ざも室け狙二
る話ゃ進子ふトの然写覧るノ写るやも
阪登クリ帽つ辞無囚ル報だ価写場登
妊囚向ゅ選故イ退覧登報何何レや
き食用し社ぼン覧ざ登社てヌ論ぽだ
て何リヱ解ホチル覧投しんカっまぐホ
熱心なチ退対がぼチざまバ画テ応多
ひ社所セセ進象ス凝ニハ進セ通フ
せ読妊クラトニホ処視妊っト覧パィ
れつ妊ホサもろ理だ選何私ベクル
本どスス向っ私合っせ合京ひ何能ーれ
場ぼスリぎ加会テク能っ本暫応暫合れ

店の
ケーキの
インチが
たくさんの
感謝を
価格
セットを
てしまった
パウダー
対象
凝視
処理
ビールの
帽子の
バッジ
熱心な
食用
フィル
関連付ける
ちゃう

Puzzle 198

シリーズは
組織
責任ある
与えました
状態の
盗ん
部分の
関係の
ガチョウ
ココア
忙しい
信頼性の
キッチン
オートバイ
社長の
スクーター
資本
恐怖の
、インテリジェントな
、最近

暫だス登結多乏まオコ場せ狙近最、海
むや解故るト安ラーコ信向重京イ本
つん故むトひ登室写トアょ頼然ドン通
チ辞出やチ本ルバょ能性場ぎテソ
愛覧社トヌ精ガ出イ盗ん恐のリる
せ然ぎれ向ンチッキ忙応エ私ジド
百ヌ室向ヱモヒツし報の分覧ェ金
ヌつ愛話まおウ歩然解責ヌン京
故ド加ひふ状態のの係任トり画
せニふ権ふぽシし話関あ海話
弱き方投ベクむリ重方る通スぎ
安囚ノ話重ぽざータょざクっ
与えました応もん加セだ通退室
重ぼひ暫リ側開ぎひだぽふじもや
だ選摘エニ辞圧金ツ場ツ投く画トや通

Puzzle 199

縫製ト合本ょ海るエむこどど可ジヲヲ
暫てヌ京ん体場嶋クンぽシレ能ャ三角
報私社育だ画社私場安ドムスなケょ本
方京質問を加意クぐ辞じ狙砂ッチぼ海
加囚能も結囚辞側本豆画はしき磨重む
じ精育ハンド重報登解し話スエンテニむけもストリ
再暫本バ解読弱京でじク摘然選故孤む場でけらーム
ぼく能ーサく論を奪うむざふ立方京乏ひるだム
ホ能通ガ一議論のウひニま場ひル向砂だリ
ぎ摘応だ何ひウひニま笑ぽだトテカっム
れょ応ゃ重読百ォ何話ヌひ安顔阪ツカろ乏
蚊を投百画っやソぐチーロプアおゅろ乏乏
歩画っやソぐチーロプアおゅろ乏も

笑顔
孤立
議論の
テントウムシ
質問を
歯磨き粉の
三角
ウォッチ
ジャケット
泥だらけの
ハンバーガー
縫製
本体
蚊を
を奪う
ストリーム
何でも
エンドウ豆は
可能な
アプローチ

Puzzle 200

良い
冷たい
、小数点
ボクシング
波の
ベース
カー
利益
電話
政治
読み取り
外部
ソフトを
参照してください
陽気
愛情の
エキスパート
シナモン
スリップ
株式

ま波安重ょエシコ画阪育ス何だ覧ま場
スの報も圧キナト再ス写ヌ二何やどるむ圧
アリ金通ドスモ室ヒ側ト解能らる意ヲグ
重応ッスサパン読み取りて室読むホソ然
ぼしむプレーカだ多ひ狙弱ボぼむ愛ソ、
読ひ然弱電ト化レ重場れ百ぼ写情フ小
無カエ結話化レ嶋然どん覧ヌ重のト数
写暫陽っ気だ方場然意社ル解を点
意レヌ気ざコ結応ひじ囚写加投ベ
レモ育ざ安多ぎ論解二写ス側愛開京ー
ぼリ安ぎ多合ハ意合写海テ冷たス
株政治参照してくださいろ化し再妊ク
摘式二外応本能ゅ辞重会きせ何然再妊ろ
百二歩部本能ゅ辞重会きせ利益ゅ応ろ

Puzzle 201

て歩ア円コーチの軌道覧ス乏むラ所画
でだー故形京社ん私何ヒテノ遅つ多ホ
お弱ムク海んソれむド側一応弱歩スエ
見えチぇ画開ヒサ解興味ホ能方解リイく
ど意てア登社百応阪深愛ヌ方解びはヌ劇
き報サ二然故ら興味深狙を、ハ選会進重険
通ヒ報トぎ取定然故ふ歩れ報育開加むティ
権通側だ退私住ぐ精京歩ひ報育加ひ歩るい
摘ぎ側っ住通クク進二テ阪能も読加多し歩ーる
応った退らぐ多精京能育温度計ポッもる
精退私住クポラハ嶋ひ無進コセ阪ヒきッ砂ハ
ひぐ安き通無ぽラ嶋る覧進歯磨き粉るぐ狙ト
ぐくるソヌひ嶋る合ゅ歯磨き粉るぐ狙トハ
クリヌょヌひ合ゅ歯磨き粉るぐ狙トハ
っ権所故ゅひ合ゅ歯磨き粉るぐ狙トハ

ステートメントを
軌道
興味深い
見え
また
解説
遅い
歯磨き粉
アームチェア
叫びは、
劇的
冒険的
ティーポット
定住
温度計
コーチの
緩い
スタイル
取ら
円形

Puzzle 202

いくつかの
ウィグルの
コンドルの
ツリー
紛争
飛行機を
想像
ゼロ
砂糖
人口
多分
いっぱい
致命的な
準備
正確な
ビュー
犬の
危険な
キツネ
の代わりに

のニ致て歩開投無辞方きる読場辞っや人
ル代方命砂ホキ準備ヌ覧退せまヱコょ室ロ
グ話わひ的多ッ弱ビュー芸いぽ選芸ョン方犬ゃ
ィ結いり論にネノく精だっ選想ョン像暫ル再の
ウょくく精囚ふ工狙画ホい歩ルのニ能
ドひつ本チ砂テ正加サ意化多ゅク然通摘
紛争かまチ糖再社ろっ阪妊開私ニぐチょゅ
方解のだ場摘セ金何ぎ私コ然ょ写ま
で開まひ場トしセ覧金写ゅ写コニぐ読何囚
飛だひ覧ド加れ私論場画弱ょ砂応権サゼロ
行れ覧側読開れ投嶋危弱進百重だ室ゃょ圧カ
機芸側ツリー所合べ危険ラ然登室結ぽソ応で
をツリー再摘ゅど精険なぐ場や結ひ歩ぎセド何
画読ツ摘ゅど精スれひひ歩ぎセド何ホ
カヒツ摘ゅど精スれひひ歩ぎセド何ホ

Puzzle 203

通応応論室出せ乾所ノ開方レじ登だ狙
ヌヱまや砂精弱燥く音楽向比開ょてや
ト側金摘歩ツ京重精ふスデ室較む応側ょ
何スぎふ開海摘私エ選セレ意感触側意流
テ合話れ選コ摘能ドセクタ重ク所意意体
結室ひ再意ひノ安つっひタ出ニホむ側化じ
ヌ壊金意便サ進多っ他加ニ私ハルク画モ
室れ囚でモ阪利然ト私人安ハンドルクモ退
登たでつし阪砂然解現にル加登テアイく
然報つし囚砂出論登代投能ぽ画っスラガス
ミ出摘ボ権出論登るむ出ルホ精ゃトヌ乏
百トルントヱ権る意金権ホスむラトヌで
べ本不足写カれ能し雑用ゃせ話報サぼ投社
ニぽレ側化ひレリ名詞テコ育サぼ投社

感触
雑用
不足
トライアル
音楽
ハンドル
ボルト
比較
キャロット
流体
方向ディレクター
現代
壊れた
ガラス
他人に
乾燥
ミトン
名詞
便利な
応答

Puzzle 204

膨大カ応何子犬狙ま芸意場モ実遊精
どこか投ソム辞む通応精まひ行び辞
精会再クセィカぼエ覧京セ砂し心チむ
セ場応囚摘通っペ二ャ本登ッてふむ
二ど育摘通ーれ側ーハ鮮場トいるぐ加
ゴブリン場ビれ弱ム新まトガるチて
ろど論無投ルドス通画別れネノっ解
砂ヌ精セド話圧出所登ズっコ登て
ヌだふ室だぽて愛弱解ミ愛っ然弱
二どっスラ再圧チ覧ビタ芸ヌ囚圧圧
何ひ弱京ょ暫私退室ミン化サぐ解解
狙ランプのむ退側ヌて辞ょ場報解ぐ

新鮮
ビタミン
膨大
子犬
ムーン
クレヨン
論文の
製品の
割り当て
ビルドを
テディ
別れの
実行している
ムカデ
キャンペーン
遊び心
トガリネズミ
ゴブリン
どこか
ランプの

Puzzle 205

権 ろ 会 意 ク 話 お 応 じ ヌ 重 ケ エ む 使 用 成
論 だ 阪 ょ ろ 母 海 ま セ ま 百 ヱ 安 ル 本 読 果
タ マ ネ ギ ふ さ 開 呼 も ニ 退 ざ 眠 カ 白 入 レ
故 せ 弱 会 る 無 ん ブ ロ ッ ク ノ 解 然 登 読 ざ
進 し 無 開 妊 ク モ ひ 画 モ 阪 辞 ん 弱 場 レ セ
ろ 精 室 ヌ 社 話 何 き 出 砂 暫 圧 応 る 医 療 し
む ニ 精 圧 出 覧 エ ま 砂 金 だ 論 る 論 む セ 然
れ だ っ 所 ヌ エ ソ テ ヌ 金 だ 進 ニ ク っ 然 権
具 ツ 辞 ヌ 銀 行 、 ひ っ 進 も つ れ チ ヌ て ス
体 選 選 銀 行 だ 非 る も つ れ ニ ク っ 論 然 権
的 ク れ ホ 論 私 常 ク れ ゃ ょ 砂 屋 砂 外 読 っ
な 会 ド 論 私 モ に 方 や じ ひ 進 権 然 選 然 で
ぐ ニ 歩 覧 モ 怒 っ エ に 向 や じ ひ 砂 読 ヱ っ
ヌ 場 加 き 中 央 っ エ 圧 つ ほ ぼ 辞 権 ぽ ソ ニ
ょ ツ モ 中 央 っ エ 圧 つ ほ ぼ 辞 権 ぽ ひ ソ

ほぼ
成果
入場
要因
、非常に
もつれ
眠い
お母さん
銀行
タマネギ
具体的な
呼吸
白い
怒っ
医療
ケトル
使用
中央
ブロック
屋外で

Puzzle 206

獲 得 ざ コ 金 カ 開 る 能 む 高 ぎ ろ 登 ト 何 所
弱 写 精 カ 無 も 発 ニ ソ ニ 速 結 せ 弱 ツ で ゃ
エ 応 嶋 所 芸 っ 加 ひ 安 結 的 理 物 の チ お
ヌ 無 ヌ ヒ そ 進 ク エ モ ぎ な 賢 ド 能 権 海 弱
加 解 重 ょ 私 ク で ぎ メ く て 再 結 ヒ
ざ ど 京 そ の レ 通 ま イ れ 耳 遠 開 然 つ 応
私 重 合 然 投 後 論 王 子 ン の 進 す ト
京 サ 大 れ モ 、 子 応 が 暫 結 然 る ヌ
も イ 合 多 悲 工 方 く 芸 お 応 に も ヌ ク
場 然 ハ リ 重 囚 乏 法 場 勧 め し ま 無 ヌ
お 結 重 工 阪 解 セ き 話 め 臭 安 す 囚 カ
故 阪 登 て 開 べ ト で 登 臭 い 側 カ ツ
方 阪 れ 出 お っ 論 に 話 精 い て 緊 解 く ひ
む 方 ツ 報 能 ク だ 多 登 場 登 す 急 敷
取 っ ニ ょ 応 加 方 多 狙 し も リ ノ 能 く
ぼ 結 カ 私

開発
獲得
サイ
メインが
取っ
その後、
方法
の物理的な
臭い
お勧めします
大学の
遠く
高速な
賢く
の耳が
敷く
王子
緊急
カメ
悲鳴

Puzzle 207

多摘スホ画キ故し進むヌろ京社私簡狙
故しサク合ャだ化金能無開阪論素化て
やだだン百リヌ阪報合然ヱ石ぼ意本ょ
金報何ピドーハ京本や側ト鹸二京おし
ツ引き出しイ向ホ弱写焼本通京メぐリ
だれ解阪話砂ッ京合ホく私れだモッャ
ま本金圧安嶋ニチン支独私化応本スヌ
場出ヌ曜話囚特イ通配立れ私辞ぽスヌ
ヱ金ス精日通にヱト的性応本側だカヱ
投多故ひ海の冬ト性なをセ化社だテむ
狙ぎきっ重所愛ぽノつ私セ覧もれ結
場てっ精愛川本ソ私登トャ解弱いむ緑
場ひ芸狙ひむ合ヌ登っヌれカだ重むゅ、だ
レ摘ま狙ひむ合ヌハひカだ弱い重むゅ、だ
選入力してテ海んだむじょ重むゅ、だ

金曜日の
特に
入力して
焼く
石鹸
インチ
支配的な
弱い
川の
引き出し
冬の
サンドイッチ
独立性を
簡素化
メモリ
キャリー
緑、
ホール
レポート
ピンク

Puzzle 208

特定
船を
趣味
のり
立っていました
誰の
バージョン
ペニー
検査の
ホテル
している
ワゴン
訪問
ハーフ
ワイン
ピーマン
プレス
サーブ
当事者は
行動を

安エ弱スハ京嶋ょ故読ぎ行ま辞ノ海カ
多っ訪問ニニ摘重ホ動写ワイゴモ
ぐ多ドフ百レ然投をツ論サワレ故
ょ開っ写社だ出ニハぽ結りンゴヌ
カヒチ意もヒ通妊ヒ百ぎつク話通ヱ
結ざむ妊ヒリぐ権歩きひ覧のしだ
嶋読特定エ安だ船ざまょどニ化
カカ進妊ししいれ立ざホ京能安ろ
場力どた室ていまい愛ょテ権圧室向
妊プ意ちまて場加権開ホ安っ社場
バブレるニ側検妊ノだ妊私ざ
画ーサ方当事育ぎ暫百育砂でお論
ょサ摘レョ育乏ンマ覧ょ何側弱ク
ぐ弱ぽだンぎろーピ暫百ょ砂サチ趣味れ

Puzzle 209

登 ル 検 索 る だ 狙 育 き ツ 無 ゅ チ む 砂 通 ぎ
ぽ リ 化 ホ れ む 私 再 ん 覧 阪 ぎ 多 ヒ お ク 現
社 権 ス 室 て し 向 解 べ 進 投 っ 重 ハ ょ ル 在
れ 写 嶋 っ 社 加 参 ヌ 投 投 ひ 編 集 条 件 論 の
ぽ 応 阪 従 歩 エ 投 ぎ 戦 る 通 圧 写 側 再 進 釣
ノ ニ 摘 横 に 振 り ま し た ど っ ろ む 囚 ぼ り
ふ ー 横 重 出 ど ヌ ざ チ 芸 ニ ホ 再 テ 精 ト は
転 送 ト チ ブ 権 砂 ざ サ 圧 多 ニ ル 論 開 コ き
っ 方 意 ブ ッ 故 辞 ニ ひ 圧 テ も 退 や 覧 ヌ 然
ク ざ 主 張 ア 叔 ク ク ょ 囚 テ ぽ 話 圧 多 摘 だ 出
ゅ 会 っ ト 母 ひ テ ト 狙 リ 投 リ 育 圧 側 クゅ 所
ト ニ ぎ ミ 者 ラ 芸 投 リ 狙 ニ ぎ 公 機 側 圧 力 カ
は さ み ブ ッ ク 者 て 圧 合 会 写 妊 じ の 仮 想 解 公 海 だ 式 故 関 力 カ

現在の
ライブ
主張
編集
アトミック
叔母者
機関
圧力
横に振りました
に従って
参加して
転送
釣りは
はさみ
条件
検索
の仮想
戦争
ノートブック
公式

Puzzle 210

ラ ス き ウ く ラ 加 リ ク 立 退 だ お 面 場 選 出
ヌ 育 ヒ ス ハ ん や ひ 派 囚 ヌ ざ ぎ 積 芸 画
ド く 覧 ん ざ ン 条 約 単 に ヒ 嶋 社 二 は コ
海 ト ヒ ざ サ ホ の 入 り ロ 音 故 本 グ ス
辞 紫 っ 側 ヲ む ル ウ ゃ ニ 声 ヌ 精 ン 合
や 社 色 バ ン ワ ー ド ぽ の ぽ 観 応 室 リ 京
き コ 進 の ぽ 二 応 れ っ 囚 点 れ テ プ エ
脅 威 テ く 無 む ど 室 ペ 自 ス 出 私 ス 阪
覧 っ ク 育 し や れ 応 リ 身 育 さ 阪 方 応
コ 安 も 結 本 出 チ 愛 ス は エ や ド 安 テ
囚 報 嶋 摘 場 ル む プ 月 ラ を イ ひ 無 ぽ
マ ニ ュ ア ル き ツ コ 側 イ リ マ て ト 芸 ひ
キュウリ 方 っ 愛 何 写 っ ク ュ な 然 ソ
狙 モ 二 応 金 ぐ 論 モ べ 社 退 キ 向 モ 加
出 覧 金 何 所 場 ど ぎ し 芸 方 ス 重 ホ 退 ル

スペルの
バンワード
観点
面積は
条約
単に
音声
脅威
立派
ウィンドウの
月面
キュウリ
スプリングは
マニュアル
自身は
キュウリを
紫色の
の入り口
プライマリ
ささやかな

Puzzle 211

フ ノ 少 登 ゅ も 貧 困 を ア リ ー ナ 方 社
自 画 ク カ 年 再 画 通 む ハ で 京 加 キ ー ぽ
主 国 ロ ぎ 報 精 化 私 や む 権 弱 社 ー 心
的 家 画 解 進 デ 論 乏 方 随 京 ニ 解 屋
な ゃ ぎ ッ ト 場 メ 能 何 写 付 場 本 然 き ど 育 納 圧
っ 画 だ 場 ん イ カ は て ひ ま エ く ノ 化
権 ふ 異 な る ク ど リ 愛 ひ ベ だ 画 ク モ ド
事 の 芸 応 出 リ ピ ー ト ま っ ト ゅ ク ホ も
業 応 百 側 重 ク ト サ 圧 で き 百 ド ふ 権 辞 応
論 芸 大 ド 声 重 る ス 乏 圧 歩 安 化 ハ 出 ク 尋 ぼ
芸 重 ト っ 無 ツ ニ 合 話 く ス 登 弱 チ む ヱ ね だ ひ
ニ 大 読 応 報 セ 合 ツ ニ い っ た 弱 画 ど だ 写
ト ド 社 社 画 芸 精 写 暫 ぐ 応 登 ホ ヱ く 写 だ ひ
社 読
ハ 合
何 ぼ

Puzzle 212

ヱ 安 多 レ ス じ 論 投 る カ ざ せ 再 狙 ふ 戦
結 読 読 ド や じ 歩 暫 側 室 側 ト 書 原 草 い
間 所 ス キ ダ れ ダ 海 ヌ 開 だ ニ 嶋 る 狙 の
違 ヒ 合 ト イ き イ 道 ド 速 高 込 通 重 囚 ル
っ 祖 ト 向 ジ ぎ ヌ 路 私 私 み 阪 リ ま 所 海
側 父 ニ 報 ェ む の ソ 然 つ 囚 ン だ つ 圧 き
し ょ で 意 ス ら き ー ス だ 退 重 阪 傾 進 っ
結 応 話 室 し ス だ ス だ 選 重 開 百 斜 場 応
論 や 育 開 成 ム ょ カ つ 進 る 芸 報 ホ ピ
一 む や 成 功 ハ 選 ス ス ふ だ び ス ー
種 論 べ 解 報 選 で ノ 進 向 応 ん ヌ ト 本 ス
ソ チ 加 安 ん 挙 百 ム ぼ っ べ ャ 登 安 場
ニ 出 結 ソ ど 塗 重 は 無 選 だ 緩 重 登 進 る
せ 写 婚 ニ 安 料 塗 論 も ス ヌ や れ 所 ラ お
も ひ 超 結 ニ 何 権 料 芸 き ー ぎ 精 京 ク せ
層 高 き 囚 ぐ ー ヒ コ ー か な 辞 安 報 し お

Puzzle 213

進 や カ 、 ノ 結 社 ふ ょ 無 愛 ぎ 室 応 リ ッ プ
れ ま ふ カ 圧 ば じ ホ る 摘 だ 愛 ト 社 高 度 加
ク 楽 カ ょ 出 カ ん 阪 砂 ヌ ソ モ 読 し 度 ッ リ
社 し フ ま 化 ベ 精 も 暫 ル 再 お で 金 学 阪 ト
暖 ま だ ラ 育 ル 砂 歩 ニ お 私 無 狙 百 歩 ス 無
会 か む ワ っ 論 砂 ツ 場 私 登 せ 加 ぶ ハ 会 議
テ だ 黒 種 を ら ぎ の ト ラ ン ク な テ 砂 歩 レ
ょ 通 画 ド 太 字 れ 有 簡 単 私 が 通 応 場 読 ド
砂 通 二 許 可 れ ぎ 害 私 進 応 画 何 阪 暫 せ 電
方 子 重 可 ま た ら ク ゃ む 応 つ ま カ 弱 郵 砂
や の 方 愛 だ せ し 重 向 じ 妊 ま ょ 通 然 ぐ れ
百 場 ク だ ニ ざ 向 害 私 妊 金 カ っ 写 便 選 無
ハ 投 社 解 ヒ 退 所 金 投 じ レ ド 電 郵 配 達
投 む 社 解 モ 退 所 金 摘 投 む ょ 通 然 ぐ 写 解 チ 達 無

会議は
結ば
許可
リップ
投票
高度
、カリフラワー
学ぶ
電気
種を
黒い
トランク
与えられた
楽しま
暖かい
子の
郵便配達
簡単な
の有害が
太字

Puzzle 214

アクセス
ました
豊富な
彼女の
透明
ナツメグ
正確に
評価
スイング
、個々の
絹のような
鉱山
話して
描く
池の
魅力
、年齢・
愛情
ひょう
地理

百 安 で ア 写 方 で 選 まっ 登 ぼ 精 っ エ 阪 れ 無
れ 投 ド ク 育 所 囚 し 重 開 愛 多 登 私 画 っ し 暫
本 百 レ セ 話 れ ま 加 む 側 ヒ じ 本 向 場 サ 暫 加
き 写 ひ ス 豊 ま エ 権 ト ホ ス 覧 ざ メ 妊 何
愛 私 評 ヌ 育 富 化 側 写 セ ュ イ く ツ ツ ナ
エ 情 価 ド れ な 阪 退 る ッ ふ ン エ メ れ 能
透 二 出 ゃ 論 テ ノ る っ ひ 話 京 グ 進 妊 投
明 鉱 山 本 べ ク 化 モ っ 側 話 し て 会 ヌ
圧 く 出 ざ 報 ノ 社 ヌ 側 ょ れ ゅ 狙 サ 投 チ れ
摘 ト 然 魅 ど 歩 だ ぼ 精 で ょ し う な 芸 投
カ 京 ん ひ ル 報 無 き 摘 サ 論 狙 歩 だ む
も 百 会 ニ 応 ・ 齢 側 年 絹 の よ う む ヒ ツ
嶋 ひ 精 覧 チ ホ 所 砂 個 正 彼 池 社 き ひ 百 く
本 ひ ニ ト 写 描 地 百 ま の 意 確 女 に テ ょ 室
だ く 海 ざ ヒ く 百 理 々 の 意 会 チ 多 百 く く

Puzzle 215

セル利用可能な海チっ百解サ化京じん
のス報トコ妊る室ゃ機つま先やコ無視ホ
階場無囚重トェツェ会育ぼ投クのヌ所
段弱もコチ多暫だ嶋囚ス阪鳥ツむし読を
が加捧ニエぐ化論開解ぼぐノの画乏会ょ摘
ホ再だげまつホしチ歩おセ応再ツょき
選むててるつん重クチ話狙公きサ登べ
ん再チ開つん百ベス話れンド海おだエ
だ故応選市話、出ェ結社報ッ写再加テる
妊セチ摘をのさふ応都市を適ひふ芸重複モ
ま批判を化摘らカ登じも二格妊ク加ぼだ
何無貸しまに本トのない育つ結ラホぐ加論っ出
っぽ二本ま私応再ひホ然ヒドヌざ登応論っ出
セ解す応再ひホ然ヒドヌざ登応論っ出

鳥の
妹を
市民の
夕焼けの
都市を
のない
、さらに
貸します
つま先
セル
無視
の階段が
適格
捧げる
批判を
利用可能な
公園
選んだ
機会
重複

Puzzle 216

、完全な
教会
スカーフ
キャベツ
予測
クールな
整理
ファーム
全体の
エクスプレス
最大
支出
執行
ヘラジカ
隣人
、これまで
勇敢な
友人が
教育
プロジェクトは

教育ソ安ょゅ権ゅ側リ教会執スゃ場サ
重ゃはヒカ然意で弱くニ海行カ結進選
整理トひ摘解登選じカ安ハー最大愛
へんクク精じク投リ社私圧辞精モ育
所ラェクツ通論ヒス阪だ側応結安向百ド
応ヒジっだぐラレ写ノくろ結テだ私っも支
辞カロカ芸ラレ育だ側登ひ何本ぎ二画
スレプスクェヌだ側るゅだソ圧進
クク隣がく歩意室まじ側せだュ通本ヱ砂妊
ー本人写画登海じむ写会ホ解セ選砂で
ル嶋友側能キ私ヒ応チゃぼっ再ヱ京室阪
な敢勇合なろ辞ょ愛画ク、これまでコ
、完全なっべ予ツ百応全体の、これ砂ヱ京ヱ室阪
ぎホくや予測社れ百く再砂ヱ京ヱ室阪
摘ょ覧クぐ測社れ百く再砂ヱ京ヱ室阪

Puzzle 217

```
妊 通 嶋 ざ ニ ラ ギ で ぎ 暫 ヱ セ 合 ぼ 多 暫 精
精 化 れ ま 迅 結 ッ ュ せ ん 等 ク 暫 解 ざ 少 し
登 百 ト 壮 速 狙 金 エ シ 阪 私 ド ひ 場 進 し 社
ひ ん 会 ホ 大 更 新 ま ハ ニ 画 然 ぐ 時 間 ど 海 方
ど 然 応 摘 進 方 ヱ リ 登 然 合 迎 れ 京 故 進 ど ざ ク
能 応 ホ 選 百 カ つ り 会 歓 然 家 く ハ リ カ 結 画
ぎ ホ ヱ 覧 然 育 妊 だ ラ ー レ 精 ぼ ぐ 所 テ ル 加
化 じ き 摘 弱 妊 然 ま 意 ヱ だ 目 報 ネ ズ ミ 結 祖
芸 方 応 解 歩 ゃ し 向 レ ラ 精 ク 写 愛 ヌ で 先
応 多 選 暫 ノ 覧 砂 イ ニ 加 砂 リ テ 登 金 論 芸 や
加 向 暫 ッ ト モ 突 然 で だ ホ イ ー ル 論 ょ 精 ふ
向 ふ ゃ っ ひ 覧 砂 突 然 何 だ 精 狙 登 狙 歩 海 ス 然
進 ハ ヒ カ ラ ス っ 何 だ 精 狙 登 狙 歩 海 ス 然
```

カラス
壮大
編を
等しい
少し
セクションの
歓迎を
ラッシュを
ホイール
時間
クライ
家の
ノット
ハリネズミ
更新
一目
祖先
突然
迅速
ギュッ

Puzzle 218

家賃の
日時計
食品
気候
侵略
クロコダイル
スポンジ
長さが
平和
鉛筆の
レクリエーション
パパ
近い
慎重な
買っ
交渉
椅子
、パスの
ネック
イーグル

```
の カ る 多 家 っ 買 加 出 レ 方 カ ひ ヌ 精 ひ
ス ポ ン ジ 重 賃 っ だ コ ッ ネ ふ 乏 重 妊 砂
パ ひ 場 摘 能 狙 の 筆 鉛 リ ハ だ 加 摘 多 無 ぎ
、 ゅ 侵 歩 食 応 登 投 セ エ ひ ス 砂 何 だ ゅ
ヒ 投 ハ 略 品 イ ニ て お ー チ む 解 選 ヌ せ
進 レ 阪 向 意 意 一 百 ニ シ コ 砂 狙 長 愛 側
摘 ス 平 和 故 サ グ 結 ョ 気 ぎ 報 さ 精 日
報 ぽ 多 ま パ 話 ハ ル ン 候 応 歩 が 時
ぎ 圧 加 意 っ 金 画 結 イ 京 モ 選 く お 近 計
ま ざ 歩 ん 本 ス エ っ ダ き 権 多 京 カ い 話
摘 ソ テ 側 れ ろ モ 歩 コ 精 重 む だ 出
百 話 阪 多 何 ぎ ヌ ロ 何 ソ だ ド 会 妊
交 渉 登 所 芸 本 阪 モ ク べ 慎 重 な ツ 椅
百 つ 意 海 所 権 乏 話 結 ス ト 安 投 覧 摘 子
阪 摘 多 ス 権 乏 話 結 ス ト 安 投 覧 摘 ス 百 投
```

Puzzle 219

```
故 だ 能 し ふ 方 カ ル ひ お ラ ク だ 解 ニ 砂 チ
ゃ し よ う 通 乏 ぼ ル ト ボ て 嶋 ン ク ヌ 合 ひ 然 向 ベ
再 む 多 愛 選 ハ く 話 再 暫 ボ サ 然 報 精 安 登 リ ト
お 明 き も 画 る ラ の ぼ っ 投 モ ド 阪 登 ゅ イ
合 う ら か 卵 リ 量 ド 故 ど だ 合 精 く 然 ぼ コ 育
多 場 退 に す の 夜 ホ 所 合 精 ふ さ 写 じ 十 何
摘 写 京 意 っ る な 愛 親 お 化 ス い っ 、 分 投
狙 育 ひ お 写 社 辞 レ 本 応 竜 が ゃ 開 は な せ
向 花 の 側 投 圧 能 き む せ 通 ホ 、 弱 や ど 進
ゃ 育 故 ツ 多 所 ぽ っ ホ ソ 結 貴 芸 重 ツ じ 百
ラ 然 ん ト テ レ 乏 彼 れ ぼ ひ ヌ ス 室 囚 で 本
コ ア ク シ ョ ン レ 乏 女 ぽ 応 ス ス じ ざ ト 開
ぼ 摩 、 私 ひ 百 ビ ソ 論 辞 投 覧 室 囚 じ ヱ く
ひ 耗 緑 べ 嶋 ソ 論 辞 投 覧 室 囚 じ ヱ く ざ 開
```

トンボ
量の
明らかにする
夜の
彼女
テレビ
、十分な
しよう
摩耗
竜が
ボトル
、緑
親愛なる
アクション
もらう
してくださいは、
卵の
花の
貴重
サイト

Puzzle 220

について
保存
目に見える
野球
制御を
精神
ソリューションを
メンバーの
埃っぽい
ハリケーンが
した後
証拠は
チャレンジ
ドッグ
靴下
農家
人は
バスケット
サイリング
夜明けの

```
ト 所 く ト 所 ハ る 保 レ レ ハ ふ ニ っ ル
ひ っ 出 人 は 砂 リ 存 ヌ 画 靴 サ 砂 狙 暫 レ
レ ょ ど 重 安 選 ケ 写 べ 下 イ 砂 ノ 退 ク ノ
チ レ 人 の ジ ひ 方 ー ざ 精 読 リ 場 場 ヌ コ
投 ヱ れ の ス 妊 ツ ざ ン せ ん ン 安 応 き 場
ソ リ ュ ー シ ョ ン を 報 制 だ グ 証 精 投 ス
夜 ト 応 バ や 埃 ひ 登 べ 妊 が ふ 拠 投 拠 だ
ハ 明 愛 ン だ っ ぼ ひ 囚 ホ バ 乏 乏 登 登
チ ェ け メ の ぎ ゅ 画 読 ド ス 精 ぎ る
ド 覧 百 の 意 ろ ひ 社 再 ッ ケ 神 百
で じ 通 農 家 ひ お ぎ ド 合 ぐ 育
進 ツ ろ に つ い 目 加 京 後 話 む 化
ま も こ れ 場 ヱ に 見 え っ ソ ヒ エ ひ
コ 加 室 応 方 重 加 妊 退 京 合 ソ 所
阪 ヱ 野 球 応 方 ん 能 ゅ 狙 ス ト 所 エ モ
```

Puzzle 221

キャップ金コ登ゅ画側つ出モひラエつ
画歩所妊投ーんだ砂ふもチスよ場だ嶋
論ひ乏ひぽトま愛ノベ画故ヱこ愛無金
乏れ重結ホベ暫ドどひ増加ランプヌ応
ゃ狙チも開囚ぽ急弱写再囚だ加社進だ
ニチェ戻り無つ応写速に解ラ故じどヌ
ラェリ安意つ応敗失解ぎ芸じゃぐヌク
ツリ辞一方結嶋報む登ソ能阪加るプ会
加ひモツろス画ソ能阪加モ安私レル室
スケートをもむゃヒむモ意まざ弱ー弱
ホハせヒ音行わコせモ意まざ弱ー弱ト
エー年エ発ぎ合愛嶋読幸せな逮捕トだ
社ドだ間スル辞で応エニ多ぐカスタム
会砂選故場で向ろつラぼ画場育暫権ヒ

チェリー
女の子は、
幸せな
年間
ハード
キャップ
ランプ
コートを
発音を
プレート
スケートを
に失敗
カスタム
戻り
増加
ひよこ
逮捕
行わ
、急速に
社会

Puzzle 222

全員の
フィールドの
午後
マイグレーション・
使用は
家族
おじいちゃんの
余りが
シェル
ワーキング
適切な
悲惨さを
タスクの
足が
アクティブな
誕生日
絶対
実行
、シカ
経験

マょクぎエヌヌ、シカ絶テ阪ゅむつト
選イアクティブな読論対ツゃむ多覧覧
ぼ場グンキーワ京投芸室多スス安暫で
ゃ合くレス室使意通全トん話京室ひ
足つひゃー重用出妊員て妊多砂囚じ投
まが実行愛シはし方の乏きカょ所ひ結
投きひ通だスョルおん選ヌ本ソまク
午ま読多っや弱ンぼゃだっぎ加ホ金で
写後っテ家誕生日・ち側べ意解阪ス意
会京開故族覧ヌ話画いク報本辞狙むひ
ベ海多弱退リ室無コじぽ側悲惨を京出
ツ弱社だ報シ会ヌ乏お弱通しチ覧摘弱
結論結芸乏ェつおおハっ適切な応結狙
モお経験トルれひ金向適切な報結おス
金タスクのドルーィフヌ余りが報結お

Puzzle 223

```
サ 社 場 覧 っ 囚 セ 勧 誘 を ざ ど ク ぼ 弱 し 場
ぎ ょ 意 き 権 て ぎ 写 レ 挿 生 ま れ 患 者 だ や
ニ 画 せ 方 登 社 辞 ニ 入 選 を 進 ニ ゅ 複 百 報
開 き っ サ 弱 ホ 辞 ろ 所 加 超 歩 な 方 雑 論 百
ニ だ ク 通 退 ど 阪 ひ 登 送 ぎ べ ス え 技 ろ 乏
社 ス 化 場 て 向 金 っ っ ハ ぼ ス て 術 で む 論
ぎ だ ょ ニ 画 ぎ 方 結 ニ 論 ー 向 ノ 摘 精 芸 ろ
開 画 ぼ ょ 登 ゃ だ 果 ゃ ル ト キ テ で 妊 む
む 海 ク ハ 登 ゃ だ 果 ゃ ル ト キ テ 妊 社 リ
覧 故 ラ イ オ ン の 囚 無 室 投 ラ じ 囚 芸 社 ろ
応 れ 狙 ク 妊 話 だ 妊 意 育 せ ス ト ラ 論 り ろ
圧 週 所 所 ス 開 お 金 通 朝 食 ヒ 出 阪 歩 じ
ょ 末 ヒ テ 然 敬 エ ぐ 百 ハ 俳 優 べ コ 社 ろ
社 は 作 成 弱 セ 遠 ひ 方 出 阪 退 ぼ ふ 故 会 所
解 、 愛 嶋 む 再 ゃ 然 精 退 チ ふ れ 会 所 育
```

ライオンの
敬遠
患者
朝食
チョコレート
技術
結果
勧誘を
作成
挿入し
複雑な
スクラブ
故郷
送っ
テキスト
を超えて
バナナ
生まれ
俳優
週末は、

Puzzle 224

の赤ちゃんの
法定
キャンプ
コレクト
もたらした
示した
滅びるが、
が存在
サークル
めったに
行く
洞窟
オベイ
豊かな
ベルで
ロック
シンク
ノウハウの
願いを
子羊

```
ょ 出 応 コ も た ら し た る の 論 ヌ 無 願 愛 ゅ
精 何 応 キ レ 解 室 暫 る ヒ 赤 れ 故 育 い ど
通 登 エ ャ 所 ク 子 羊 重 開 ち ス ニ モ だ き を
解 ヱ 何 ン プ 側 ッ ト 社 囚 ゃ 能 意 本 ざ べ 二
ょ ょ ま ゃ っ べ ロ 嶋 画 ん 側 ま ヒ セ る 重
ゃ ツ 読 ラ べ 退 ひ お 室 の ウ ハ ノ 育 権
向 私 囚 結 金 妊 話 だ ウ 再 ソ チ 場 解
エ 論 っ 示 滅 写 圧 ツ 論 育 お 定 多
だ 読 論 社 び ヌ ラ エ 会 洞 権 二
画 多 開 た る 百 豊 読 め た 窟 法 ハ 応
側 愛 オ オ が 乏 か 在 だ に 投 権 退 も
ニ 妊 ベ ベ 進 、 な ど 読 サ 行 シ ー サ コ
ま 精 だ イ も ど 囚 結 進 百 所 ン ク 画 ト
多 重 加 進 社 社 ヒ ツ ん ゃ ク 乏 出 ひ
場 砂 再 加 れ 故 側 囚 開 ぎ 画 ビ 意 育 ク 登
```

Puzzle 225

投ペノ愛ひしきセモ登解向ぼ妊詳リ育
意イひ消摘然妊意どこでもホだ細リっ
ニンひぐ防ぎ通百暫投弱乏暫育は金私
応ト投登安士レ圧選報読暫じヒベ、テ
てツふ場スド摘無ヘン金む意溶論ぼ所
ま登おグホ確立能場場てな融っカぐ
レストラン能立まむヱひトよりっ精辞
チャンスノキ基本ひまヱひトよりっ辞
っ合能反然合ッ芸だ無種類のモぎニ結
京論選対ぎゅ読トひ摘くゅ私クホゅ嶋
京ニ多ぎラれ結しスセセ世暫登解金ク
砂ラカツ芸ヒる辞所精妊紀ひ摘せヱニ無
ぐニレカンガルー開通トに妊退るサ向ひ
黄色圧場京むく応芸ホ、はトッミサ愛
ハ芸トせ芸ト芸何通リぎ投ざれホ愛ひ

防ぐ
詳細は、
ヘン
基本
重要な
溶融
消防士
サミットは、
ストッキング
チャンス
反対
種類の
ペイント
確立
どこでも
世紀には
レストラン
カンガルー
黄色
より

Puzzle 226

スノードロップ
ドライバ
荒野
病気
百頭の
水分を
カブトムシが
過半数の
含まれ
と言う
砂漠の
構築
ミックス
ている
の後に
奇妙な
愛する
地域
スケート
野生

精重解進ドスホ砂が百故阪ま多ぼ狙百
解ク室ひラクケ妊シ水を再金野圧生ヒ
だ嶋合むイッ応ーム分向応結読所
ラ進含サバミ圧ふモトひ安結私ト
ス写まも開荒やチ摘妊過てゅま何社
病気れス登野狙開ょざ構ど乏愛
摘レ圧重摘て室チ登数やきっカサす
社方ひ安レだ解私重会のホ本ぎる
スノードロップ地奇会登結っつい
ん開無ソて精べ域妙に化やテホて
百阪選るょ嶋本スと化っ意芸
室頭コ多ハ方本ぽ砂漠結っサぐ
読ぐの出ヌひ結芸報のリヌレ
べぐれ解場暫チ二海再所向まひ
暫ょ室京ひれ精何応百ぎカサ辞くひ

Puzzle 227

```
ろ レ せ 幸 育 、 実 際 に 能 コ 囚 ぽ ノ や っ ヱ セ
む 私 ツ 解 べ 多 ク ク 応 ひ 育 向 通 ホ 何 弱 退 で
圧 火 災 何 ぎ 選 ま く ん し フ 化 話 ど 好 起 動 暫
ク 安 だ て 無 セ ニ 向 だ ェ ン サ 応 ぼ 砂 会 意
じ リ 芸 ニ ノ の い 登 画 と 合 と 育 好 奇 砂 金
調 不 規 則 な せ ゃ 重 選 芸 自 再 愛 心 旺 暫 お
査 っ 論 ト せ 結 育 本 応 出 資 源 も 由 盛 ニ 登
海 で 画 ょ ス テ ぐ エ 狙 ノ 自 有 罪 と っ 開 写 じ
テ 写 ィ ッ ま 論 京 ク ホ 選 な っ 合 て 写 化 方 や
ド ク ら す テ カ れ ひ サ 場 ぎ 私 芸 や れ ど 無 室
そ ら ヌ 摘 つ ブ テ ィ カ ぽ ニ ぐ ハ っ 合 ヌ 芸 登
解 ヌ つ 方 、 ニ ぐ ヌ 合 や れ ど 無 室
覧 ひ
ト
```

そらす
おいしい
専門の
調査
フェンスを
不規則な
好奇心旺盛
資源
ネイティブ
有罪
となっ
しようと
幸せ
起動
、実際に
スティックは、
なっ
ベイ
火災
自由

Puzzle 228

ノート
犯罪
知ら
リラックス
ネクタイ
第十
個人は
攻撃
オープナー
科学者
環境
平野
同一
ホット
ドライブ
キャンディ
回避する
王冠の
需要を
計算

```
論 ネ オ や 意 論 ぎ 通 登 エ 科 ぎ ぐ 加 愛 側 ひ
平 ク ー ぎ で や ふ つ 環 境 学 進 私 話 ぎ 合 精
野 タ プ 妊 ド ひ ヌ る 弱 ク 者 暫 リ ラ む 社 せ
リ イ ナ 報 つ ヌ 報 芸 側 覧 ヌ ソ 応 ざ ヌ 写
っ ラ ー ざ じ 報 何 ぎ 会 ぎ 化 登 知 ぎ や
ぽ ー ざ ッ 辞 画 暫 ニ 芸 お ノ 京 ら ぽ 何
ぎ ぎ ら 側 る 王 同 一 個 人 ー ト ゅ ま 需
エ ラ 嶋 ク 冠 ぎ 辞 場 は ト 算 ッ だ 要
阪 ニ 会 ス の ぽ レ テ 計 投 第 を
登 応 会 ク ホ 重 阪 合 ふ 然 ス 十 チ
だ 囚 開 側 出 ょ ヌ だ ま ホ 投 乏 写
ヌ ょ 写 私 ヒ 報 避 す 無 ッ 嶋 べ 論
結 ラ ド 回 キ チ る く 歩 方 し お
所 合 ラ ラ ャ ャ ン ディ し 社 歩 攻 芸
も ま 金 ブ ラ ぐ 本 犯 罪 だ ク 然 室 会 方 ょ れ 撃
```

Puzzle 229

伴 ま ノ 二 愚 ヘ ッ ジ 通 穏 何 然 る 室 ト 選 ゃ
モ う 出 然 や か 覧 注 ツ や む 方 ヌ 室 ッ ま 私
ぎ ト ぼ コ 進 な ぐ 辞 か に 京 安 私 妊 歩 結 暫
赤 選 や ま 社 話 ま 能 撤 登 ド モ 退 妊 む っ く 覧
ち セ 精 場 応 だ 無 回 登 ド 二 登 応 結 て 私
ゃ ひ ー タ ス マ 阪 話 何 方 で ル 多 む 読 本 私
ん 能 ゴ ー ス ト 品 質 タ レ ン 投 選 通 応 嶋 覧 人 的
の セ ス ュ 選 レ ト 報 愛 ン 選 通 ぎ ぼ サ ん に
愛 進 エ ピ レ 摘 化 愛 ン 化 ト 応 嶋 退 第 圧 応
芸 れ ニ ン 何 側 化 応 ヒ の 初 最 六 チ ッ れ
京 ソ 私 コ お め で と う 応 む 場 所 ぐ 経 意 ル 阪 本 へ れ
退 応 モ ヌ 方 通 む 二 場 ト だ ま 路 二 選 ソ ぎ
ソ サ 開 重 論 ふ 化 場 報 砂 摘 ぽ 愛 無 リ ア セ
選 多 然 れ 再 報 然 報 登 ひ 阪 ぽ っ ニ カ ド 結
レ 選 阪 画 通 権 芸 登 ひ 阪 ぽ っ ニ カ ド セ 結

マスター
品質
ゴースト
選ぶ
伴う
ヘッジ
第六
タレント
赤ちゃんの
個人的に
注ぐ
おめでとう
の経路
穏やかに
ヘア
コンピュータ
撤回
トップ
愚かな
最初の

Puzzle 230

後で
動機の
バルーン
劇場は
実証
メジャー
連絡先
心臓
告白を
役員の
習慣
ほとんど
一般的な
カワウソ
貴族の
購入
スペース
ウエスタン
全体
は決して

ト レ 出 ト メ 妊 加 二 ヌ ぽ だ ざ 芸 能 だ 多 バ
一 般 的 な ジ る 辞 然 所 話 重 後 結 妊 何 ル ン
む だ 狙 退 ャ 育 コ 愛 出 故 カ ぼ 再 百 多 タ
せ ぼ ハ 場 ー じ エ ろ 向 登 ト ハ し ッ ろ 私 ス エ
二 加 歩 カ て ハ 場 能 む 嶋 エ 百 だ む ウ
嶋 購 入 ト で く ま 二 読 再 だ だ ぎ 貴 ヱ
連 絡 先 愛 乏 ん ざ 摘 覧 モ 場 権 チ 族 ぎ
チ ハ ょ ソ 所 せ 社 ル 方 京 弱 側 写 せ の ん 無
ル 海 登 動 ど 心 臓 ホ 劇 写 話 写 ト の 再 所
せ カ 精 機 阪 ふ 全 会 社 っ 阪 告 白 カ 安 モ ラ
ぎ ワ 摘 の ト サ 体 し 場 決 役 を 精 や
ス ウ 応 で サ 化 ほ と ん ど 習 摘 本 員 の 安 育
ペ ソ 化 通 っ ぼ 投 ま 安 慣 室 報 で ク 圧 お
ー 無 実 ぼ 何 場 百 ひ 辞 安 コ 結 育 安 退 て
ス 応 芸 証 摘 ふ 何 百 辞 安 通 場 ヌ 退 や

Puzzle 231

重ヌニ世所場開精つデコれろ読囚百化然
べ再応界く結むおモィミむ摘ま無所知ょ
道ッ室室の連続観スカッ画応論投会だ恵
室を海出ボだ察巧カメヒ阪砂だニ出結だ
阪るろ百暫ン観妙ッシ圧海砂ノ向妊重論
多ト加社応ー画なシント能やリだうだプの
ル社嶋権まパ化進ョト能海栄問う素ッ重マ
芸阪むモ故何砂し暫ンセ栄能しだァ解海
タイトル必要がありますホ重能ひ重暫安狙
せ化話つ百ヌ精報セ能モソひ重だぐまセ
ヒ所写トクにリ場妊海岸チ金ルだ安通
無保登安弱む圧多無ニ砂ヒ京る再狙まセ
権ち増まクろしど場圧ル進ツ方氷ざ何側投
殖すラんぎ開ど歩ぐク京の多エ側投セ

世界
巧妙な
観察し
道を
タイトル
問う
の連続した
保ちます
栄養素
ディスカッション
パターン
ズボン
マップの
氷の
海岸
必要があります
コミットメント
知恵
結論の
増殖

Puzzle 232

医学
ハイライト
、風の
砂の城は、
国際
生物学
スケジュール
それぞれ
デリケートな
システム
モック
、投資
面白い
遠い
検査
中程度の
離れ
動物、
水牛の
サル

阪向スでツ阪てもや圧ヌハイライト歩
応っひ解化れ登所ょ応阪再砂海チせ無妊解
シゃ応ゅ動ゅ京写退覧ノクの度中だょチ
スる圧学物生何方つ、ろ側城どサルスょ
テきク医、重てクモ場投チはテルょコエだ
ムンルル読れハス弱、ッ資、ツ歩エテだ
デリケートな合トエのベっじ解意ヌだ覧
退出エ京ュ暫ス故通多読ょ摘ムニむ
暫ん百進面ジケ退砂嶋ハクぎ社査っ
クク安覧応白化故スぽ読写ぐ進育論
それぞれいスケス加向本だや離検っ
だヒテ狙っ妊レ暫ノ水し論安れ論
だモ百阪妊開国ノもぽエ化牛のぎ私る
てむ狙チチつ摘際ノッス意るぎの私

Puzzle 233

ド し に 危 険 な モ ホ む リ 賢 る ニ 何 論 合 進
画 も 方 投 テ ひ モ ゅ ニ て ホ 明 ょ 会 開 本 開
ス 砂 弱 ど 応 読 化 辞 方 嶋 応 撮 ま な ス ぎ 狙
ひ 登 サ 結 ト 圧 摘 ひ 摘 ホ 囚 影 摘 ざ 提 歩 ひ
ニ 能 芸 ベ ソ で ひ 摘 洪 水 会 供 た ド ぽ ヘ ク
論 っ も 、 ッ 海 育 し 動 唐 だ ヘ も 進 い ビ ク
ク だ ひ っ 向 ド テ 故 辛 圧 暫 進 ビ 合 と ク エ
ル 育 乏 話 歩 ー き 動 辛 圧 海 嶋 エ 金 考 砂 で
場 ょ 重 ス ン ェ フ 摘 で 子 出 海 セ え で 応 ひ
応 ひ 力 権 キ シ 圧 ぽ ょ を 開 き ひ て で 妊 ド
室 ょ 本 報 ゃ ぽ 乏 覧 故 サ の じ 心 合 を 貧 社
ょ ト ル 報 ゃ ぽ 乏 覧 画 ク 乗 り 応 再 ひ お
ハ 金 海 っ ク ぽ ホ も お ジ ラ 覧 や 能 ひ ひ 精 お
ソ ぎ 意 つ 登 金 安 写 論 ラ 画 い せ 嶋 コ 育 再
画 お 精 リ ひ エ ン ド ウ ト せ 思 嶋 コ 育 だ 再

動きの
に危険な
チキン
も、
思いやりの
シェード
たいと考えてい
エンドウ
フェンス
重力
クジラ
賢明な
提供
洪水
唐辛子を
撮影
ベッドの
乗り心地を
ヘビ
貧しい

Puzzle 234

輸送
グラフ
レポートは、
ノック
クーペ
を越え
持っていた
ケージ
何も
鍬を
機能は、
と呼ばれる
バイクの
驚異的な
予想
手続きの
バッタの
何か
せっけん
デューティ

予 想 狙 ゃ 持 摘 ソ ゃ ぎ レ や ろ 多 ノ し お ぼ
摘 方 ツ ん け っ せ 砂 場 ポ ひ 室 論 っ 応 デ 歩 加
バ ッ タ の ド 化 て だ ペ ー ク 手 続 き の ュ ー 応
グ る 退 ク ッ ノ 写 い テ ト ホ 辞 べ 私 登 ー テ テ
乏 ラ 海 イ 覧 ヌ 会 側 た は ク も ぎ 進 京 ィ ィ 砂
結 摘 京 フ バ ヒ ひ 圧 乏 っ 、 ろ も む 応 ょ ぎ
加 京 る 加 乏 覧 海 権 出 れ ぎ じ 会 社 ひ 結 再
ょ と 乏 乏 場 読 驚 異 的 な ル だ を 所 通 コ だ
ゅ 呼 ゃ ド 選 機 百 ゅ 読 鍬 を 越 圧 海 本
権 ば ゃ ド 開 能 ク ニ テ 精 読 合 え 育 写 合 育
意 れ る 精 ふ れ は サ 歩 ス 方 や だ 送 故
故 二 弱 向 っ む ケ ー ジ ろ 狙 ぽ 権 輸 ヌ 能 精
通 会 権 選 再 も ホ ろ ル ル 加 海 金 ぐ や 京 ツ
ぐ っ ク ょ 通 も 芸 阪 カ ニ ク 読 再 合 だ ょ ひ

Puzzle 235

```
ブ む 出 嶋 精 結 き む ひ レ 通 セ ル 尊 重 吸 品
む ル る 論 ろ ニ ス テ ー ト メ ン ト じ 百 血 揃
ド ひ ー 安 京 し ノ ヒ 能 だ 阪 汚 ド 無 鬼 え
本 弱 ぼ 暫 じ 辞 だ 百 権 妊 せ れ 権 ゃ 海 ぎ
ニ 摘 辞 辞 向 育 乏 ソ じ ひ を れ レ ベ ン 再
論 報 ヌ 辞 育 む 私 愛 愛 育 べ 育 ホ 辞 レ 意
ぐ 海 ま ひ 社 方 芸 故 故 距 ク ニ 投 エ 登 見
側 読 ト 結 く ま エ 故 不 離 い ひ 解 妊 ク の
タ マ ネ ギ は 、 独 立 不 可 育 ト 百 ヌ ス お
ツ 退 ク 無 報 ま ツ 進 可 視 育 ひ ヌ ベ 本 二
ぎ 暫 ひ ぼ チ ト 突 風 視 解 百 ト ス コ 開 日
れ ノ チ 圧 試 行 ぽ 百 の っ 覧 私 金 で 砂 曜
ソ 砂 阪 れ じ 嶋 投 化 選 用 嶋 ニ 囚 場 進 お
辞 化 ラ ニ 能 ぼ 天 ひ て 語 投 育 向 場 セ 通
っ 加 テ だ ざ ま ま 気 つ 集 読 芸 圧 ゅ ひ ノ で
```

突風
パフィン
速い
用語集
試行
不可視の
タマネギは、
雪の
吸血鬼
クレス
汚れを
天気
尊重
距離
ブルー
意見の
ステートメント
品揃え
日曜日
独立

Puzzle 236

削除
結婚
スペル
おなじみ
、グレー
カバ
フリッパー
テープ
ラクダ
発言
奪う
叫んだ
態度
自転車の
法の
治世を
答えは
ディスターブを
除い
申し訳ありません

```
サ 能 ヌ 写 む 歩 プ ク レ る ツ 奪 場 む ソ 歩 ル
カ 削 フ リ ッ パ ー 再 解 安 っ う 画 く も 発 言
バ 除 辞 私 ク ぎ テ ふ 歩 や 暫 ひ 阪 エ 通 べ っ
向 モ ト 故 登 何 権 や セ 話 自 会 ニ ツ ま 京 チ
お な じ み べ 通 ソ ま ま 読 能 転 治 モ を 応 多
暫 画 読 で ぼ む ッ ニ 精 ま 申 所 車 世 通 ス ク
弱 読 ラ ど む ス れ ま ヌ し ス ホ の ス 金 ペ ル
ク ゅ 室 登 安 く 重 っ ぐ 訳 叫 き 選 ペ 乏 を 論
重 エ 論 ホ 投 る 室 意 あ ん ん 社 や タ 嶋 ブ ん
写 答 態 度 じ コ だ ぐ 私 ラ て 海 き ヌ グ ル 結
場 せ え じ は 砂 愛 室 ま ク だ 退 ょ ひ レ ー 婚
辞 選 じ 辞 ヱ 弱 乏 会 ヌ せ 阪 応 ノ 京 タ ひ 京
育 カ 辞 ベ 話 退 合 ゃ ん で 所 ソ 登 京 ス 能
ハ 会 側 べ 報 ヱ レ 合 報 て だ い カ 結 セ デ 然
場 室 ま ぎ 報 ヱ レ 合 報 て だ い カ 結 セ デ ニ
```

Puzzle 237

ヌ カ 重 リ ょ だ モ 精 投 私 お れ サ 弱 ニ ひ 無 歩 セ 多 チ ひ
ニ ッ ス ラ っ 能 れ 意 読 む 阪 ノ テ 加 通 圧 金 再 狙 レ ろ ヱ 進
乏 プ 安 ラ バ 手 配 向 本 私 ヌ ど 狙 精 キ ン ス ヌ 囚 然 や 金
私 愛 ー ロ イ 廃 液 証 キャ ッ ト 砂 ど っ ま レ 通 ニ ホ や ド ベ
妊 キ 話 ラ ン 証 辞 砂 小 な 好 百 ヒ 空 ふ わ ふ わ ひ
無 出 ゲ 歩 べ 拠 辞 小 な 好 室 は サ イ ク ル の チ ョ ハ 再 会
進 乏 場 ー る 通 む さ き ヌ 空 ふ だ ソ 選 ニ し ま 権 員
れ ラ だ ト ま だ 側 好 室 、 の サ 阪 ヒ 京 っ ぼ 登 じ 暫 方 で
ヒ 芸 側 ぽ 絶 滅 進 糖 論 出 院 も 阪 化 京 解 れ っ ぼ 権 方
ふ ラ 多 ま 出 通 ひ 向 摘 病 だ 化 ル お 再 ニ ょ ぎ だ る
ラ ト リ 芸 し ゅ ス ト 囚 開 暫 ツ れ 再 ニ ょ ぎ だ る
レ 芸 削 り イ ベ ン ト 開 暫 ツ れ

Word list (Puzzle 237):

ライブラリ
証拠
廃液
ゲートは、
小さな
手配
委員会
ふわふわ
バット
削り
の好きな
カップケーキ
病院の
のサイクルの
キャットキン
イベント
絶滅
ライン
糖は
空は

Puzzle 238

Word list (Puzzle 238):

法的には
病院
ワールド
依存
割り込み
ひどい
うち
計画
吸収
欺く
美しい
シャンプー
理科の
開始
返信
馬の
感謝し
着用し
に自信
プール

ひ カ コ 百 ょ 退 法 精 退 金 ぎ カ べ む 辞 精 ひ
う 何 進 レ 私 レ 的 欺 く 開 ぽ 化 ニ 開 金 ひ 写 読
エ ち ぎ 話 進 社 に し ぎ 始 故 計 画 読 狙 登 れ 読 る
ク チ コ 進 側 ど は セ で お 通 権 暫 ニ リ 存 安 ツ 重
シャン プ ー 感 謝 し 用 着 ぎ モ 暫 ぎ モ 依 存 乏 何 重
何 無 何 意 能 加 ぎ 用 愛 覧 何 再 写 れ 歩 会
ざ も 合 ツ や ヌ ょ 着 ぼ 画 サ 本 コ ょ 阪 狙
だ 再 じ ひ い ワ 病 ょ 会 退 こ 二 退 社 ま
ス 覧 お っ 乏 む 加 一 室 院 ハ 返 故 に ょ ひ サ ん
美 し い 摘 私 側 話 百 圧 ヲ ざ 信 自 辞 し ぎ 圧 進
無 論 乏 社 登 コ ひ 割 だ ー ド ヌ 化 ま ク 応 進 む
ス 弱 っ 投 ヌ 海 込 理 科 の ノ 乏 砂 退 妊 故 登 ソ
通 退 金 所 私 方 だ 無 狙 方 ぼ 歩 育 画 も モ エ ソ

Puzzle 239

暫 ふ ド 圧 重 報 ヒ ど 場 エ ぐ レ 多 嶋 愛 ぼ 囚
じ 無 ノ ラ だ ゃ 私 合 側 む 暫 べ ざ ゃ 本 だ 開 ヌ 解
芸 ぐ し べ 精 ト 場 話 ソ ク リ 方 子 供 た ち は 私 せ 無 で
ク ノ ツ 精 モ ラ 愛 個 別 ニ 会 や ろ ひ 登 親 愛 な る 故
ゃ 暴 力 ぽ 加 ブ レ ン ド ニ ベ 二 ろ ぎ 育 進 ひ 京 加 百
化 力 っ ぼ デ チ ソ チ 金 本 解 暫 れ ん ト 金 乏 弱 応
方 ま 画 暫 鳥 社 の ス 出 暫 相 互 作 用 何 砂 だ ま 妊
結 く 妊 ひ 覧 ヌ 加 タ ッ ペ ー カ ス 砂 故 論 余 り が
せ 退 埃 て っ 持 ト ッ ペ ー カ ス 相 互 作 用 妊 歩 所
私 歯 側 結 意 重 ぽ 二 何 、 ぎ ブ ツ を 写 化 れ サ 百
歯 磨 結 論 京 ト 本 い な は で ツ を 写 海 る 論 辞 ス 話 圧 出 愛
磨 き 粉 スツール モ ゅ び 無 叫 写 海 る 論 辞 ス 話 圧
き 論 京 ト 本 モ ゅ び 無 辞 叫 モ る 論 辞 ス 話
粉 スツール モ ゅ び 無 写 海 る 論 辞 ス 話 圧 出 愛
の ん だ ボ ふ 嶋 辞 叫 モ る 論 辞 ス 話 圧 出 愛

ボート
暴力
持って
カーペット
個別の
海を
スツール
子供たちは
ブレンド
相互作用
だけで
ではない
歯磨き粉の
叫びは、
鳥の
親愛なる
埃っぽい
シェル
余りが
ディスターブを

Puzzle 240

演奏
オープン
売り手
雄鶏の
まだ
期待
ビジョン
ウェイク
雑誌の
お菓子を
フラグメント
ワイン
エクスプレス
発音を
全員の
複雑な
専門の
カワウソ
道を
バイクの

フラグメント ぐ る 意 能 精 道 全 故 ま 囚 リ
ト ニ 狙 ヌ だ ヌ ゅ 通 れ ょ ひ を 員 投 私 雄 れ ん ぐ
開 く ひ ス だ 写 カ モ ル ヱ セ 子 の 鶏 所 覧 ま レ ん 意
会 多 退 ざ ト 砂 側 二 故 ソ ッ 囚 菓 門 専 報 阪 じ で 暫 辞 く
進 れ っ し ノ 発 ゅ ツ ー 場 ス ク エ カ お 加 る ス 会 ひ ク
ハ 妊 ド 覧 の を ビ 応 向 ジ ン ワ イ ン ワ む ラ 圧 室 ク 乏
バイク 雑 誌 の ビ 応 向 重 ぎ 愛 て 精 ニ ツ む お 論 ソ 辞 じ 応 故
チ や 育 ひ ょ 重 ぎ ょ ン 複 雑 な れ も 重 側 ノ 覧 圧 結 百
弱 ひ ょ 重 囚 力 演 狙 開 ん な れ 重 側 ク 報 覧 無 通 ツ 覧
登 囚 力 場 京 奏 売 り 手 複 雑 側 ク ノ 論 側 ぎ 出 乏 期 ド
登 方 場 京 奏 多 ヌ ト ノ じ 阪 報 覧 ぎ 進 も 阪 育
ウェイク 多 ヌ ト ノ じ 阪 報 覧 ぎ 進 も 阪 育

Puzzle 241

```
だ話報重ピトょき囚砂ヌきまカーっ京
ハ化スヌーバ結ぼひん愛ツ画画般野じ
私ドヱきマス室のゃハクリーン的生家
金百ドひンケそプヱチン無ドホなテ具
ざ民主的なッらロるょもマル阪も話へ
ス暫狙ろもトすセツてっ人一中央阪の
ん卜能社方向何ス弱側合間ワド工だて
せふリひ京再化の工百でだ精ク歩ふべ
んツ合ッ論嶋化ょでひ安ぽら室狙す
るざ意囚プヌひ結ん安京乏ノ妊然、
みせヱトっ画レ化くだっぽ所せ工辞
べな選べス囚卜話京社無卜方進ょ合ホゅ
本暫さ海っ開悲しいリ会弱チセ二読ゅき
ハぎょんょ本リク場く本だ重百んハき
ス論海投つス再弱卜ふク登観点レター
```

みなさん
クリーン
悲しい
レター
人間
への
ハンマー
のプロセスの
、すべての
ストリップ
家具
民主的な
中央
ピーマン
観点
バスケット
野生
そらす
一般的な
ワールド

Puzzle 242

きれいを
調べる
ルール
スポーツは、
アイ
ネットワーク
、公共
のウェット
忙しい
部分の
緩い
論文の
屋外で
呼吸
緑、
支配的な
カスタム
豊かな
奇妙な
遠い

```
ぽょ狙し側屋歩社豊京辞何ルれ方乏、
遠いスラ暫外安っかむ、はツーポスひ公共
報ぼカゅ二でだ話なぐコ本本もルひで育ヌ
本阪スラ緩登然きアリコ退ニヌ通ゅだ所多
摘覧タをいれ無安イネッサ本京忙多場登
し育ムスひ安きて読ッリむチしひ緑百吸
所カる愛登ぽト出芸ットリ百嶋い、話ホ
覧解進だ報応ヌだ報芸レワ嶋一方選化る
室カ解結再スだ砂選ぎぼ弱写方化呼嶋
通応百れろ奇む摘報選ど弱退海話ハき
論社方リ芸選妙な阪的退ホ重調愛調べ
文阪何だくおゃ社配通クふ育私投る
の分部本ゅ登通まス通きぼ合私側き
れ圧側ひのウェットト阪てぼ解ひカ側るハ
ルチ応ホれトぼ開場じ能解ひカ
```

Puzzle 243

```
テ 狙 囚 安 キ 横 歯 磨 き 粉 多 カ カ 嶋 無 ル マ
ニ ク モ ヱ ュ 覧 に 所 退 乏 応 化 投 会 愛 ス ー
コ 圧 や 通 ー 誰 だ 応 出 投 会 京 金 ニ 場 ぎ カ
ポ 辞 多 場 ッ ピ か 女 出 会 ざ ニ 場 覧 ざ ク ー
ー ク 化 摘 ド ル の 王 ム ー ン 歩 選 モ 血 液 ソ
タ 結 ふ 海 画 ィ マ も 育 室 べ 選 社 摘 レ 金 応
ブ 砂 結 ゃ 画 ツ カ 重 通 育 チ 能 場 砂 ピ ス ヌ
ル セ 辞 ゃ 画 ウ カ ま る ぽ 別 場 砂 ャ レ 多 故
多 故 つ つ 砂 海 ま 識 別 通 育 ク 先 ア じ ヒ 退
ん ぽ だ 冷 た い や 狙 る ぽ 別 チ 会 の サ ヒ ニ
む ヒ 冷 ノ や 報 ま 識 る ぽ 識 場 砂 ピ じ 何 や
る 進 ノ や 狙 地 域 カ 登 る す チ ャ レ り 報 む
退 報 歩 地 域 カ 登 モ ホ ツ る カ 弱 ん 結 読 写
シ ー ズ ン モ ト る 海 話 弱 ん 画 弱 育 ト 論 開
ま ト る 海 話 弱 ん 画 弱 育 ト 論 つ ぐ 開 や っ
```

先のとがった
スタッフ
女王の
シーズン
誰かの
マーカー
ピル
識別する
アリ
血液
ポータブル
マグ
キューピッド
冷たい
歯磨き粉
ウィグルの
ムーン
横に振りました
地域
モック

Puzzle 244

ゴール
信号
今日の
明確な
ガソリン
調査の
誤差
シャワー
のような
アクティビティの
トウモロコシの
休憩
ダイビング
てしまった
ミトン
ファーム
した後
技術
ほとんど
カバ

```
じ も フ ァ リ じ 解 無 通 ヌ 権 読 所 っ 解 結 退
話 だ ァ ク 応 ノ 暫 ぽ て 京 れ だ 嶋 だ 写 ル ラ
故 論 ー ティ 休 ざ ノ ク っ ひ 摘 だ 結 ひ ゅ 乏 無
権 ク ム ィ 憩 明 海 だ ぽ 解 む べ 囚 べ 重 サ モ
ニ 狙 故 ビ ろ 確 辞 し だ 重 化 阪 投 報 囚 よ の
テ 場 テ テ ま な ガ ソ リ ン 解 ク ま 京 登 う な
話 投 ホ ィ 意 今 カ バ 投 ト ウ ん 本 や 精 れ や
じ て れ の 査 調 摘 方 テ 砂 モ る ふ 芸 ラ や 百
て ス し 通 出 日 論 ぽ 投 グ ロ お 私 ラ 意 出 出
誤 差 れ ま 妊 選 囚 暫 砂 ト コ ド の 所 登 退 ゃ
報 安 サ 歩 む っ 狙 ミ っ サ シ イ 登 故 ま 開 や
弱 サ ょ つ 後 も ヌ し ゃ ワ ル ー ダ ひ 側 報 所
選 だ 技 術 海 だ ま 精 狙 場 ー ゴ ぽ ま 進 ぽ ん
摘 海 術 海 だ ま 精 狙 場 ク ゴ ぽ ん 側 進
ほ と ん ど 信 号 結 ろ ク ゴ ぽ ん 進 側 報 開 所
```

Puzzle 245

```
ょ ヒ 読 じ 写 エ 無 分 じ 論 開 ヌ レ 何 だ 彼 精
百 芸 み ド ト し ル 子 ホ れ ホ ポ イ ょ 狙 女 危
ト む 取 囚 も ハ 場 の じ 囚 ニ ー ー 狙 ウ カ 海
妊 記 り ぎ 芸 ス 歩 レ 故 安 暫 退 通 側 登 論 京
ま 念 応 場 っ 本 ぐ 狙 ポ せ 側 芸 契 投 合 歩 阪
ル 圧 場 明 ら か に ク る 写 ど ー ト 約 場 囚 故
阪 退 応 チ 化 ニ 精 オ ホ プ 百 応 ビ 多 嶋 開 じ
写 ぎ ざ ス ド 場 本 モ ニ シ ョ 百 囚 医 ニ 海 だ
百 ふ ス ッ の い ず れ か 阪 だ ソ 実 私 科 友 ょ
愛 ノ の い 場 本 ず 読 ソ 方 愛 ざ 行 歯 ヒ 人 だ
ノ ま 通 サ イ ト 読 も 権 安 報 ニ ヌ 向 暫 ろ が
ニ ぼ サ 弱 辞 も 権 化 き 妊 会 エ ぐ っ 歩 ド ん
ぼ 所 や セ ホ 歩 き チ 私 エ ぐ っ だ 覧 側 登 ょ
```

歯科医は
オプション
分子の
相手
明らかに
カウボーイ
危機
歩行
記念
同じ
のいずれか
ベビー
契約
実行に
読み取り
レポート
友人が
サイト
彼女
レポートは、

Puzzle 246

クリスマスの
目が覚めた
ボード
送信
正式に
民俗
鋭い
支援
視力
バンを
ポケット
ピン
ミラー
障害
盗ん
愛情の
量の
何か
答えは
計画

```
る 安 ト だ 暫 摘 精 ま 故 だ で ヒ 海 民 俗 ラ 権
計 覧 報 つ リ ぼ 開 ヌ 写 ボ ー ミ ひ 社 覧 ぎ
画 ゃ 育 場 エ 百 ぽ も 育 ー ド ラ 進 ド く 辞 解
ク リ ス マ ス の 送 ふ 結 で ひ ー ざ ニ サ 精
カ か せ 話 何 暫 信 結 む 登 加 安 や ニ ソ く 多
ピ ん ま 妊 二 進 ふ ク 話 お 育 故 っ ょ っ ょ 合
何 か ふ ん 弱 べ 芸 読 ポ 愛 ゅ 百 や 本 乏
何 故 力 読 覧 っ 方 解 通 ぽ 室 情 の 圧 ヌ
れ ざ 重 ん リ 芸 読 ス ひ 多 圧 砂 量 む ド っ
出 登 さ れ 登 権 乏 画 登 阪 カ 再 選 通 然 阪
ト 金 弱 合 乏 鋭 支 ヌ 私 サ む 意 摘
育 ツ ひ 画 鋭 障 正 バ ャ 視 ク 力 暫 室 論
ノ 方 投 ニ い 害 式 援 ン を だ ゃ ひ く
所 本 ん テ ク 囚 海 に 場 お 目 ト じ 応
安 ふ 弱 盗 ん レ 投 に 目 が 覚 め た は 暫 応
```

Puzzle 247

再 砂 京 て 百 嶋 だ 、 場 選 安 レ 場 話 ト つ 私
向 ホ る っ 何 っ パ 意 の ほ か 化 意 能 解 せ 囚
与 ニ む カ 育 だ ス の ぐ ど 登 ひ ホ ひ 検 ひ 山
ろ え 進 芸 加 だ の 写 ま カ 登 つ 、 登 索 、 や
意 む 精 本 ぎ む テ 向 カ ト ぎ 選 ホ 検 が や 登
も 室 れ 砂 つ く 種 結 の ノ 化 方 ニ 場 権 本
室 故 ト ニ 任 ラ 類 弱 金 サ べ じ 弱 ぼ ソ 嶋 っ
嶋 ひ 責 海 あ イ お ノ 迅 ン 重 ト き ノ ニ 然
じ 再 だ ツ だ ク ろ 金 速 グ ラ レ ト カ 金 べ
合 エ 愛 コ 何 ト 近 賢 金 ラ ス ヌ コ ッ ト 画 だ
写 二 出 愛 コ サ 進 明 ろ ス 論 、 ッ ん 金 百 合
両 方 の 乏 社 ヌ ニ な な 全 化 重 選 ひ 百 退
本 写 ゃ 社 患 で ょ む も 化 通 会 圧 応
ノ 百 進 化 者 き ト の の 知 れ れ 私
芸 れ 覧 だ つ 場 辞 ラ 解 の 歩 ん 場 れ 私 応 退

Word list:

コストの
のほか
フライ
ものの
、山
サングラス
両方の
通知
カット
きちんと
検索が
責任ある
与えられた
、完全な
迅速
、パスの
近い
患者
種類の
賢明な

Puzzle 248

京 む ん ド 重 て 乏 ノ チ 解 何 っ 金 も ヒ ぎ 出
化 ぎ 芸 場 ぎ い ざ 加 摘 暫 二 だ 権 で 登 金 然
ま 狙 退 ト 月 ざ 何 方 投 能 ん ふ ッ 側 だ っ 嶋
ビ タ ミ ン 曜 何 勇 選 ヒ に 故 ホ レ ド じ 私 完璧
じ 歩 百 解 日 ょ 敢 セ 応 静 ろ 方 解 出 完 ホ
し 投 再 話 応 権 ソ 私 故 か 化 ヌ る ヒ 能 っ
ブ ル ー ベ ル 用 ノ テ で 劇 し 朝 妊 百 話
弱 解 阪 室 社 引 ょ る 歩 場 コ の 摘 然 愛
批 判 を 室 も 方 嶋 は ッ 応 雪 選 覧 向
ふ チ 摘 応 百 ス 趣 許 結 故 ひ 安 薬 ぎ 二 ょ
エ ク し ヱ 進 ぎ 味 し 向 も ラ 物 ッ 海 写
れ テ ニ 発 ど 選 重 趣 歩 ホ 意 ッ ょ 論 ヌ
ヱ 何 本 見 二 ル 海 味 サ 方 弱 ホ 投 向 所
語 ひ 腐 ス 応 投 狙 重 ホ も ょ 金 ぎ の
場 彙 っ や ニ ひ 辞 権 ヱ て る 化 重 、 特 定 の

Word list:

重い
許し
ブルーベル
腐っ
完璧
発見
朝の
語彙
引用
、特定の
薬物
に静かで
二回
月曜日
ビタミン
趣味
批判を
勇敢な
劇場は
雪の

Puzzle 249

辞 だ 重 ク ゅ 安 コ 金 ト 本 べ 貧 カ 砂 加 犬 多
意 暫 ひ 覧 ト 結 私 乏 ヌ ラ 場 読 細 の 量 何
ト 社 ト や 嶋 嶋 方 出 レ ニ ー し 話 読 応
ー ろ ホ 化 セ ざ む ラ 然 も 阪 解 会 尊 読 ラ
ィ べ 満 月 は 、 販 側 だ 論 ひ 方 チ ふ 加 ト
フ ざ ラ や 方 室 売 れ 平 ク モ 方 ら ゅ 投 愛
ェ モ 無 側 き 本 登 ヌ 和 も ざ な 室 ど む っ
ン 囚 て だ 暫 故 室 正 ぽ 的 主 な 権 チ 京 る
ス 投 っ 暫 べ 京 権 ま り 通 ツ 自 同 呼 読 砂
を ゃ 乏 愛 ょ 京 リ セ 読 退 向 様 ば や 本 ス
ヌ 本 愛 ル 読 ト セ 読 論 の れ 投 通 も 場 化
ド カ ー む 阪 だ 育 応 れ 進 コ く る ホ つ ざ
選 合 育 る ラ 安 モ べ モ ル 精 話 ゃ お 側 ノ 応 精
合 育 登 る 安 退 ょ ル 精 話 ゃ お 側 ノ 応 精
登 ぎ 退 べ 能 退 ょ ル 精 話 ゃ お 側 ノ 応 精

フィート
満月は、
クモ
重量
販売
細かい
平和的な
カール
正を
マネー
同様の
ベル
ベース
犬の
自主的な
投票
フェンスを
貧しい
と呼ばれる
尊重

Puzzle 250

飛行
小麦粉の
道徳的な
フィクション
フロント
北極
偉業の
延期
笑い
最良
思い出さ
アタック
何でも
ボクシング
ビュー
キリン
結果
コレクト
連絡先
欺く

ゅ ソ 所 画 サ 読 偉 フ ま っ 場 辞 つ べ れ 金 コ
延 ボ ク シ ン グ 業 ニ や 欺 ノ 道 的 徳 な レ ク
期 無 摘 進 場 合 の ィ ぎ ク ビ く ょ 多 ニ ク ト
ニ 登 本 ぽ フ ゅ 弱 の ッ ト 狙 思 百 む ョ
登 合 選 場 ロ 方 登 お シ 愛 ー い 笑 く 報 エ 囚
嶋 連 絡 先 ン ろ ヌ 育 ュ 場 ン 開 報 ラ ニ
ソ 嶋 歩 ニ ト 所 囚 タ 愛 進 リ 歩 エ 極 何
ゅ カ ヌ ゅ 私 嶋 画 ア 合 写 キ 多 ク リ せ
何 で も 最 社 ニ 意 や ラ 愛 ょ ラ 乏 暫
京 エ っ 良 結 ょ つ 芸 ひ 報 加 っ リ 応 狙 安
側 ツ ん ヱ 果 育 報 チ 圧 権 れ 出 べ ど
摘 せ 退 ス て 弱 せ 小 の 芸 カ
摘 解 無 む 進 故 も 麦 ヱ ニ 出 ふ
場 妊 金 芸 ど 私 狙 粉 ハ 芸 狙 本
ヱ ヱ 画 つ 写 ど 飛 や 嶋 報 権 べ
ヱ 画 投 話 選 化 ヌ 所 ラ 加 報 ふ カ

Puzzle 251

```
愛 カ 故 ぼ ド レ 辞 開 ょ 精 ク 海 ぐ 応 登 退 真
応 ハ リ し 覧 意 ぐ 何 だ ク お ク ろ だ ニ 暫 似
画 ノ 然 辞 合 コ 側 コ 応 だ ろ ト し 再 モ
ノ 然 辞 合 ー ン シ 登 出 ネ 阪 ろ 投 然 ド ひ
側 圧 故 だ リ ス 摘 写 ク ハ な 然 ま ふ 精 登 三
っ お ツ 圧 の 暫 睡 眠 タ り 選 意 電 角
れ コ ぐ 本 圧 料 食 べ る イ 育 おん 話 お 阪
おし ス 自 論 無 チ 場 ド ゅ じ 故 加 読 ぽ お 登
阪 通 開 動 応 ん 然 登 ぼ エ 戦 私 れっ 多 だ ア
通 論 退 車 ラ 登 重 向 セ 略 歩 ケ フィ 側
ぽ ニ 化 の 百 ニ ぼ 弱 妊 ッ ラ し 摘 解
っ カ 囚 ツ 弱 ふ 論 合 カ 精 応 ク ッ ラ イ
圧 ひ ど い ト ぐ 芸 ク 金 ー で 通 一 本 シ チ ふ
ク 嶋 モ 合 場 ひ ぼ ヱ セ に ク 乏 ダ 交 渉 ュ ス
進 ソ し ぎ ヱ ぎ ぐ 結 所 結 ろ 加 通 だ 覧 権 金
```

戦略
ダーク
シーン
レスポンスの
真似
睡眠
無料の
プッシュ
カリブー
食べる
自動車の
ライラック
ケフィア
サッカーに
かなり
三角
電話
交渉
ネクタイ
ひどい

Puzzle 252

病気の
軍事
イチゴの
布の
色の
行為の
ラジオ
損失
定義
コース
常駐を
投げ縄
製品の
もつれ
尋ね
、年齢・
鉛筆の
侵略
故郷
ライオンの

```
育 れ 軍 事 出 ド 侵 略 だ で 狙 ヌ 摘 京 セ 重 ク
鉛 筆 の ふ リ も ま 読 ゃ 方 リ っ ょ 化 つ 本 ざ
ニ ん リ 砂 再 ひ 常 モ ト ク ひ 芸 き き オ 百 化 多
れ 選 歩 画 育 ぼ 駐 ソ 場 病 の ン オ イ ラ 進
狙 チ イ チ の を ッ 気 為 ル ジ 結 ト も
読 辞 ゅ 無 ひ 弱 モ 応 の 行 辞 ラ 嶋 ぎ っ
応 画 進 コ ー ス 再 暫 せ 故 郷 ょ 狙 登 加
覧 狙 ろ ス ざ 画 、 海 報 ニ 写 尋 乏 ま 暫
ひ ツ 育 つ 金 ト 化 年 愛 定 ニ ね ぽ 写
狙 ひ 阪 退 応 る ツ 齢 投 製 ひ 義 き ト 投 通
せ ま 然 ぼ 合 辞 ・ 二 品 精 セ ど げ 読
ニ 囚 や ク ま 砂 ド 故 狙 の ふ ゃ 読 縄 損
進 ま 社 る 再 ク 摘 応 狙 布 じ ハ 進 芸 く 失
登 ゅ っ ハ 歩 れ 乏 辞 む の 通 ニ テ 化 弱 ぽ
ニ ニ 結 狙 れ っ ぎ れ む の 通 ル ょ 安
```

Puzzle 253

```
く ふ ふ ケ 精 ゃ 仕 ひ 登 ニ 透 方 画 ま 重 会 意
本 ー ガ ー バ ン ハ 事 ホ だ 明 歩 覧 れ ヒ 室 乏 で
一 般 な コ 熾 だ な の を ぽ バ レ ン タ イ ン 側 所
カ 無 狙 だ ッ リ 圧 形 含 セ も 私 む ク の ス ょ 囚
場 狙 圧 ッ ぐ 囚 無 方 進 ま ぐ 動 き ト ッ ビ 退 ヌ
解 セ コ シ 側 室 お 正 ん れ っ か し カ を 圧 写 ク
応 ソ シ を 所 し ヒ ラ っ た し れ 妊 嶋 テ セ 場 ル
っ 退 百 摘 囚 方 ラ セ か れ ヌ カ ニ ス 覧 カ 写 ス
も 向 じ ぼ 芸 っ せ 入 は ヌ 嶋 だ 辞 出 ハ テ リ 写
狙 読 テ 登 解 遅 リ 力 改 乏 だ 辞 出 会 リ ど ス
ろ リ モ 立 派 ま い 応 し 革 意 だ 通 り ぼ て 弱 精
退 ス ハ リ 応 海 京 し ホ テ モ カ れ 阪 応 室 サ チ
故 ハ 地 応 摘 重 ニ サ ポ ー ト 本 を て 応 再 れ
ク ど ぎ 理 百 っ ぎ 金 本 妊 読 む 登 ハ 再 れ
```

サポートを
仕事を
ビット
改革の
たかっ
入力は
正方形の
熾烈なの
一般な
バレンタイン
セットを
ハンバーガー
遅い
立派
地理
透明
ラッシュを
含まれ
動きの
ケージ

Puzzle 254

噴水
痛い
キス
忠実な
ドレイク
ちょっと
の影が
減らす
傷ついた
シャウト
恐れ
生きて
、過去
緩やかな
家族
めったに
基本
ている
ノック
空は

```
ド 報 カ ス せ カ て ホ ま 登 傷 シ ノ 減 ら す で
能 安 辞 場 エ ま ひ 砂 読 家 つ ャ ッ ニ 結 重 だ 再 投 む
、 過 去 ざ ヌ 能 恐 れ 囚 族 い ウ 権 ク 通 ふ 暫 む 芸
権 チ 芸 ド ど お ヱ ん 私 生 た ト 登 イ ス 再 ス 解 や
ま ヒ ド 応 安 ひ ニ 精 重 き や ざ レ 登 ふ 登 ゃ 登 私
だ 精 応 ま く ル 所 選 だ た か 場 チ ド 百 キ 私 ヱ 歩
く 能 ひ 所 歩 ひ 出 お 会 妊 ラ な ド 私 ス ニ 歩
能 意 投 ニ も ゅ 向 京 会 能 実 ャ ス る き 論
愛 ノ 方 覧 摘 ひ 育 辞 出 ヒ 忠 っ チ れ
圧 ヌ 育 し 重 ぎ 論 圧 阪 ノ 精 ト 弱 ぼ
所 多 で 投 せ カ せ 無 安 辞 通 解 精 百 っ
て 選 応 金 れ が れ ト 会 ざ 権 に 論 私
い る の 影 ク 弱 ト 空 弱 方 サ ス
ぎ 痛 ク ニ 覧 ヒ 基 会 噴 嶋 た 無 き
合 つ 向 狙 ハ 論 意 ぼ 本 登 安 水 ちょっと 加 れ
```

Puzzle 255

多失チスソソ芸砂ょし辞でエ継重モ何
く望チィテロクだ応辞ん単続ミ精乏妊
の所然妊暫クも、嶋辞重覧ズ社ドニル
こクヌ加百ヌ精ふさ所妊サネュリアス
とせき故然スモらに私選報解海くっカ
をサ合側リモニ選そ退読安退っ会無イ
っ本ニおょ写何ぼり話報安海ょに辞カ
ホ観棚安ど化ん歩む覧暫場読制ぼまの
再百察し嶋向何、故覧暫場っ意ニを乏
ト愛話べテまる巻故暫読御会をニ狙
町のハれだ囚き民っカ画コ解開っスひ
登ん故ヌガラぐ写っカモニをひ狙
リむ私論れ無所戻おりモれ再権囚
何ド話っ芸乏進ヌて出囚再ぎク画権

巻き戻し
ティーチ
本棚
。この
スイカ
、市民
失望
カナリア
継続
町の
多くのことを
テロ
拒否
そり
ガラス
単に
、さらに
ハリネズミ
制御を
観察し

Puzzle 256

無意味な
しわの
粒子
後に
ペットの
カニ
生息地
ドリンク
旅行の
確かに
あたりの
があり
波の
特定
野球
個人は
リラックス
ゴースト
それぞれ
奪う

だだ加む阪安無き覧カ結ド個っく後ホ
ぐゴス芸あ話意画出ざ開リ弱人話にか芸
登ーぐ加た故味応ニ意ン何登摘はか乏妊
ぎスハのりひなれ囚モ登ぐ覧確ハル
がトクトのの歩も何サク退ん読出出ト
ありュ重ッ野球報愛写選テ論っおリ
チる嶋ペ選ハで奪うホんテ育れドア
だレ辞選ひ生精ス登阪安旅
ヌカク応だ辞地社百チ無行
ヌニ応ぼト通ニもえ権出の
場写ざもぼ加向退んソわ
リ権安方特砂ぎ阪権解ひク安し
再モ論京定何のぞれしっ砂弱所
ノニ京二本ク波のれ金ひホ進社ク会

Puzzle 257

犯 罪 ょ 覆 乏 登 合 レ 精 応 っ 選 ハ 、 後 の そ
然 ぎ ま せ っ な ラ ヒ む ヌ 嶋 話 協 再 進 ポ 妊
弱 独 立 性 を 通 で テ 権 加 進 場 登 力 コ ー ひ
温 ス ろ ヱ ニ や だ っ 化 じ ふ レ 意 し ズ ゃ す
リ 度 縫 ニ 会 ニ ろ 向 開 だ 出 ド 能 方 ま ぼ コ
ひ 私 製 ょ 海 ゅ 信 始 覧 ひ む 阪 海 場 室 ぎ ぼ
ハ 合 も だ 摘 リ 頼 囚 二 覧 で 方 選 ざ ノ も 多
ノ ニ ル ス タ ン ド 性 チ や 囚 し 精 エ ツ だ ド
ッ ト ス だ も ぐ ー の ャ ん ろ ち も 画 ヌ モ 読
ト ベ だ 本 弱 実 ピ ノ 妊 ヒ ト ん ぽ サ 画 愛 む
む ま 本 弱 実 ピ ノ 妊 結 成 覧 ド モ 再 圧 ク せ 辞
で 出 投 コ 際 チ 結 成 功 せ ト ヒ 金 き つ も ょ
ょ 囚 テ 海 に ン ス 功 せ ト ヒ 金 る 狙 ょ タ 安
方 ト 進 ひ 愛 セ ハ ム ス タ ー る 狙 ょ タ ぽ ト
まり む 覧 ょ 妊 ぎ 本 側 写 化 解 化 ひ の ト 百

実際に
覆っ
協力します
スタンド
センチピード
もちろんの
のポーズ
温度
信頼性の
縫製
その後、
独立性を
成功
ハムスター
ノット
チャレンジ
なっ
犯罪
バッタの
開始

Puzzle 258

モ 大 ニ れ 阪 ア プ せ 意 し く 妊 応 む 合 ク ん
場 型 故 ヱ 私 ン 登 サ 選 モ キ 能 囚 ノ 進 ト ま
き ト 阪 意 側 テ ゃ ロ 進 愛 権 応 ャ ろ だ ト 金
押 ラ て ソ セ ィ だ ジ 妊 ェ 辞 着 ス 金 強 許 容
下 ッ 絶 対 や 加 ー ホ 再 チ 側 化 用 し は 写 話
っ ク 報 ど ま て 再 安 ょ 故 辞 チ ぽ ろ 何 弱 向
く ヌ 百 ト 摘 ま て 安 権 辞 じ ん ろ 何 弱 故 っ
ひ 愛 サ ー ビ ス ん ク 選 画 合 圧 画 リ 能 重 私
ク サ 意 製 妊 摘 ん ク 結 ド だ 然 能 ス ト 重 育 っ
命 ま 意 そ ト 乏 ん 重 登 っ ラ 囚 圧 乾 燥 私
を だ い っ た く ニ 弱 収 集 話 証 拠 ま ょ 合 ぎ
投 チ ュ ー リ ッ プ 囚 本 室 報 だ 合 ぎ ひ 退 化

その
アンティーク
サービス
大型トラック
命を
許容
チューリップ
たい
キャビン
押下
収集
強い
ドラム
製造
乾燥
いった
プロジェクトは
絶対
証拠
着用し

Puzzle 259

```
モ ツ 乏 ト 投 摘 重 側 ん 合 意 お 選 登 ヌ ざ 専
無 む れ ン ソ 再 だ レ 本 圧 カ ノ 出 通 門
育 ホ 私 論 化 然 安 方 プ 神 話 す ー 選 の 家
応 ん っ ボ 化 し て 百 気 芸 速 本 捕 寝 の ペ ス
ド ク タ ー ぽ 海 セ テ ン 百 所 方 進 室 レ ト 論
ベ ヌ ど 合 囚 テ 無 所 シ 減 覧 圧 も 京 愛 レ 結
学 術 的 ろ 京 阪 セ 社 少 や れ 写 投 ど 百 写 歩
通 ト 圧 京 向 育 社 セ 海 だ 権 ニ 摘 無 阪 向 投
愛 れ 海 だ 室 方 ド る 海 れ 写 登 エ ネ ル ギ 育
く 合 ま 室 無 合 じ る だ 登 ク ざ 阪 ヌ お ー ト
だ 会 ヌ セ 安 合 じ る だ 登 ク ひ 通 ま 登 辞 ル
っ ニ 登 も 合 安 じ る だ 登 狙 本 ぎ セ ツ ふ 育
ス ノ ー ド ロ ッ プ 再 阪 何 読 狙 本 ぎ セ ツ ふ
覧 ニ ひ エ ヱ 場 く ひ 読 開 狙 本 ぎ セ ツ ふ る
```

エネルギー
寝室の
ドクター
学術的
進める
専門家の
減少
怖がっ
維持する
やすさ
圧力
セクションの
花の
トンボ
精神
逮捕
病気
スノードロップ
マップの
クーペ

Puzzle 260

考案
ヘロン
靴の
効果の
躊躇
画像が
理由
魚の
フリージア
サッカー
カメラ
考える
叔母の
不安定
アイリス
参加して
貸します
生まれ
バナナ
バルーン

```
場 き サ 育 ヘ ク 嶋 や 辞 貸 化 向 や セ 進 や ス
ふ 意 ル る ロ 囚 サ 無 本 話 し 応 べ 京 開 ソ 圧
出 ソ 読 意 ン ひ つ チ 精 所 ま 摘 会 論 登 開 ろ
故 何 ニ ホ エ や チ ろ 結 社 し ヌ ル だ る き 圧
叔 選 登 合 ヒ ク 私 乏 き 登 ま 本 考 き 画 リ 投
母 化 摘 然 ひ 画 ぼ つ 選 ヒ す 登 え バ 像 ラ ょ
の 魚 カ ニ 効 話 方 嶋 覧 ハ き 重 再 ナ が ょ 海
生 ま れ 多 果 本 精 カ 躊 ど 参 能 参 リ ナ ん ア
加 サ 室 ラ の ア イ リ ス も 躊 然 摘 加 ナ く ジ
ツ 側 百 投 写 っ バ ス も 海 躇 私 嶋 し 方 カ ー
意 れ ド ゅ 歩 開 ー 靴 海 の っ 安 覧 て 重 ぎ リ
解 ぎ ハ 妊 社 れ ン の 場 も 会 応 っ 重 だ ふ フ
理 ト ヒ ス 育 ぎ バ ま 応 乏 場 安 定 サ ッ 応 方
由 会 や 読 再 ソ ル も 応 妊 考 ぽ 覧 応 カ ぎ ふ
エ 意 歩 砂 論 ル 摘 故 し 金 チ ヱ 多 重 方 ふ
```

Puzzle 261

何 化 て 私 重 場 ひ 妊 検 シ む っ 私 場 む れ ヱ
ニ 会 む 何 で れ ょ ぐ 索 ョ ニ ぽ べ て ぎ 安 本
お 能 チ じ チ 囚 だ 読 一 育 育 育 京 ん に ト 応
保 ん ス テ ブ シ 圧 写 故 ぎ 狙 重 金 後 然
重 存 ソ 報 乏 エ 海 方 ぼ 結 ク 多 加 モ の ぎ
解 ト ざ 関 係 の 重 ヒ 故 ざ 選 ヒ レ 室 マ エ
っ 暫 摘 側 意 チ 権 ス も で て ベ 意 か ノ い
輝 摘 室 囚 歩 だ 結 ス ホ 情 リ ニ 読 応 摘 除
ヒ き 室 は ニ 教 え 開 ど 報 辞 れ 応 嶋 論 む
覧 覧 ニ 海 、 看 護 師 会 登 意 ぐ ど 百 再 写 き ま
ひ 方 社 精 側 化 ラ 弱 歩 能 っ 社 て 応 ざ ょ
故 む ニ 狙 彼 の 友 人 の チ 何 解 論 場 ゃ 無
ぼ 海 無 ふ 女 達 ス ラ 弱 ま モ ぎ 応 進 話 レ
ニ ひ 歩 ふ セ は 私 ふ ス 育 辞 や 育 写
精 で 解 セ は 私 ふ ス 育 辞 や 育 進 写

モーテル
情報
ブラシ
看護師
輝きは、
ショート
彼女は
の後ろに
、ニンジン
羊の
の友人の
私達の
教え
関係の
検索
暖かい
テレビ
保存
マスター
除い

Puzzle 262

貿易
第四
空洞
関連
見つけます
ディナー
トピック
雨量
懸念
実用的な
スプレッド
アーティスト
葉を
読ん
秘書
キツネ
引き出し
ボトル
しよう
ハリケーンが

ト 応 て て 投 ノ ぎ 暫 第 ま 重 デ 無 報 セ じ 精
覧 室 だ む 歩 側 ク エ 四 れ コ ニ ィ 報 ル ル 京
化 ノ 進 れ 葉 を ヌ ぎ 場 ぽ 重 室 ナ 海 囚 き べ
ヌ 愛 関 ヌ 覧 ツ 論 せ 読 ヌ 芸 サ ー 応 エ ノ 暫
安 多 連 ク ス プ レ ッ ド ん 室 モ ス ー き ひ 引
暫 ヒ じ 無 貿 易 モ ん ぽ 暫 て 出 し ル ヱ
し 百 安 ぽ ぎ 進 ひ ぽ 暫 ふ 多 無 ア よ ひ 権 ぎ
砂 応 ひ つ 話 ド ハ リ ケ ー ン が ー ボ う 化 ニ
精 多 む ク 秘 コ 実 権 画 暫 ー ト ぽ 多
嶋 ル き ニ 書 愛 愛 用 解 ん テ ャ 空 能
通 愛 重 登 百 摘 お 的 セ ぽ ィ ツ 重 論
見 つ け ま す 海 ラ っ き な ス ト ぎ 懸 ト
覧 ん 選 解 ニ 辞 狙 妊 雨 ホ 阪 論 出 結 チ
精 ゅ 報 ぎ 摘 画 量 キ お モ コ 念 れ
ト 妊 ぎ 無 ょ ツ 暫 投 ネ だ モ 場 多 カ

Puzzle 263

```
アコ選応カしだ加ょニだ多クお囚意再
ラのーハト室をエステふ観べこ維持なルヱヱ読場応金
トやっど砂海多ープ右のニヱモ化狙て能京応ひ焼故方
急いで思必要して開べは室砂漠ヱまっ登むつキャ京ろ
ツる摘嶋弱開送っべ乏のカ登漠登むっ能結ャ応焼故海論方
ソーダヱ重愛画ゃゅど狙チて精エンろっおゃくざ能
動詞ゃ権論ゃど狙妊精ニモドっ阪ベヌ海方ひ論方
妊だノチヌ室ヒハ辞ニ阪ドル阪も妊サじ論方
くモチヌニ投くぎょ阪ドル阪も妊サじ論方
きく囚二再覧ホ精安安ラドも妊サじ論方
嶋レセ再覧ホ精安安ラドも妊サじ論方
```

必要
語っ
ソーダ
どこ
急いで
動物は
アラート
キャンドル
維持
動詞
観察
エスケープは
右の
焼く
クールな
コートを
送っ
砂漠の
火災
思いやりの

Puzzle 264

アセンブリ
泳ぐ
の鼻
乗算
歴史
一緒に
規制を
、ブロッコリー
スコア
外国
対象
スクーター
使用
スプリングは
リピート
許可
歓迎を
スケートを
ライン
削り

```
嶋スれ砂進むゅゅヱトリピートひ重場
クケ無ヱ選チ画テれ対京ク退お弱所ょ
重ー報ぼ合っ阪ベ写象ーぎ外ハ弱報ひ
砂ト意場化どセ規場ふ側芸国ハ所ざエ
何をスクーター制をひ登にぽ場報ぎせで
だ迎スで通く安をハだ故許報クじ妊
応歓泳ぐトもき選論コ弱愛可論べ阪ぐ
ス、ブロッコリー暫ア嶋だ歴阪ク社応
む安べひ会ブ再選ゃ合だ場投史ベぼ
しプリの鼻トン通意囚海投安側報選
にしコンゅれセし狙所も砂安テ画チモ
登愛退イグ登ア応ょ安じ応開無嶋ベト
方論ひラ場はチ京ホろトょク覧るサ重砂
れ会覧使用削化本権ヱ圧登じクノ
向乗算私ソりカレ本妊ヒ登向画ぎノ砂
```

Puzzle 265

```
タ ク シ ー 国 ゃ ル む 民 集 計 本 合 惑 ど 乏 ク ニ
レ 登 ラ ふ 民 辞 ホ ヱ る だ 間 論 進 ト 社 お 星 結
ま る ハ ル の ヱ 退 ヱ だ 所 む 然 場 ょ ぐ ぽ 化 読
っ ニ ひ ら 安 ト ー カ せ ど 自 芸 退 摘 モ 権 阪 コ
ょ 覧 加 会 ノ 開 応 ス ペ ル 自 会 べ 退 結 出 権 会
ひ 京 場 摘 多 む 電 狙 身 や 辞 身 退 ノ 通 囚 画 能
れ 進 妊 無 ど れ を ラ が ゃ 摘 ノ は 力 姉 場 愛 ホ
育 ニ 乏 ぎ 砂 本 マ 摘 精 百 世 紀 に 場 送 妹 ス ト
退 じ せ レ 乏 暫 歩 ぎ 側 ぼ 百 育 で 姉 住 定 ト 圧
会 室 安 符 お 然 シ む 室 覧 囚 本 結 輸 送 定 住 登
ひ っ 通 号 ソ ベ キ ぎ 砂 本 私 出 投 歩 精 私 圧 登
ス 砂 通 投 や お ト 市 ま ひ 何 カ ぐ ぎ 精 囚 ト
っ レ 向 所 廃 し ッ ぐ 場 解 ヌ 退 社 応 論 本
社 チ 反 映 液 本 ゃ ま 金 の 芸 解 ラ モ 応 再 エ
所 会 画 く 開 ク キ 登 合 退 阪 加 ド 応 再 エ 登
```

惑星
集計
国民の
スカート
電を
自身が
符号
市場の
反映
民間
姉妹
タクシー
マシン
定住
能力は
世紀には
輸送
スペル
キャットキン
廃液

Puzzle 266

壊した
トラブルの
スプーン
回復が
落ちた
ポリシー
破壊する
フォロー
エンド
ガンダー
手の
な否定的な
関連付ける
スタイル
人口
ボルト
ブロック
銀行
隣人
俳優

```
俳 ス ろ 権 化 エ 辞 ニ 能 覧 お 室 阪 む ソ 合 意
優 ソ 人 っ お ま ょ ヒ 会 退 狙 覧 室 解 話 愛 ノ
重 ロ な 否 定 的 な ニ 意 ス 能 加 カ 話 画 結 圧
論 再 報 登 私 ル ど お 退 ト ラ 画 読 乏 登
京 化 手 の 阪 海 関 ソ ノ ブ 暫 イ 圧 ニ 本
重 再 で く ハ 阪 ラ 連 ん ど ブ ル 社 ホ 摘 場
開 く チ セ 読 ん 写 っ 付 ヒ 隣 本 ボ ト 銀 行
レ 応 ト ぎ っ 嶋 ょ ひ け ル の サ ト 通 べ
き ソ ひ ぐ で 何 ク ゅ ッ の る 私 し 退 ゅ れ
回 復 が ル 覧 ざ 意 通 ク 圧 ス 芸 ぎ シ ま
だ テ ス ノ ツ 投 投 登 意 妊 壊 開 ど で リ 弱
だ 出 何 加 む 加 社 ク 安 何 破 壊 ド フ ポ 然
ク 妊 ヒ 話 壊 した ヱ ク 弱 べ ニ ォ 話 金
話 ガ ン ダ ー ち 精 通 コ ぽ ク ッ ロ 権 く
テ 無 重 ノ 精 百 落 ハ ひ チ ス 通 ー ヱ ク つ
```

Puzzle 267

でぐコだ進ふだつツも実メクやひ再向
ひもベセ歩ツ投ろテ側行再ッむて再ニエ
だヌな室チクジラレ応しクバセ故提ドヒ
退百まい圧ャ暫クれニて室ラだ一供じ
好奇心旺盛をンータッい苦しみ合ジヒ
会ょサヌヌぐスス現代うよの絹加ぽ報じ
画ま加ょんっなうよの絹加ぽ出多応京
クマは、ひま社画進ボつホ多囚画ひ百れ
ゅド進進だ強キウイイひニソ写乏側の生
弱辞二所辞打て開スドべ意たくさん応芝
べ退京暫摘まぼ狙ニリ側意愛百場ヒ応ラ
チヱ読ヌ摘開で写応ぽん悲ひ場レ社加
チ応私京開リニぎ場能無惨さ京暫摘応写
く私乏ま報ト話れトマト だだを投辞応海写
登加ぼルだヌまノ本だだを投辞応海写

トマト
苦しみ
強打
芝生の
バック
でもない
クマは、
メッセージ
キウイ
ターンを
のボイド
たくさんの
現代
実行している
絹のような
悲惨さを
チャンス
好奇心旺盛
提供
クジラ

Puzzle 268

パン
フィルム
のレコードが
保持
歯ブラシ
陽気な
消防士の
悪い
カタツムリ
準備ができて
あること
ため
可能な
外部
怒っ
、これまで
目に見える
タスクの
示した
サル

、これまでカ室カチょ本話会目テ能タ
室む所ぼ報ひ向登タ百だ悪ニにフぎスク
側スモソ室摘ゅま解ツ化いフ向サの
芸んぎ画っ通ソ重ルムチクリサムル圧覧写場
開権二画あ示した乏リまる嶋進方ひ
カ加ヒんるヌぎ室まラ故ぐん暫
解クエ側こ圧弱会加のチ読能だで
パンためとツ妊会開士ょだ部きひ
社金コ弱辞エま阪砂コ外登然っ
室おれやじ応登京消防私ードが多
やスコ出砂むだ重ひカ画ヒ陽な備
ま出阪化会れんで安画気可妊
歯ブラシテ登社精ぎ権ひ保持ニ能て
ひ怒っお無ぼくだ然故ま能ひヌ
二コひっゅク芸方リエ愛ツ能てヌ妊

ゅ 場 ト つ 海 、 し パ ラ ベ ク ッ ニ カ メ 能 は
の 連 続 し た グ 加 フ ふ ン 方 妊 ニ ー 金 ぼ 、
せ 無 写 っ ひ ラ お ツ ー ハ 然 結 の 被 害 者 読
登 ラ 芸 ド ぽ ン 圧 圧 ー マ 熱 心 理 解 ら 愛 場
海 精 ハ ク ふ ド 圧 マ ン エ な 嶋 し て ニ 投 読
ん ベ ル で ぼ ウ ス ド ン エ な ぐ 摘 お ブ ノ 海
ニ ど グ 社 ま 覧 を 妊 囚 サ で タ や ラ 所 場
ま 出 ン シ 読 辞 ざ 解 安 登 ざ ま 金 リ せ 読
ヌ 場 セ 重 合 ヲ ド 阪 せ ド 妊 ウ ハ ょ ふ ト
読 セ ひ ヌ ド ひ 砂 ハ 話 せ 安 写 ま 囚 圧 ト
サ っ ド リ ざ レ イ ノ チ 安 話 む ん だ ン テ ん 然
室 ん て つ 本 イ ん チ 金 モ 何 ト 金 加 精 だ 然
フ ィ ギ ュ ア ヴ 再 ど 圧 や ぎ ぐ ヌ ホ チ エ 然
ま 辞 京 ク 多 ン 圧 圧 む で 七 の リ や ラ ん ぎ ま

七の
は、
レイヴン
被害者
メカニック
理解して
ホスト
時の
シングル
カードの
タウント
フィギュア
、グランド
パフォーマンスを
熱心な
ランプの
ベルで
の連続した
エンドウ
ライブラリ

誰かに
ウッド
燃やしました
役割
を失う
学校の
下の
まで
物質の
が、
、パートナーの
コイン
外を
エージェント
早い
ガチョウ
面積は
太字
選んだ
ベイ

ト ト 所 芸 コ だ 面 ノ 、 コ 選 ょ も リ ノ れ ぎ
ま 意 室 早 所 モ 積 ヌ パ ょ イ 読 学 画 狙 覧 の べ
会 所 応 い リ し は ー じ 辞 写 ン 校 物 質 の 下 っ
ス せ 進 能 き ノ れ ソ ー ぎ 能 の の 砂 所 ガ チ ホ
き ト せ 暫 無 安 退 ト ナ っ や ヒ 本 開 権 チ ョ ニ
た ま 出 ス ベ イ レ 向 ー ヒ 方 ょ 砂 応 選 ョ ウ チ
し ゅ 芸 嶋 セ 芸 っ の ー だ 弱 応 社 ざ じ ウ ど ど
ま 意 安 歩 ひ れ 摘 ハ だ エ 安 ク ざ 字 重 暫 ゅ
し で 嶋 論 ウ ッ 報 嶋 外 場 ス 太 狙 誰 だ だ 、
や 解 育 場 ド 精 を 海 ど モ か 暫 が 愛 応
燃 ぼ む セ 愛 う 失 で サ 辞 ゅ ど に 所 何
室 結 重 て 社 再 ま ぐ コ 故 応 カ カ 精 暫 っ ヌ ど
役 圧 べ エ ー ジ ェ ン ト 出 コ 登 カ カ じ 画 ど 愛
割 ヒ 会 場 む 開 ド ラ 進 選 投 じ 精 ん 側 ヌ ど
結 能 ク 意 ク ま ま っ 安 ス 出 安 ぎ 安 砂 側 愛

Puzzle 271

投見ぐきソスティールカチ画コ摘モぽ
ヒつっむカ辞安ひクノバド嶋て砂能
エけ乏金会ラざ無ド結だドー向る話ゅ
ソゅきコ読むゃくルでレンモがく読
じク画ツホ場芸合嶋ひ開エレひだ
向摘れチ属しき登投すじホクレ圧くぼ
ぐく撮ゃ芸討き心臓る多スだ弱辞登退
場加意影出検能ぼニお何御馳走本体摘
辞選るクぼ退ハヒ摘モ弱百応典京的な
ゃゅ応合能砂摘読を通愛研じ型向退ス
再ニゃ豊社も狙読の比究エ選医学室
おト富囚ヒポス較ざモ合学私セ
るまぼだホ登応写加出ヌ退会ッ
ぎゅひだカ金きウ狙だハょれ進合ト多
まぎ芸出ま金狙だ

Word list:

御馳走
ポストの
ものを
ウエスト
見つけ
レモネード
レモン
スティール
典型的な
属し
検討し
研究
有する
カバーが
本体
比較
豊富な
心臓
医学
撮影

Puzzle 272

夜本トニド然場無問ニ私加方エホま画
明嶋ス論むろ応金権題れ登ソハク方帽
けゅ辞せ無ヲ場べひ圧カで向開圧子
の弱覧応てっ沿に狙だ場ひべ覧ゃ
ロ天ホ精向応十サつ合でアひホだ摘
合然国応報場をンニ向ウ安どだクぐ
海ろ再の船をドなぐ開だトょ能ょ側
ソん力応ひひ報エ弱スン権ェ写
室ラだ加育お応覧ト次故ひ
ス歩選要然ゃルドソの金
れ森林は因選解せヌざ阪
や能砂ぼぐ京ぎ賢ヒ
向だ論圧結お両ぼチぎだく進場

Word list:

に沿って
モンスター
帽子
データが
森林は
次の
に十分な
軍隊
曲線
アカウントを
天国の
両親
口の
問題
要因
賢く
船を
夜明けの
農家
予想

Puzzle 273

で 室 多 向 ひ も 向 場 ト 百 だ 育 連 ホ も エ 再
子 猫 百 ヱ 歩 加 権 加 て 登 阪 テ 想 イ ベ ン ト
れ ト ヌ 結 選 暫 ふ 読 て 読 室 さ 解 リ ー ク ヌ
つ ぎ 画 ぼ 阪 場 い ら い ヒ せ つ 高 進 ク ヌ 金
エ ホ 通 テ 場 コ ヌ テ 論 お 阪 登 重 価 ア き ド
コ ト ノ 囚 向 社 辞 加 れ 社 ひ 圧 通 芸 ノ 歩 ク
会 ろ む ヌ 歩 砂 画 化 る 安 ひ ど 方 弱 歩 合 で
通 応 通 社 会 本 方 ま 安 ど 乗 芸 向 き ふ 意 報
コ 私 ゃ 精 会 男 が べ の 乗 芸 り ト ど 多 も 開
ヤ 室 ギ ど 囚 だ む 読 て ノ べ 心 百 愛 登 ス 論
室 方 は 出 コ 第 じ ノ べ 地 百 合 出 囚 向 ラ 本
私 で は れ ど 三 ゃ 嵐 す の を べ む 敬 ヌ っ レ
で 応 員 、 シ 再 で 意 応 院 理 ー ニ 遠 通 っ
応 ト 業 圧 ハ ョ 意 応 院 管 ズ む 海 側 ラ
ト 歩 従 も ト 妊 ー カ 病 管 ズ む 海 ど レ

連想させます
子猫
高価な
方向
いらいら
ピアノ
従業員は
のすべての
ヤギは、
ショー
嵐の
男が
第三
管理を
ポーズ
リーク
敬遠
乗り心地を
イベント
病院の

Puzzle 274

より多くの
チェーン
軽自動車
最も幸せな
南部
痛み
テニス
リアライズ
ソフトを
高速な
編集
スペルの
フクロウ
国家
慎重な
戻り
過半数の
知ら
スペース
も、

ス ノ リ ス も 精 何 ざ 化 側 じ 私 む 再 過 海 ゃ
ペ む ヌ ア 、 ヒ 結 ク 辞 社 社 解 ひ 半 精 登 ぽ
ル 選 乏 通 ラ だ つ 室 軽 自 論 暫 車 数 ト ぐ 向
の ド 編 集 ょ イ 乏 側 乏 論 投 出 み の ス ク ハ
愛 ラ 読 ク 能 ズ ヌ ル 投 だ ノ テ 高 歩 ク 権 能
や 育 れ ク 化 ソ ト 応 の ノ み 出 速 応 も 最
ぽ 選 加 合 よ り ざ 多 の ざ 痛 を せ な 海 室 ソ
ト 砂 ヌ 場 画 ざ 戻 歩 ざ 選 を ト ロ ウ 室 無
ど 画 チ 登 弱 じ だ ざ 弱 何 フ ソ 化 ひ 投 登
ヌ 投 っ チ ス し 結 レ 何 し 選 応 所 お ヌ 出
慎 重 な ぐ ェ 国 家 何 ひ 解 方 ひ 覧 精 京 で
報 南 だ 投 ペ レ ー エ 解 っ ヌ ト 再 ぎ ま ス
画 部 れ カ ー ス リ ン ツ 応 応 登 ホ ス エ ま ぼ
百 れ 知 ら ス ャ 暫 進 ゃ 選 二 ニ 画 ク 金 弱 ゃ
ノ テ ニ ス ゃ 暫 進 ゃ 選 二 二 画 ク 金 結

Puzzle 275

ょメ干クし摘サ所投意多ヌま第サ写セ
れガばざ金ニしぎソ何てリ六クせどょ
覧ネっ暫クふれゃ思って百画論ホ場砂ょ
ょお愛芸社私ドリぐルセ安応阪チエ
くラ暫ル壁画をだク選っスっランチむ
覧加応加妊合辞歩崩ゅニ再ぐ本まん
故辞っぐセスひ写壊選じ摘コふモ集
ろ歩クぎ火シットにきとたセし場る用私ノ
論向精ッど社曜阪場退るセむしまテっ側ノ
向精ひプもリ室弱の通社だし囚い退チッ応
ゃひ化がプ故ぎヲ能彼私ひ辞見るるッ通
精化っ圧通方歩重モ私意発ヲでトプ二
出カょ百写ヒヱっ解決歩ぐ阪絶滅京砂圧
ヱょ加話応読チ受け入れニ京ホ所ス加解

受け入れ
干ばつ
たときに
崩壊
彼の
解決
火曜日の
チップ
クラウド
壁画を
思っ
メガネ
ランチ
クリップが
シット
発見しました
している
第六
用語集
絶滅

Puzzle 276

に対して
基金
オーディション
招待
測定
他の
ビール
マウス
スペルチェック
ファミリー
驚かせました
スロー
空腹の
延期を
、したがって
ゴブリン
マニュアル
愛情
有罪
フリッパー

芸れつサ妊おフト測所んテ室嶋選ソ登リ
狙スぼ場意む リ定辞ひマ多何読覧空側砂
まペ再招ぎ阪カッ暫解所ニ権海向のアの投
もルク私結京選ハシデーオ登ュ精スルロー
リチ結社ニョ登ビール ト二金進ホでリリ
トェどツ阪リ室べ進、歩ト有リミ驚ァ
京ッコ画でまゴ百ぎツ精しト化かスぐフて
愛ク画じだノ進っ出ぼざしき囚スぎにニ
情精む報ヌ無何ひざ何がひょひぎ対ひおま
ヌ愛マウス延ぐ論加ムすクてしょ室ひ登本
ひマウス側弱期安セ加側スだテ金じっ本エ
ノ覧画ん砂を基金投室加通加んじっスホ登
ノ画やり登方ん室ク出通
ぎ精

Puzzle 277

```
ぽ 結 解 サ 京 範 を 見 て 考 の ゃ ド ボ く ト 狙
む 安 嶋 向 ン ヱ 囲 噴 火 え 後 れ マ ー テ の 多
狙 歩 だ ク 結 ド ど を 場 ま に 狙 覧 ダ 、 民 ル
乏 囚 会 く ニ レ キ 化 ラ す 弱 だ ー 再 市 通
ト 覧 京 登 も ざ 結 ャ 読 ソ 覧 ド ル 利 ぎ 解 妊
ソ ぎ お ひ 合 歩 阪 ク レ 読 ス ト ア 世 界 用 ろ
加 本 ト 故 ッ ト 弱 レ 読 れ ス 室 ブ 辞 ど 可 加
ひゃ 含 ま れ て ホ ー ル ド ル ー チ ス 能 然 話
狙 ひ 海 方 安 権 防 私 れ カ ク ロ っ も な ゃ リ
く 通 リ 解 金 ニ 止 私 加 ギ 育 グ だ 百 を 芸 摘
出 ラ 解 秩 進 ょ 退 摘 チ テ ャ く ホ ま て ベ サ
ぎ じ 海 序 精 ル 投 ト ベ チ く ロ ま き ひ 摘
ひ っ 場 側 故 無 セ ニ 海 登 芸 ラ ッ 論 無 ぼ 重
応 圧 本 も 所 辞 ル 精 ヒ 選 百 お 画 プ ど ハ 論
ヌ 場 怒 ら 能 ソ チ 写 再 コ 会 場 お 嶋 室 ん 百
```

考えます
怒ら
噴火
ボーダー
グローブ
を見て
、再利用可能なを
防止
のテーマ
範囲を
秩序
含まれて
スチール
ホールド
サンドキャッスル
ギャロップ
アトミック
市民の
の後に
世界

Puzzle 278

```
ろ サ れ 結 バ 側 つ ゅ 然 ル エ だ 選 ニ し じ 参
解 だ 化 方 ー エ ル ニ 阪 キ れ た も サ ノ 加
る ス 映 百 ス じ 阪 つ ぐ し ス ん 摘 ゅ ノ 者 の
コ 投 選 画 ト 精 能 読 化 重 パ 弱 ト ル 級 上 ミ
し 合 砂 ひ を 阪 応 精 達 っ ー 側 開 所 化 ト カ
ド ニ 能 ノ 囚 い ホ 向 成 ょ ト 、 投 資 ま テ オ
ト じ 加 本 百 つ せ 沈 し ツ サ ヌ ふ セ オ
乏 ヌ 向 話 論 か ぐ 黙 ま 選 っ 開 ベ 多 能 摘
芸 テ 嶋 ト ニ 選 解 を す 故 っ 金 選 ス く エ き
サ ー ブ 執 ラ 海 無 応 画 ハ 精 私 く リ ヱ ソ
加 辞 ロ 行 チ 愛 私 れ 意 ク 化 ヒ カ ぎ ハ ろ
本 退 会 ハ で 阪 セ 囚 場 れ ン ソ イ バ ろ プ
物 語 ド ぐ 安 安 い ぎ 歩 ハ 狙 の ム ラ グ 論 無
ん ん 向 登 結 ば ト ラ ク 加 ル 狙 れ ぽ ギ ニ だ
登 会 お 写 報 百 乏 カ っ 狙 ぎ ト 意 側 ニ 多
```

バーストを
物語
いつか
ヒイラギ
沈黙を
参加者の
安い
バイソン
オオカミの
ハロー
の上級
プログラムの
映画
達成します
エキスパート
壊れた
サーブ
結ば
執行
、投資

Puzzle 279

あ 化 ヌ 登 少 べ 重 画 加 ふ 加 で 能 囚 海 投 結
な 百 も ニ し ぎ 意 登 投 っ 方 ゅ ょ ツ 写 ぽ ス
た 結 ホ 読 場 ぽ 見 ざ 方 ぽ 育 ょ 結 コ ぽ 所 テ
写 ガ ス ス コ の コ 、 囚 サ れ 海 覧 ノ む 室 イ
せ 社 ふ ょ ま っ 男 は 休 決 進 き 場 室 重 軌 道
し 出 ざ だ 登 化 性 退 開 ニ め 砂 や 精 意 運 会
範 ラ 会 ホ ホ 論 応 場 ろ ま 安 精 ホ セ 進 ラ 権
愛 囲 囚 精 ル せ ふ 場 マ 独 安 す 退 ホ ば 論 で
ル 安 内 話 覧 ま 話 独 タ 立 故 く 側 ん ょ 論 話
ツ れ 摘 ハ 多 ト ぐ ラ ハ お フ な じ み 暫 意 再
ツ 百 ん れ 多 場 重 ヱ ー フ っ ま ニ キ ト 歩 ル
ツ 選 合 権 能 ヱ 進 説 得 室 グ れ ぼ 画 多 ー 話
意 ノ 狩 猟 能 覧 く っ ゃ 室 グ れ 狙 所 写 ざ 再
退 チ 朝 権 覧 阪 故 話 権 開 出 写 ソ 写 ざ ル
ホ 室 食 砂 社 通 エ 摘 投 金 加 囚 ハ 私 圧 ぼ ル

運ば
グレー
説得
狩猟
ステイ
決めます
あなた
男性は
ガス
休暇は
範囲内
軌道
ハーフ
キー
少し
朝食
独立
意見の
タマネギは、
おなじみ

Puzzle 280

沸騰
環境の
量る
な性質を
今後
怒っている
簡単
ピザ
のトレーニング
ゴム
壁を
ジュース
デスクを
共通
占める
午後
シンク
より
貴族の
結論の

芸 コ ノ っ 精 だ 辞 狙 リ 解 海 グ 登 占 再 ヒ ス
ニ む 方 ニ 能 ぐ せ ひ ヒ シ ン ク め 化 応 退 ド
チ ニ ハ も ス 進 能 芸 で 会 エ ニ 妊 私 能 ド ぎ
ト ヒ エ ベ 沸 合 ラ ぐ 会 画 ー ピ ザ ふ ハ お 会
量 ト ろ 暫 ま エ ざ 愛 私 レ 報 化 応 無 ろ ん ジ
じ る 結 論 の ラ ニ 化 き ト ト き ニ ド む ろ ュ
京 て 精 百 も 海 室 砂 ざ コ 出 の 化 ハ ざ ざ ー
ひ っ 嶋 会 安 レ ひ ぎ 共 今 通 後 き エ よ 加 ス
圧 怒 ニ ニ 進 ク 会 側 ど 化 再 性 故 き ド ス 話
て だ レ カ ぎ ト ぼ ニ じ な 質 ょ 故 む ス ソ 化
貴 族 の コ セ 投 で 化 つ ゴ の 報 午 応 デ 摘 妊
ソ も ゃ 多 カ 海 合 簡 環 ム を 壁 後 き ク 狙 ク
ヒ ク じ 会 応 ヒ 開 単 境 の て を ク お で ソ ベ
テ ま 安 社 愛 重 む 化 の 会 ヒ サ ス で ひ お ソ
く し セ 投 嶋 登 カ 権 れ お 側 安 妊 ど お ソ

Puzzle 281

再 砂 画 ヒ ひゃ ニ 圧 乗 て エ し 能 乏 ニ 意 ぐ
ゅ 意 狙 れ キ ふ ペ 通 っ ト モ 囚 登 ょ ひ 多
ぽ 選 チ ヌ ふ ガ ア ノ つ 海 ス も 摘 ぎ 精 圧
側 ひ べ 応 ド ま エ ニ 登 む ぽ 辞 再 だ 何 ス
ホ ブ 登 も セ 出 登 ル 応 本 ト ヒ 変 数 解 登
ソ ッ 芸 レ 合 セ 囚 論 ひ ソ つ ま 摘 会 状 態
芸 ク ラ 辞 摘 速 い く 通 圧 機 能 無 ク ぼ ニ
愛 ま や ソ 結 ゅ レ 側 せ 話 ソ ヒ 進 る 加 ぐ
レ ク て シ ム ウ ン テ 阪 摘 サ 論 ど ぐ ヌ ま
進 ま 通 ク ェ ツ 摘 登 魔 ホ 納 屋 ソ ぽ 側 ホ き
精 ク 場 キ ジ ー 圧 ホ 合 女 黄 色 つ 選 社 弱 テ
オ フ ィ ス ヌ ル ド ノ 場 せ ひ ハ レ 権 む 無 開
ひ ニ ヱ い る フ 側 ぐ 選 写 ハ 結 ヒ ぐ ゃ 育 化
百 ぽ 場 弱 芸 加 ぐ ひ だ 真 意 旅 ぎ ん ど 歩 話
化 室 ド ま 妊 ヒ ド 社 ル 写 だ 行 ニ ん 芸 条 約

いる
ヒキガエル
旅行
乗っ
機能
ペア
魔女
キジ
ブック
オフィス
フルーツ
写真
状態
変数
テントウムシ
条約
納屋
黄色
シェード
速い

Puzzle 282

楽しむ
入植者が
濃縮
ウサギ
ことができます
ミッション
基本的な
トカゲ
憎しみを
追求
おばあちゃん
ゼロ
白い
方法
転送
付随
子羊
ドライブ
クレス
叫んだ

嶋 妊 モ 叫 ソ 妊 出 ゅ チ だ モ テ 白 楽 通 ゅ 投 エ
画 ラ 歩 ん ゃ ち あ ゅ お 圧 ざ 圧 い し て 会 エ ハ 応
金 能 ん だ ド ぎ 子 ば ゅ ぎ き ざ 海 む ニ 加 ソ 写 無
ク 場 ざ 砂 開 私 覧 る も 読 き 然 覧 無 で 意 ド 能 方
っ 会 ひ 再 安 応 っ 羊 登 ぎ ふ ウ サ ギ ト 加 ド な 向
モ 転 送 む れ 多 覧 ぼ 合 モ 歩 結 ぼ し ノ ラ ブ ま 乏
リ 投 む 京 追 ク ド ざ 開 る だ ヌ 意 濃 カ イ 基 だ ぼ
ゼ 合 む こ ヌ 求 付 ミ ッ シ ョ ン ン 縮 ゲ ブ 本 れ 登
話 ロ と 辞 お 随 結 で 会 入 植 が 室 的 く 愛
再 ゅ ト 育 っ 再 ひ 憎 し み を ヌ 社 能 ス く ひ ト
っ 場 レ 暫 が で 憎 し く っ ク レ ス ま 所 て ふ 出
ひ ぽ ド リ 私 ま 私 む 出 ま ぼ 京 ラ く ぼ 登
べ る む 権 ま 権 ハ 写 じ 精 す ニ 選 ぐ 愛 ひ
カ 投 ニ 囚 権 ハ 選 て ノ 方 法 し 場 解 ぐ だ ふ 出
テ ク ヌ ぐ 選

Puzzle 283

場話応合育妊どセゃ百狙ぎヌ権ゅセ辞
狙金金加ぐ囚ぐ能れ重て応私投百むま
む曜や社き本ん何べ出チ機所やひひカ
話日興何れ多るれ安再歩能狙しッテキ
友の向味チ社男の生暫ぎ嶋私ょほスト
人だむ百深ま結砂本誕ひ私どぼじ本
百膝、場女い合読裁ゃ安通摘お再愛
カを適べ再室セ意芸判っ安弱ひぎゅ会芸
ベ向切意ふ能き室フ所て摘室応愛嶋
む画なつ覧子阪のェ暫感チラ本お再
て努ス話愛解歩ン本触れノ室応芸
弱力くど辞圧だ取スく金ラひて社解
圧の持っていた方引ス登ぎゅ会嶋
じ覧写まヌ芸はぎ暫む応選再意社解
結権安ぎつ資源投ニ登登側挙投だ嶋

男性の
取引
、適切な
努力の
膝を
女の子の
機能を
友人
誕生の
裁判所
興味深い
感触
ほぼ
金曜日の
選挙
人は
テキスト
資源
フェンス
持っていた

Puzzle 284

与える
感の
星が
破壊
シンプルな
野心
到着
渡します
うなり声の
靴を
危険性を
スノーフレーク
妻の
謎の
の買い
男の
砂糖
いくつかの
利用可能な
ウエスタン

ク退スヌ意ウ妊き化お権読覧海乏出方
ル私ノっんェゃろふホ解ろまド応ざ砂登
エ阪ーろ謎スれ弱で応ホれ多再ひるん阪
むリフトの男タ応本モ辞ぼニセレセ登る
トおレ破壊退ひ海利能だ感到着応与える報
砂糖ークざ狙投向をソの買危えどします解
能報ク狙靴ッ話をホ登チ室狙いひ性本ホ
摘開私出安ノ弱通何ニょ狙故険ひをを加
私ヒ何ラ所ぐ解りプソ意シ意本妻画セ
ッ阪まま開テ話通ソま応ツ野ぎの選化
おゃ写乏る芸囚写声が星ク応心嶋チ室
安覧ょ暫論トきの京百ぼ向覧むざ
然ニ写報お安クくょくつかのサ向応再投

Puzzle 285

ア狙サ海投通乏推精会ト話重通モく暫
ェイ読芸京写ぐ定ト嶋嶋し読画だれ登
シクデ暫テ重解つ暫ニ登まルツ然りリ
て選ふ芸無ト嶋場場ノ海しぽトぽ応所
リ妊乏摘私ひスっサ故芸むくミむクス
愛ぎス開少ラじセーター弱評ッマれゅ
リ応ス開な多ティどるエ決イクゼラリ
四半期のい狭ょィ何明日ふ弱ポリラニ
かもしれない洞っ窟場ひふる室だリ芸
権読進災害が窟場ひふるど百レ圧リひ
取ら何ヌ論再をおき出囚つひーシコ向
結チど場チむエ摘画登ヱて圧チっク
出投所乏だェー画妊ヌ登ヱ育チョっコ
きるカ通海ぎアっ百ホ私モンラ報向
ク画ニ安開側選でニ投ヱふ通・応退ク

ポット
ゼリー
話しました
四半期の
狭い
少ない
かもしれない
チェア
アームを
アイデンティティ
セーター
災害が
明日
シェア
評決
推定
取ら
マイグレーション・
洞窟
ミックス

Puzzle 286

退屈
文化
インデックス
カテゴリ
消しゴムの
ヘルプ
買い
ニンジン
ロバ
の家族に
武器の
小麦
女性
超高層
評価
ロック
サークル
重要な
スティックは、
起動

リっ嶋化出ニ消出超故ラざだクべ読ト
意ゃド意カ通し化高っひぼエぽニ買い
無囚ルゃ画多ゴ砂層リホっ向カン無ク
クエ化砂無ゅ安京て論選スじン退開も
応のお登文ムの弱ココひ私テ方ンバ出せ
ぽ家ひ摘化のカコゴリ私百ィロ然妊ひ
摘族社場ヱカテゴリ辞イックーサ登故投
てに化ヒ応だ投方向ンプス然ツ応百ヌモ
スクヌホ京チ私起向方ンルクーへは海囚
暫ょ武応ベ写で安動テデッ選、退故妊
セ本ノ器加結で開登ぎクッスニ所会ヌ屈
意ノ所場ヱ金カぽ重無要レコ合ぼ方退化
チ小ヒリ妊能ぽ無室べレなハっ権つ投エ
報麦サっ歩解画暫べ女応評なコ合ぼ出
モじ進選ト金乏性読価セど権つ投

Puzzle 287

のソ解芸コ暫場し無し必ルひマ通開エ
通代できニ育つぐル場要ムーリトス
公園わツ決むろ圧テじ圧嶋がひカょう
通話ざり定京育囚産生もょ故金加所側
暫ク合私退解選ミトょ物出能側解り百ト
てトニ退化サロ読タょ金加的な辞すょリヒ
っぽだ化多論読をしノ乏合ヱや多会嶋レ金場
然囚歩ソ登ょクノ通行動所サふ乏ゅベニルホ金
出だでソ読ょクテし話までニラ会方だろまをょざ
多現つ登ょクノ通行動所サ会嶋レ金場
ソーセージがテし話までニラ会室能登写故セ向
囚じっクホひ意までニラ方だろまをょざ話
ソベひ読ざどつ安れ会ツ多ろま写故セ
てひ重応テ出セ圧能所室能登写故セ話向
ぎっト所開登スレッジテープ安摘ぎ向

Word list:

レベルを
達し
決定
ボローを
ホタル
ソーセージが
の生産
行動
ミル
出現
スレッジ
マーク
ストリーム
の代わりに
の物理的な
ひょう
話して
公園
必要があります
テープ

Puzzle 288

Word list:

ショットが
地域を
ライオン
オオヤマネコ
政府
真の
ブラウス
ポニー
ソート
ウォーク
バイオレット
庭の
参加する
のカラフルな
劇的
ハンドル
大学の
サンドイッチ
当事者は
申し訳ありません

ふ阪っお社当チろ意選ツ暫カのオ育権
故安て向出事ヱ解ウォーク阪カオ写参
再カ歩ひ乏者嶋安会劇的場カラヤ話加
ドき私れっは私結写ル選ストルネます
チ論モれ精狙何嶋まシ然登ョチヌるる
ツ囚くソまてぼき応進れッ選コもふ読
ふだモまん報ま愛ぼ応応選イソサ府
ハぐヱブラウス申応海海多ドソホ何
話ン狙だスぼエし選海砂京ルン政ゅ
退だドラ登で地訳社愛じ大応真ク
ぐ再リルイ域社海圧ひサ暫ニラ投
きてク退芸をり海意狙ドじラソク
ぽツひ海クンまバイオレットポニー砂
愛カド育カ写せのサササ歩ャ無砂
安る精む応覧ろんヱ話能ホ歩や投

Puzzle 289

育 再 ふ ざ 材 乏 摘 べ ど 予 約 何 食 つ ま 育 選
る ニ 応 チ 料 ん 想 お ゅ 合 テ 安 べ ヌ 論 化 ヌ
ス れ ラ 失 ス ニ 像 だ 精 ょ 出 ヲ て ヱ れ ク ぎ
ド カ 金 礼 な ポ ン ジ 妊 話 所 ソ 遠 コ 登 暫 カ
化 ブ 制 水 牛 ン ジ 要 と ま 写 ハ ド 安 く 覧 ふ る
ツ ト 限 の 弱 ま や 室 お ヌ 選 ニ 能 っ 故 場 狙 金 歩
意 エ シ ぼ 狙 ヌ 応 安 心 セ コ ホ テ 写 歩 ヌ 化 能 囚
プ っ 狙 覧 阪 本 摘 ま レ ヒ 覧 む ぼ 選 摘 重 故 社 ひ
覧 ー し だ ル イ ひ ょ ス 阪 読 写 場 ム カ デ 所 素 敵 な
化 だ エ ヒ ょ ス 登 所 卜 写 結 チ セ ソ 辞 コ で 登 乏 こ
場 摩 ぽ む 社 つ れ ま 報 何 だ ソ 阪 解 ク 阪 ひ ど 故 る

必要と
失礼な
制限
ます
素敵な
予約
ソファ
材料
輸入
心配
カブトムシ
食べて
想像
ムカデ
遠く
ホイール
スポンジ
摩耗
水牛の
プール

Puzzle 290

プラム
つららの
戦略は
のソロ・
昨年
彼らの
世紀は
改善
ミイラ
花が
エンドウ豆は
冬の
誰の
音声
と言う
カブトムシが
水分を
百頭の
自由
自転車の

戦 選 海 昨 彼 ん 無 ぎ 妊 側 加 ま 水 分 を 冬 ラ
覧 略 っ 年 ら こ の つ 海 砂 ソ ロ の ソ 論 百
コ は 紀 再 て 進 れ 自 の ・ ざ れ ら 何
コ お 世 退 私 読 の エ 転 チ ヱ コ れ ら 所 退
モ ぐ 方 ハ 場 ょ ン 会 ど 読 ニ 論 カ お
ク テ 登 加 誰 と 言 暫 歩 解 プ 選 頭 ま
っ れ 場 登 の モ 画 レ ぼ て 重 ラ イ 嶋 の
重 登 砂 多 重 金 う 本 ゃ お シ イ ト ヌ 嶋
ソ 場 私 無 リ リ 豆 改 ぽ で ム 百 海 育 ひ
読 ラ ま ぎ 話 退 は 善 然 選 百 ニ 会 精 応 ス
応 ひ ぎ 二 退 解 加 室 場 ニ ぼ 解 自 レ
開 ょ 通 じ 嶋 故 二 二 ヱ 花 ゃ ハ 由 ヒ
乏 開 無 愛 退 側 育 再 然 が ぐ 向 何 ス
る ソ 音 読 妊 圧 意 む 応 私 結 合 方 ヌ
て 応 声 向 る ひ ハ せ 意 海 つ 圧 開

Puzzle 291

京画むぽニれ土るっ乏れノ安ホ暫ぎト
弱カ会化囚応ツ曜報デ故せぎじベざ読
愛室アプローチを日ぎィスタイルのま妊
場室ニラだ報権私コに海退ストロ投妊
側権ヱ登読無私や写テひ鹸風突鹸育マト
開モ覧私ヌぎせ読ひざチテ話むギョト
ひやどっせ登解論所ひ退せ囚話ヌ進の
阪エノ本然ニまセふ退ル歩画覧ヌ態状
チェイス忘れ論ハモれだ意ホッヒまじ
膨大社つト能ニモれだ阪故ベィエレざょ
コミットメントニぐドぼるて故海ヒフプロンせ
側だノをぼ愛ふ通エ砂レクレてロざ重
キュウリをぼ愛人ク然写保カ出辞ロ覧
やし本愛人形略語室証阪ト開論向ン重
会む多合形略語室証阪ト開論向ン重

Word list:

チェイス
人形
忘れ
保証
ディプロマ
の夢の
スタイルの
フィット
略語
エプロン
グロー
アプローチを
ギフト
土曜日に
状態の
膨大
石鹸
キュウリを
コミットメント
突風

Puzzle 292

Word list:

単位を
階下
高い
雪玉
チューブ
ナレーター
七面鳥の
恩赦
数える
陪審員を
笑える
博物館の
博物館キノコ
アームチェア
ペニー
夜の
フィールドの
ドライバ
ヘビ
、グレー

応論精辞ヌ私退べせ歩ヱ愛ハ開夜のろ何べ社室
選重テで開ラ乏だ雪芸応ぽ嶋側じホ乏ゅてチ
笑え囚るひ登しクリろ玉砂ら妊セ暫じ本ぎろッチ無リ
モ囚だチア本だ階下報ぐひニ・おペ単位をセドふ能然高いく投じ所じ阪

Puzzle 293

イ 向 精 き 読 ひ 機 ざ 入 挿 地 正 確 な の 圧 ヌ
ン ファ ー マ ー ょ 会 場 入 ろ 球 ラ ウ ン ド 探
チ ラ ふ ま ヌ 解 退 化 せ し 側 ソ を ド ウ 結 索
が グ 愛 ざ 出 ふ だ サ 循 読 服 は 登 重 ブ 方 ヌ
ヌ 摘 ス ニ カ っ 環 囚 ス ヒ て 修 室 を ダ 天 退
投 ス 覧 多 ニ ょ 芸 ヌ ヌ ぼ カ 応 無 社 百 気 モ い
ゃ 海 然 二 辞 砂 会 ひ 百 加 故 権 乏 阪 眠 い 解 加
結 警 官 加 ヒ 投 百 合 乏 ド 芸 加 阪 登 覧 って
っ ヌ だ 読 嶋 権 海 ま 囚 故 せ ソ 通 然 ふ ヌ ま ゅ
再 セ ろ 読 通 解 向 芸 所 応 出 本 百 ノ ぼ 結 ニ ょ
ひ ろ 読 ヒ リ 故 る 出 ょ ヌ テ 嶋 ひ 方 ト 狙 妊 圧 ニ ょ ぎ
満 た す っ 合 や ル 故 テ ソ リ コ ヌ や 話 圧
社 応 ま 安 退 ぎ 進 も ソ リ コ ヌ や 妊 圧 ニ エ
合 チ ト 進 だ ハ だ 意 弱 コ ー ヒ ー れ 話 エ ぎ

満たす
ダウンの
地球を
服は
探索
ファーマー
循環
ブドウ
修理を
警官
ラウンド
インチが
正確な
眠い
入場
コーヒー
機会
挿入し
グラフ
天気

Puzzle 294

表示される
についての
来る
精度
ドア
説明
丁寧な
凍結
ラズベリー
余裕が
本質的な
川の
検査の
ソース
夕焼けの
ドッグ
プレート
年間
勧誘を
割り込み

検 査 の 覧 応 ラ リ 権 ヱ ド ソ 精 度 合 レ ヱ 本 無
暫 多 ル ド ゃ ヒ 読 合 方 ぼ ッ 度 開 き ト ぐ 化 室
ハ ク 写 ぼ ア タ 焼 け の 川 能 グ 出 む ヌ ス ヌ ぽ
無 ざ り て ア だ レ じ 芸 故 凍 ぎ ざ コ 再 側 ヌ ょ 弱
ざ り て 砂 じ ル ベ い 嶋 つ 結 室 退 無 乏 登 解 愛
余 込 開 写 投 解 ル 芸 つ 登 ホ 加 応 ひ プ レ ー ト 登 ヌ
裕 み 丁 寧 な 精 き ト に き 社 ど 会 む ノ ろ 選 り し ト
が ニ 能 結 応 質 多 レ 社 権 登 論 能 何 ヱ 海 意 ズ ぼ
表 ヌ 結 し 本 来 ひ ゃ 圧 る 会 む ッ 写 報 っ モ ラ 会 暫
示 ヌ テ ん ひ ょ 多 勧 誘 を 話 ド っ ひ ぎ し ャ 室 写
さ 応 方 ひ 報 リ レ ソ ヒ 登 ク 嶋 ょ 圧 応 ヒ 場
れ 方 社 ょ 報 狙 ノ 砂 ー ク じ 報 も 写 サ で 年 間 ひ 再
る 砂 加 だ 狙 ノ 解 ス つ ん 写 圧 ょ

Puzzle 295

```
ふ の き 続 手 ま ヒ ぎ サ む ル 進 い 報 ス に 読
緊 急 価 リ 投 っ 画 退 多 場 ベ ニ 囚 で 医 療 も か カ
報 っ 怠 値 ト 砂 何 覧 ハ ド 金 乏 も 合 わ ら ず ハ
能 ル な 辞 ぎ ニ 京 無 方 ど ス ト カ 場 合 進 ら ぎ ヌ
ク 話 サ ン 本 コ 社 京 投 ろ 解 退 進 意 べ ず ぎ ハ て
育 加 ン 本 登 ビ 合 じ 私 増 暫 も と で 故 重 応 ょ
ぎ ホ ェ 京 場 登 ト 部 門 だ や 結 く か 愚 る ソ ノ
ん や リ 辞 私 報 消 防 だ 出 ひ な 精 少 ぎ 結 ひ 写 巨 大
妊 写 方 テ ン ス ソ て サ 本 応 ぎ 結 ひ 写 ふ 側 ソ ろ ツ 通
む 方 信 イ ル タ ー ろ 本 応 社 無 圧 お 京 加 化 ス 摘 ろ
返 信 ひ ろ 、 弱 所 ニ 無 圧 お 京 加 ス 投 読 進 加 私 摘 ド
ひ ろ 出 て 、 弱 所 ニ 無 圧 お 京 化 覧 圧 会 然 能 重 ト
出 開 ひ 応 れ ニ 無 圧 お 京 加 化 ス 摘 ろ 能 重 ト
```

現在
少なくとも
いつでも
となって
巨大
部門
の価値を
にもかかわらず、
スター
怠惰な
、インテリジェントな
ビルドを
医療
緊急
貴重
増加
消防士
愚かな
手続きの
返信

Puzzle 296

宣言
動作
先生の
最悪
との間で
コーナー
ローカル
要因が
チーズ
シネマ
コート
陸上競技
塗料は
月の
声を出し
具体的な
現在の
ひよこ
オベイ
注ぐ

```
で ゅ ひ 無 ハ セ 意 ろ 育 ヒ オ 私 具 話 ツ 塗 ノ
お 故 お 最 場 解 阪 結 宣 ホ ニ ベ 投 体 海 料 て 側
ひ お お 場 悪 おん ろ 言 ベ ベ ひ し 的 は く
ヌ ロ 場 読 コ 然 弱 芸 イ と の な ス 通 ま よ 私
摘 一 百 重 一 動 画 ト の べ 私 だ ド 側 ニ
む カ 退 ろ ナ 作 コ ー ト ま で 弱 注 て 圧 報
ニ ル 重 せ ー ひ 所 ま 要 因 陸 退 だ っ ソ
私 ド 開 じ つ し 結 チ ー ズ 海 上 重 む ラ 私
ク ハ ト セ 金 ゃ 結 所 室 競 ぎ 出 側 金 ニ
話 べ ニ 能 レ 解 ひ 狙 れ 技 せ し 覧 報
ヒ ざ ぼ 摘 所 お や 芸 マ ょ 砂 辞 レ ヒ
育 結 育 出 弱 先 生 ラ 無 ヌ 場 加 再 ひ
テ 歩 再 ろ レ じ 読 ニ の 側 本 ュ 芸
応 ろ 多 テ レ だ 暫 ょ 読 こ て 月 方 化 私 囚 っ ス 画
```

Puzzle 297

りゅ結応出スがトンタスンイクス退ふ
アひクグループ々現実妊だじ無私写む
ラ合カ意安ュン故数応異なるレ出ど、
イ海退乏ょニャむ育通コじ解権写ど経
ズ精画方応然ジセン一タパ側権どお圧登
を圧っだノの場ン一レ圧結ド妊ツ合辞弱
能話論圧ぎ子供きレ圧結ド妊ツ合辞弱
狙海事も選帽ひハ何オツ狙リ社阪通何場
結二業合重画摘まょテ芸重出不き通進応
婚謙虚なヱぽっサ権ど再モせ思故意応
意圧結だ重ぽつょ故も故薄再議ス意だ
ょ進応や能芸妹側所だ圧いきにヌだ場
ぎ再登レどひをつつくもやる思側所場
ノ乏ぽ海然結権スんク阪ヌ登ニうゅ意ヌ
クぐ精だく権再安や京カじ金る暫応権

つつく
ニュース
ジャンプが
数々が
薄い
、経済
子供
オレンジ
インスタントが
グループ
現実
謙虚な
リアライズを
不思議に思う
異なる
帽子の
事業
妹を
パターン
結婚

Puzzle 298

ゼブラ
崩壊の
バスケットボール
剣テーブル
紹介
コンテンツ
しばしば
作られた
ドングリ
却下
残し
分母の
リス
凝視
機関
彼女の
竜が
穏やかに
選ぶ
ブルー

き竜がふっ金摘ひ摘サ読剣ヌニぼ方機
ひだや愛場る二会暫モサテ写歩サひ関写
コンテンツ穏二出カ育却一京退ょ場
登ト凝視摘ろやルハ論下ざ作られた狙だ
ヒ狙論ょ海海登れ狙ぎ崩ルび応せん狙京
意場ひス安ト登ノエろしむ壊紹介通コぽっサど
しれ辞室るボスゼ圧ぽまぼ故だ話コール
だば話クやもールブサ暫クぼ側ーボ百
合権し私もんくラ精化モ弱会解ストニだ
くス会ばき然ぼ応リぼグ重だんニぽ退精
覧選ぶカレヱこれん化ほセまの故開きゃ
弱ぎも解所つ弱愛解スグ分母論ド精弱
残クニ話つ弱本通どン場論故開きゃ
し彼女の再ノ合本二解分母の退きゃヱ
方論スぼ退化結解二場論ド故開きゃヱ

Puzzle 299

社特行わ多バもだつ私っ場話芸るヌ狙
べひ別登長スタレだク無出で出力側化
だむ場ないケ摘だつも動物、でラカテ
ホ休阪カニッ然んっ嶋多読ハリス精再
ん百日責任テボ昇給の側べひク蜂実化
安合京のテハーク安ト権海写会行投
何むコブハ退ルひのまソ権海本リ再私ろ
ニ話京ラ退ルひのまソ何し阪ノ意クもひ
む登ヌク覧むくひ安弱ぎょぽ海ドや金
心まれ覧むくひ安弱ぎょぽ海ド私化れ
つの権砂登ソつ方私ぽ進ヌっや金意
たいと考えていチホだリ何ルレ私百
前方然もトしスモだ育つ安投ト砂れふ
ろ場権金洪止ソ室育圧ぎノひ結嶋解ソ
加重ひれ水停ふ私話ニで八重圧ホニれ

クラブの
心の
休日の
責任
昇給の
リスク
バスケットボールの
蜂の
前方
レタス
停止して
カラスの
長い
特別な
行わ
実行
動物、
洪水
たいと考えてい
ステートメント

Puzzle 300

の下に
を過ごした
稼ぐ
ミュージカル
インタビュー
仕上げ
石炭
陸上競技を
定規の
フォーク
有名
生産
ています
目的の
疲れ
円形
テディ
アクティブな
不規則な
問う

画ひくるて阪ひ陸不クツ仕応安イ応ふ
ク登ひっヒテざ上規ゃ室上妊安ンタ圧ク
おびょなつデ金競則ぽ写げのむビ側し室
やだルブどィ愛技な加スふ下ュし出だ
サテカィ論も論有ていますに話もコぎ
ゃむジテん然名む阪疲れ目退ぎョ妊何る
フォーク然阪開や暫定規出ち結育
重れュアコょ嶋だニド狙投の過ソした室
ひょミ円形私リょ狙読を何登スぼ
生産ヌ解ヌ私ぽ重じょ合ツ退京
まソヱ読ヒ合っ石育側ょくょ登問
再稼ぐっトハ圧て権炭ふ芸読金う
然お場で加エ合て側化んまニ会ひ摘側
結ホ論ひ加阪然ょべ化クっニ会
加辞場ソ阪然ょべ化クっニ会ひ摘側

Puzzle 301

```
ド出ぽぐ場デ写スベカツ場意選委れっ
ヱ乏だテ故応ザじ投おっし、シカ員るモ
ソだてエ向イベルぐヒ然本再簡会ッツ
愛狙通写社ン金重複無ぎど素妊む弱
能狙社ろ二再ぎヱカ登芸まべ化何能しか
然芸ルルむ覧だひハト海ヘラジカ故か
、最近で囚っ多個私愛愛セ摘ハ無カが
は側れ社投も看人せせ合ぎ退ぎ金金
プむ側ぎチき護ヌ弱画意ざ金古論金場
ッ何っ弱海所師弱解登ルざクて論論
マドひ場く彼をひだせ砂向も精圧一登る
ウクラ本報らぎ本二解るゅ辞カニ登出
マはさみ開所そサヌリツて頻ドベれモ
シふ百愛エヌ暫お退故暫セ繁ホヒれお
クリームツテ写話コ何選乏に当本おモ
```

個人
本当に
彼ら
デザイン
古い
看護師を
サポート
おそらく
クリーム
マップは、
頻繁に
シマウマ
しかしが
、最近
簡素化
はさみ
重複
ヘラジカ
、シカ
委員会

Puzzle 302

メールを
カブ
積極的な
トーク
オプションの
一人で
単語の
記事は
表面
復帰
の重要な
接続
要求
を明るく
コーチの
突然
ネック
レクリエーション
スクラブ
平野

```
単語の突しを明るくオプションのど通
意話チ然論ひ話も本育ヌざひトだ場モ
エ芸ーク室方カれツむニセょひま覧ざ
復帰コ室方だノメールをで摘リ嶋方レふ
ヌ育ソ愛権精向れサ接然海る多れ通何開摘応リ
写で愛権ス精場ぎ続側もだゃノ開セ暫クリ加投
室社ニ投方ヒな本要重の覧育しセ暫ーション解ま
社選ノや場表求選無百圧狙暫ンしんブ
開ソ弱ヒト面ホむエ乏っ芸乏野人カブツ
積極的なぎ一解しチ重ヌ一平故で暫進ソ
ょ辞ノ本会選クろヒ登再つじ精登話側ツ
退精論ゃ解登覧再ス重阪応芸ック
だ暫百じニ然本ツ画クラネ安ブヌ芸側ソ
ぎ囚応百暫ゅ記事は論ス安ブヌ芸側ソ
```

Puzzle 303

ト人気のせ辞ブツぎ狙で結ドを歩狙茶
写阪砂解再スリ整理ト開狙方通京然色
摘ヒ重だ意ヱ一、最後の乏じじ報のの
然カテグやコドス海狙テひて進方モス
安ぎ囚くミヱコレ会何や百方だ登選ノス
ろ重どキスュレ変位化ノク退お室れノ
クッカーょニゃ芸ア所何多加影ゃっっ
少数っワょティ安ぼクや原詳も響社せせ
じ社せニだィ安楽セや暫狙因細セすせる
覧ヱ狙芸応はコしスじベ社ぐ阪は暫権
安ホ投親切暫振いふ嶋応所力多、権リ
覧っれぎぎるどこでも意ノ私登じぎ
レス場やチん舞ツおヒ解金ヱ圧合ホ覧退
ざ阪せカひコうモ重能だ社ニ阪投場投方
っ精安百囚会る社ニ阪投場投方っト退

茶色の
、最後の
変位
振る舞う
クッカー
原因
楽しい
ブリード
人気の
少数
コミュニティは
影響する
を通じて
親切
黒い
アクセス
整理
ワーキング
どこでも
詳細は、

Puzzle 304

ワイヤー
兵士
プルを
禁止する
コール
ブラック
光沢のある
ドライバー
オブジェクトを
学生
大根
聞いて
鉛筆
注意
待機
与えました
タマネギ
傾斜
戦いの
ディスカッション

禁止する向コ百しでスレ大タ注ド退モ
テ通然ふ覧ニ兵ッドる解根意ラ論ハふ報退
選重ょ退愛じて士プルを嶋本妊ニノイ学生育場
ヌリ故で卜登通嶋セぼ室会クホーっバー光沢のある
狙ツだ投摘合で育化乏だ権合再加だ向側ふドの
応結ぽ解嶋阪ニホで精ハっテレ待機通ぽ聞り京安
レ開ラ鉛やょ砂進出向ツじ二安傾斜ブラッ無ふ退社
鉛筆ノオブ写通選ょ狙何むえま向覧能暫京
オブジェクトを進ベをむ多狙場写開エた退社論話百
応まる狙何出れも写開エたワイヤーつツ育弱精ヌツ育

Puzzle 305

ぐ む 無 投 て ひっ 感 場 権 ヱ き 会 ぼ 嶋 辞 ょ
所 ひ 弱 く ふ 何 然 チ 謝 囚 ど ゅ 読 き 投 だ
コ 囚 れ 安 や む ま ラ 囚 しっ 出 る 圧 合 下 室
ル 囚 進 息 写 育 ぎ ゅ エ ベ 論 じ ヱ 狙 降 応
ひ ソ 子 育 カ ツ 何 だ 室 ル む ヒ ソ 妊 ラ
面 白 い の ょ 暫 ツ 化 リ 故 コ や 送 応 答
ぼ ヌ 砂 レ 最 も 狙 だっ ヌ 摘 京 安 ら か
登 弱 然 ノ ソ 座 って だっ ろ イ タ チ 精 ら
、 個 々 の ハ 選 大 権 狙 出 で 安 乏 ス
ゅ ス ク ホ ド ク 通 戦 ハ き レ 退 テ コ
再 ヒ お 含 能 ニ ょ 争 ニ 出 ェ 芸 る ン
ヱ っ ト まん ニ ょ 読 き 側 タ セ ー し ド
妊 ス ト リ ー ト ヱ む く モ レ ズ ル 摘 ル
エ む 再 ヌ 加 ホ 嶋 ぎ ラ コ ー ム ミ せ じ く の
べ し 重 多 歩 ド 論 歩 進 百 私 バ ル 側 ざん 画

含ま
送ら
座って
イタチ
コーム
ディテール
ハタネズミ
最も
下降
バー
からの
息子の
ストリート
コンドルの
応答
戦争
大声
、個々の
面白い
感謝し

Puzzle 306

卵に
雇用
行い
感情の
ランダム
シナリオ
受信
ワームは
叔父は、
の近くに
優しく
ベッド
ドラグワーズ
労働を
ワニ
ドロップ
多分
ホテル
の仮想
もたらした

の ド ッ ベ ヒ 芸 っ ヒ ひ 出 安 ス ト セ 摘 ト 解
仮 ラ 愛 出 投 芸 選 カ も だ 通 む に 卵 結 芸
想 グ 登 金 進 ど ソ 結 た 受 優 し く 会 ぼ 投 京
通 ワ ひ ひ 妊 芸 ニ コ ら 妊 信 ろ 近 金 ぎ 狙 コ
ぼ ー 阪 リ 解 ざ ツ 進 し 進 シ ホ の む 感 ろ ッ
画 ズ ニ 通 カ ヒ ぎ ざ だ 無 ナ ド 応 ホ ホ ス 応
ニ 側 ざ 場 暫 ま だ ホ 画 合 リ や 方 ロ テ ル
ゅ ざ 結 意 ホ 安 育 ホ 化 ぽ オ 重 む ッ れ 叔
ソ 結 話 ホ 覧 化 し 化 ニ 安 安 る べ プ 父
れ お 本 側 ラ ヌ 解 ハ エ 所 場 再 れ サ は
ス 開 だ ラ ん ぽ 報 無 ニ 乏 再 ひ 砂 、
行 い 安 ン ダ ル 社 退 故 辞 し 私 ろ 応 私
報 ゅ も ム 多 応 囚 て 登 写 通 多 セ 退 京
労 働 を ま 応 っ 選 解 妊 ヌ ぽ ゃ や ニ ワ ー ム は ニ
室 加 雇 用 っ 摘 妊 ヌ ぼ 権 登 ヌ レ レ 囚 る べ

Puzzle 307

応報重百れニ加グンリクイサモ向論て
れ加場権楽しまレ反ぐむだク妊ろむで
化金チ京ょチ来一応写加クセ会私暫の
読ニ所金精間たドは社精ざふノセノカ
ニぎモ乏ニ違出や加身妊ド本ト加読ッ
だノハで応加っもしゅやヌふぐヌ育プ
リ所精きに結社チイ覧トむ食む器ル
退でせろ空京報ルベャニひ弱応棚
だ妊ヌド育唯イト海ふてざひ化何だ選
昨日鼓舞金レ育スーフを然てざくひっクょ安
きむ側海金ざじ嶋だヱ社だ社囚ツ応阪サ学ぶ暫ひ芸応
むゅ話海向廊下合計ま砂作写金歩阪サ学ぶ
本私ト通ま砂作写金歩阪サ学ぶ暫ひ芸応

唯一の
イベントを
来た
グレード
に空
のカップル
ナイフ
昨日
廊下
操作
反応は
食器棚
鼓舞
合計
サイクリング
自身は
でき
間違っ
楽しま
学ぶ

Puzzle 308

ビート
する非難
守る
オコジョ
感じた
叔父
ホップ
選択し
ヤード
コヨーテ
目の
ロケット
カー
良い
祖先
食品
、緑
を超えて
同一
環境

ル開嶋ふカせだろ良いドだまょ守ヒし
ぎ通ひゃ妊妊弱トくろヌゅ側まホる二き
無ヌヒエ登百も覧ぐヱぼ暫ぎッ通ヌ阪ヌ
ょ場祖先ど選進退まひ狙再エトおや私や
やれも愛応クどだ叔父嶋囚金育サ写開コ私
精百私カ投ドだ登んードビくむ読ロヌコ
ハせチエつ無スト場ヱ辞くソ解登所サ方
ひ進能無を覧故能ヒ話圧トッ妊食やだも
選ョ暫何超解嶋重芸環ど重スだ品ふ本ょ
サ択ジ向えスする非難狙スだ感じ室弱重向
合スしコてオしじホドホニざハ弱登本私ふ
れぎモヨャ故くソレ緑ヒ同どカー私登ふ
愛目の一故ヒ論、緑阪ースニ進登ふ向ょ
覧テ合ょモ嶋私辞阪ースニ進登

Puzzle 309

```
ヌ ま モ ざ 野 京 せ く ト ホ べ だ ろ ノ 能 摘 室
入 ホ 妊 も 菜 進 ブ む ま ド 私 芸 お 王 小 さ な
カ 重 論 む を モ ー メ ン ト 暫 お め 読 冠 第 十
し 知 っ て い た 口 精 摘 む ひ で ざ 圧 の ハ 砂
て ハ 合 ぎ 砂 社 ぐ 砂 安 セ ま れ 私 だ 私 く 側
私 ざ サ せ 砂 だ 応 覧 だ ヒ ぎ う ク 私 ギ ュ ド
冗 ま で ま っ 二 囚 も 覧 ょ し ヌ 報 化 ュ ッ 重
談 私 ノ ま セ け ゃ 読 圧 権 ぐ 論 ひ ハ 弱 ド や
ぐ 辞 コ エ ト テ ん さ 母 お 開 ク 安 ス 治 世 ど
れ ヌ ょ 選 暫 や ひ っ ざ 二 通 チ 芸 出 れ を せ
合 覧 ひ つ 狙 ニ せ な ヒ せ 方 ク ハ ぽ 安 も 私
ページ の 雪 支 出 し ょ 応 ま れ ひ ゅ 社 ふ も 無
ふ 所 も チ ん だ 多 暫 で ま く 通 摘 多 話 私
社 解 っ ー セ 圧 る き で が と こ ヌ 登 ヌ ラ 無
ソ ノ 育 ビ っ 写 ス ま コ 砂 レ 狙 ト
```

なし
ページの
知っていた
冗談
野菜を
モーメント
ことができる
ローブ
ビーチの
雪だるま
お母さん
入力して
支出
ギュッ
王冠の
第十
おめでとう
せっけん
治世を
小さな

Puzzle 310

暖炉
聞きます
明確化
意図する
採用
ボリューム
記述する
高貴な
の電話
エンジンが
忘れてしまった
成分
のオファー
かむ
ケーキの
店の
もらう
確立
ベッドの
何も

```
妊 応 意 化 意 摘 結 ボ ゃ の キ ー ケ の セ 再 能
だ ぼ 能 確 立 室 ぼ か り ぎ 電 方 ふ オ だ 会 ぽ
高 貴 な 明 ょ ん ル む ぎ ュ 話 ヒ っ フ セ ヌ
意 然 無 も ら う 覧 も 論 記 一 じ て ァ ク っ く
エ ン ジ ン が 投 画 合 再 述 百 ム 再 ー ク 暖 ヌ
き 重 室 登 投 ふ だ 二 多 だ す チ ー 炉 嶋
ツ し 方 京 進 ノ チ ベ だ 歩 記 せ 再 お リ 聞 エ
サ ヌ ひ 育 ヌ 開 辞 妊 覧 ふ テ す ま き じ 海
向 ひ ひ 解 何 せ ヒ カ 無 ツ ヱ 会 採 る り ぽ 然
ぎ ぐ て 合 も 報 ス 側 の ド 暫 採 用 す り ょ
ソ 育 ホ 精 論 ま 店 ヒ 所 京 レ 画 図 や 向 つ
退 登 京 ヌ ぎ 精 何 ヱ 覧 れ 忘 意 読 愛 ぽ
く 報 ょ 歩 因 歩 妊 京 れ て だ た 登
画 テ 囚 応 レ 本 出 出 論 登 場 出 し 合 成 二
だ 出 ベ ッ ド の む 金 で 安 覧 然 ど 写 リ 本
```

Puzzle 311

```
読 百 ぐ 嶋 ん せ ス ぽ モ ツ セ っ 側 通 選 ゅ 明
れ ゃ だ 所 ト 通 辞 ま だ ま ん 故 ハ 報 ヌ サ 結 確
る 精 ょ カ ろ 故 方 応 囚 読 ゃ 愛 ニ ッ ホ 然 に
ド レ ス ろ 私 京 方 狙 室 リ 進 ニ ス ケ 然 登 再 べ
覧 と 圧 の 京 方 経 ラ ぼ ま 妊 会 本 ヱ 話 エ チ
教 会 の 嶋 ツ 室 験 ぼ ま カ 脚 愛 ょ ジ 育 ト い
然 嶋 だ ひ 権 す ひ 開 囚 、 警 釣 水 愛 ュ 泳 ト っ
ぐ 摘 辞 ひ 精 カ ス 再 告 り だ 弱 ル ク ぱ い
摘 海 辞 ひ 魅 カ ス で リ 阪 釣 り は 無 わ い ラ 何
海 モ も シ 魅 会 ニ ッ 再 ン 告 れ は 暫 ま い イ 進
ソ く セ ル ょ 会 ニ や 合 選 ゴ 何 暫 ま い や ふ る 所
読 育 防 覧 狙 ッ や 合 選 チ ョ コ レ ー ト い や ふ ん 応
ろ や 衛 暫 ま ク チ ョ 圧 コ 安 覧 ク 進 解 ん
場 故 何 ハ 場 何 金 論 ょ せ モ ろ れ 場 室 応
ツ ッ ド 摘 然 ツ セ 京 論 ょ せ モ ろ れ 場 応
```

ライター
かわいい
、脚
するものと
品の
教会の
警告
水泳
、リンゴ
ドレス
ショック
経験の
防衛
幸運
明確に
いっぱい
釣りは
魅力
チョコレート
スケジュール

Puzzle 312

アクティブ
通学
カーテン
削除を
セクション
シーケンス
前に
欲求
ピッグ
大学院
添付
成長を
に迅速
価格
社長の
特に
バンワード
買っ
パパ
保ちます

```
ス 出 摘 ヱ 成 金 ぼ ス ピ 前 に 保 乏 ク ト 愛 応
リ 話 ス 登 長 ふ ン セ ッ 登 ク サ ち 嶋 ド 無 ふ
摘 ま 報 進 を 買 ョ ク グ ぎ 再 ひ 側 ノ 意 ス き
む 金 ヌ 社 嶋 っ シ ー ケ ン ス 応 ど 阪 す 論 所
嶋 歩 ひ ま 長 化 の セ 大 ニ ひ 乏 ハ ぼ る だ 化
ひ セ 権 ざ 欲 の 登 場 学 バ ワ 故 コ れ ド リ サ
向 権 ス 欲 求 解 ヌ も 院 ン テ 室 解 選 ト 京
結 ス ヱ 退 ニ 百 ア ア 登 ー だ 権 だ っ ト
投 育 し 権 二 退 通 ク 選 カ 嶋 サ 応 弱 金 削
海 辞 権 リ 進 学 ア 辞 っ 登 ベ ノ パ 故 除
チ 応 し 方 金 社 能 ク 摘 辞 結 ク 応 加 パ を
能 選 ざ 応 ど 暫 権 テ 乏 愛 む ょ お く る
ま ゅ だ 権 ヒ 阪 ィ 応 価 格 愛 迅 む サ
ト ル だ 読 狙 ハ ざ ブ 投 も ょ 速 添 意
結 解 ソ 応 応 モ 妊 特 に 嶋 暫 写 付 ろ
```

Puzzle 313

同私エト砂トぎっ応エべだれ暖意無芸
実意たストホ摘む発揮ハだ炉摘応側
京証しツベ圧まも関側にべの先海ス
妊開室おサホもの心簡素化ぽ常応ひ
資通室お狙だゅ再化て話おヒスヒニ
本ぼゅきサざだ結果は加し阪安歩側ぽ
応加京っエ方だ退進きしせざスヌ向ひ
ハ飛き登場モハ室キャもサ画しどサ
エぎニク機海安愛グンダものひや加ひ
ぎま阪ぐント人拡張デどム育ぽ辞阪ャ
シ退んト大だィ海りん方摘権会っも
ャて場まし、なくなっく歩所通解圧も
ツエチ囚ハぼっまやルハ報何チ囚サ場然

暖炉の
、大人を
もの
なくなっ
発揮
結果は
同意し
の簡素化
通常の
ダングル
関心
先の
シャツ
拡張
資本
飛行機を
ました
について
キャンディ
実証

Puzzle 314

読み取りに
古代
チェック
満足
ブレーク
深い
教室
シール
自身の
さようなら
すべての
食事
株式
ティーポット
ツリー
キャンペーン
クレヨン
レストラン
告白を
重力

ツぎ本化お囚ラぼ歩弱何読さブれれモ
す古代ひ囚っぎカ論もサみよスレンテ
故べ結ト芸方セヱ能合囚取うトーペひ
画嶋てぼラひド弱つ辞れりな精ンク
告白をのざ選ま選暫どにソャノべ
ト本加食スエ自妊つ退スやセ論ルラサ
報加選事ツど妊や加京む乏画ひら加
ク選安報リ弱会退側カお応じノヨ
つ安百辞一投然どモひカ重れべレ登
ょよ深ハ然意本阪側モレ能登サニ
株百シ権本乏阪加トレだ写加ス
式シい乏ティーポットでっチェックラン登
ノーティーポットき再結ク囚読
安ル出も出海砂育きひざ私重然
ニ乏レだや芸ノ囚トクひ私加圧だ

Puzzle 315

ノ だ 投 進 れ や モ サ ヌ 暫 じ 重 ク ト ル 権 多
ー 愛 然 ぐ 壮 、 れ 然 リ 画 囚 ル 構 会 や 置 持
ト ゅ カ 登 大 社 ま ど 笑 意 退 造 風 呂 能 投 くって
ブ ベ モ 芸 登 会 ひ だっ 好 む 故 じ ぼ ヒ 向 場 いる
ッ ス を 芸 登 私 ホ 報 む エ 愛 社 無 ぼ 所 覧 だが
ク 海 し 開 私 退 場 、 ここ で ノ サ 覧 だ お まな
歩 エ サ 開 話 退 場 所 、 ここ は フ ェ レ ッ ト
く 登 投 選 ょ ろ ひ 再 退 セ ラ 係 て の 好 き な
ニ 多 解 育 候 補 ハ ソ だ 能 ぎ 合 関 ス ん ク 画 囚
監 視 狙 能 結 だ ぎ ど ニ 嶋 歩 ヱ 会 の 遠 征 話 方
ノ 化 じ 結 だ ぎ ど ニ 嶋 歩 し し だ 理 解 加 コ ヌ
ヌ 何 ヌ ま て 進 歩 ど れ し し だ 京 画 意 む 圧 ヌ ひ
金 ぽ 登 ド ひ リ る サ 読 選 テ 京 画 意 む 圧 圧
然 室 ま 化 ラ モ も ツ 圧 弱 囚 ま つ や ハ 圧
話 海 再 ひ 画 妊 タ ッ チ を し ス キ ー 乏 妊 ハ

スキー
監視
の関係は、
フェレット
好む
カモを
理解
遠征
笑った
、ここで
、まだ
置く
持っているが、
タッチをし
候補
風呂
構造
ノートブック
壮大
の好きな

Puzzle 316

ストロベリー
カエル
喜ん
曇り
衝突
グレープ
存在
大きな
に向けて
位置が
動き
単なる
プラスチック
を奪う
流体
最大
日時計
ストッキング
となっ
デューティ

位 置 が 場 ニ 乏 ひ 画 べ 画 ニ 合 ぎ 存 だ ス ホ
ノ 精 ょ ひ 出 リ ド 加 会 進 砂 歩 在 本 ト ニ じ
動 流 せ セ 場 む 画 に や 最 大 きな 意 進 ロ ぎ
き 体 ツ エ て 暫 登 セ 向 む 再 向 然 読 ベ ハ
ソ だ 加 社 場 っ 暫 クレ 弱 本 応 向 む し リ っ
無 狙 百 っ 精 愛 ス 圧 れ 本 て グ る 何 ー 通
再 っ 本 場 会 ス 奪 ヌ 多 囚 ラ つ もゅ コ 応
じ 海 所 れ 進 を ぼ プ 歩 能 プ レ 日 っ ヒ 砂
ぎ ま 投 れ 本 カ ぽ ラ 開 会 し 時 育 然 論
だ ひ 圧 や 圧 ぼ ぼ ス コ 投 計 私 論 乏
ょ ヌ む グ キ ト ト チ ニ カ 曇 り 喜 開 む ニ
加 む 衝 突 と るゃ 読 ッ 能 っ ス 海 ん 選 ひ ッ
デ ュ ー ティ な 単 っ ク 精 レ べ り 合 阪 じ 嶋
側 出 多 っ だ リ モ コ エ 辞 ど 所 カ エ ル 京 狙
ひ 重 画 退 リ モ コ エ 辞 ど 所 カ エ ル 投 能

画選ヌ社ざ論ノ安ハん教会ヲヌ話ベク
社ハリ会話登でゅ合権だ登選ノケアひが
結加む的歩社育テくま化摘ょ合ド重応視
解愛能所場しヌ画のチ重話スサイリぽせ
方加ク加結っツ阪願い紳士重多出方向だ
ツぼ覧ぐリ話論阪登を結、退圧摘明読ぎ
ー写むしソ嶋名祖父かかし狙開日はき報
ルの嶋側方選あス話無大丈夫カギ金むヱ
弱砂選名詞ま辞ヱ嶋っだょ海写ウぼ精ヒ
写選ニれ投りヱ嶋出だカ加っ歩ヘンエカ
阪ハ安ルモぐに画トソ脂ぎ写ウぼヘンヒ
向んまニラきも脂ソ重っ精ヘンヒカモノ
応だニラきも脂ソ重っ出肪ラノベモノひ
囚弱だ私リ重っ出肪ラノベモノひヒカ

ので、
社会的
明日は
ウサギは
脂肪
ツールの
リソース
大丈夫
かかし
紳士
あまりにも
ケアの
名詞
の耳が
祖父
教会
サイリング
願いを
ヘン
不可視の

シャワーが
リーダーの
年の
ささげる
、標準的な
だろう
バス
表現
優しい
笑顔
参照してください
キャリー
ワゴン
池の
のない
都市を
国際
態度
削除
うち

応ニでふだ論むヲ都方覧せモだだ阪参
写重多レ写らぼテ市写場ト本チっ照し
ふ覧クチ側報シを辞登ヌ辞ぼヒてく
スせテく進愛ぎャ削弱然出ヱ社化ドだ
じ、トゃ覧ヒワチひ選セ多論げさ
解標ス摘愛ベーャキ圧ニ論るさい
ニ準べ金サ歩がだ再チ加だ笑写な
話的ツヒルンふラ社リ何応顔の
精なヒ所妊ど方室ヌ一態私池
再会ェ京ソ解京ふ暫ニ度ラ
国際応京で京無やダ狙だじ
っひぎ然ク退る金ソ一室乏ぽ
ニき所ツサ然化論砂表権室
バ合話し何っ優百画現ヌ弱
まスセ合ぼぽラ砂弱うち重

Puzzle 319

ぎ 加 む し 進 登 リ 会 し レ リ つ 能 摘 退 警 ラ し
進 セ ヱ 百 退 や 海 ヱ 能 力 金 っ 側 嶋 じ 察 お 場
摘 ヱ て ふ 再 ツ 育 る ふ 圧 ぎ ふ ま じ ま お む 覧
て 会 所 京 出 圧 出 覧 ざ だ イ コ ト 再 ぎ ょ 応 ざ
ツ ノ 再 金 ま や 応 登 っ 圧 ジ ホ テ ぎ ょ る 室 っ
ノ ク 金 育 ふ ひ せ ぎ 読 室 ェ れ ッ ジ ー バ 暫 選
登 登 育 選 せ ろ ぼ 解 辞 ま ス ト ピ ー ロ っ 冷 き
、 無 無 せ 弱 辞 エ 安 む ニ ン ョ ジ ク っ 蔵 の 圧
ど こ 通 ゅ 事 私 ひ む ン 庫 ク ッ ロ ラ ヌ 庫 京 せ
開 や の む 実 ま ぼ 在 庫 ラ 話 資 退 ぐ 格 を の ふ
ホ ネ 週 よ 金 ク も 不 安 て 室 退 ぐ 砂 故 お 報 京 ふ
ス イ せ 向 う ヒ 主 百 て 室 退 ぐ 砂 故 お 報 つ
金 ル ツ 登 ゃ な 要 重 む ろ 砂 故 お 報 つ ぎ 報 京 ふ
登 ま 多 王 ち 結 重 む ろ ノ ー ト ぎ 報 京 ふ
レ ゃ 狙 室 キ ャ ン プ 解 ノ ー ト ぎ 報 京 ふ

クロック
在庫
、このような
ネイル
冷蔵庫の
ステップ
事実
王室
週の
資格を
主要な
警察
不安
ちゃう
開発
ピンク
バージョン
ダイジェスト
キャンプ
ノート

Puzzle 320

キャリア
雨の
の伝統的な
通常
セロリ
土地の
リード
気に入った
ボディ
火傷を
アプローチ
紛争
雑用
インチ
プライマリ
の異なる
家賃の
ランプ
科学者
個人的に

リ コ 狙 科 レ ク サ ス リ 化 ゅ ん ニ ひ 火 ヒ 妊
開 レ 方 学 っ ひ ぎ ク 再 覧 ス や チ 京 傷 ハ 応
嶋 ニ だ 者 の 伝 統 的 な 読 ス テ 重 カ を 解 ヒ
然 で 海 ろ ツ ヒ 読 な 権 ク 何 通 何 歩 乏
ス モ 投 ろ む 愛 再 囚 の 異 なる 雨 の 阪 無
ひ ざ む 本 権 ま お 然 気 故 登 写 開 室
ふ 登 然 む ヌ 出 無 だ 愛 に 囚 家 賃 ん 論
イ ン チ ー ロ ア 意 故 的 入 百 の れ 紛
リ ー ド ど 加 ト 社 出 人 百 ド 暫 争
マ 話 ル 何 結 サ セ 囚 く 個 退 レ 場
イ ス 結 安 ヌ ア ロ 合 進 ろ 圧 ス 歩
ラ 開 ル ク ラ じ リ 通 て 雑 用 精 ざ
プ ン ラ 意 ニ ボ ラ ャ 然 サ 能 エ や
だ ド 砂 乏 テ デ 写 ホ キ ょ ん 妊 ハ
土 地 の 故 だ ィ や 芸 登 ょ セ 乏

Puzzle 321

宗るレ私室カ閉まヌ乏だ妊側タゃベニ
ざ教向ビ加じっむっホつろー無カろヌ
摘ヌ的画権込ク権ホ阪ヱ安きんぎス室
き出ハなカーめる故ぽべ社ろんぎ選ヒ
だヌ育ニれ故るおべ覧だス百読ヒ々な
何レ金お歩まろぎ社ス画合愛どれで万
結安ニくス意だぽろ再ろ重チ万人やト
ヌ精れス論ん甘ボール所ぎも辞場っ合
てむ金写やニい登ホひホツ場故適ひテ
ょだ側故覧カベぽも場ぎホツ場適パの素敵な
ゅ中妊場登解場ぎペイント格てフ機バニ摘
中心愚か者のス側安場リ能退クニ行開ニサ
心肖最大のだ登応だ百圧故暫応ン飛ど
像故く阪海む方ニ圧故暫応ン飛どサー

最大の
レビュー
ボール
甘い
万人の
の素敵な
肖像
閉じ込める
様々な
テイク
バニー
飛行機の
愚か者の
宗教的な
ターキー
恐怖の
中心
適格
ペイント
パフィン

Puzzle 322

アイデアは、
喜んで
育て
一部の
天使
フラット
停止
適用
まま
一致する
満たさ
タイガー
公式
ささやかな
予測
靴下
タレント
距離
試行
に自信

育ぎさハ靴下社っむぎトア精トンレタ
ヌてさく通通会ッっ無暫イ報応辞囚イ
場まやモ応出るゃま狙ニデ二加ぽ百ガ
つニ退たなだーく芸会意用登カコトだせまー
海満投たさ試行す芸多結会応ま社リ愛出私し
ツやぎ育能るコセじ画方囚レー暫選乏合
だ金能ょ故砂どき囚ょど向く砂結報ツむ
暫辞百ノひ社阪場愛ノ退自信むぎ権ょ
無圧阪海覧むろ故海二き通通じ砂登テ
天芸ヌまスお無スニ離阪ふ私意公式愛囚
使摘本っ然意せむヒ場場所フラット予測結ヌ妊だひ

Puzzle 323

見 て 出 れ 側 っ や じ 用 し て く だ さ い は 、
ツ 愛 れ 版 辺 ト 退 通 品 故 ベ テ お ヱ し 所 だ
ス ウ ェ ー デ ン 人 の 然 報 圧 本 通 サ 妊 暫 二
ぼ 百 ス る 、 海 の 体 進 む ベ 通 何 カ セ チ
ど ょ 側 ま は テ 方 画 室 全 あ 摘 界 っ 狙 阪 ニ
く れ ま ゃ 城 ど 室 合 り ソ 囚 を 然 安 京 捕
も や 選 私 加 っ 健 康 モ た ニ 百 社 応 故 海 捉
マ イ ナ ー の 退 砂 ひ 開 私 読 場 エ 輝 だ ラ 狙
多 べ ぎ 育 意 重 合 私 向 嶋 こ と ヒ き 辞 っ っ
ス 進 サ サ し 歩 向 論 ぐ 画 応 に 出 テ や ニ セ
芸 辞 せ 歩 セ ツ 重 ヌ 準 結 投 場 海 調 カ ニ
ょ む ニ ゅ ょ き 重 応 暫 本 備 弱 所 ざ 査 金 阪
ル む 卵 ツ せ 狙 応 コ 権 れ れ ま 会 だ 教 授 妊

捕捉
テント
マイナーの
輝き
出版
スウェーデン人の
日の
ありがたいことに
教授
用品の
見て
業界を
側辺
健康
準備
全体の
卵の
してくださいは、
調査
砂の城は、

Puzzle 324

の問題に
ベルト
フロート
コントラストは、
選択は
、キツネ
関与
クロス
注が
贈り物
中間の
困ら
たまま
抱きしめ
会議は
の階段が
編を
行く
荒野
唐辛子を

場 も 報 画 コ 退 ん ぽ 覧 嶋 何 故 き ま ト 場 じ ベ ネ ッ キ
ぐ 応 サ 抱 き し め ぎ 多 ょ レ だ 写 側 ゅ 砂 会 論 ざ ん ト 登 囚
向 応 ト ぐ 嶋 摘 セ 場 編 ヱ 意 方 砂 応 論 合 は 議 会 の ホ れ し せ っ ヒ
ヱ 再 然 く て 選 困 論 囚 を ょ 弱 じ ヌ 精 ト ル べ 多 コ 応
ス っ 向 ル 然 く 多 ら る セ ま 結 ぽ 側 ラ ス 間 ゃ 砂
ヌ 歩 ト 意 ト だ 所 海 砂 故 投 無 登 ト ス 中 圧 意 だ 然
テ 開 唐 レ ょ 私 た ま ま コ ン 会 ラ ヒ サ 方 故 や
ひ だ 辛 権 話 然 の 乏 囚 選 向 リ ク ロ 百 砂 選 ル
選 ヒ 子 ラ ヒ ス ぎ 階 ま フ ロ ー ト 方 故 や 権
行 択 を れ 化 の 贈 段 社 ひ や 進 む る や 然
べ く は む ス ふ 問 然 り 意 注 関 所 重 で 砂
権 所 で チ ニ の 題 京 物 ょ 合 芸 妊 選 権 ヒ
ハ せ ん レ ソ 荒 野 京 方 方 テ 進 む る 権 や 砂

Puzzle 325

ぽ	弱	ヒ	カ	場	じ	能	解	ひ	金	歩	ク	テ	ひ	嶋	ひ	歩
ざ	モ	ヒ	ヌ	本	ソ	狙	む	室	論	ひ	愛	ぎ	京	出	せ	も
場	ソ	ゅ	ゅ	ぎ	べ	ニ	愛	会	サ	ド	ぐ	る	投	何	成	私
側	故	再	ど	チ	読	乏	妊	応	ょ	ヌ	報	レ	じ	写	熟	れ
結	婚	式	ハ	出	より	良	い	選	室	報	育	話	ヌ	チ	画	出
結	ハ	加	キ	セ	摘	阪	私	ん	じ	エ	リ	ュ	画	二	王	子
コ	加	リ	競	争	辞	ソ	選	父	の	ょ	歩	然	開	し	ウ	境
話	報	ン	ソ	辞	画	だ	ま	応	読	ふ	開	圧	ラ	ツ	精	権
種	開	を	全	体	ヘ	ょ	報	何	せ	れ	リ	ん	ヌ	ヱ	会	登
暫	回	の	全	体	ス	ッ	囚	じ	ジ	ブ	ロー	だ	エ	嶋	ヒ	応
避	す	る	チ	ガ	化	ニ	レ	サ	化	エ	嶋	ヒ	応	ェ	権	育

単語リスト

ブロー
父の
成熟
境界
キリンの
幅広
競争
、より良い
結婚式
ガチョウを
ミス
王子
キュウリ
種を
教育
チェリー
足が
回避する
ヘッジ
全体

Puzzle 326

単語リスト

インターセプトを
失われた
洗濯
ヘリコプター
数の
ペット
熱くする
画像
話は
理論
夕食
少年
高度
スイング
クライ
カラス
経験
購入
システム
法の

ゅ	ふ	報	歩	ト	熱	く	する	ど	ド	愛	百	安	権	本	選		
何	ぼ	も	読	ペ	無	購	室	タ	話	話	画	ん	会	る	し	リ	出
洗	濯	ト	ニ	ッ	ヌ	入	食	グ	は	る	像	無	る	ぎ	方	弱	く
嶋	海	結	を	ト	プ	セ	く	イ	ぎ	会	然	ド	だ	で	京	エ	場
つ	開	お	法	ヒ	く	ー	本	モ	イ	少	写	報	る	も	や	ト	も
覧	っ	無	べ	の	閉	じ	阪	だ	ス	年	海	私	京	論	経	安	
話	会	ハ	じ	数	砂	ホ	ょ	て	ラ	能	選	し	や	モ	験	ス	
結	サ	加	高	二	所	会	応	ま	カ	ざ	合	失	理	権	サ	ぐ	
ょ	意	報	度	妊	っ	多	く	ク	チ	合	わ	解	論	ム	れ	無	
ヘ	リ	コ	プ	タ	ー	愛	芸	ひ	砂	ラ	れ	る	シ	報	む		
や	話	加	ヌ	コ	セ	側	登	ゅ	海	解	た	お	ス	テ	解	ぎ	
能	金	じ	阪	だ	ク	ラ	イ	退	故	開	お	金	ム	む	れ	無	
圧	モ	圧	で	ク	ラ	イ	意	る	ま	会	金	ぽ	所	ム	報		
る	出	画	愛	や	選	ひ	じ	再	ま	レ	ヱ	せ	じ	二	場	多	

Puzzle 327

合百ク選せサっ向ヱ京向なトクパンコ
歌ヒうてひべレ重ヌクヒぎ分ラト向ニ意安
精うアっやカ方じ化応鍬金をサ謝意百化ヱ
出トヒやむエ退でホサだ育通せ辞画でょ
ぼ合ルゃカ新鮮ヱぼサ謝ぐ意場ヌスルレ所
本会出通リ暫化ウぽ育読感ぐ百クスルレ所
出能だリフャウぽニ能金場ヌスしヌテエ摘
進退パェラ進ョズぼ金融で安っヒテレュラ
囚何イ権ワ弱ヒテラ場ツ望発ひむ暫スラ算
ヌ結ロッ瞳乏く場加遠言は暫テレュ計ヒ
ニ金割トのべ暫妊弱場加ヌ鏡決しテ算本
チ割りのべ暫きしっヌ鏡決してゅラ算ヒ
登り囚結選海ぐ側れ報ヌ側私ニ計算ヒ
話当ホヒ読写れ海故所てざ場金応意ヒ本
加てエスむコまふまリ会ヒ愛出ひ無本

瞳の
アヒル
ヒョウ
金融
歌う
パイロット
トラック
望遠鏡
カリフラワー
ウズラ
コンパクトな
トラム
感謝を
割り当て
新鮮
、十分な
計算
は決して
鍬を
発言

Puzzle 328

悲惨な
臆病者
カップ
タオル
スチーム
のガイドラインは、
ポンドが
孤独な
緊張
石は
アヒルの子
任命
病皿
可能
パワーの
ココア
トランク
クロコダイル
女の子は、
撤回

本ヌポク芸ハの開可スチーム無ょクス
く囚ンロ辞歩ーガ能重孤ソ方論ょ囚も
ト加ドコんぼワ安イ囚独然ふ臆皿悲ニ
進チがダ緊会パスドド再な惨病加ひ
クむヌイ張愛コヒ撤回ラだも会まベ者
セ故囚ルひだむル海ひ解イエホコる精
報セル論会嶋もの砂意辞写ン百登解ぼ
も海コつれ室開子場スカはて、砂重
阪愛報狙ん阪安解退ょ無側任命トラ女
だ百精故る読重故てふ室ニモ読ンの
ゅ加覧ニだスヒ圧権ノれゅ安意クク子
ス石はツコ乏加ひラぎょ権ひセひは
ぐ弱重まカれ金向だ退本セス多、
ゅだヒ精進辞ドおセ無阪ひつココ
つルっチど開場摘じ海タオルコア

Puzzle 329

合クャ登写ひ化て社言むょ不ヒセ然じ
報テ暫エセホラボウル語歩安く暫ま再
退ま芸投応本妊海何むん進圧摘再京し摘
ラ百投ぼ選乏砂だ報リ出写蚊辞再ひ歩
ざつぼ安論てヌ場ト化識知をむ嶋自じ
むきリで狙再ヌ日曜水側だ海ヌ体砂ハ
話ぎヌ応の親バンズだ報し知自っ金社
じふぎべ多ぽ性の検ニ摘海む体砂冒安
機能は、ク剛のド再チカ結し金険無ド
所有者のク権クラ再度出摘カ糖ほ百ぎ
愛つ権室意クドラ選程ト解故は結冒愛ん
安論写室金剛室だ摘中ソ応ニ室険京や
く多ツ圧ぼ加選どぎだル的論
せクひぼ囚加力解ゃざっヌろぼ

剛性の
不安定な
検出
言語を
ボウル
自体
水曜日の
塗る
所有者の
の親の
バンズ
骨折
知識を
蚊を
冒険的
中程度の
、風の
機能は、
糖は
バット

Puzzle 330

セキュリティ
イルカの
櫛の
提出します
クロウ
バター
議論
フラグ
、マウスの
ラダー
マイル
十年を
有利な
ステートメントを
致命的な
不足
しようと
氷の
のサイクルの
手配

スヱソ投解再ぽスむ退ょ加阪セララ
んテて摘リ開暫登応重グむ私モキニ歩
化百一く応有利な話ニラーイルュ話櫛
ゃベタト話写クノ側フ場やカ話投のべ
もひバ投メスロ命ト選っル弱テマむ
再金合ゃヌンウ致歩ク退のィイルの
進スク精テ能ぼド暫も私サクルぐょ
愛手覧セ育金をふ氷合のチセまだ
き配弱ソ側画氷つスホセ意ニむべ
ト登リ再っ会年ぐマ投ク弱写おん
阪とヒサ歩議十重投カチ覧ドろ
れうヌ応合ヌ弱能ソ加む
ベハ阪よ権故妊重ソ弱Ⅴ二ひラむ
カ再提出しますヌだヌで育解ャラ
せ砂ヌ論ろスふスじ応ス向不ベ出ニひ

Puzzle 331

向ょゅ所合需ツろ化論で会投れ摘会愛
ト社エれ要無モレ必見、場ヌや画ど百ふ
エるじ側解を砂レ非おス然画まし退ぼ画
砂しきん権紫出無きれコ育登方退誇ニく
ひむぐ所暫意結のに応本レ乏応りょ権解
まだドソトヒ向所暫幸もヒサまど化っヌ
スライド京ろ弱チリょ選囚本なじゃ愛どラ
因べ写愛読摘嶋結応ぼ読んプ定ど応クス
だ故退育弱私シャンプー一のど辞摘山の
投チフライ事件応進百必妊サト投園ラっ
バタニヒヌむ論ざでヌずスーリリ物ずス辞
海投せセて乏証ヌニクエざレんざ動のっ辞
興奮二だょ芸結だ拠場然愛側イ鉱室モ結
側ニに従って故むはぽひ辞摘山ひ結辞

イレーサー
誇り
事件
クラスの
スライド
動物園の
必見
一定の
興奮
バタフライ
リリース
必ず
、非常に
に従って
紫色の
鉱山
証拠は
幸せな
需要を
シャンプー

Puzzle 332

得て
脅威を
パースニップ
代替
干しぶどう
結合
貢献
クロッカス
だと思う
アネモネ
条件が
プロセス
項目
バッグ
組織
音楽
獲得
アクション
動機の
知恵

干しぶどうアモぎ無覧トせ投加摘コ無話
く愛スカッロク組織バグど結セぼ退狙エカ
意チテ再安チ応出投カ合ぎるニ無退ぼ出パ
ふし登百ぎクぐテョン脅威を摘百二まスニ
然ホひ然ひセひ暫写登ゃ芸場写代替ふ選ニ
プロセスひ開くょ砂室む芸知恵暫方ひッ
ノど金む故ハ方加項然ぎヒせ通出獲てフプ
ク出解ぎ本エ読目金摘ぽまに貢献多ゆ重
も砂まクエ無覧室ハ結ニ出選
だヌんぐせ条件が室ひろ育モ機のスソふ
ハ覧故合ハぎせひ結エネのスくソふゅ重
音楽投ひ百せひ結エネの

Puzzle 333

証 遊 び 心 避 所 を の と キ ニ 方 塗 ヱ 育 開 所
ざ 明 加 っ 難 狙 介 ヒ 思 ッ 海 乏 料 せ く 多 だ
嶋 意 す 巨 大 な し ッ い チ 向 海 ぐ 開 ぽ 砂 覧
無 ひ だ る 囚 ホ テ ー マ ン 本 す 選 所 無 エ チ
エ 顧 オ ー プ ナ ー 本 ょ 無 ノ ウ ハ ウ の ン パ
ト 客 通 べ 場 ょ 無 ノ コ リ 覧 再 同 話 本 能 応
画 ひ 嶋 サ も 乏 妊 コ サ レ ト ょ と 私 本 何 む
ニ 場 ろ も 砂 ハ き 裁 イ ト ょ だ 報 退 乏 所 読
所 多 ト 芸 ニ 退 阪 ょ 判 開 だ と 報 退 乏 く 囚
写 ろ 向 海 退 便 判 開 官 話 ノ ヒ だ て や 狙 場
ヌ 金 歩 場 安 だ 私 要 だ 砂 暫 然 て や 多 安 れ
話 ト 化 開 だ 私 要 だ 砂 暫 然 て 狙 多 結 だ
通 百 ぎ 向 囚 ク ゃ 必 進 トレ ぽ 報 ぎ ぽ ゃ ら 会
ふ ひ 育 退 報 安 本 ツ 弱 チ て ぼ ぽ ゃ き ざ

巨大な
パンの
と同様の
顧客
裁判官
を介して
証明する
必要な
のヒット
リスト
と思います
避難
オートバイ
キッチン
便利な
遊び心
サイ
塗料
ノウハウの
オープナー

Puzzle 334

曇らせる
時間の
再度、
想定
、ポテト
追加し
本当の
シリーズ
分割
輸出
年次
スリップ
陽気
訪問
アリーナ
週末は、
攻撃
の経路
離れ
驚異的な

場 陽 驚 ひ て 想 ハ 多 化 ク ぎ ニ チ 週 セ ん ト
ク 気 異 結 ノ 定 追 加 し ク ょ 摘 応 ょ 末 金 テ
年 結 的 モ 訪 べ ひ る チ く 報 ゃ 弱 ひ は ポ
次 方 な ぎ 問 登 ス ツ 囚 れ 場 せ ぎ 出 精 、
向 ハ 側 覧 ぎ ス 本 離 じ 安 ヌ 輸 れ ょ 度
故 ん ヌ 加 所 ラ ぎ 出 ソ 育 論 レ 意 精 再
れ 私 テ ヌ ぎ ベ 本 応 結 ツ 育 ヌ 妊 選 ょ 妊 カ
ヌ ソ ま ょ ト 加 私 結 ツ ヌ だ 選 サ 意 む 京
ル の 経 ト 再 ひ 読 ク ま ヌ ア 通 ズ 愛 乏 ツ
お ニ テ だ 写 ハ ん 時 ス ス リ 結 ゅ 覧 会 進
チ だ お 意 本 の だ 摘 通 分 ッ プ 私 カ 所 曇
京 海 だ 意 投 ヒ だ 摘 く 間 安 の 育 ナ 場 画 ら
カ 応 嶋 出 多 カ 百 育 京 し の 進 く ぎ 読 応 せ
ラ ひ ふ せ 攻 撃 ひ 投 画 ひ も コ ク 退 ざ 芸

Puzzle 335

```
開 れ ホ ろ ニ ぎ フ 私 ヌ お 故 風 向 き 話 若 、
サ ニ 狙 進 重 や ォ し ろ ぎ い ヌ 船 コ 能 い 急
祖 母 無 報 砂 も 一 投 ヒ 摘 会 ホ し 金 む 嶋 速
ヒ 選 だ 場 ク ノ カ だ 写 会 ク ニ い モ ょ ざ に
ラ 写 ひ ド 臭 い スっ の 中 で ふ わ ふ わ 嶋 だ
ク チ 社 進 開 む 百 方 何 故 圧 開 退 ク 結 場
妊 ェ 進 化 場 京 弱 つ 多 歩 報 れ 無 所 ニ ド
お ッ 登 金 能 ま 囚 何 再 摘 結 ひ し 百 ょ だ
通 ク 開 ぐ ク ル 場 ル 向 ス ひ 精 う っ 読 場
ゅ が カ ッ プ ケ ー キ 退 サ 選 ド 摘 ま せ リ 百
チ 登 選 品 ん 社 ジ ド モ 暫 だ ス 通 く し ヱ ゃ
ツ む 通 揃 能 会 ロ 投 コ ミ ュ ニ テ ィ は 、 れ
ヱ む ヌ え 再 育 ノ っ ぽ ま 登 場 出 聞 合 き 覧
圧 場 ゃ 京 化 安 ク 側 囚 デ ー タ の く 解 ニ ざ
愛 ニ 安 セ ヱ 写 テ 社 応 れ 安 セ き ツ 寛 大 コ
```

風船
の中で
フォーカス
チェックが
ドール
テクノロジー
コミュニティは、
聞く
若い
うまく
寛大
データの
祖母
臭い
社会
、急速に
おいしい
品揃え
カップケーキ
ふわふわ

Puzzle 336

一度
ホッケー
会社の
ゲーム
ヤギ
起こります
はいを
レッスン
自分を
スキル
キャッチ
ワーム
エッジ
敵の
した
ホール
結婚は
一種
ネイティブ
栄養素

```
会 だ ク 阪 栄 養 素 権 モ ラ 応 ニ 乏 エ ヤ 妊 再
歩 開 結 っ ク ク ツ る 故 リ し 権 だ 化 ギ ス 覧 開
歩 リ 向 育 乏 ろ リ 金 ゲ 応 クっ 退 ゅ む 権 然 妊
方 報 ル 何 る 阪 写 ぽ き 話 れ コ 論 精 く 私 出
ベ ト リ ェ 応 読 話 会 ー ム だ ヌ 読 ヌ る 精
選 レ チ ャ キ 故 種 一 暫 何 ニ も ス ゅ 室 二
社 テ 摘 ジ れ ネ イ ティ ブ の 権 る ヒ 加 芸 レ
や だ 狙 だ ヌ 再 や サ む ぼ ざ ひ 向 所 せ ッ
サ セ 愛 多 せ や サ 結 婚 は 登 歩 覧 だ ん ス
で ぐ ぎ 狙 ハ デ 通 室 狙 ル ス ひ 写 ン
ツ 登 圧 然 本 コ 多 結 力 結 狙 キ ス カ ょ 向
登 重 然 リ 権 力 室 力 ホッケ ー っ む 投 解 ひ
起 こ り ま す し 辞 会 能 ホ れ む じ サ 登
じ せ 百 レ 意 っ た 投 自 サ 応 ひ ど む サ 狙
べ ろ ょ 話 ヒ し 辞 ゅ 海 べ を い は 多 登 ひ
```

Puzzle 337

```
真実っ論エ社クスデひニツひ社モ無く
ハードサ場むクプだょ百だむス場結辞
解解サウンド・リ出暫テホ解結多ろべ弁
ド重本側チ向空ン読退応ぎ精達成れ護
カ乏摘海再キ気グ別ツ愛て会ま論囚ク士
形式最海く妊ンれぐれりふ社論暫ざを
海権近ス故圧ソつ連選のてぐモ覧ょ
論ニ柔ル芸能暫リぎ邦砂の弱所所ツ読
ヌ二軟退出ひラまソじむ意応能ヌ愛室退
ニんなまル応ヌ応弱結金ふ弱場方読場
所だサ結所合重狙ハ混き貧困を京読ょ
多お化安応方社登選乱選ヌク開百ヒ圧
写砂応重ス無選海合ク覧百京ろチだ
阪弱金テフィルっ歩お弱感クツま読せ
ぎ摘ざ進べサ無モろ合ヱをク乏論だせ
```

サウンド・
弁護士を
空気
柔軟な
連邦
砂の
真実
感を
スプリング
形式
混乱
デスク
最近
達成
フィル
別れの
のり
貧困を
ハード
チキン

Puzzle 338

の商用
ほうれん草
アナグマ
認める
可能性の高い
ペース
覚え
スワン
スグリ
チーム
値の
フィードの
安全が
危険な
、カリフラワー
セル
カンガルー
タイトル
生物学
日曜日

```
報認弱側ク百投阪百覧クぎ危開クぎ無
場めニ乏乏海乏然再ま海育チ険るもホ
故る乏ラセ然覚えフヌのチ応なむ百能
再つ、エカ然側選ィリ論ど方ぎ話もル草ク
然っテカだ選写ヌべ海可弱ほも然ルべ
歩砂投てリ弱コん論ざ能弱うれんハ
タイトルグフ学妊論日性のるゃ然愛
アナグマス暫ラ方育曜のペ育方多所む
解安全が砂っ報ワだ高ムいじガ社れ画
私べセまコだせっ一日ヌ化ルクワ育
ス室セれ囚安故で弱化室化ツソ加
写所私暫ト報ひ方弱画ざ再カ本
チふカクぐ報京用商の画ぎリセつカせモ
京だ進多二方ろま通報テし
```

Puzzle 339

```
の チ リ 画 む ぐ 室 方 覧 ヱ ぎ っ 摘 ト ん 圧 話
赤 選 電 車 寿 ト 砂 ニ ヱ ト 無 ざ 応 愛 ぎ ひ れ
ち ノ ざ も 命 然 は 何 も ま 向 室 砂 百 つ ヱ
ゃ 二 重 光 選 コ 解 に ん パ ぎ ゃ 解 暫 ク の れ 出 ス ケ
ん の お 本 フ ェ プ ッ シ ュ を 結 ゃ ツ 摘 育 多 ー ミ ー
し テ 合 ン ふ や 囚 テ 問 消 精 え 報 砂 権 応 れ ウ 会 ト
英 ぎ せ シ ビ ー ル の 質 場 狙 精 囚 然 や テ ひ ニ ヒ
語 化 開 ン ょ 権 場 狙 芸 キ 群 れ 金 ャ ひ ス デ ャ 乏 べ
ツ 狙 つ グ 故 ぽ ス 進 精 退 れ 何 ス 開 リ だ 応 登
登 ぎ コ ッ サ だ 選 精 退 れ 何 ス テ ツ ケ ト 平 応 妊
だ く 圧 然 圧 や ト む れ 何 ス テ ツ ケ 均 妊
妊 論 場 ゃ 歩 も 嶋 画 退 妊 ヱ 権 ク ー ク だ 登
し 故 幸 せ 選 圧 二 重 ソ 愛 圧 再 加 ト モ
ど ま 選 ソ ヱ 海 重 だ き 精 重 二 然 な ぎ て 登
```

消え
ミルク
は何も
ウールの
プッシュを
英語
安全に
寿命光
パイナップル
群れ
平均
電車
フェンシング
ビールの
質問を
キャベツ
の赤ちゃんの
スケート
幸せ
デリケートな

Puzzle 340

権限
ブラザー
ヒマワリ
学生の
会話
多くの
人の
タフな
含め
決定を
トライ
標準
綿を
スポーツの
的地理
の植物
参照
ウォッチ
習慣
ラクダ

```
重 ひ 精 習 慣 含 め 弱 や 的 地 理 人 し も 砂 覧
摘 セ じ 話 金 ょ 応 重 ウ ひ 物 植 の 妊 嶋 進 ヌ
や ま 安 社 で 覧 ぼ 覧 ォ ぼ 歩 れ ス く ま ぽ 乏 ソ
報 二 方 ど 解 ん 砂 海 ッ 写 金 っ 多 摘 ク ノ サ
所 場 ド 社 側 む だ チ 京 ニ ト 側 べ や ノ チ 京
レ 登 ょ サ 妊 ひ に ま し ス ダ 話 れ く 安 ど ょ モ
レ 場 や ぎ 暫 砂 ニ し 然 っ ノ 論 ス き 方 ざ ニ
ル ス ま 芸 エ 権 社 覧 ろ ク 画 参 ヒ も 退
ひ サ ポ 覧 多 ラ ブ 選 ト ラ イ 照 因 通 多 覧 カ
故 カ 登 ー ザ 会 権 限 チ モ ひ 何 決 タ 室 ゅ
学 場 ふ セ ツ の 綿 だ レ 摘 定 フ や ホ 覧
故 生 ト カ ら っ を だ 乏 ど を ル ソ
ド 愛 の モ ツ べ 安 場 ひ エ 解 ぎ
私 ノ ま 会 砂 標 能 側 コ ソ ょ 砂 写 ニ コ
投 リ 読 話 会 準 選 ヒ マ ワ リ だ ヌ ド 読
```

Puzzle 341

ひ 乏 ゃ 将 が ド 弱 レ ト 室 モ 構 無 これ ら の
覧 妊 し き 来 存 ヌ ジ 報 で 出 築 信 囚 安 リ
百 ス 選 っ 然 応 の ス ー レ ク 辞 通 圧 結 社 ノ レ
ラ 愛 っ 応 社 無 ハ れ を お 芸 書 報 登 能 む ひ ぼ 状 況 私
方 所 ソ だ ヌ 行 動 は 、 姜 生 応 モ 気 候 開 む 無 側 登
サ 権 画 サ ミ ッ ト 解 セ 規 も 安 投 通 む 精 話 側 再 育 精
だ 百 投 く だ て 安 コ 登 ニ 会 エ 私 狙 読 座 っ 権 で ハ ざ コ
京 山 猫 驚 き 摘 話 の ひ む ヒ ろ ぎ ひ 権 何 ひ だ 乏 重 無 京 だ
応 も 、 最 近 の 画 れ 暫 ぼ ろ ぎ ひ じ 応 読 狙 金 意 ゃ 無 京 だ
ク ど 登 画 場 む 場 ひ じ 応 読 狙 金 意 ゃ

Word list:

困難な
将来の
、最近の
通信
山猫
定規は
レース
座っ
これらの
絵筆
驚き
状況
生姜を
レジストを
行動を
書き込み
気候
が存在
サミットは、
構築

Puzzle 342

読 愛 ハ ス だ ヌ ヱ 罰 す る ひ で ヱ の つ で ヌ
ど エ ル 結 む ぎ ス ー プ ・ っ ヌ レ 信 る 歩 ひ
然 ル だ カ ろ 結 弱 ん 嶋 ろ じ 再 頼 ク 狙 ぼ っ
加 フ 自 多 む 論 ク ル ノ 完 側 ハ ヱ 平 精 多
論 辞 分 ょ コ 本 ゃ や 愛 辞 ニ 全 故 ニ 応 ラ 温 ヒ
お ラ の 会 じ 京 ぐ 汚 ノ に 常 の 百 退 度 ド
ニ だ ろ 権 ト ス ょ れ を 開 向 ヲ 覧 ヒ 計 暫
ク 無 進 ホ ス 阪 ト ニ 政 ヌ で 開 無 本 砂 く
じ ひ お て 私 ま ヌ せ せ 府 ノ ル 通 圧 会 回 ニ
悲 場 報 月 ヱ 読 無 ホ 進 応 囚 テ バ 妊 や ヒ
劇 ソ 精 面 使 い 覧 多 郵 百 カ ゅ ふ ひ ン る テ
的 ど ヒ 応 捨 芸 多 便 私 ク 退 合 避 弟 登
な ソ ざ 登 て ス 再 配 話 ュ 覧 加 ひ 室 を だ
食 お 論 育 ょ サ 圧 達 ソ 通 退 ク は 通
用 ニ 論 育 ょ セ チ 達 ソ 登 家 は ぽ

Word list:

スープ・
自分の
罰する
の信頼
使い捨て
回避
家は
エルフ
完全に
弟を
政府の
、常に
悲劇的な
バン
食用
温度計
月面
郵便配達
平和
汚れを

Puzzle 343

```
ニざ画嶋れヱ認芸レだカょ品多ゅれテ
クニ読セ然最識、い会む精種ツだ権海
精社百場き初話高必じ意スャニっ登通
圧重使用は論重背のずぐ深圧コ無ぽひ
ょ狙摘妊だらけひオフ作進私ヌル解ぽ画
本摘無泥退ひ長選成ツ無ぎふヱクソ論ひ
影響視コ阪論報計時が摘ひ写会権ベラ精っ
登無まて狙何イ無カ々摘ひ写モレ百芸社多く
ラど狙だ狙側投阪むレ権私コ結チひ側社安
処理再モっドょ京何おヱハ室本ょソ能シ
砂モ化場本摘テ京京方歩ヱ圧嶋リー
モ化辞立っていました会権辞コ故ニ側多妊ズは
```

深刻
認識
時々
時計
が成長の
背の高い
影響
、必ず
イカ
品種
オフ
複雑
処理
シリーズは
泥だらけの
立っていました
無視
使用は
作成
最初の

Puzzle 344

調整
ロビン
示唆して
溝が
ストーブ
晴れた
作成し
激怒
子供の
新しい
利点
高さを
自然
スニフ
利益
、小数点
見え
どこか
子犬
病院

```
っ利見ト愛無乏カ囚し再場しで摘砂画
、益砂えひス報スニ然登ひエ芸晴っ安無れ方ま
話小応ハお精登トフ投私作ツ囚利れ室然ぽエ
調ひ数せれヌニ社応ぎ話点た新ニぽし阪て
整向や点カ歩暫権激精レ化し阪ぬてカ
向どストーブ出辞ヌ怒方ニ本妊ソ通
ストーブ論リヒ京暫ラス化示唆ベ
私やヒ京安ニルスかゅ愛カ話ハ
然金ノ摘弱ひ向投写病れ権自然溝が合登結ノ安室
```

Puzzle 345

私や所芸覧愛投結方ニドセ能報読海増
結報トま愛権側結ぎ無側れ退ヘッド殖
ホ臆病化権会おヌな能可の楕嶋所コニ
ークノ室金代摘ゅ終ソ金妊本愛比結る
クノる私ヌ圧クぽ最室話りロ較ニ
ラ開くょル社テる、トリどス、乏つっ私
報ク画安ソチぎトソコニカ方ふど実場ヌ
カ合モ場動重化話ヱろソ会ン阪ヒで芸験通
合モ応ナッ論方ろ合非ざ会弱ピまャべクせ
写話論方合非だ投社弱ぃュル歩んツレ所
ニ通むぎっ合覧に投ざ圧場弱ソぽージイクせ
包むるョ合無ヌ圧場だ敷くヱタ選所権
解加安るリゃ圧レ話ぐ所ぐ話妊リどふ権
ツヱモヌゃ圧レ話ぐ所ぐ話妊リどふ権

実験
クレイジー
ヘッド
の可能な
世代
包む
、比較
臆病
運動
ナット
ホーク
楕円形の
、最終的な
非常に
、キャベツ
敷く
弱い
の入り口
コンピュータ
増殖

Puzzle 346

いるようだ
内部
センドを
快適
選択する
不注意な
セキュリティを
できるよう
ネギを
ポテト
すぐに
最高の
ウサギの
最終的には
夏の
プレス
脅威
に失敗
伴う
吸収

セだネ選リおや重京ポテト乏読通登ソ
キ加でギ無応ひ選囚吸だソっ合芸ざ
ュ摘ぼ覧を化ニ金歩収ソ伴てサ写室スむ
リ会ト登ドぽ報場海すよ合狙のはな
テセやでンセ夏選最すウサギにだ
ィ場ぽドせの無進狙然る最終的私出
を百失レ京く圧金多モ的不注意応
ハ故にステ芸ソ快レ覧チ摘投ぐソト
すぐにム何話解脅私暫妊テよう安退乏
場会囚だノまぎ投リモ覧ろ内ぎラホ論
ニ何因ホ画向ひ意覧写ょ話ひ部退応室リ
せる化私合カつヌ嶋つん合カ方通応室
化ぎど結場クチ室チ合ま海乏モ応室
圧きつれ囚チ室チ合ま海乏モ応室

Puzzle 347

```
重 ふ 側 ぽ ミ ズ ネ リ ガ ト ス テ 管 理 し ま す
サ 画 安 結 圧 ボ 展 示 を テ ニ 方 ふ サ ぼ ニ ひ
だ 出 乏 ヌ 然 登 エ ン ト シ 百 報 や じ 辞 ぎ ろ カ
登 れ ぽ 海 ヱ 囚 ニ ル ド 摘 ヱ じ 辞 合 辞 ろ 合 カ
一 方 ぽ 合 ヱ ぽ ー や ぎ ン し 合 重 暫 退 選 辞
コ 目 本 ス 会 議 っ む レ 再 や も 京 別 や だ 場
ヘ 本 ア ト ス コ ン パ ク ト ひ 摘 の 適 用 する 発 生
阪 狙 写 吸 くぐ 金 応 狙 ど 結 合 ホ 阪 応 選 更 新 圧 意 応
狙 ざ 写 血 愛 き ス ん 読 ホ ぐ 論 ち ス 新 百 くぎ 弱
ろ ふ 解 所 鬼 二 選 ぎ ど 摘 多 ま ちゃ い 百 所 金 ニ
ぼ ル 金 愛 き ス ん 進 囚 お 精 安 読 ニ
っ ろ ゅ 描 せ ク も 物 多 せ っ まっ 進 囚 お 精 安 読
お 所 描 く じ 精 進 せ 解 っ まっ 進 囚 お 精
弱 画 く も 物 多 せ っ 砂 歩 摘 べ じ 進 囚
乏 社 じ 精 権 故 妊 ニ ド ヒ ク ふ す て や ト ひ
```

植物
クレードル
適用する
ストア
コンパクト
テストを
別の
会議
ステーション
管理します
発生
展示を
トガリネズミ
描く
一目
更新
おじいちゃんの
ヘア
ズボン
吸血鬼

Puzzle 348

管理
の足
変更
急に
くらい
ペン
プロパティが
パセリ
約束
進捗状況を
の特定
オウム
希望
ネギ
隠します
シナモン
高速道路の
椅子
反対
理科の

```
も ろ 歩 ろ 合 ゃ テ 嶋 海 京 サ 砂 高 シ 解 登 カ
精 育 芸 ひ 側 私 コ 歩 安 ヌ せ 本 速 ナ 会 暫 ヒ
隠 し ます す 反 対 開 オン ウ 何 れ 道 路 モン 私 お む
プロ パ ティ 登 精 つ ょ 読 歩 芸 じ 応 の 約 コ 百
合 権 場 だ 二 歩 歩 テ 再 に パ セリ 多 る 束 ラ ひ
阪 私 弱 精 側 登 ク을 登 ホ 化 ヌ テ 狙 ド ま 向 金
弱 精 京 ょ 進 捗 状 況 を 然 くら 椅 出 百 投 向 能
京 ハ む 故 や 退 ぼ 登 暫 子 ノ ぎ で もス 狙 登
歩 変 っ ひ 暫 室 論 しょ サ 解 百 ラ 阪 ラ 管 圧 何
変 更 通 方 多 ヱ 妊 ぎ だ 何 結 合 社 理 所 ル ま
応 権 選 退 向 場 辞 開 社 報 開 論 科 場 む
ト セ リ ス 応 レ テ カ カ てル の 登 や 海 の 精 応 再 応
方 出 ぎ 安 妊 方 登 カ カ の 特 定 再 ヒ ネ 希 望
```

Puzzle 349

つ育もメホ歩ハ重愛するパぐ子のょ嶋ざ
ふま所ジャ加選馬のテれーんれウ弱ざ
室海先ャ育場登スルむきテま芸ドン海二側
投ド岸ーぼしざ依レ金トィク然ィだ安側所
取合室も画ラざ何愛トッは覧正ウだ投権
育本金だ精社精狙だ側だ、本エぎ登百応
ひソ論ラ覧弱リサ囚スぎハ嶋ゅヒ再加金
む無工示しています、優れた開阪くゃ読
ク経済所安室深計算機加然じサヌヒ何っ
アドレス覧意ん圧計セド正だざ無リラも
ひ報嶋重然ト注場覧合海しラ何所京べ
ホモゅ芸化ょ登だ登ヌヌい弱お読ら百
暫セチ暫モス作りをリ側ぐょ京読べく
ラダブルてまれ結ラれ砂クる何本く百

修正
、優れた
注意深い
経済
計算機
ダブル
パーティーは、
正しい
作りを
アドレス
示しています
取っ
ウィンドウの
子の
つま先
愛する
メジャー
海岸
馬の
依存

Puzzle 350

の厚さの
樹皮
拡張する
存続
文字
サイズ
女性の
表す
マネージャ
車両
・ビジネス
華麗な
チョコレートの
自動
方向ディレクター
メモリ
簡単な
メンバーの
ソリューションを
を越え

ま簡ょレひ場ぎ存続ぼ退く覧ヱドヱ覧ど阪サ
セ単方べ社ノエど社も女ぎ嶋京解向両自
室な向むだっじぎふ開まべ性暫ろ退車動ヒ
チメデ能乏出の厚さの砂べ結の開報ズつ
ョィひひ話何っ表レぼサイ化で精クド百
コレ囚ひ合文字通リ狙ぼ会ク室意ドる出ツ
レクひヌ向ヌ応ュ狙べジ権意ざ囚ロお場ま
ーのタ本だ愛カーススだモビル・コクぎエ
ト論ーだべ乏ぎョマネージャぽ然加ソクど
のノむ場嶋ぽリ進拡っク・然覧クぎ場
場樹皮をヌ越えヌモンを張すセ意ロクじょ囚ゅ場
百砂テ華囚然サだ狙し再加覧クゃ意ルど
開ソる麗画ょだ報レくチるじょ囚場ど
会ぎク重ニ方応くコノせじょ囚ゅ場

Puzzle 351

不 狙 通 投 意 モ ニ む 乏 感 精 後 ろ ぽ じ 覧 海
適 歩 ゃ ソ ク て 本 ょ 動 ド バ で ふ 結 百 応 退
切 権 も 応 精 海 き 登 金 を ッ 向 く 向 リ 孤 せ
な モ 選 っ 登 ま ド 画 囚 エ 向 き 読 側 立 結 立
ス 開 カ 登 精 ヌ 私 ク 説 摘 登 で 摘 応 応
出 ニ ト ル 引 っ 張 っ セ リ ん 弱 退 メ 会 せ ひ
メ デ ィ 必 イ ろ ま の 傾 向 が 加 重 砂 覧 ぎ ひ
ド ニ 死 ラ 芸 害 チ る で 百 合 段 ス お ひ
つ イ 意 ト 今 が ぽ 加 百 リ 然 エ 所 落 ヌ だ れ 然
ニ グ 話 ッ や ヌ 画 摘 ル ソ ぼ む ひ 日 し ざ
歩 ル 私 故 ん ど じ ゅ ヒ 論 京 リ 応 何 加 っ 権 今 夜 は
ト ル 室 論 加 解 ヒ 論 然 場 ひ れ ニ 選 ょ コ 報 安 ツ ド
無 ふ き 室 論 囚 解 加
進 る ク ま 安

単語リスト

不適切な
感動を
引っ張っ
段落
日差し
傾向が
今や
リング
今夜は
エクセリットル
必死
バッジ
孤立
解説
トライアル
メディア
の有害が
ナツメグ
イーグル
後で

Puzzle 352

プレイヤー
振る
バルコニー
アメリカの
組み合わせ
、正確な
分析
教師
始める
練習は
開催
騎士は
上記
有料
謝罪
新聞
長さが
防ぐ
、実際に
役員の

覧 嶋 く ぐ 選 ト 室 バ 所 じ 嶋 開 分 百 る ぽ ま
方 レ ニ ベ 百 ょ 方 ル 役 員 の 場 析 選 然 何 ニ 出
れ 写 投 じ チ ぎ つ コ ャ ス ク ゅ 摘 ク ル 狙 ま
せ 結 エ 歩 選 意 ハ ニ 加 圧 組 ニ 乏 育 場 リ ル 出
始 加 ル 精 ま テ に ー っ て み 会 る れ レ 覧
安 め く ツ 圧 出 際 防 ぐ 私 合 二 応 芸 ヒ 重
権 ノ る 無 ぐ 報 実 ぐ ツ わ 有 応 話 レ ひ
開 ツ 意 振 ぐ っ 、 正 確 な せ 料 報 阪 き
催 だ く 上 記 進 じ 室 テ 愛 テ 室 開 解 ヲ 写
弱 権 れ 進 お 弱 金 結 コ む 教 金 ハ っ 登 会
ヌ 意 論 や 謝 プ レ イ ヤ ー 師 ぽ ひ 結 進 金 所
解 つ ぼ 京 罪 ま コ 場 だ じ だ 安 テ 辞 画 然 芸
話 れ テ 私 長 結 し れ 然 弱 練 囚 コ 育 会 カ
ヒ お 騎 士 は さ ア メ リ カ の 習 は コ 育
新 聞 ま 故 社 だ が 会 ゅ 覧 芸 チ

Puzzle 353

砂 ト 能 跳 ヌ 大 規 模 な ド ス 冷 蔵 庫 も 医 囚
摘 ッ リ 故 ヌ 場 や っ カ ぎ カ ゃ ひ 通 阪 師 が 出 狙
ト プ ッ 方 ヌ タ ス ろ っ 歩 通 フ 解 本 で 退 愛 だ モ 京 意 せ
ー リ ブ ン タ ス ろ 歩 ふ 応 く 覧 ヱ 報 海 権 暫 じ 狙 弱 摘 圧 ヌ き れ
ゲ 何 ッ 向 登 コ ふ ま 進 モ ト 京 育 つ 然 退 っ 摘 芸 エ 場 合 ラ 全 再 出
ビ だ 乏 ク お 砂 狙 そ 化 投 ド ダ 何 報 妊 電 カ ひ 歩 ト 意 レ 全 体 出 会
ナ ま た イ 砂 狙 そ だ も の 能 再 き て ク 気 せ 論 意 話 体 に 進 む
ベ 妊 て メ 京 だ の も の 能 再 き て も 所 ッ 歩 画 レ 育 に ろ む ど
無 デ 安 ニ ハ ホ サ 愛 再 も 所 画 再 権 ひ ク ツ ひ れ て お 暫 出 会
ト イ ラ イ 故 セ っ 圧 ど ス ス 画 再 覧 因 ぐ ま す て お 暫 出 会 進 む ど
る ジ 故 例 っ 圧 サ 愛 ど ス ス 画 再 覧 囚 ぐ ま す て お
ぽ ー 例 っ 圧 サ 愛 再 も 所 画 再 権 ひ ク ツ ひ れ て お 暫
社 応 外 覧 ど ス ス 画 再 権 囚 ぐ ま す て お 暫
場 社 て ノ 精 報 愛 モ 登 海 ひ 精 ニ 権 所 ヌ だ て
圧 能 場 サ 安 ょ 登 海 ひ 精 ニ 権 所 ヌ だ て ど

ダンスの
全体に
跳んだ
クック
そのもの
トリック
冷蔵庫
例外
大規模な
ナビゲート
デイジー
医師が
スタンプ
また
メイク
電気
リップ
スカーフ
トップ
ハイライト

Puzzle 354

が可能な
クラッシュ
承認
ケース
つらら
クリップ
話す
コンパニオン
慎重に
、すでに
ハングが
他人に
成果
悲鳴
カメ
草原
正確に
明らかにする
適切な
検査

多 レ せ 化 話 報 本 権 本 レ ケ ー ス 進 ハ ニ ひ
だ 投 じ 百 エ お 話 承 じ き 論 何 れ 砂 囚 や
通 リ 育 ヌ 登 通 ひ 摘 ト 認 狙 せ つ ろ 嶋 解 ッ 解
が せ 弱 悲 鳴 ん つ 加 通 投 開 草 原 ヒ ヌ 話 ド
ク 可 カ 応 ハ 通 登 出 京 室 歩 解 ま 狙 写 す っ
プ サ 能 ろ ン 話 権 コ む お パ ニ オ ン 場 だ っ 無
ッ せ 本 な グ 退 べ 選 圧 選 何 方 る 権 画 弱 ょ
リ ぎ 側 ゃ が モ カ メ 乏 能 場 然 ふ 辞 然 コ う に
ク し る 解 ぐ れ 開 す 検 ぎ 意 ぽ 適 、 出 所
ラ ハ 所 故 ヌ 乏 し 査 方 画 妊 重 す れ テ 他
ッ ょ 加 ん 意 正 確 に 慎 重 に 京 ゅ 切 愛 金 解
シ 写 会 つ 化 だ か 何 育 妊 つ な 摘 辞 モ
ュ 本 し ら 合 金 ら て 明 覧 何 海 投 開 加 ニ
社 選 テ 成 果 サ 弱 れ む 登 ろ き ツ ル 論 ん
砂 テ 果 サ 弱 れ し 登 ゅ ろ き ツ ル 論 ん 加

Puzzle 355

```
ヱ 所 ツ 圧 嶋 阪 だ ス サ 外 芸 百 狙 ぼ せ ヒ モ
ハ 写 ク 場 ぐ 囚 応 ト セ 観 社 囚 ス 政 ょ 金 つ
京 応 登 っ ト む 囚 通 リ 溶 融 だ 囚 治 権 サ ラ
読 む ふ 解 ヌ 故 エ 育 ン ゴ 重 力 囚 芸 む る き
熱 帯 刑 務 所 退 投 ヌ っ ゴ 場 論 ト カ 百 席 む
メ イ ン が 辞 ひ 愛 エ 金 っ カ 応 ド ニ ろ 囚 む
れ 安 然 配 布 す る 京 セ 嬉 登 辞 応 暫 捧 百 ど
れ ハ 解 れ れ 京 通 て 登 し 百 登 叔 弱 会 芸 ヌ
圧 ふ 向 二 通 む 狙 ゅ い 報 育 話 母 ト ま チ 期
セ コ 金 ル む 狙 ゅ い 画 会 し 話 者 退 私 退 間
画 多 権 く ソ 芸 画 会 し 場 美 ん 何 き 術 っ 育
ぐ ひ 退 愛 向 登 セ ヌ ピ じ 何 に 危 険 な ヌ カ
投 ざ 登 摘 や ヱ ぽ ピ ー に 危 険 等 し い 終 然
セ 何 テ も 乏 ひ ハ ー ケ ス ぽ 登 ハ る ヱ ょ し
育 歩 摘 ン ト ル ケ ス ぽ 登 ハ る ヱ ょ し ふ れ
```

スケルトン
配布する
終了し
熱帯
芸術
嬉しい
外観リンゴ
期間
刑務所
出席
政治
メインが
叔母者
ピース
捧げる
等しい
溶融
ホット
に危険な
美しい

Puzzle 356

ことが多い
状況を
と考えている
隠す
バッチ
実行します
高級
理由を
ブルーム
小麦粉
調理
上昇
キャロット
ケトル
お勧めします
主張
家の
誕生日
法定
赤ちゃんの

```
い 多 が と こ 状 キ ャ ロ ッ ト 然 本 ス ツ ひ だ
金 芸 無 考 二 会 況 ぼ 私 辞 ひ ベ ト ど ヌ ハ 多
ハ 解 海 え 退 無 応 を エ 弱 ラ 京 ど 本 ヱ 写 っ
話 く 芸 て 所 ぐ 百 加 結 だ 何 れ 精 投 や せ 安
結 理 ひ い 登 弱 セ 高 金 妊 だ く ニ も ん 応 す
ヌ 由 チ る ゃ エ 二 摘 合 京 圧 囚 お 勧 じ 話 隠
誕 を ゃ コ 再 ろ 出 京 ブ 登 ニ お 勧 め し ま 何
生 ひ 結 私 圧 上 開 せ ル ん 写 ヌ ざ ゃ ぐ す べ
日 法 定 ト 通 昇 側 も ー 室 小 麦 粉 ぼ じ 海 本
実 方 だ 話 京 然 応 主 ト ム だ ケ ス る し 百
行 妊 赤 育 育 く む 張 だ ぐ 歩 て ト ふ い チ
し 二 ち ひ ょ 私 多 ソ 砂 論 砂 ル だ 投 バ 金
ま 調 ゃ 進 ど ノ て カ 本 百 の 二 辞 金 ッ く
す 理 ん の 社 れ ふ ぽ サ だ 家 応 覧 ょ 退 ホ 摘
ひ 愛 の 社 れ 読 歩 ぎ 報 応 し 歩 べ ひ だ
```

Puzzle 357

```
ま 京 開 時 何 ド 精 暫 ハ 巧 妙 な ホ べ 然 話 ニ ス テ
京 れ 阪 海 間 砂 通 ま 所 ど 砂 サ 阪 ヱ れ 合 こ れ ヒ 無 芸
チ ぽ 意 む ヌ 結 何 ひ 応 条 ひ 社 だ 話 ニ ょ 乏 芸
ぽ 芸 権 チ ド ホ せ 化 解 会 件 ク せ 方 百 向 を
芸 意 ょ 精 ト 重 京 ふ ま 読 ちゃ っ ひ 化 阪 料 ニ 済
意 化 会 ニ ぎ 権 限 を だ 重 だ ぐ き ひ 多 利 ろ 権 経
化 退 ヌ れ だ キ 投 以 前 投 開 結 出 側 何 用 っ ひ 登
退 百 写 だ キ ス ャ て 前 の ゲ ー ト は 、 開 可 能 ホ 結 精
百 ひ だ 弱 退 開 愛 ッ モ の ソ ダ ウ ネ ぐ ラ ブ 無 摘 結 質
ひ ぎ 多 む る ス ょ 化 報 ど パ 愛 コ ひ っ 場 無 社 サ 品
ぎ 議 皮 じ 側 場 ノ イ ズ ヱ ス 再 解 場 き 摘 所 ゃ 質
議 論 の む 皮 膚 ツ 海 意 リ 写 だ 結 滅 覧 ひ 育 画 ひ 進 歩 ハ 加
論 の む 会 本 意 リ 写 滅 び る が 、 テ 結 ひ 化 論 能
```

ネット
権限を
利用可能
経済を
ノイズ
以前の
ブラウン
皮膚
ボックス
料理を
パウダー
議論の
条件
ライブ
時間
キャップ
滅びるが、
品質
巧妙な
ゲートは、

Puzzle 358

家具
、特定の
フォロー
絹のような
のボイド
従業員は
ステイ
ピザ
セーター
自身は
保ちます
さようなら
バージョン
紛争
距離
トランク
ゲーム
自分の
刑務所
終了し

```
紛 私 多 ひ ノ 登 保 画 歩 し 読 京 海 ス 再 投 せ ピ ザ リ
ス 争 ヌ 囚 ヌ 乏 ヌ 解 家 ヱ ク も ステ バ フ ォ ロ サ 何 合 距 離 進
ド イ ボ の だ 然 ま 室 具 ク さ イ の 絹 ジ 何 だ 登 ぐ 室 暫
ヌ 圧 だ 分 応 ニ す ひ な っ よ ニ ュ 育 場 ロ ン テ 出 海
解 ふ て お 自 る 社 し 無 う う な ひ 育 室 ノ 通 方 登 ざ
向 ら 育 刑 身 嶋 ひ 無 読 退 選 ら む ス セ タ 愛 ヌ き ゃ 場
阪 れ 百 務 員 ド 百 工 場 写 ス だ ー ン 権 退 選 ぎ
話 ぐ 写 れ 論 所 れ 業 コ 終 海 話 化 ト 妊 る ゃ 場
選 ト 向 暫 加 私 意 終 了 や ソ 向 愛 妊 チ 登 ぎ レ
だ 解 べ 阪 し で 金 し だ 応 化 む 金 く ヱ ス る
応 権 然 ま で 愛 通 妊 レ 意 室 ニ 海 辞
ニ ノ モ き 愛 金 画 写 ぐ 合 む べ
レ 権 ヌ ひ 金 特 定 の ヌ 向 む べ 辞 海
会 ベ ス 、 特 定 権 だ ヌ 向 む べ
```

Puzzle 359

```
満 シ 芸 っ 育 し 方 愛 応 や 進 ス ピ ー マ ン 京
月 ナ 故 ぐ 愛 き 応 ホ 捗 エ ぐ 写 チ 故 加 場 ム
は リ 合 チ 読 乏 育 妊 応 状 解 っ や ぐ 退 室 ニ の ひ
、 オ て 本 ル 私 コ 登 場 ホ 歩 摘 っ 妊 投 多 同 様 ひ 場
私 ヒ ス 投 何 ど 登 場 貢 ホ 多 ふ 分 水 本 サ 応 ド リ 場 側
無 ょ ハ 忘 話 プ ラ 多 百 献 意 摘 ぎ っ 育 あ だ 本 然 応 も 嶋 妊 加
登 じ 忘 プ ラ 百 加 意 側 っ 育 し る 一 こ る 嶋 重 ャ ヲ 電
ホ ド 話 ト イ 話 加 レ ア 他 人 辞 れ 般 乏 故 多 ヌ エ を 歩
ヌ 退 辞 室 加 狙 本 ク シ 金 側 投 応 的 写 貴 結 高 し ド ん
パ る 室 サ ざ り 百 や ひ 結 ョ ン 精 通 読 ヒ な 貴 高 場 意 退
靴 を ど も っ ス ひ 嶋 辞 海 圧 辞 ひ 嶋 ん 解 チ 覧 通 読 室 応 ん し ド 嶋 意 退 ん
```

一般的な
ピーマン
同様の
満月は、
電を
あること
ホールド
靴を
水分を
忘れ
シナリオ
高貴な
パパ
プライマリ
ペイント
アクション
貢献
チーム
進捗状況を
他人に

Puzzle 360

カット
緩やかな
巻き戻し
その後、
トピック
砂漠の
スコア
でもない
方法
ています
優しく
シール
週の
リスト
デスク
フェンシング
どこか
溝が
後で
滅びるが、

```
ぎ 摘 ひ 芸 じ ト リ ぎ 報 リ 妊 る だ 社 つ 砂 緩
テ 摘 リ 弱 権 ろ ま エ ア コ ス 場 べ 話 狙 漠 や
出 む 囚 愛 応 話 砂 ひ ク ッ ピ 場 ょ 合 ざ の か
エ 投 ホ ひ ト ま ひ 化 ク ト 弱 会 狙 暫 結 な
ト ゃ 合 ぽ 退 会 意 乏 写 再 応 権 エ く 能 週
方 つ 開 退 応 ま セ 嶋 セ 砂 選 意 ド 圧 解 の
法 せ 結 で 覧 圧 砂 べ つ ぎ 論 モ 嶋 ん 暫
滅 加 セ も じ も フ ニ シ だ だ 阪 応 結 ひ ク
っ び る ぐ す ェ 安 ン グ 阪 画 育 カ ど む
む 退 ひ が な ン 覧 べ だ 加 ゃ 無 ッ こ 応
デ 論 多 溝 ま 論 育 ヲ サ ひ コ 巻 ト か ひ
ス ド で い ひ シ ヌ 側 愛 巻 き し ク
ク 後 ベ エ 退 ま ヌ つ チ 覧 狙 芸 優 く
そ の 後 、 ゃ 方 側 ー セ 化 つ 何 て き ぽ ろ 育
や 論 ひ ヌ セ ま る エ 読 ふ 何 て き ぽ ろ ル
```

Puzzle 361

だ 解 再 っ 読 応 ニ や 室 幸 場 く 辞 ウ 結 出 社
向 論 無 能 や 読 百 阪 無 せ べ 事 ー ス ぎ 海 囚
本 ゅ 合 狙 っ む 無 弱 圧 む ッ な 件 応 お じ グ ノ
チ ュ ー ブ 検 討 し 阪 百 辞 金 嶋 狙 の フ ゅ イ モ
意 囚 だ サ つ ル ゅ ソ 、 で の ト レ ー ニ ン グ 所
摘 出 会 メ ー ル を 阪 投 カ 画 せ 話 安 ニ ス ど ワ
摘 ん エ ょ 百 や だ む ク 相 ざ だ も ニ チ イ ワ
れ カ ニ ぽ リ 解 ぐ ト セ 手 海 せ 百 権 覧 ク ょ 所
ト 狙 弱 室 精 安 応 育 プ 歩 読 精 報 覧 開 お 室
圧 む 砂 コ 弱 ノ ひ だ ロ ぽ ツ 写 れ だ テ 金 も 覧
乏 投 回 ヒ 弱 ク じ 向 パ 書 無 私 加 向 っ セ ひ 報
罰 す 避 エ 場 ゅ 登 テ ぽ き 百 阪 育 コ 画 ょ つ
き ル く む ン ス ロ ィ 然 能 込 側 コ 京 報
ヒ 芸 ス ふ ド ょ 登 囚 が 裕 余 精 み 在 庫 つ
ソ 然 や だ ウ き ニ っ 場 チ 何 辞 じ ゃ ノ 育 報

ワイン
相手
カニ
エンドウ
検討し
スロー
のトレーニング
チューブ
余裕が
メールを
ので、
在庫
幸せな
事件
ウールの
書き込み
回避
罰する
スニフ
プロパティが

Puzzle 362

ミトン
賢明な
ビュー
被害者
ランチ
いくつかの
マーク
ディプロマ
振る舞う
来た
ビーチの
かむ
品の
持っているが、
うまく
スキル
新しい
できるよう
サイズ
ケース

画 つ 然 能 然 っ 然 ク 重 い し 新 ス だ ぼ 乏 つ
カ 登 ホ 応 権 辞 ラ 会 ニ く 所 ょ じ 阪 論 通 化
選 ゃ ニ 意 歩 砂 ビ ン く つ か ク 画 ひ で ニ
や 室 振 る 舞 う ー 摘 チ か 来 た コ き ぎ
ホ 投 砂 話 論 っ チ 囚 の 賢 サ お テ る 金
金 圧 ハ ぎ デ 再 ニ 通 育 明 場 圧 ヒ よ 読
能 重 む 阪 れ ィ 応 ソ 写 な 圧 で 暫 う 持
選 所 ょ ぼ ぽ ま プ 投 サ 出 応 サ く サ イ っ
ど ヱ ど ぎ む 開 退 れ ヒ う ひ 金 ノ ズ て
登 所 無 登 場 弱 ゅ ロ 社 ふ ス お 阪 ま い
圧 嶋 重 ざ 狙 ひ 乏 て マ 精 故 ト む 安 辞 る
ソ む 合 カ 権 ハ ス 京 被 害 者 阪 ク ケ 能 が
金 読 て ん だ 私 ざ 安 何 ろ 読 ょ 圧 ト ン ー マ 、
ひ れ 芸 室 妊 テ 場 き 海 つ ビ ル ー ど 向 金 エ
画 歩 囚 ま ぎ ろ ト 合 ク 多 金 ひ ひ ざ ト せ ぼ

Puzzle 363

応登ぽニ能ス所精会オだくま応チしぼ
ル裁アトミック権ゅ側オ向、む所て応
妊判通テヌ安囲ぐ乏結写ヤはし妊ヌでき
だ認考ぐ論ざ妊重狙量のヤクネビコいぐ
承　論えニ結海何得て再やひ場ぎトス方館因ょ
ゃひアだメ向リ乏カれぎ通論教嶋所読ぐ物博チ
おむ育でまカニの芸解読会る出囚ヱくール
ハヒチ妊合京んの芸頻故出だ砂ょ出開スチー
ぎ画投カてぽ繁ふ論ひ場ぎ読私応出囚ヱく能ル
海嶋画写るカ海まだセロリ退弱妊んど狙暫ぽヌ
画ん写スぐ海これセロリ退弱妊ん登ど狙暫ぽヌ

量の
考える
クマは、
アトミック
スチール
レベルを
オオヤマネコ
博物館キノコ
頻繁に
イベントを
教会
セロリ
してくださいは、
得て
裁判官
ビールの
群れ
人の
アメリカの
承認

Puzzle 364

鳥の
海を
そらす
引用
鉛筆の
空は
が、
軌道
申し訳ありません
参加する
本質的な
問う
兵士
、リンゴ
笑顔
機能は、
参照
含め
敷く
樹皮

ひお機意狙ド圧登側リヌ登応室やまひ
ヌ開能本兵通無通引照クト摘海意
金室はコ士歩る用参加すつ砂話ル
ぽツ、がれト圧ドチるひヌそ摘育愛樹皮
写テろムス妊歩摘だゅ軌報ひ京二りませチ
ひだまカぽ通育鉛道阪る側り解ひ弱せんサリ
話向ス私所故金筆せ申ろ顔解ざコ室ヌ権
開ひ重じ問応砂ののし笑側二選ぐでまむ
海金暫狙こ金登鳥モ金話二精話故読
サをぽ多やひ妊ニど結社っ選精ぎスひモト
向妊ぐ意敷く圧ススス本質場もふゅるニ囚ひ
スラ写き場チ的
ドヒ投れ空はゅ室何な歩ス能二囚ひモト

Puzzle 365

```
重危ヱ囚ひク囚おソ金健平選範金解ろ
応機力登ニ論めゅも康和ヱ囲結安場辞ひ
向歩退き海コ権でと暫合的を再百育だ何
嶋写側ツ嶋妊とだニ退圧なだ登百社くっ
加ょ論然ダイ困うニ京解べひ選だ解百てょ
ド応応方芸圧読砂ひなトだ読クだ海安ニ面
ノ加重話のセ愛圧力乏コッソ辞報会月多ハ
チソリ精乏選応ふ海コツラ本再ペコスくハ
重も論故見ふ読海ラ投ーガー会チ囚ふ投ホ
複海芸ててぼ発見読もゅリ会画ニツリカふ故ろ
報ま精本レストランもゅ意通サ百場心ククお囚
ま石話結チ側所ぽろ乏画サ場てまどソ登だ弱
お覧ぽスチソニ場多てまどソ登だ京弱
```

カーペット
危機
発見
平和的な
ハンバーガー
範囲を
の買い
博物館の
心の
重複
コーチの
おめでとう
レストラン
ツリー
健康
クロコダイル
石は
困難な
月面
弱い

Puzzle 366

、すべての
目が覚めた
批判を
どこ
ビール
グローブ
レクリエーション
、緑
小さな
スキー
リード
の伝統的な
カラス
バンズ
しようと
項目
決定を
ブラザー
別の
検査

```
のてべす、報しひぽテカ出ビ小育お所
別伝サ報カセよエだリふレー側さ重ヱ
読所統進ラうと無ぐバ嶋クリ項ひなろ
重っも的スだ画意やン画ツ画目どく無
目歩弱ドなお重精れズエ再決定く愛ぽ
がだじ砂ソべやん化んハ開コシをしし芸
覚じ無写モ私っ私れべ登ョリ妊故無結
め無精っャ狙解私くテつンザ砂れスス
た精だトＩ圧報出芸ぐーザざラブキ
ヱせまゃき力報化ぐクドさ狙ー覧ト
ょ辞意多圧化ひラ権まおクヌっログレ検
乏辞ニカざろモ所ぼ応クヌん能ヌサじ査
無意ヱ批投開セ権んっラ狙だぐ緑む
ヱ通く判社合お金妊ふ権ぼじラ狙
育二覧を故私妊ふ権ぼじラ狙
```

Puzzle 367

```
ぼ の 民 市 京 安 じ 向 れ 重 で 場 化 送 化 サ 便
多 友 ヱ 京 重 多 金 ぼ 結 ょ 写 エ 解 本 サ ン 利
ト 人 権 エ ろ 嶋 合 だ ろ 然 ニ 話 意 っ ン グ な
食 の 京 プ 人 は 読 安 ざ 登 愛 通 百 圧 辞 別 ラ
べ 合 だ ロ ン 何 だ み 囚 取 ど 能 合 ぐ 安 何 ス
て 辞 能 モ 何 解 暫 金 り 故 カ れ サ 開 て 金 い
応 ノ 進 ク て 選 ょ 金 乏 ぽ れ 故 金 ヌ ひ
サ 写 ク 結 応 金 登 ラ モ ス だ 狙 エ
ペ れ 妊 無 開 ト 、 比 較 愛 然 ぎ ゃ
ニ ク 意 の 無 意 味 な 第 歩 側 ヌ れ
ー ク 芸 登 写 じ ラ だ 無 十 砂 ゃ
意 の し ぽ 石 炭 ド カ 重 金 ニ 砂
報 コ エ 登 能 京 能 お ぎ コ
```

Puzzle 368

```
社 論 狙 ま 能 で 何 場 通 ょ 無 所 ド 登 ト 乏 ニ
く 通 エ ひ ひ モ 投 加 囚 ぼ で ぽ 狙 ぽ べ ざ 暫
コ ヌ ん カ 応 権 育 資 故 だ だ ゃ 圧 む 読 だ 結
ー 包 の 赤 ち ゃ ん 阪 弱 画 写 能 覧 重 エ ク
ム む 会 ノ ニ 金 の 精 化 る ん 然 れ 意 育 だ
出 加 ド ぼ ま 報 し 覧 何 故 き レ ょ 話 レ お
ど セ ょ ド だ ヌ 論 弱 合 意 ヌ し 故 ひ 然
安 ぽ 重 お ぐ 私 っ テ 応 き 私 ぼ 金
セ ン ド を れ 論 ふ ノ ど 登 ち ぎ き も 写 登
進 応 べ が ツ を 過 ホ ヌ し 比 理 由 れ ノ ろ
の 耳 が ン あ ト 通 ご 結 較 歩 接 っ ゃ ヌ
イ バ ト ー オ り ざ し た 話 化 阪 続 愛 彼 の
側 も ク ケ ヱ 困 ら チ ャ ン ス 側 ぼ だ ヱ ら フ
育 や 能 リ き ぎ 鼓 舞 場 べ お ホ イ ー ル ま ラ
解 決 化 ハ 再 モ 場 べ お ホ イ ー ル ま ニ 結 京
```

Puzzle 369

使 投 リ ハ リ 合 だ 合 ラ れ ス ぼ 雑 誌 の ラ 辞
ゃ 用 は 読 ス ぎ 権 選 論 社 ホ 暫 や 乏 ホ イ 退
テ ブ 何 ス プ カ く 写 加 ス れ 摘 カ オ ニ チ
キ ュ ー ピ ッ ド 無 ペ ト レ 多 然 ホ 故 の ン チ 何
化 場 室 退 然 明 室 ら せ ぐ 安 フ 室 る 暫 テ ヌ
ヒ 嶋 話 摘 エ れ 開 ら か 正 式 に マ 話 然 ひ
ラ ト 摘 ニ は 再 ょ 芸 に く 然 ツ ニ 進 だ 砂 私 無 ま
コ ミ ュ ニ テ ィ ド っ 結 多 場 狙 る モ 権 室 ラ ス 私 歩 進 囚 む 嶋
ぎ 、 市 民 ハ 再 ょ 芸 所 ょ る モ 弱 嶋 ぎ 歩 進 囚 む 嶋
応 選 多 ぎ ッ ド ニ テ 結 多 場 狙 弱 嶋 選 ひ ヌ 嶋 力 む ス
割 り 込 み ニ テ 結 多 再 ソ れ ヱ 重 サ ヒ ひ 加 再
向 能 読 論 退 ゃ 囚 で ゅ れ ヱ 重 サ ヒ ひ 歩 加 写 ょ
れ カ チ 退 能 乏 ス や だ ル ま サ ヒ ソ ツ だ 再
覧 安 社 も 登 然 ス ょ ク 解 正 し い っ 精 写 ょ
驚 か せ ま し た ス ょ ク 解 正 し い っ 精 写 ょ

雑誌の
キューピッド
アリ
明らかに
正式に
ライオンの
、市民
驚かせました
マウス
サーブ
ペア
ウサギ
努力の
割り込み
コミュニティは
ホップ
スライド
フォーカス
使用は
正しい

Puzzle 370

ハンマー
エキスパート
楽しむ
消しゴムの
陪審員を
単語の
間違っ
叔父
ささげる
足が
カップ
起こります
的地理
クレードル
メモリ
防ぐ
新聞
冷蔵庫
ケトル
隠す

結 セ ハ リ 嶋 ヌ モ ル 愛 選 進 っ ヱ 単 つ 合 エ
無 進 投 ン 金 モ ト コ 権 解 ハ て 語 投 さ さ だ
側 消 室 ノ マ メ モ リ 起 こ り ま す の ヌ さ ぽ
む し 楽 だ ト ー パ ス キ エ 冷 蔵 庫 向 解 げ 無
嶋 ゴ ニ 画 す ヌ 論 嶋 本 工 ん う 多 開 る だ
つ ム 隠 す 論 砂 嶋 摘 エ 育 ろ ん れ 海 ノ だ
応 の 乏 投 画 京 ト 登 場 出 や れ 故 レ 登 る
で 防 カ ヒ 叔 間 違 っ 向 的 足 が 嶋 ー 阪 結
く ぐ サ コ 父 せ 辞 ニ 百 登 地 嶋 理 場 ル 権
ぽ カ ッ プ ド 無 精 意 能 つ ぼ 退 ぽ ド で
砂 ク ケ 故 所 陪 ひ だ 多 嶋 っ ょ 出 ぎ
ま ぎ ひ ト ン 審 ろ 登 報 京 や む 故 ト 嶋
側 だ 阪 妊 ぽ 員 愛 だ 場 暫 ス コ て
ソ 私 ひ 化 応 を ラ 応 阪 再 新 ト 室 加 能 ど
京 社 ひ お ス ク 通 所 側 ど 聞 囚 意 育 私 意 む

Puzzle 371

っ返信化だリングで論ぼ投や囚くソ安ひ
境界応進合てく再場何乏写ス処理海セ
も権覧で嶋だだむリ画育歩弱意だきスホク
論解エ改室ょ育向会れ社ま京京だくニ化場読
旅行の善カっサ選ヌヱ弱ニトレぎ二回ルス愛
所故金コ狙せや然ろ向安ぎテも百ょるスエク
ニサ故ヌだ機歩ひしカど重百嶋暫ょ私ルニヌ
せロ嶋側ヒ故能リひざ辞スだべせルニク
むバれ通応狙きブヒク囚再解悲しいニク
社ぼ解弁護士を解ルムレ再百ス解悲しいニクヌ
ト彼育ク京解をトプセータンイ素敵なヌ
結ひの会リ話金イコ京ダクボ阪ろ登金能れ
然化さリ話金ヌタソトー所一向社ふエテレ
ソ画厚応っヌタソトー金だボリトト安投テレ
っでのケーキの金だボリトト安投テレ

単語リスト（Puzzle 371）

ボート
悲しい
二回
旅行の
彼の
ボーダー
機能
ロバ
素敵な
改善
返信
ケーキの
ブレーク
境界
インターセプトを
弁護士を
タイトル
処理
の厚さの
リング

Puzzle 372

単語リスト（Puzzle 372）

レポートは、
きちんと
正方形の
ディナー
夜明けの
オーディション
ヒキガエル
フェンス
退屈
ベッドの
通学
キャンプ
靴下
、十分な
撤回
の経路
質問を
感動を
また
家の

室会乏会芸ま通学会しキ投カドヌっ夜
ハ歩ヌんっ登金覧読辞ャ乏の経路きち明け
会故所べ加ヒぎ画ヌぼン読家撤回んとの
レポートは、キてじラプフェンスん摘む形た方正
選っ室ド権多話写おエデだ写場愛ざィたニ結
私ハん、ひふ阪ヌスチ弱方れおォゅデト摘百砂
ニ辞、サ十感動をドラ選化暫ーーて歩囚
お暫サェょ分クホ加ラき方く弱話ぎしし
故無べ話愛なリニス所登ぎ百砂ぎクノ
圧無カサヒエ登京囚重質問を辞ヒド嶋せ
ソカ故退読べ登靴下開む暫方圧ぎしノ
まカ故退読ッソ権せ妊登向暫ぎぎ
論多能狙ぽの結ソ何しゅ応話暫ぎ
ラ海場狙ぽの結ソ何レゅ応話暫ぎ
ヌリ辞ス場の結ソ何レゅ応話暫ぎ

Puzzle 373

```
し た 後 退 何 無 暫 ヌ ス ヒ 故 ざ 京 ま と 話 だ
ょ 良 側 砂 お 場 ト ノ ハ 応 ゼ ブ ラ で な 覧 チ
ぼ い 合 だ 社 論 ス 精 で ん 選 ジ 編 ぎ 集 ュ ョ
れ 高 芸 摘 ス オ フ 愛 囚 進 報 ラ 論 ー タ だ 登
じ の 話 ま 報 ひ る 投 無 お ク 海 コ ナ ル ノ 合
ネ 性 ま ん 進 ニ で き ヒ も ひ 社 ー ス 私 コ 登
ギ 能 可 ゅ 検 索 育 で 圧 私 ふ レ せ コ セ 京 画
ニ ぽ 京 セ 権 を ぽ 論 ふ る 社 ク 多 コ 暫 ヒ 投
権 選 ラ ッ シ ュ 場 っ る 合 故 ニ 覧 ハ ま ト 再
ク ひ ヌ ス 阪 も 摘 テ テ コ ニ 嶋 芸 ツ 百 報 通
妊 社 コ ラ 合 に 応 再 コ ド 場 や む 囚 金 画 金
自 摘 話 モ モ り 圧 コ ク 摘 向 室 応 む 囚 ろ ク
主 横 に 振 り ま し た ヱ 退 場 少 現 論 在 く カ
的 な ふ エ 愛 加 あ 場 少 室 応 論 在 く カ ニ 欲 求
```

横に振りました
した後
検索が
自主的な
ラッシュを
まで
編集
少し
となって
現在
コーナー
パターン
ゼブラ
良い
スケジュール
欲求
あまりにも
可能性の高い
オフ
ネギ

Puzzle 374

子供たちは
個別の
モック
オプション
近い
コレクト
サッカーに
スプーン
発見しました
納屋
男性の
看護師を
カブ
、個々の
ベッド
日時計
需要を
条件が
レッスン
、カリフラワー

```
精 れ 、 ブ ニ ぎ 砂 愛 故 る 妊 ざ 登 ぎ つ 通 多
故 に ー カ ッ サ ベ 然 場 ぼ ゅ 加 オ コ ホ 解 む
ニ ゃ 社 テ リ ゅ 選 阪 る 弱 京 き プ レ 場 て
き お 乏 権 摘 フ ス 登 条 だ ひ 歩 ハ 重 シ ク 嶋
近 モ ッ 結 能 ラ 重 件 囚 っ ざ 画 摘 嶋 ョ ト
い ッ 場 ょ 乏 ル で 結 ワ が ス 投 ノ 開 エ を ン
ぼ ク ぐ ト で ン 本 所 プ 画 精 っ を ス
需 べ 圧 故 テ ー ス 供 京 加 看 た き ッ レ
要 故 歩 向 画 子 本 た 納 狙 護 き べ 個
を 、 個 々 の ベ ッ ド し ま 屋 阪 師 ュ ル 別
応 む 向 写 本 ノ セ ぎ 狙 レ 育 ニ モ の
ラ ニ て だ 男 投 リ ょ し レ ツ き ヌ 安 摘 ト
ク 圧 進 ヌ 性 し 愛 精 見 ク 狙 コ れ ノ ざ
ラ 京 コ 重 の む 場 読 発 て 歩 登 や る 画 モ 会
精 摘 育 ノ 芸 ニ ル レ 開 開 故 登 や る 画 モ
```

アハ方ニぎっれレひぽれ歩むで進ドっ
リラ京っゃむニベニ武つノノド論辞暫
ー阪精ガヌソ室芸ス器ソ出写サ応
ナ向まヌソキ規制を愛退学百平野室ぐ囚
に対して京場妊所眠いぶ百中登育故
ゅぼろ京合トテンド解重中心野報歩かなり
論多くのことをドシャツ百覧権狙ハれだ
選私阪合ぼ会囚加妊せ意摘ぎれり
会辞海結囚与カンガルー阪安ヌだ
くだチ応応まぎ重何嶋でカ所乏故登
ラバスケット暫室二安選権ぎクの辞
バ妊ニ意開た選エホひぼおどっ愛門の辞
ルく向暫どぎざ能結辞然登応モだ

専門の
バスケット
ガソリン
重い
かなり
多くのことを
躊躇
キャンドル
規制を
に対して
謎の
武器の
眠い
平野
与えました
学ぶ
シャツ
中心
アリーナ
カンガルー

プレイ
エクスプレス
休憩
同じ
、過去
メッセージ
森林は
ピアノ
ジュース
濃縮
、適切な
川の
学生
新鮮
氷の
不足
ヤギ
安全が
安全に
時々

選話ヌ安にふ通む所やれ愛ろれしひ安
百コ側通全つ意るカ辞故ル合辞だゅ京応だ暫どスもじ辞どで
二ヱド論育だ論出森林まセ氷まソ本開ひひ加合エクスノ覧クピアノ
砂安論ふス出話ぎスジュース読し嶋ちょ能覧ひ歩室乏論レスプレス
ひメッセージ読ッ場ヌ合多狙ソ写故去登能休同じ
メ阪るノュるジ嶋や場ヌ合ソ多狙ひ歩室乏
阪社くるも写向新鮮暫百む狙精愛摘ぎ選濃縮、適海ゅじハつ何ぐス
権画てれ砂応々応のヤギせク生場ヌ写百不向

Puzzle 377

再 登 ス エ 暫 っ ス 歩 シ 出 現 開 多 覧 場 観 察
セ ニ テ ょ 育 報 サ じ リ 開 セ チ 会 ク 画 写 ヱ ヒ レ
む 精 ッ 弱 ト レ ウ ふ ー ル 最 大 の 教 多 海 無 場 合
テ き プ ヒ 話 権 ン ホ ズ ろ ょ コ 高 授 最 ク ヒ ぽ ハ
現 代 乏 論 む 化 ド 解 は 結 化 ろ 選 写 テ 京 ス ぽ ソ
然 ラ ャ ヱ ょ ネ ・ ろ 話 圧 ひ だ 加 テ 場 多 写 ッ ニ
向 読 エ じ 消 え ッ 方 圧 ひ だ おく 場 会 ク や 場 百 っ
室 ル 加 ド く ス て 室 だ おく 嶋 会 ク ろ 金 ト や む ニ
綿 を 再 ひ お エ 再 イ ワ ニ ー サ ど 応 合 ル やる っ ひ
興 多 本 選 登 む 歌 故 ン ー サ ど 海 結 ル 金 ゅ る て
奮 む エ 報 ド エ う 報 タ チ ク 海 結 長 通 テ に つ ひ
向 話 暫 金 ハ 砂 会 ニ ス つ が さ れ ホ 開 ヒ ニ て
サ ニ ス ょ 嶋 ニ 金 成 む ク っ だ の 歩 ひ 私 ま 開 チ ソ ひ
ス よ で ゃ き 応 成 だ て 果 ょ やき 応 暫 囚 チ ソ
嶋 り ます 登 ド て 果 ょ やき 応 暫 囚 チ ソ ひ

Puzzle 378

ス ポ ま ト ぽ す パン の リ 個 暫 む 関 ヌ ヌ 会
側 進 一 権 話 ベ ル ゴ ク 人 選 ル だ 与 辞 も
ハ ょ レ タ 通 て も 会 チ ゃ 的 ょ コ ド ろ ふ
ニ 報 リ て ブ の っ 再 イ ひ 摘 れ ん 出 社 ク 覧
の よ う な 結 ル 阪 乗 ょ に テ 応 何 チ 化 登
タ 何 ク ト 加 ド ぼ ひ 重 権 ヌ し も 弱 だ
ッ む へ し ノ ン じ ひ 暫 で ひ 歩 ヌ ド 読 応 ル
バ ど ル 社 阪 コ ク ぽ 妊 通 ボ 辞 何 だ 辞 化 読
ヌ 場 プ っ 暫 ド 然 能 解 ょ ふ ボ ー ド ツ 弱 ざ 京
キ ャ リー 医 十 エ ひ ょ 摘 ま ひ 何 所 ツ エ 海 ひ
ヌ ラ 重 だ 師 年 を ひ 金 論 まひ 権 能 ト し 発 ょ 向
妊 セ 多 場 が し ひ 愛 む だ ど も せ ふ ル 言 加
百 室 ヤ ード し ひ 画 何 投 向 何 だ ぼ ノ ニ
代 ひ 無 金 解 む ぼ ニ ホ 退 ど ぎ 京 会 嶋 応
サ 替 ぐ 圧 説 登 り る 再 芸 ど ヱ ノ ひ コ 暫 ニ

Puzzle 379

能ニ実ぐ重投論安キソ影響だ芸再むニ
バ連邦だヌハ話しュっおニ応テニスラ
どル論ひ場意しウくモぎ何読方進ひま
ド退コニ室開ていリをエぎ歩ネタまひ
パせ写ん一覧だるヌンチノひクイゅイ
ワひ報金故べ服は場ジ意再育レ登登故
ーぐカ出ょ応化セでニ室腐画ニド場所
のカニ金ーセ何ぽ付コ加退っ登でひ合
登安ク育側結登付随ラス開多ろ退テド
も育金金場応化サ話意同愛話応登ッ応
トコれ側結投コぼし意ふ登むど体っ阪
場だろうべ投カコほる方全登エ方何
ゃんゃひる意つ何囚辞チ会ホょれ愛摘
会叫でハ開歩暫ベノやクラヌハく摘

腐っ
ネクタイ
ドレイク
実行している
テニス
叫んだ
付随
話して
キュウリを
服は
コンテンツ
カー
エンジンが
同意し
だろう
全体
パワーの
連邦
影響
バルコニー

Puzzle 380

カウボーイ
家族
成功
関連
焼く
の鼻
レモン
、したがって
渡します
買い
ダウンの
ラズベリー
トーク
下降
明確化
ありがたいことに
利益
シナモン
美しい
権限を

、クでスじ重場関ソき退画サ愛重であ
写し登ト阪ふ写連覧ヒク権ゅ応ダ話り
渡ヌた育せレハカノ投方や愛ヱウ砂がた
っしぎが場モ故応室スむ応ヲン百のい
れハだまヌっ成せぎひ化れ下二利京こ
ぐゅ京向すせ美応妊阪んん所降画カとに
ど京焼んトしニコでん側囚ん加ゅ益や乏
ド退権焼いニ買方ざコド明退化ウ安ク
育ゃ限くっヌ退ベヒ論解室っクボひ何
精所をルラズべリーゅシ狙ャイト卜ト
論エの家れ登ぎ無ーナ然場社結ぽス
って鼻族スレ覧てスどナ狙ひ妊乏画辞
トくん囚場金てふきモ然加ラ合話ま
ろぎど何テ方んエ然覧投育べべゃハ

Puzzle 381

進ヲ犯ルム本っ狙権金ょて地暫狙べろ
応っ罪だーょ暫開れセ育ゃ理スっ会登登意
ヌ再読どン弱何てだょ再故乏何ひひ覧登意
っル砂や画重サひ選ソ重トゅゃや覧乏意
っょ応権ドレ重ぼレぼ多京応化進む
叔父は、動機の覧芸てど私頼ラ圧ー化進む
ぽ寛ピンク覧芸金モ摘解イテ場ン登海っも
ざ側大育化しぐ退人口写ベラょ論モモひ京
ヒ金登報論論応進応ノ意覧やも員基モひ出
ヌ育報愛金結クン私ヘた株のポ役京
ょ弱愛金結クラッシュヘした株のポストの
意退金結ハス迅速モア画側式家故もレだき
妊狙結ハス迅速モア登ル囚サリ専ょ再くだ
再ツ解応ルル方ク登ル囚サリ専ょ再くコホ
むむチリヒれ覧ホく場退ク専どコホき

クリーン
ムーン
迅速
ライラック
地理
基本
犯罪
専門家の
人口
ポストの
叔父は、
株式
ピンク
動機の
寛大
した
の信頼
ヘア
役員の
クラッシュ

Puzzle 382

バイクの
カナリア
関係の
コートを
賢く
連想させます
壁画を
条約
危険性を
現実
ミュージカル
クリーム
感謝し
カーテン
手配
を介して
栄養素
はいを
標準
複雑

カ覧ぽ登ニ栄クだ写出ゅ社然クまヲ然
ゅー関係の養ふも弱投れ圧再アリナカ故
ソ手テン囚クヌ通方ゅくだ育所まふクニを
圧配ょンイ危通ゅ何ょセ開つ然じトま複
レ私妊トバ険だモ側っ場多セむヒ京ど雑
ト会合能ど性だ摘む応化登京ゃ条会
壁画を通トを故摘側ひ然場エラ約はつ
現ク結トト愛故むき然ざょ室ぐいを芸
実ニど感レサむぽ場ヲ能ラざ報だ多
ミ能百謝で多お辞海ヌニしざ方くだ
会ュじし投標準モぎゃ賢を
安スーじコ化ふュヌ選ぎだ報だす
場チ砂ジリ嶋スヌル連想させます
や妊社出カ嶋スヌ退圧室連想させます
進セカ場しル暫退圧室連想させます

Puzzle 383

```
室 場 ニ 合 ホ や 応 お 悲 海 膝 れ 聞 乏 ド れ レ
バ れ 意 だ お 側 乏 惨 卵 安 を き 愛 ク れ ぐ
ビ ス ジ ケ 故 お 登 加 ょ に さ 進 ま 本 出 じ ろ 出
阪 暫 無 ッ し ぼ 想 百 ざ だ 然 だ す く 化 重 芸 辞
ひ 百 会 リ ッ ボ 像 退 安 精 無 ひ ス テ 解 開 ま 精 京 開
ド ン グ ウ ォ 画 登 れ ム る カ 突 ー 多 分 き ひ ラ
育 肖 像 ュ シ ャ 加 社 デ ル 風 場 メ ヌ ぎ 化 つ リ
愛 愛 登 ツ キ だ ゃ べ 向 ブ む 囚 ト ひ ヒ 無 む し
ざ 場 ト 意 所 歩 ソ ダ ぽ 側 ど 添 付 育 百 弱 リ
場 京 ま 結 べ 画 モ ゃ っ 阪 て を 嶋 場 結 ん 話 通 登
っ 再 乏 応 投 っ ソ 多 色 ま も 乏 日 芸 精 ぽ 覧 ノ レ 歩
ひ ラ 狙 る 火 傷 を っ 進 の 日 芸 精 ぽ 登 歩
ソ ト せ 場 火 傷 を っ 進 の 日 芸 精 ぽ 覧 ノ レ 登 歩
```

ビジョン
色の
悲惨さを
膝を
ショットが
ムカデ
想像
突風
ドングリ
バスケットボール
多分
卵に
聞きます
添付
火傷を
肖像
日の
キュウリ
ステートメントを
ダブル

Puzzle 384

マーカー
盗ん
朝の
貧しい
キリン
遅い
特定
悪い
いらいら
も、
数々が
存在
削除
用品の
の階段が
任命
獲得
食用
テストを
ゲートは、

```
ま ツ レ 進 応 の 朝 ト 画 エ ゲ 数 進 ヌ 貧 ひ
リ 登 何 も 登 品 階 意 ニ ぼ ー 投 々 論 し 私 ひ テ
テ ス ト を 論 用 海 段 存 在 ト コ 所 が い い べ 場 阪 テ 囚
側 ひ セ ん ス 精 砂 ょ が で は 登 ニ 能 悪 ヌ れ ら 砂 ひ
マ ー カ ー 獲 側 再 圧 ひ 阪 も お ヌ 方 海 狙 投 い ら い 側
結 れ サ ヌ 得 ス ゅ く ゃ 歩 ヌ れ ぼ 場 合 登 遅 お 圧 ょ
テ 方 キ ぎ っ ニ 歩 ヌ 弱 ど 場 ま 摘 ラ 故 じ お 嶋 ホ ツ
所 ヲ リ カ セ 特 定 テ 覧 辞 歩 ト 乏 弱 選 っ 論 砂 リ
食 ベ ン ヒ ぽ 所 べ ざ む ク 百 写 何 ざ 暫 愛 結 ラ む
用 盗 ラ 重 写 ょ む ろ お ラ 論 選 て お 報 論 も だ
ソ モ ん り リ 場 ゃ 選 リ お ヲ 側 削 除 ソ 論
ヌ 私 き 登 任 命 リ ヌ 室 論 向 ヌ ラ じ
阪 ざ 室 ハ 化 阪 ひ ざ ツ 側 リ
ニ 論 ク 精 退 カ 砂 安 ゃ ふ ニ
し 辞 リ 側 退 安 意 覧 歩 ふ
```

Puzzle 385

ひ 開 て や 海 合 弱 き ア 警 ぐ ク ひ 日 ぺ ぎ 阪
ホ ぎ だ こ ぎ 然 っ 金 ク 察 ぐ 再 ぎ 曜 ー く ソ
合 加 社 然 進 重 場 ヌ テ ヌ も 砂 歩 日 の ジ 合
コ ラ だ ぎ 加 開 加 ィ 再 会 っ 合 ん の ヌ ャ 金
安 ま テ ん 開 お 京 モ ビ フ 加 学 加 結 冬 テ 権
愛 室 ぼ リ 開 京 ふ 選 テ 加 意 術 写 歩 ラ ぐ ヌ
ふ 災 所 ス 加 執 ィ の ッ ラ 何 的 保 ヌ ラ ヌ ラ
く 害 金 じ 合 行 の ま リ ヌ ッ 存 ジ ン ト の 解
向 が お ぐ の 側 社 暫 習 ぼ く ま 通 り だ 歩 写
弱 っ 勧 リ 能 休 故 たい と 考 え て い 歩 が 写
き し め じ 退 暇 た は ゅ ん ぐ ゃ っ 開 写 じ ひ
ラ ヱ ま ざ 向 も レ も テ エ ス ヌ 金 せ レ エ っ
覧 れ す 出 結 側 コ 結 出 ル 投 だ 精 芸 ろ ざ セ
る ソ フ ト を ュ シ ッ プ 海 モ 愛 砂 無 ろ ざ セ

アクティビティの
コストの
学術的
保存
ソフトを
執行
休暇は
災害が
冬の
ジャンプが
たいと考えてい
ページの
警察
フラット
行く
のり
日曜日
プッシュを
習慣
お勧めします

Puzzle 386

埃っぽい
地域
めったに
奪う
しわの
廃液
消防士の
役割
予想
愛情
ソート
戦略は
アクセス
座って
感情の
記述する
避難
状況
パーティーは、
文字

感 情 の 消 地 域 ま べ 何 故 解 砂 ぽ 安 ま 場 通
く も わ 防 ゅ 弱 意 ス 役 割 海 ょ だ ヌ っ ス ニ 社
場 多 し 士 覧 ソ 所 避 難 ぐ 狙 ア コ ス む ろ 百 砂
無 弱 金 の 砂 ー ニ 愛 だ ひ 弱 ク 場 結 ま 精 ひ
ふ 然 ヌ る 乏 ト 通 育 ひ 弱 ク 解 京 っ ひ 何 化 本
芸 登 記 述 す ヒ ろ 向 だ 能 権 読 て だ お 乏 写 つ
安 く だ ヒ 状 況 っ て ぽ い 座 じ れ れ 弱 話 妊
っ 海 ど 戦 弱 ゃ 金 埃 っ ぽ い 圧 ふ ソ む ひ ス
や 金 安 略 は お ヒ き ハ ホ 応 退 場 コ 向 ひ つ ト
私 カ 暫 は 文 字 愛 情 る 座 応 は 、 本 ト く ひ 何
解 ぎ 画 写 権 応 む ま パ ー ティー 狙 圧 暫 ひ じ 私 で
百 阪 ス 文 多 れ ヌ ま 乏 た に コ 囚 き 阪 社 ヒ ド
報 ス 予 廃 液 ニ ふ 金 む 圧 し 故 べ サ き
写 奪 う 想 ょ ぼ ス 所 や し 無 べ 社 ヒ

Puzzle 387

まろラ精場ひ私せひ私ボ複嶋ラ再ニ退
忘れてしまった達重デロ雑室イ応選ぐ加
クレヨン写投ゅニだザール側運本クト読百
社ソつやらべ会ぼだょルヌ満足スタム愛
ど育向育進どぼ重投エオヌラしカタ再く
無むひ阪どゅっどょ権タ百砂ヒれ出化再
ヒぽ場論嶋育ぼむセ開写海話側百社る向
海開精海読ア土せひ阪セレ開京重通ゅ合
開楕円形のプだ曜やス開始本知恵辞室だ
楕何っ出サヌロ意話日より多くの圧ゅ解
何だ出だスーベ解きに嶋ぎ故知恵通辞合
だリエ再ャチきれっか狙ク圧方応室まじ
リベ嶋報百方ク圧輝や権お向ヒヒまニだ
ベ金百故ツ読んふき穏ぽ登所ろ精ニだ解
金百故ツ読んふき穏ぽ登所ろ精ニだ解

複雑な
カスタム
開始
私達の
より多くの
運ば
ボローを
土曜日に
穏やかに
ディテール
忘れてしまった
クレヨン
満足
アプローチ
輝き
タオル
知恵
楕円形の
つらら
ライブ

Puzzle 388

布の
スイカ
、ニンジン
おなじみ
ミル
精度
事業
、最後の
送ら
反応は
店の
適用
画像
女の子は、
緊張
訪問
ドール
認識
いるようだ
に危険な

画クだ読ス囚弱、むスイカモむテ写ま
れ像社適用コ安ニっト百無進ルニだ開
おなじみ開結だ辞反ジ応会て室解ヱ辞出摘
くツ解狙だン精はセ重ヱ権べ室カ
む場金チ辞精ドい通るよだ権ざ安ぽ
結海写ノセど精ンク育故出意しざく化
何安ざ金サ芸れム海スミ選加登海本
じ歩ど育モ論む阪能ヱルヌレ問ョに
選ソエ解加然因布のルー、芸故も危
結ノ緊張もぐサ応の後故ひもフ険
再開化嶋方認投れ場ひ安再なス
摘登化本精度登ク何化ホャふ砂ヒ事ス読
チょじっ辞応ヲホ愛解出らふ乏業歩読

Puzzle 389

```
然 覧 金 場 プ ー レ グ ラ フ ソ セ ざ コ 精 お ひ
ン ょ エ コ ぎ 多 ツ 意 向 故 破 壊 海 ニ 妊 ろ 歩
ー で 報 ノ 能 混 画 見 会 本 登 レ 前 に ク 金
ペ 砂 む ひ 乱 何 の 再 明 多 場 ヌ で 砂 向
ン レ 与 私 嶋 ノ 出 覧 向 重 ケ 写 ふ す レ
ャ 愛 向 投 ら ニ 本 選 っ 社 阪 モ フ む ィ 愛 化 投
キ ャ ベ ツ ら ニ で っ 重 読 ら ア リ ク ハ
し よ う ど チ れ ル ラ 然 て ひ ら ぐ エ 社 ニ 報 京 ク ヒ
ぎ 側 海 ニ 読 ゅ た ひ ラ ぐ 竜 が 会 方 論 多 ひ
ニ 無 秩 序 論 ま 私 画 再 ヱ ニ 退 む 本 登 て ひ ソ テ る
摘 ど ハ 安 セ 砂 っ ゅ て せ 結 暫 進 む 妊 ひ ソ 野 る
チ 所 つ 辞 嶋 砂 だ サ ニ ソ 解 合 員 ひ ソ 野 金
ベ 加 所 コ 選 阪 場 チ ひ 応 次 合 委 員 私
く 芸 百 だ 化 で ノ 芸 出 生 ま れ の 会 私 合 球 金
っ ぐ 出 リ 所 ノ 芸 出 生 ま れ の 会 私 合 球 金
```

与えられた
ケフィア
野球
生まれ
しよう
次の
秩序
意見の
破壊
グラフ
リアライズを
竜が
委員会
前に
キャンペーン
グレープ
明日は
混乱
キャベツ
、すでに

Puzzle 390

全員の
技術
欺く
レスポンスの
シーン
乗り心地を
妻の
アイデンティティ
帽子の
動物、
、まだ
ささやかな
喜んで
ペース
、必ず
選択する
存続
ナツメグ
分析
、正確な

```
意 選 ゅ 、 化 ま モ ぎ さ さ や か な シ ホ 開 本
ぎ 択 ニ 必 ス 合 べ 写 ハ っ ょ 育 芸 ー 開 画 進
論 す だ ず 動 物 、 技 ナ レ ヒ も ン レ テ 意
弱 る ま 分 析 ト っ ぎ 何 応 ろ ぼ 論 ス 方 ょ
チ ラ む カ ス 場 や ぽ モ チ 、 ニ ソ ポ ア 存
会 ツ ょ ど 喜 ノ ま ぽ 、 場 む 出 ン イ 続
れ 画 乗 喜 ん ト だ 欺 チ 正 話 選 ヒ デ 登
帽 論 ス り 意 心 じ く ツ 確 読 全 れ ン ハ
子 ベ れ 意 地 だ テ コ な 進 員 進 テ 合
の ゃ れ お っ 弱 妻 京 ん 私 場 故 報 ト ィ ペ
っ 海 場 室 ぎ の を 辞 愛 弱 能 重 ぐ テ ー
ろ ソ エ ド 応 ど 解 乏 登 ぽ ふ 砂 れ ィ ス
開 ま コ ひ せ れ ょ 精 エ 無 く ょ の ヌ
ま コ ゃ ま テ 論 写 暫 コ ル ひ 加 リ 向
ふ 能 ま テ 論 写 暫 ヌ ニ 精 加 ぽ 権 ヌ 社 む
```

Puzzle 391

ゆ っ る 何 権 開 開 ク 歩 お し テ だ ひ 通 本 シ
ま 室 暫 モ 選 ク ク ッ ツ 意 ス お ひ ざ 体 ン ク
サ 応 写 き ル 話 ジ ぐ ノ 本 退 海 然 育 で 写
ド ぼ 多 じ ひ 覧 ラ 通 ど 再 写 重 く 海 場 方 能
何 歩 ク ぐ べ 側 ヌ ホ 私 社 覧 ん 応 お ざ お
て ス し ホ っ 場 ヱ 京 ひ 辞 ら 略 リ ざ 本 お ヒ
読 ティ 応 ざ 海 ひ エ じ て 歩 う 語 っ 本 ヒ
嶋 投 ッ む エ ェ ぼ せ せ チ ひ せ ぽ 化 辞
ツ ク 多 進 向 ニ 衝 突 ー ダ ウ 砂 権
、 は ト ス ラ ト ン コ ズ 砂 ヌ ア ー ム を 界 業 で
芸 、 だ つ べ 狙 ょ 修 ぎ ぽ 然 金 世 紀 に は て
民 準 レ ト 阪 故 然 ふ 理 せ 精 花 が ぎ 向 話 リ
間 重 備 の サ イ ク ル の を 戦 い の ー ダ ー 圧
む 権 阪 通 故 ク ょ ぼ 金 社 化 退 ん 方 ノ や 圧

ノック
世紀には
民間
クジラ
本体
シンク
アームを
スティックは、
花が
略語
修理を
チーズ
戦いの
衝突
リーダーの
準備
業界を
コントラストは、
のサイクルの
パウダー

Puzzle 392

演奏
屋外で
連絡先
笑い
三角
故郷
カードの
物質の
高速な
野心
不規則な
目的の
大根
禁止する
合計
に向けて
おいしい
アナグマ
大規模な
キャップ

進 化 チ ル ニ に 出 ク ゅ 狙 応 退 お い し い ニ
向 チ ト だ エ 向 レ 側 む だ 暫 コ い 化 弱 る 結
嶋 応 解 目 応 け ヱ 辞 阪 し 退 画 ヒ だ る ツ 解
囚 画 会 コ 的 て テ 退 べ 妊 キ ょ ぎ 何 報
無 然 で サ ぐ ひ の 阪 て 化 精 だ っ 三 角 れ
登 何 再 ニ ツ 所 側 金 画 連 重 べ 先 ヱ 本 ら
通 ひ も 摘 ニ 解 禁 応 レ 笑 絡 し る 弱 れ
場 方 嶋 つ 退 場 嶋 ざ プ い 先 や だ 摘 て
投 権 サ べ 会 能 す カ ー ド や る ソ 投 選
屋 退 ぎ で む 社 る せ の 演 奏 ト 権 規 権
多 外 ぎ 進 弱 ス 海 圧 故 根 模 な
ハ 論 で ひ 合 ア ナ グ マ 野 郷 大 進 べ 高 規
金 側 再 じ 意 計 選 セ 摘 心 リ 結 方 愛 速 則
乏 ヒ ぼ 私 ル し 会 結 ス 摘 登 重 結 登 ど な 不
芸 ま 話 ク 投 ニ エ む 応 サ 権 退 ゃ き 摘 ざ ざ

Puzzle 393

```
ま 生 物 学 キ 辞 ぎ 故 ひ っ 重 権 て ル ハ 結 場
ま 最 良 キ 干 リ 何 安 選 テ 嶋 ニ 京 ろ ン お 弱
ヘ ッ ド ャ し ひ ン チ ざ 通 ま モ ひ カ ぐ ひ 読
だ れ モ ン ぶ 海 化 の 合 テ ろ 愛 化 ー 能 コ 読
話 ゅ 応 デ ど だ 私 登 重 テ 砂 化 ぐ ル の コ 乏
だ 重 力 ィ う 覧 リ ス 発 会 チ ョ コ レ ー ト れ
、 再 利 用 可 能 な を む 生 交 ぎ 砂 合 ト れ ニ
れ シ ふ き く ク ブ 選 ょ 歩 渉 ク れ ニ ホ 安 画
圧 ブ ラ ッ ク エ ィ ノ 結 嶋 安 ル ツ サ 登 チ レ
ょ ぼ 圧 ブ 囚 だ テ 室 く 化 ま 妊 れ 進 ま ょ 本
ス 阪 ヒ ぎ 室 ノ ク ア 開 登 能 ド ぎ 大 丈 夫 ク
故 多 歩 ろ 場 意 ア 登 能 ニ 話 ノ ろ 話 ょ ゅ 故
個 人 は 妊 精 ゅ 京 本 覧 然 向 む つ ど 歩 ぐ ひ
選 再 ニ リ だ セ エ ド ク ひ 進 コ 開 リ 画 コ ニ
阪 ス レ ぎ チ ゅ 登 側 っ ノ 疲 れ 芸 意 報 む 乏
```

カール
最良
交渉
個人は
ブラシ
、再利用可能なを
アクティブな
疲れ
ブラック
キャンディ
重力
大丈夫
まま
キリンの
干しぶどう
生物学
ヘッド
発生
チョコレートの
ハングが

Puzzle 394

シェル
忠実な
確かに
ドラム
やすさ
暖かい
の後に
オブジェクトを
壮大
参照してください
恐怖の
抱きしめ
熱くする
描く
トライアル
傾向が
溶融
配布する
実行します
時間

```
時 ニ ド 私 阪 れ 無 ヱ 多 ド 覧 し 芸 お ぼ ト 重
だ 間 金 べ ぐ 海 安 京 ス ラ ラ ゅ ソ っ 応 ラ 加
れ 然 エ 圧 や 意 ト 写 ゅ ム ヌ べ 化 場 も イ 加
し や 辞 意 っ す 写 論 ド き ラ 然 乏 ニ ア ぎ
ぎ 重 ホ 応 チ く ぎ 愛 乏 配 で 話 ぎ リ で
ル ま 向 開 何 ぎ 進 弱 熱 布 す る 狙 金 海 ェ 再
側 ハ 圧 意 重 解 意 ざ ひ 描 く る 故 然 会 シ 歩
て 合 力 愛 嶋 で な 実 忠 覧 参 の 恐 摘 登
カ ホ っ 選 だ 故 行 権 ノ 照 ホ 後 ま ホ じ ド
暫 コ 多 カ 暖 阪 め し き 抱 し べ に ょ セ ぎ 育
社 合 サ 乏 場 愛 ま ヌ 合 て 海 圧 サ か に 方
ス 応 側 や 芸 応 す べ く ヌ 化 セ モ 無 ざ
オ ブ ジ ェ ク ト を ノ 投 ホ 登 覧 ど 弱 融 ょ
ん 場 ク 無 ぽ 傾 向 が 進 ス さ 室 力 溶 ホ っ
合 話 化 ス サ 壮 大 べ ま ぐ い 芸 京 芸 ホ
```

Puzzle 395

多 サ 妊 読 英 リ 雪 小 ぽ ー エ ニ ツ 芸 ル ん 結
プ ッシュ 語 覧 だ ー つ き 麦 粉 だ コ 退 立 まじ ぽ
精 きょ や 育 やむ 京 ア やま の ツー バ 孤 立 鋭 い 有 ぎ
精 せ 応 会 ド だ 愛 愛 ル ホ ティ ワン ニ ス ソ で 痛 料 モ
無 ソ ス ド ぽ ひ 重 ぼ ィ 崩 教 っ 暫 本 然 だ 登 ひ 向
加 レ 話 じ 加 ぎ 覧 っ 通 崩壊 会 の オコジョ 長 成 多 ょ じ 嶋 コ
砂 し 退 然 投 成 お 側 リ 社 の て ソ カ 加 再 ス ホ ヌ む
側 ぎ じ 読 スル ひ モ まま 退 エ 延 会 囚 選 百 ぼ ド ラ 向
辞 ぼ 精 スル エ て 御馳走 バ ヒ ス 期 会 囚 を セ ドラ ゅ 会 再
報 ど や 向 出 スサ 側 ん ヒラ 育 延 期 を ヌ だ ゅ 会
解 ド 狙 海 加 私 育 モ む 権 つ 投 ぎ ぐ 応 ト 再
ス 芸 ふ 芸 ゅ や 投 モ む 権 つ 投 ぎ ぐ 応 ト 再

鋭い
小麦粉の
プッシュ
痛い
アーティスト
御馳走
延期を
崩壊の
オコジョ
雪だるま
教会の
バンワード
バス
一種
英語
スポーツの
作成
が成長の
孤立
有料

Puzzle 396

道を
オープン
継続
のポーズ
回復が
国家
崩壊
占める
検査の
丁寧な
塗料は
ランダム
操作
飛行機を
フェレット
夏の
オウム
管理
の有害が
芸術

社 金 多 ト 暫 囚 安 で の 囚 金 れ 場 辞 や 登 ひ
安 室 投 ラ 国 き 摘 ポ 然 愛 再 む 開 ゅ 進 阪
し べ れ ン 家 ド サ ー 場 妊 機 じ ソ 合 出 オ
丁 寧 な 道 ダ 本 能 占 ズ 飛 行 を セ 通 っ ウ
ド 弱 ぽ を ム 画 セ め っ ラ 芸 っ ク 私 お ム
ド ャ 妊 化 ヌ ト 化 る 然 所 然 害 合 ク ひ 読
囚 ソ 私 海 社 ま ま 場 ぽ 復 が 圧 有 無 ぎ エ
愛 ぎ ぼ ひ ぎ て 妊 お ぽ じ カ 画 妊 の ひ ト
れ ぎ ク 側 だ 論 圧 本 摘 テ セ だ オ つ ヌ 画
ひ 管 し セ ぐ ょ 愛 登 ょ 百 ざ 芸 阪 選 応 塗
セ 写 理 モ 金 論 辞 開 辞 育 結 術 ふ ひ 料
ろ 再 し 摘 夏 出 の フェレット や 覧 金 金 ン は
ニ ソ ひ ヒ っ の 査 金 ひ お 場 崩 出 海
場 で 金 圧 で 検 や 登 お ニ き 何 ゅ 退 暫 べ 妊

Puzzle 397

```
で ひ 意 登 ツ ド ハ 退 ニ 出 出 圧 つ ぐ 歩 開 退
ラ 圧 お ぼ ぎ 会 く も 多 ス ラ チ ぐ 室 弱 ク 砂
レ 側 論 小 麦 画 っ た ま ト 出 狙 百 登 金 て 安 写 コ ま せ
投 る 登 べ 化 登 ク ト ゅ 骨 出 リ ッ ル 狙 少 な 金 ぎ 出 合 と コ レ ど 妊
京 出 ま 結 阪 海 動 写 再 む 狙 子 の 再 解 覧 ホ サ と レ ぼ だ 約
べ 芸 結 ソ の ニ 海 れ だ 所 目 向 品 製 で ょ む せ リ ケ 束
む ゅ だ 商 用 故 海 弱 れ 辞 に 通 知 製 ー せ 加 京 せ ト な 再
昇 給 の 用 所 弱 く 海 然 見 え 然 京 囚 育 進 管 ト く 登
ト 精 投 じ 育 ク ぼ ひ モ テ ソ る で 選 つ モ れ リ 登 理 を 再
ホ つ ょ 方 育 ス ひ 何 モ テ ソ る 選 つ 開 ラ 会 ざ ト を ハ
ま 方 無 開 芸 弱 タ コ レ ス ビ ソ ス 報 ヤ ク ス
無 民 俗 弱 ホ サ ン ビ ソ ス ド 地 球 を っ 開 ラ 会
で 覧 テ テ ぎ 再 ド 地 球 を っ 報 ヱ ク ス ハ
```

ストリップ
民俗
通知
クモ
製品の
動きの
スタンド
テレビ
目に見える
管理を
小麦
地球を
少なくとも
昇給の
たまま
骨折
の商用
デリケートな
約束
子の

Puzzle 398

カバ
噴水
効果の
ボトル
スペル
シット
現在の
陸上競技を
選択し
暖炉
の好きな
クロック
家賃の
感謝を
巨大な
定規は
山猫
海岸
叔母者
スケルトン

```
巨 精 ぽ 化 現 能 ハ 出 家 画 暫 ど テ 重 辞 解 選
大 海 岸 妊 在 本 ベ 摘 賃 の 好 き な 登 歩 二 択
な 会 化 室 の し 開 カ の 効 き 陸 上 競 歩 を し
ク ロ ッ ク 暫 や ツ 愛 ス 果 や 出 然 し ひ ス ま
加 応 や む シ ッ ト ク 育 愛 辞 ン ト ル ケ 通 ひ ル
れ ク よ く 室 画 ョ 能 辞 エ 室 結 せ ひ カ ん
モ ヌ 側 れ 山 ぽ 嶋 ん 向 摘 育 る 故 ひ カ だ
本 弱 れ 応 猫 叔 母 者 定 規 や ま ボ ト ル エ 故
方 海 ル ぎ ル ひ 選 何 べ く 噴 ニ 摘 覧 ひ 嶋
せ 無 れ 乏 摘 し 精 登 故 っ き 水 カ 京 む 再
ふ 室 海 ド 愛 テ 登 べ ひ 金 エ し 写 ッ 百
登 ゃ 愛 じ 写 ぎ く 暫 じ 場 ん て 登 何 ツ 妊
ト 感 謝 ツ ど ぎ ょ 無 コ も 私 だ 暖 然 テ
ひ ろ 謝 故 レ 嶋 っ や ゅ 室 炉 報
歩 ヒ ゅ を ハ れ ハ だ や 炉 お テ 再
```

Puzzle 399

```
ス ワ ン 出 フ 暫 ハ ろ レ セ シ 怒 む コ コ 読 ぎ
ぽ る 進 メ リ 囚 辞 ト ヒ 開 ス ら サ ひ エ ミ 阪 本 解 だ
圧 百 で カ ー メ イ ン が 摘 芸 ど た 妊 重 っ ヌ 向 く 京 愛
で テ 温 ニ ジ ュ ア 精 阪 室 金 化 私 何 暫 ぐ 読 メ ン ヌ
テ ん 権 休 ふ ド 読 ス 立 場 金 詳 細 は 、 機 関 再 だ リ 登 覧
ヌ も 京 妊 に ヒ 合 詳 加 意 囚 開 何 妊 話 世 サ 写 投 側 ホ
写 加 海 く き ふ ト ソ れ も ょ お ょ 弱 ラ ひ 狙 重 再 応 ト
加 セ せ っ 進 写 意 ょ お ょ 弱 ラ ぼ 読 投 読 金 場 曲 線 し セ
```

Word list:

立派
温度
フリージア
メカニック
七の
曲線
世界
怒ら
ゴム
コミットメント
入場
機関
休日の
詳細は、
に迅速
システム
スワン
、優れた
話す
メインが

Puzzle 400

```
測 で 登 ス し サ 精 ド サ 所 き モ 権 芸 ひ ひ ク
砂 定 エ ク ノ 弱 重 ル 然 権 ょ 出 向 海 開 べ ニ 洪
私 セ 安 サ 所 ぽ ド ヒ 権 ょ ぼ 登 ハ ゃ 水
覧 コ 話 っ 社 ー 会 ホ 登 本 結 で 私 ぎ す
ト ぎ 動 ラ 応 化 ニ 京 モ 選 何 摘 や 暫 故
退 に リ 意 入 ド 者 ロ 上 エ 狙 ベ ぎ 方 泳
ヱ 静 ホ で れ 植 覆 が 昇 必 ざ 百 応 選 ぐ
ょ か ぎ キ 摘 場 正 っ プ ぽ れ 乏 室 ヱ
結 か キ ー 京 修 お セ っ の て 開 京 の
能 で ろ リ 多 ま ど ら ち 育 会 唯 一 ツ
具 体 的 な ソ 進 画 ク 方 べ ひ 開 女
カ ク サ ひ 嶋 ニ く ゃ 再 の
意 じ 多 ャ 何 合 側 ツ 退 無 ラ 読 子 芸
故 圧 写 故 再 機 何 ル ざ む 社 の 進
選 場 辞 ざ 然 懸 砂 ぐ 砂 ハ ト 芸 二 重 サ 応
```

Word list:

に静かで
覆っ
スノードロップ
懸念
動詞
泳ぐ
測定
キー
入植者が
女の子の
必要があります
具体的な
洪水
待機
からの
唯一の
育て
ラクダ
修正
上昇

Puzzle 401

場進乏登おカト結阪室向結循出サ剣傷
余りがニステ本ガひひベレ環席ッカーつい
こひヌ定義もぎろリト再言語をひー覧ルヱた
と出ん社妊ヒサ圧ニんニべふモゃぼ報チ
がで狙二妊馬の能ンべ重ミ芸故私弱ょ維持
でひ無故登価ふトひト所ノ覧候補再スれ
きぽ育暫場値故方ニ場でて論やド圧ス
ますカリモょ故重ヌべ社百どて出ヱ選るや多
ぎハろ妊っ呼ばれる登ソっ能開無然せ写ぼ
、ろ方っ場加どる登辞側再然れつぎまや多
てシュヱカ嶋摘囚使用室まだおテ乏加暫ス登ふエやれソ

余りが
と呼ばれる
定義
傷ついた
サッカー
維持
使用
ことができます
循環
剣テーブル
、シカ
価格
候補
喜ん
タレント
言語を
値の
トガリネズミ
馬の
出席

Puzzle 402

ジャケット
発音を
マグ
血液
ダーク
投げ縄
ライン
、グランド
敬遠
、投資
ヒイラギ
紹介
少数
最も
食器棚
会議は
成熟
管理します
会議
開催

お暫話然登然ぎテ、会場画食芸せ血ラ
愛も登ニだやょ投ハ所器チ液京る
圧ま私選ょ化る紹資テ読故棚室ニコノハ読ょ
ノ覧妊ま出阪室介カラクカ京サ再ニだ覧少
進摘写囚化レ論圧読カカろサチ論重摘ヱ無
ま写成熟合サコふサ報報重妊愛ルマグドク
投げ管理しますセ圧金覧エっ室社リだ本所
げ縄ぽょ開催妊圧じノニ画社リ報ャむ
縄弱安百歩化選コチ応圧摘れ本テッる
弱じ敬応囚論開でリ圧ギ画イニラ発本ダ
じ私社遠京本チざトニ摘ヱ報ライヒ音おトー
私応安京コニ摘ヱ報ぎ画ドンラグ、ぐをおク
応議ぎク最覧レ報何ドンラグをおク
議会はもひも囚

Puzzle 403

```
セ 歩 ド 覧 百 る に 砂 輸 ゃ 狙 歩 重 じ ひ 通 場
つ リ 重 エ 誰 の も て 無 入 開 育 べ 妊 私 ホ ニ
テ 加 停 退 室 の 車 か ニ せ ク 開 サ 意 り 弱 京
画 自 止 進 ぼ 転 か わ 狙 ニ 側 応 せ 精 っ ル 論
精 体 し な 登 自 わ ら 論 調 ツ 作 り た ス ょ 育
本 再 て 等 ぽ だ ず 理 ょ オ 開 ふ 囚 応 て つ 砂
コ 解 ぎ 写 選 し リ い 合 イ 摘 ィ 写 多 読 因 テ
然 ヒ 阪 選 方 進 、 イ オ ン フ 通 ペ ス 何 論 リ
報 植 物 方 進 乏 芸 ン っ 開 話 向 ス ニ 百 報 で
雇 用 然 だ 場 覧 金 登 凝 視 側 向 曇 読 化 本 ツ
セ 妊 き 場 覧 金 カ 側 凝 視 側 曇 読 せ 会 ヌ 側
記 念 多 ど 退 ん カ 場 て ニ せ ど ひ テ ひ レ ゅ
権 金 妊 コ や ト 会 側 狙 り ひ テ ぎ 結 ツ ノ レ
お 菓 子 を ど レ 辞 会 側 ニ ひ 進 嶋 ツ ノ ど 摘
登 ニ じ 場 ク 歩 ハ ひ ト 開 ま 然 歩 ま て ヌ ノ
```

お菓子を
記念
スペース
オフィス
ライオン
輸入
自転車の
誰の
にもかかわらず、
要因が
凝視
作られた
停止して
雇用
なし
曇り
自体
植物
等しい
調理

Puzzle 404

結果
軍事
絶対
姉妹
な否定的な
に十分な
他の
ゼロ
ウォーク
フィット
笑える
結婚
ホテル
特に
ペット
洗濯
絵筆
完全に
高級
皮膚

```
ツ つ 百 ク ヌ ん ぼ ゼ ロ ニ ク 出 向 側 ハ 画 社 何
ど れ セ 出 っ 摘 ス コ 報 ぐ 登 く ひ き 嶋 無 き 結
だ む 写 だ 解 ん 権 読 化 ノ 重 ハ ん 精 ル き 京 果
ょ ざ 画 登 ラ ノ 摘 投 海 ニ 応 ょ 愛 妊 ま 妊 ぐ む
ノ 権 社 故 ま 完 お 読 向 リ 画 解 安 読 絶 対 じ
ニ 覧 ゃ ス ク 全 ふ ホ ニ ぎ 辞 話 画 絶 ヌ ふ 多
通 や サ 応 論 に 特 に 進 話 ノ ペ 二 ヒ ヌ セ
ん ノ レ ニ 軍 ん 洗 む ぎ 辞 ウ 場 ッ 弱 ノ 社
や だ 育 く 事 話 退 再 辞 ウ 百 ト 妊 く 本
ひ ホ ル モ 結 所 登 進 チ て 一 エ 読 他 京 社
な 否 定 的 な 婚 ヌ 場 再 高 テ ざ の 権 話
に 十 分 な 暫 再 ぽ 登 級 再 ニ 絵 る 京 暫 ゃ
画 権 暫 っ 弱 ぽ で 応 皮 乏 チ 筆 囚 ヒ
弱 で 私 方 フ ィ ッ ト 応 側 膚 だ 結 側 精 リ
笑 え る ま 開 覧 る 方 写 く 室 芸 ゅ 社 リ
```

Puzzle 405

```
ク 私 っ 進 国 コ 画 エ ス 囚 む 化 ト ょ 画 ぼ 論
ぼ ヌ 所 ヒ 民 重 ど ス ホ 再 権 だ ゅ ノ 加 許 チ
セ な う よ の こ 、 ケ 合 せ ク リ ッ プ ワ し れ
妊 じ 虚 方 園 投 ハ ー 能 バ ッ グ 戦 争 選 ひ ゴ
ツ ニ 歩 謙 物 ハ 応 プ 写 ハ ヌ ト セ べ ひ 重 ン
ょ ヱ ト 作 動 っ ひ は 天 デ イ ジ ー ル 読 解 ト
ぎ ク だ 乏 ひ 乏 ん ひ 国 乏 向 読 れ ピ 愛 ん 登
何 じ 意 ぽ ぽ リ 暫 ノ の ろ 圧 向 ク ぐ 芸 る ソ
で 私 ま せ 故 ゃ 然 本 画 選 サ っ 読 ド 然 話 く
妊 し ル む 然 セ 読 ん ゃ ニ 百 ぐ お 場 海 く 安
意 ツ ま ぎ 通 権 無 話 権 登 提 出 し ま す ょ し
ラ 私 方 安 解 海 お 選 暫 精 狙 出 京 だ ま 暫 多
然 結 ト 所 ろ ニ 私 読 吸 軍 隊 通 モ ど ひ や む
ニ 阪 権 く 精 せ ん 応 血 ろ 選 る ホ ニ 圧 歩 覧
画 リ 話 ざ ト 話 応 ス 鬼 応 く シ ネ マ 海 べ ふ
```

ピル
許し
読ん
エスケープは
国民の
天国の
軍隊
シネマ
動作
謙虚な
戦争
ワゴン
、このような
提出します
動物園の
バッグ
セル
吸血鬼
デイジー
クリップ

Puzzle 406

法的には
スプレッド
強打
フィルム
要因
チェーン
フリッパー
参加者の
ハーフ
機会
月の
レタス
シャワーが
冒険的
に従って
これらの
ストーブ
組み合わせ
トップ
ナビゲート

```
ス ク 話 ぽ リ ル 弱 論 写 要 圧 ハ ッ ス 法 乏 多
ト ン 場 冒 険 的 フ ィ ル ム 因 セ 画 報 的 狙 て
ー ー れ せ ハ 参 加 者 の 月 会 て っ 従 に だ む
ブ ェ ゲ で ー じ モ テ 乏 化 側 だ 場 妊 は も
て チ フ ビ フ 場 出 ソ 愛 権 故 論 室 ツ レ ク
本 室 リ だ ナ 機 ひ 化 能 ス プ レ ッ ド む 応 だ
海 ソ ッ 結 意 会 こ れ ら の ト ッ プ む レ ヒ
歩 が パ 圧 ニ れ 権 百 ニ チ 歩 れ ク 場
ぎ 加 ー ル て ニ レ チ 海 リ 出 二 ょ 意 社 エ
摘 ぽ ワ 百 読 タ べ 金 化 リ チ 進 ラ ハ
私 能 登 ぽ ャ 摘 ス ひ 方 応 選 写 ッ セ 話
ハ 社 安 ノ ぎ シ 組 み 合 わ せ テ 砂 応 ろ ひ 故
レ ぼ 写 ぐ ひ レ 化 レ 育 ニ 故 投 ざ ハ べ 安
金 ノ 方 妊 権 強 れ 報 再 ふ 向 ス 愛 ゅ テ
ま 圧 ゅ モ 論 打 チ 登 解 ヱ 写 む む 弱 や ス 精
```

Puzzle 407

```
場 ノ る 劇 安 社 ス 故 登 れ 相 ゃ 京 権 カ 退 進
安 ょ チ ぼ 場 ょ し ポ ひ ー 互 ニ 私 限 ゃ 京 摘
エ 写 ス 所 お は ス 歩 ン ャ 作 画 追 ビ タ ミ ン
話 会 ど 圧 無 化 ま き メ ジ 用 る 加 べ れ ク 弱
社 会 的 正 辞 サ 沈 黙 を ョ ヒ 真 し 進 室 圧 ク
登 意 ク 確 サ 沈 黙 ヲ チ ラ 囚 実 だ 温 海 ぐ ま
サ 論 場 に ヲ ろ 期 待 解 能 応 二 妊 度 サ き し
カ 妊 側 ハ ヌ 出 通 ツ ラ 意 私 だ 私 計 ハ 応 リ
ま む 弱 狙 投 通 化 京 ん 合 場 ヲ 海 サ 応 所 暫
ス ま ぐ っ ホ 圧 ク 金 向 っ ニ 場 乏 報 摘 報 方 卵
社 テ ト る ぐ ト ク セ ソ 室 画 や 然 論 文 の 卵
ょ っ ー シ リ ポ だ 場 砂 加 ニ リ ニ る 登 ん 応
ひ 室 ロ シ っ ひ 重 ぽ 解 再 百 本 棚 然 嶋 ひ 登
ド 権 フ ひ ョ 解 要 狙 ま ノ 登 歩 ツ ふ く 覧 ぎ
読 ひ ゅ ひ 話 ン な 圧 む 摘 応 べ 報 ひ ひ ル じ
```

相互作用
期待
論文の
劇場は
ビタミン
本棚
ポリシー
沈黙を
重要な
スポンジ
社会的
卵の
フロート
追加し
真実
権限
温度計
ステーション
メジャー
正確に

Puzzle 408

先のとがった
マスター
歓迎を
手の
準備ができて
グレー
魔女
持っていた
スノーフレーク
庭の
選ぶ
スクラブ
池の
の異なる
割り当て
クラスの
砂の
自然
ポテト
練習は

```
ス 持 っ て い た っ が と の 先 ポ む コ チ 応 ス
ク 開 ド だ 応 エ ス 権 画 手 ぎ テ れ だ 室 再 だ
ラ コ 覧 ざ ド ま 室 ク 砂 登 合 ト っ ク く 何 多
ブ ま 登 モ っ ぐ ラ ふ 会 写 ト ょ 狙 ク ゃ 論 だ
ひ 覧 方 話 室 ス 辞 ス ヒ ヱ セ フ レ ー 自 然 化
ん 通 読 ん ス も の ス 準 備 が で き て レ ッ 覧
ま る ト 方 ひ 登 テ ベ 論 ト 出 る ニ も 再 歓 セ
論 な チ 何 報 所 ツ 準 育 ろ ニ 方 迎 ト
砂 異 報 側 愛 ひ セ 乏 だ 選 多 芸 を ぶ
私 の 場 愛 ぽ 然 安 写 魔 登 割 歓 砂 ノ
開 結 ひ だ エ 応 ふ 方 女 女 り 迎 れ 金
方 ざ ェ ざ 能 ふ ス 練 愛 弱 当 辞 歩 カ
サ ニ モ 能 所 ろ 砂 ル 習 は て 加 論 ソ
再 社 所 ろ 砂 社 ス き む 阪 育 場 能
ク 池 の ル ス む ぽ 何 む ひ せ せ 金
```

Puzzle 409

ヒ ょ ソ 歩 ょ 所 芸 場 ソ チ ダ 行 く 方 せ 投 だ
ド 再 モ 所 論 ゃ お ふ ひ ュ イ る い て し ハ コ
マ ニ ュ ア ル プ ロ セ ス ー ジ 側 白 の ク ー ホ
登 ヌ ゅ サ ゃ ニ セ 狙 然 リ ェ ッ 金 な 金 ド 話
し 向 想 定 歩 を 明 る く ッ ス 読 バ い ト ヌ 所
金 二 解 ぎ 妊 場 ぎ す ひ プ ち ラ ウ ン ド 無
読 歩 ん 狙 方 歩 ぽ 用 何 や 何 ゃ 合 話 ニ ク 権
会 べ 場 ソ 方 故 覧 適 ぎ 能 退 う ょ 化 ま リ リ
然 コ ょ き 意 開 暫 集 弱 く 写 育 ク 私 ゃ ッ 私
覧 ひ 砂 安 ス だ ル ろ 計 ん っ 百 権 ょ 解 プ だ
進 安 精 ニ も 登 し 会 コ サ ぎ ス も 百 妊 が く
エ ン ド ウ 豆 は べ 妊 所 方 ヱ 登 然 場 く 加 く
せ ぎ ん 化 能 画 ラ ろ 狙 海 狙 通 暫 リ 京 せ 話
ょ 所 必 要 ト 解 セ 開 応 っ 結 む 解 ノ 写 だ ょ
だ 京 投 ル ニ ル で 進 投 応 摘 ホ 方 レ 再 ぐ 京

Word list:
- チューリップ
- 必要
- 集計
- している
- クリップが
- マニュアル
- 白い
- エンドウ豆は
- ラウンド
- を明るく
- 行い
- のない
- ダイジェスト
- ちゃう
- プロセス
- 想定
- ハード
- ホーク
- 適用する
- バッジ

Puzzle 410

Word list:
- ハリネズミ
- 苦しみ
- 陽気な
- 南部
- クラウド
- 石鹸
- ローカル
- との間で
- グループ
- に空
- 食品
- のオファー
- 社長の
- の関係は、
- 購入
- 陽気
- 行動を
- 病院
- 、最終的な
- 赤ちゃんの

登 ス 会 ニ 多 私 に 空 の 社 覧 登 も カ ス の 方
方 方 れ ゃ 写 精 苦 場 オ 長 、 最 的 な 関 ホ
ク ラ ウ ド 口 せ し ト フ の 無 終 サ 京 係 ひ ヌ
ゅ 陽 気 な ー 弱 み 多 ァ ん 場 じ ノ リ は 私 、
通 金 ま ざ カ 石 鹸 開 一 ゃ ひ 場 乏 ネ れ 投 写
ク ト プ ー ル グ 解 無 ク ち く 進 エ ズ レ 故 モ
と 方 話 安 ざ っ 行 南 部 赤 購 ひ 社 ミ ニ 嶋 ヌ
京 の 歩 結 ゃ 論 動 乏 写 囚 入 所 ひ 出 私 側 京
開 く 間 精 開 も を 乏 金 ヱ 本 何 登 ツ 何 報 ぽ
嶋 コ ト で 陽 サ 加 応 ル セ 愛 ツ 会 レ テ や
ヒ 無 ま っ や む 気 ヌ 画 暫 弱 無 何 読 多 加
登 ま れ 囚 砂 じ 開 応 砂 故 二 お リ ト だ
歩 京 乏 精 ぐ 囚 ク 弱 室 解 ぎ 私 ク ろ ス
ヒ ツ 選 解 二 病 故 ヌ 食 品 話 ソ 二 だ
ぐ 加 権 っ ざ ろ 院 芸 多 ホ ん 権 無 ぎ る 話 お

Puzzle 411

環 海 れ ざ 金 登 妊 結 ト 暫 芸 興 チ 速 加 エ っ レ
境 ス れ ヱ 進 妊 会 再 て 場 話 味 い ス ー ジ ェ 本
の ま だ ニ 論 め 室 登 多 主 故 せ 深 っ ニ 場 読 通
重 ク 嶋 年 の テ る 二 だ 張 れ た ヌ 圧 ド バ 意 ぎ
ミ 歩 コ べ ー 育 二 金 化 場 せ ニ ョ で 無 ス 妊 読
ふ イ つ 選 プ 退 化 ク ー チ 結 ロ 無 退 感 意
れ ヌ ラ 開 写 出 ざ 登 リ ぐ 社 報 ス ひ 趣
お 重 ニ 愛 多 辞 て く 覧 ノ 感 触 ま 味
ふ ゃ だ 海 り っ 解 二 会 方 暫 通 せ ぼ だ 圧
ひ ま ま ゅ 投 論 妊 だ 京 権 まゅ 進 ひ 側
れ せ ひ く る ト 政 っ 重 能 ぎ 会 ぼ チ 室
所 ド じ 安 ろ だ 治 読 嶋 ゅ 摘 暫 むゃ
も ょ く ぎ ろ ぼ ヱ 選んだ 応 化
ょ 圧 ょ 無 私 カ 投 海 選んだ 開 写
論 コ ル ヱ リ 話 乏 選 っ ふ ホ 化 能 開 写 れ 圧

まだ
趣味
いった
進める
ブロック
選んだ
エージェント
リーク
環境の
速い
感触
興味深い
テープ
ミイラ
年の
バット
キッチン
レース
政治
主張

Puzzle 412

スタッフ
偉業の
恐れ
なっ
スプリングは
ミッション
利用可能な
シンプルな
の家族に
ニンジン
ひょう
人形
天気
ドライバー
回避する
ガチョウを
中程度の
の親の
バン
を越え

ぽ 嶋 ニ ホ ゅ 嶋 シ 意 レ 話 進 砂 百 や ヌ 安
れ 芸 ト 所 ニ ン ョ シ ミ め べ 室 ラ く 百 登
所 写 天 気 画 ン プ 論 ス べ 室 報 向 ぎ 場 ぎ
ん だ 加 退 砂 ジ ル 化 タ 覧 ノ ひ 弱 ゃ 会 ゃ エ ニ
摘 は 芸 重 ゃ ン な 方 ッ ぎ ハ ラ く 重 く 場
バ グ ド 妊 コ リ 能 安 フ ノ 室 べ 多 だ サ
ス ン ラ 会 ニ セ 可 写 海 向 育 る 方 き 結 重
乏 リ イ れ 阪 ろ 用 恐 然 会 ク 退 き 安 故 モ
画 プ バ 人 妊 レ 回 き ど ひ ゃ し ゃ 私 だ
投 ス ー 私 形 避 利 加 ひ ぼ ソ き む っ 中 京
チ ふ だ ひ を す 偉 業 圧 く だ 通 ま る
の ん 歩 ょ 越 る ヌ の 社 な カ て の
家 通 ぎ う え ガ チ ョ 選 ソ 狙 ど べ
族 報 何 ぎ れ ま ウ を 多 解 乏 ノ
に 精 何 報 登 意 出 っ 読 画 投 何 故 化 る お て の

Puzzle 413

べ の 当 本 ゅ 進 海 ヌ ゃ 歩 を 値 価 の 結 所 開
ぽ 粉 代 答 え は ラ ゅ 砂 カ 人 ハ ざ 育 応 金 つ
ト き ド わ 乗 チ だ つ セ ト ハ 大 然 や 精 モ 海
ざ 磨 室 辞 算 室 っ 心 し 話 で 最 摘 愛 所 砂 乏
ぎ 歯 辞 ド に ぐ 心 臓 加 場 へ の れ 別 き ホ 囚
で モ し く お る 権 化 ラ ジ セ 簡 ろ だ 読 ぼ リ
能 海 弱 テ ん し も リ ャ セ 然 単 で 出 弱 ベ ク
ろ レ ふ 阪 私 や や ゅ ジ カ ス 側 摘 し ラ ツ 将
再 暫 登 暫 シ ゅ も 報 セ カ ベ 然 写 出 ま ぎ 来
結 せ 論 私 ェ 私 報 ペ ベ ス ー ス 辞 も ャ ゃ の
サ イ ク リ ン グ ア ベ ー ス ス ツ ク ニ 多 合 モ
で ク む ハ だ ヱ 本 ツ 写 出 ヌ だ 若 合 辞 ト い
ゃ 選 ぼ ニ ト 旅 話 精 辞 も ニ サ っ ク ろ じ
ク 重 百 ラ ん 本 行 場 権 意 合 じ 画 ヱ で ど っ
出 会 砂 金 ひ 百 ト 社 意 合

歯磨き粉の
答えは
ベース
クーペ
輝きは、
乗算
心臓
簡単
旅行
シェア
の代わりに
の価値を
ヘラジカ
サイクリング
、大人を
本当の
若い
別れの
、最近の
将来の

Puzzle 414

両方の
のほか
アタック
飛行
センチピード
ポーズ
共通
少ない
ドア
オレンジ
魅力
ノートブック
主要な
王子
ヒョウ
剛性の
スグリ
ロビン
ストア
ピース

退 芸 む っ ソ 多 権 ざ ド 芸 ニ 何 カ 魅 ヌ 退 ぎ
ク ニ 意 ス ニ 精 圧 ト お 再 安 ょ カ カ 嶋 囚 歩
私 ス ニ ろ ク 所 無 ク ゅ 場 故 ぐ 安 育 て ま
ニ ー グ て 登 セ 主 ひ 私 会 ク ロ ビ ン ル 多
オ ピ ぐ リ ヒ ソ 要 本 ト 化 ヌ ニ ト 向
レ だ 解 権 私 な 少 嶋 話 両 ス ト 報 じ ど
ン 共 べ だ ラ ク ぎ の 方 加 ッ ア っ て
ジ 通 報 っ ょ 阪 登 愛 の ほ 室 ひ ド 育
狙 ホ 方 故 ヱ 読 も 王 か 写 ア ぐ ポ 登
ア タ ッ ク き く ヱ ヱ 子 ク ブ レ ト 摘
コ 百 セ ン チ ピ ー ド 登 サ 場 だ 方 再
弱 嶋 ヌ 再 き 摘 登 投 飛 暫 芸 だ 歩 ト ひ
モ ゃ じ ツ 場 合 投 芸 行 ざ 合 退 つ 加
剛 性 の 意 本 妊 京 愛 ニ 通 ス 覧 ひ レ 登
ぎ モ 室 ヱ ド だ 摘 ふ 応 精 じ 乏 向 選 化 ト ひ

Puzzle 415

側 る ぎ 場 つ ょ 私 の 海 つ ヌ れ 場 べ 歩 ノ 退
嶋 重 ベ ク て っ チ 下 や 本 私 ト 選 イ ク 論
る 反 摘 嶋 む ヒ 安 に 側 解 暫 れ 京 ひ 故
る 写 対 お 室 チ れ ひ ど 歩 無 辞 ノ セ 背
京 ク 応 合 安 だ 応 ハ 無 再 画 サ 本 ノ の 高
投 票 ふ ひ 選 加 辞 会 工 会 ツ 化 ふ ク い
ツ 本 スター まま 弱 も 加 ぎ ツ ラ 方 ゃ おい た
で き 社 画 だ 本 所 話 開 阪 お 辞 論 外 部 エ 冷
開 ん ベ ろ 弟 を く 傾 斜 会 せ 論 二 向 解 砂 金
方 ぼ ニ 場 本 圧 済 ヱ 私 方 し 解 応 然 加 ぼ 側
ハ ゃ 登 ツ る 画 海 経 話 れ 室 応 つ 応 ヌ の ニ
スリップ 権 む ク 加 圧 海 芸 再 何 だ ヌ の ひ
、 実際 に 風 辞 阪 進 じ スポーツは 、 生 ニ ヌ
る べ 砂 も 船 ぎ ょ 向 れ 画 早 所 ぽ ツ 方 産 ひ
所 重 合 圧 た と き に ヱ ま いっ 画 ど 摘 乏

スポーツは、
冷たい
投票
動物は
外部
ベイ
早い
たときに
の生産
スター
の下に
傾斜
でき
スリップ
風船
弟を
背の高い
反対
、実際に
経済を

Puzzle 416

支配的な
忙しい
トウモロコシの
ゴール
ペットの
花の
バナナ
隣人
大学の
薄い
つつく
の電話
の簡素化
遠征
愚か者の
チェリー
音楽
最近
変更
熱帯

進 権 話 薄 ホ つ ょ 論 る 加 精 遠 忙 し い じ
サ リ 電 い ま ホ ッ 進 覧 弱 征 ヌ テ ル 投
大 学 の で ホ ッ ヒ く お 選 や 会 加 エ て ひ 精
ょ ぽ れ ょ ヒ ど っ 応 ぽ る 摘 花 チ ヱ 私 ヱ 音
育 場 ょ ひ ヒ 圧 砂 狙 精 ぎ の 何 ヱ 変 楽
読 ろ ト 摘 ひ 暫 砂 だ 乏 投 熱 百 ラ 愚 ろ 更 金
本 出 海 化 ひ 選 ハ ま 結 最 近 帯 ペ か だ ツ
通 側 二 百 出 サ ぎ 隣 ハ 最 出 安 ッ 者 の ル
ぽ 会 二 れ 進 精 応 人 意 ろ 私 ま ト の チ ー
ス ぎ 向 き 二 読 せ 嶋 ひ く 側 ぎ む バ 読 レ ゴ
重 重 論 論 ぎ ょ ま 通 乏 ょ コ ナ 化 ナ ヌ
乏 ト ぎ ょ ト ウ モ 乏 シ の コ だ 進 重
摘 場 チ ホ ド も 弱 ぽ 能 画 狙 の 簡 素 化
つ 応 報 囚 応 ハ セ だ 会 出 会 二 投 おゅ
ろ 支 配 的 な ハ 投 ス 会 出 ろ ひ 投 ひ ヒ

Puzzle 417

弱 ニ ク 合 方 読 進 辞 キ 会 場 消 社 カ ワ ウ ソ
登 ぎ 応 ル テ ニ で じ 方 ャ 安 防 っ 妊 退 っ 社
ん ド 故 警 官 ノ 応 む 故 ア 報 囚 登 暫 会 故
ど 京 応 圧 合 っ ド 突 辞 タ マ 報 所 登 圧 ぼ
阪 金 本 ぎ 育 解 ス 然 砂 ネ 妊 ス サ ょ 画
退 一 百 妊 応 暫 論 結 だ ヱ ギ 年 嶋 ヌ ス
一 度 海 決 ス 聞 い て 甘 び 通 間 期 ル ツ 私 で
ト 方 阪 定 意 お レ っ い は 、 出 ブ エ ク ぎ
画 室 阪 退 コ ビ 単 な ふ 京 ふ ホ テ ル 場
し く 室 応 む ト ノ ュ ー る ふ 育 ソ 妊 ノ 方 で っ ぎ
の ヌ モ ひ ぎ む 化 登 京 ゃ ヒ 進 せ ょ 応 ゃ 場
モ テ 見 ー ゅ マ 本 然 再 ひ 退 海 ゅ つ 京 愛 応 ゃ 摘
や 意 つ で ャ 囚 報 狙 ル ヌ 投 リ 何 応 ノ 退 会
チ け れ 応 む 合 ょ 阪 狙 室 妊 然 、 小 数 点 会

単語リスト:
- 叫びは、
- カワウソ
- 情報
- 見つけ
- のテーマ
- 決定
- 警官
- 年間
- 消防士
- ブルー
- 突然
- タマネギ
- 聞いて
- 単なる
- キャリア
- 甘い
- レビュー
- 一度
- 、小数点
- 期間

Puzzle 418

意 場 学 満 た さ く 砂 登 フ 解 ス ノ 嶋 権 ひ 妊
歩 れ 生 海 ん 然 ゃ ぽ 然 ィ 登 ペ ざ 京 だ 乏 れ
顧 囚 の ウ ド ン ィ ウ 投 ー ル 所 む っ ツ 愛
客 し へ カ だ エ 意 投 百 京 重 チ 本 ひ き ホ
だ 完 璧 芸 だ 狙 ジ セ 権 ド ヒ む ェ ヒ 場 や
ツ コ 的 ニ ホ ハ 摘 論 頭 の ッ む ロ 画 る む
宗 教 的 な 弱 重 ん エ 育 色 全 ク に 私 報 話
ツ 権 化 ラ ざ 登 安 無 紫 体 重 ん む テ サ 再
ス サ 重 だ コ ゅ 場 ト 登 地 に ろ 本 ニ ド っ
っ 写 ブ パ イ ナ ッ プ ル 精 域 イ ひ ヱ ざ 私
報 芸 レ 阪 解 ス 側 京 ょ を レ 開 サ で 報
ょ 歩 ン 場 愛 京 場 嶋 て ク ヌ ー つ 希 で
マ サ ド ス で む 出 精 ク 辞 テ サ ま 先 百
加 シ 愛 弱 ひ ク ひ 場 ラ ひ 権 故 ひ 覧
テ 育 ン 選 権 こ ぐ 歩 ラ 安 じ ツ ソ 故 じ

単語リスト:
- ブレンド
- への
- 完璧
- テロ
- マシン
- スペルチェック
- 地域を
- 百頭の
- 宗教的な
- 満たさ
- 紫色の
- イレーサー
- 顧客
- フィードの
- パイナップル
- 学生の
- 希望
- つま先
- ウィンドウの
- 全体に

Puzzle 419

子 の ル ヒ ア マ ざ 豊 て ニ れ っ ぐ じ 画 っ 退
資 だ ぐ ー 故 ッ 囚 る か 育 ホ じ レ ぐ 能 む 愛
テ 格 っ ル プ 加 覧 証 な ニ 合 百 り の 所 の 化
ぼ 通 を ヌ 化 は ひ 解 注 ゅ い 妊 ゅ ん サ 開 安
室 カ 再 ニ お 然 ツ 応 多 思 ろ 銀 然 出 ヤ 差 ク
フ ラ イ 室 論 資 開 結 ど ヱ ル 行 応 誤 精 安 る
れ 会 ぼ コ ニ 本 選 歩 ま 無 側 表 ょ 映 化 阪 ク
妊 ひ 妊 報 選 っ 登 れ ス 砂 す 映 画 然 き ひ 乏
金 歩 退 テ 私 ぎ 百 れ に 失 嶋 京 覧 教 や 乏 チ
じ で 然 進 ま ゃ 何 も 嶋 敗 摘 室 ぎ 報 場 や 能
じ モ 乏 使 い 捨 て フ ラ グ メ ン ト だ 結 っ 場
乏 チ れ ま く セ ま 嶋 ク 育 所 故 海 覧 エ 安 ざ
ク 多 れ 話 百 だ ょ ヌ エ 開 ロ ル 結 ぎ ソ 暫 安
ス 愛 ん ツ き ク ツ だ エ 社 ー ひ 結 進 画 ざ

フラグメント
豊かな
ルール
誤差
フライ
思いやりの
銀行
映画
ハロー
マップは、
注意
資本
教室
資格を
アヒルの子
証拠は
使い捨て
に失敗
椅子
表す

Puzzle 420

女王の
信号
維持する
ドクター
貿易
急いで
芝生の
スティール
インスタントが
古い
人気の
モーメント
シーケンス
ました
ヘン
願いを
名詞
少年
バタフライ
そのもの

ク つ ゅ ぽ 向 ょ て ス や 報 じ ふ 退 だ 海 貿 圧
バ 人 気 の 王 女 ノ む 登 ひ 願 応 い を 覧 易 能
ー タ ク ド ホ ル セ コ 乏 応 維 チ を エ 摘 ソ む
画 て フ 解 し ふ む ト 方 持 ト ト 報 会 狙 ヒ
エ 社 開 ラ 結 百 ヌ 応 ト 芸 で 辞 ト ど 結 ソ 意
化 急 開 ま 芸 イ ヌ 安 加 ぽ 砂 ア 再 何 ょ 会 ニ
急 い た て じ 会 精 で 本 芸 意 コ 応 ス ぼ 結 圧
ク 古 で 百 権 論 ニ 加 重 レ ハ れ ゅ ま 場 ク
や ニ ホ 化 論 そ っ 画 報 ニ ヘ ど 通 し 精 ぽ
応 妊 じ 砂 む の 話 ル 名 ィ テ ス ゅ 少 ょ 百
所 ク ラ む ま ト の 開 詞 カ モ ン 向 年 暫 妊
話 ど だ レ 生 ぎ 信 号 ー ケ タ 所 登 権
精 妊 む カ 芝 ヒ ス 金 ヌ ひ ン シ 海 合 ド 圧
ド ヒ だ 芝 ヒ ス 進 無 ト じ ぎ 海 論 が 弱 ぐ べ

Puzzle 421

育 セ ざ 合 画 ゃ ょ や 精 摘 ふ 画 ぽ 歩 意 芸 応
読 チ 解 ヱ じ 応 ス ッ ト 合 登 達 成 し ソ プ 室 読
で 論 ゅ 進 ん て 応 場 ょ ぎ ゃ 狙 で 芸 方 側 応 高 乏 金 ッ 恩
ク 百 じ モ 型 的 な 阪 れ ま 嶋 セ 芸 選 砂 圧 恩 チ 赦
平 話 ひ 読 弱 ス じ モ 寝 室 く 加 速 会 融 ク ラ ソ
ソ 和 意 摘 弱 ラ 金 に く 近 の ニ 道 ろ ツ 然 化 モ
ぎ 精 ヱ ゃ 必 ミ ア ー ム チ ェ ア 路 だ 囚 場 ょ ソ
じ 狙 チ む ず じ ふ 室 レ 愛 方 ど の ゃ ス ど ホ
レ だ マ ネ ー ん 海 開 ぎ 百 土 巨 大 私 化 ろ 話
だ 加 意 っ 登 ぼ 登 重 レ 撮 影 地 の 仕 上 げ ま ニ
加 ぎ で き 芸 精 通 支 援 砂 コ ク の 選 し ニ ヌ ノ 論
ろ じ 通 ん チ 阪 ド サ ニ 応 ま ク 暫 弱 京 ま
弱 暫 ぐ チ 登 ニ 妊 子 供 所 も ク 暫 弱 京 ノ 論

ミラー
支援
マネー
寝室の
撮影
典型的な
レモネード
アームチェア
恩赦
巨大
子供
仕上げ
の近くに
プラスチック
土地の
金融
必ず
達成
平和
高速道路の

Puzzle 422

スツール
病気の
波の
サービス
不安定
靴の
取ら
ポニー
ブラウス
自由
の夢の
ステートメント
読み取りに
に自信
予測
アイデアは、
理論
話は
座っ
コンパニオン

不 安 定 ニ ス ヒ ス 育 リ コ ぎ 理 金 砂 ス 開 リ
私 狙 場 阪 く 登 乏 弱 愛 ぎ 通 論 ひ や ス テ 化
場 も チ 海 応 だ ツ お ツ 報 サ ー ビ ス ー ヒ ひ
ス 応 ラ 投 ん 応 解 ヱ の ニ ポ 予 測 コ ヱ 金
化 ぎ ド 会 だ 覧 ウ ブ 靴 波 応 多 狙 ン 選 っ
解 私 砂 ひ 話 登 し 病 覧 多 パ 化 ホ
ヌ 京 権 ひ は 、 の ー 能 出 気 方 ニ 重 だ
アイ デ ア は 、 の ル 私 加 レ の オ 二 座
ひ ラ く 加 ト ゅ 夢 ぽ ス 進 暫 ン ベ っ
ド も ド レ 報 向 の ヌ ひ ゅ ツ テ 砂
ょ ゅ 画 ク む ん 話 ト ふ 京 カ ょ 自
結 室 本 加 二 応 退 ふ 会 レ ヌ 登 く 由
話 ふ せ 解 ひ 解 私 暫 ニ サ 覧 ス ぎ
弱 乏 ふ 摘 ざ 覧 ら ソ ト き む ぎ 覧
ホ 芸 所 ソ 読 み 取 り に お 登 側 ふ ざ ま ヌ カ

Puzzle 423

```
テ 安 妊 蚊 強 い 向 嶋 育 ヱ ぎ ク ニ む 見 所 ヌ
セ ィ ム を レ 室 応 セ む 弱 ヌ ス 辞 せ つ る ト
精 ス ー コ レ 再 ト 社 無 ノ 乏 万 け 画 本 ニ ざ
ぽ ゃ ル ポ 再 再 ニ べ す ひ 辞 人 ま 本 む ヒ ざ
っ ぎ ブ ひ 燃 や し ま し た ソ の ち む し リ
お 本 ホ ヌ セ ト ハ 百 え 知 識 を 櫛 ろ し ょ
妊 リ っ 愛 グ ク 嶋 歩 考 百 カ カ ん っ 暫 ド チ
粒 子 摘 百 レ 話 方 ニ ホ し コ ヱ の 囚 れ 暫 れ
む コ せ 通 ー ひ で 論 ホ 暫 エ 大 百 意 開 じ 暫 コ
ハ ゃ だ 無 ド カ 愛 覧 ろ 権 学 無 権 側 だ 側 化
モ 嶋 だ ぼ し 私 登 摘 ぼ ス 院 る 登 ヒ 側 ょ 京 側
登 ラ 合 っ ト 室 せ 育 本 ひ 歩 ま れ ょ ゅ
妊 摘 く 画 熱 サ イ ト れ っ 真 ボ ク シ ン グ 写
ソ カ 通 能 多 心 し カ ろ サ 多 似 囚 読 カ れ
べ 開 結 部 門 弱 な ど 結 せ 故 京 暫 登 登 ソ れ
```

サイト
ボクシング
真似
コース
粒子
もちろんの
強い
見つけます
熱心な
燃やしました
考えます
部門
グレード
大学院
ティーポット
万人の
蚊を
知識を
櫛の
ブルーム

Puzzle 424

対象
俳優
怒っ
研究
シェード
ブック
と言う
フィールドの
説明
異なる
フォーク
ドロップ
、標準的な
ランプ
ミス
サイ
子犬
激怒
ネギを
スタンプ

```
開 結 ヌ シ ェ ー ド と ソ 写 育 だ む ニ き コ ま
る サ 場 エ で 能 本 言 会 嶋 れ エ 阪 レ お ぎ 開
セ の ド ル ィ フ 説 う 明 ミ ネ ギ を 育 話 研 研
ニ 乏 ロ ぎ 方 金 無 画 ク 向 ぎ ス ぎ 、 無 然 究
ヒ 京 ッ リ ゅ む 芸 安 所 ぽ 出 ろ 選 標 ハ じ 精
ホ 応 プ る だ 私 応 ん で エ ん 激 ブ 準 ぎ 囚 し
フ ク ど っ 私 狙 っ ゅ 化 開 怒 ッ 的 愛 百 砂
る ォ ん コ 愛 ニ 砂 会 れ テ じ ク な む 優 結
エ ふ ー ん 対 解 退 育 精 セ 意 ス 俳 ラ ソ
本 場 読 ク 象 エ だ 化 摘 会 ニ 子 ス ン 育
ヱ 退 阪 意 だ 愛 ひ 摘 ま で 然 ょ 犬 タ プ 社
っ ノ 妊 ノ ト 阪 解 ヌ 然 ソ じ ぎ ス 芸
然 多 ホ お ぎ じ 異 な る せ ゃ サ ノ 報 能
き ニ 阪 ぐ 社 暫 読 重 し や イ っ ツ
社 ぎ む 囚 金 権 む ツ 読 べ ラ ン プ 本
```

Puzzle 425

然ゅむで然摘ひ論ひじはどんトおッ覧
画ヒハ側教ツひ開で向決失の嵐風タのだ
コ登ト故の師選ざひでい社わ仮呂ンンべ
読ト狙べ素狙しだっモチヱョス育無ヌデーラ
て狙権何なル報まニ安多レ百報壊開ざらふ
無権ぎ権コ側せエゅ圧乏モき選もカ通ざエ選
話ぎ覧重退社圧ひぎ室ょむで力愛ハスモざ
ぼ華登圧嶋社れ写水曜日の室室ノカサ彼き
退ど麗京な考案化向で開サチニ供子ス女の所
て会セ化じ向で読痛み進くろむ故貸女の意摘
金んレハゅ加投ソ意話む愛せゅチく投社室

ひどい
貸します
考案
保持
嵐の
痛み
壊れた
彼女の
の仮想
風呂
の素敵な
スウェーデン人の
失われた
は決して
水曜日の
データの
聞く
子供の
華麗な
教師

Puzzle 426

みなさん
ラジオ
ガラス
たくさんの
高価な
ストリーム
王冠の
について
拡張
王室
通常
中間の
ベルト
の問題に
数の
鍬を
社会
結婚は
世代
プレス

王きゅトゅ解つ精スプノ弱合テる登ト
ヒ室ルどク中進トレ嶋本結ぎ社解
嶋芸スろハぎ間鍬会スト多婚ゅ会弱ぎみ
然会化辞海私のを能だひ砂きは囚ぎ愛ど
拡張の問題に数ょ進再登クぎ話無っさん
登もハ開金れま無故ニ乏世代ぼ圧ん通応
化る開ヱひヱリ応高弱ひ意もラ
重王冠の本ゃスぽソカスぼっや向精海
通報ニんふス妊場開だっで金モ狙
私でょ無解スステ摘くて歩本論も
ラ無解もステ何につ金精ふ弱選
ょラオクジ摘れもベニーッ開ひじ画
オクジせ能ホ結登ムツ向っむく精
しガラス場ざ京暫つ砂ソト読精画

Puzzle 427

```
化 ヌ 砂 画 ぼ 海 ヌ バ 育 一 暫 砂 京 っ ト 育 跳
画 意 然 論 弱 レ 重 致 通 私 だ 摘 出 室 権 ん だ
の 入 り ロ ひ 本 私 ン チ 登 ニ 妊 嶋 て し カ 能
海 化 摘 通 妊 つ チ イ 下 ひ 囚 社 ぎ ぐ だ ふ 論
笑 っ た レ ろ 再 通 コ ニ 故 や 場 ダ ょ ド 場 ク
意 二 進 京 ホ お 紳 ひ 許 暫 っ ン 精 方 場 ゅ 育
砂 登 能 写 開 だ 士 テ 容 ズ ー ワ グ ラ ド ル や
ふ わ ふ わ 除 い 機 向 祖 会 側 大 ル ま ど ゅ ル
ひ れ 画 乏 能 つ 能 権 先 リ む き ヌ ゅ 育 や
ざ ニ ひ ノ ゅ 向 を コ 多 セ な 重 進 ひ ヱ 私
お 精 写 し 金 ニ っ 育 社 エ れ 能 に 弱 れ だ 私
解 ブ ラ ウ ン 嶋 進 ぎ ク 能 ょ 柔 で き 怖 が っ
歩 結 登 ヱ 論 ツ だ ス 権 向 ツ 再 軟 ト ス ニ 所
所 ゃ も 重 だ 摘 重 化 ニ ラ 所 投 歩 な ソ 報 狙
```

バレンタイン
許容
怖がっ
除い
機能を
却下
イタチ
ドラグワーズ
祖先
ダングル
笑った
大きな
紳士
一致する
ふわふわ
柔軟な
の入り口
跳んだ
慎重に
ブラウン

Puzzle 428

正を
生きて
トラブルの
パフォーマンスを
誰かに
怒っている
当事者は
カブトムシ
必要と
、最近
デザイン
ブリード
告白を
閉じ込める
贈り物
ヘッジ
、より良い
スイング
カリフラワー
始める

```
ブ リ ー ド 贈 報 論 海 、 ょ パ 、 故 セ 暫 や く
正 を 白 告 り 通 せ 向 よ 方 フ ひ 最 ヘ ッ ジ 場
ま 投 お デ 物 む ど 合 り 解 ォ 通 近 お ニ カ 社
ス イ ン グ ザ レ っ 結 良 て ー ワ ラ じ フ リ せ
閉 じ 込 め る イ ま 論 い 始 マ 必 と 登 京 覧 選
囚 カ ぎ ど ン 退 だ 話 め ン 要 サ 権 向 べ 解
向 ぽ チ カ 歩 れ ぐ テ 場 ス 二 ヌ 合 ゃ お
生 き て ブ お 所 弱 当 再 を 芸 で ク 故 応 育 す
会 テ ニ ト ト せ 場 事 社 砂 ん ソ 乏 で れ
室 再 囚 ム 芸 ラ 百 者 側 化 故 ヌ ど ひ お
登 乏 無 シ 本 摘 ブ は ハ ざ 乏 チ 投 狙 出
ト セ っ 論 意 育 コ 精 怒 ひ だ ョ 能 ス 妊
能 場 阪 進 圧 乏 ル ぎ お お 無 ざ 投 ホ ぽ
応 芸 二 ぼ で 応 出 の お じ 故 能 解 ヱ 弱
ど ぎ 愛 お 摘 誰 か に ノ サ 報 ぎ 論 ろ 金
```

Puzzle 429

```
ど ラ 論 ひ お 進 ざ ツ テ ど ク 再 安 室 権 応 ス
カ や ツ ス 海 解 ゃ 囚 エ 海 ゅ ニ 場 画 ぎ 囚 ト
結 変 位 乏 ニ ひ き る 愛 ひ 流 ラ 結 芸 で だ ロ
私 ト で ス ゅ 乏 開 成 れ 狙 体 辞 テ れ ベ
協 力 し ま モ 登 応 場 ひ 芸 話 ル 退 っ リ
ぎ 多 べ 乏 精 画 力 ひ を チ 加 レ ト ー
妊 愛 北 極 ド 離 む 加 応 壁 圧 セ ン 権
歩 登 会 で ヌ れ 写 む 妊 室 精 る ジ ス
重 出 ニ 防 む ま ノ ウ の 読 ひ ト ス
も 選 化 報 衛 然 ウ ざ 深 故 テ む 側 ヱ 登
ド 加 報 投 場 サ 室 せ 刻 社 退 リ や 圧
レ 与 応 ニ 場 ニ 退 応 ト 側 ヌ 登 カ 園
じ え に つ い て の 答 っ 愛 読 ム チ に
囚 る れ さ 示 表 通 ひ 会 会 ゃ せ れ
愛 む ツ ひ 暫 私 む 所 加 エ っ テ ぐ 乏 ぼ 本
```

ピン
北極
チャレンジ
協力します
壁を
与える
公園
についての
表示される
変位
応答
防衛
成長を
流体
ストロベリー
トラム
ノウハウの
離れ
深刻
今や

Puzzle 430

減少
輸送
カタツムリ
有する
データが
チェア
スレッジ
階下
愚かな
ボリューム
セクション
タッチをし
好む
かかし
国際
オープナー
レジストを
泥だらけの
必死
誕生日

```
ょ 登 社 応 好 れ じ 論 ひ ニ 読 投 ド 選 れ ド レ
ゃ や 写 ニ む に ん だ だ ざ ん 育 ノ 報 話 ベ ノ 応
ざ 狙 ひ 阪 私 階 ソ ふ ひ 通 ふ ト 無 ひ 弱 何 デ
暫 乏 ょ だ ヌ 下 砂 だ ク 何 ひ 暫 応 嶋 で ー
応 ソ 必 死 報 き 本 結 ム で ラ だ 進 精 タ
向 か な 覧 ふ 泥 何 摘 オ 解 ひ 有 す が
愚 ま じ 出 無 だ カ ス プ ナ 所 る ゃ
ま ざ ゃ 読 妊 ら 輸 百 セ ュ 誕 ス 化 私 ぎ
加 ラ 場 け 送 ク 精 何 リ 生 圧 然 ぐ
暫 ハ ス を の 囚 シ 投 ム 日 ょ ホ カ
レ 選 能 し テ 進 ヱ く ボ 会 ん っ 辞
出 能 れ を ぐ ひ 減 少 ラ ッ ハ 国 ホ 囚
結 応 ス チ ェ ア 所 ゃ し タ 際 き 芸
何 京 ジ ッ レ ス ろ ヌ 向 カ 画 解 側
れ せ タ 狙 っ 然 安 私 く 摘 登 つ れ 然 コ
```

Puzzle 431

```
船場弱お理ょコサ冷ツスぼむサモでが
を京所画由ニ何ン蔵ッソてや乏京存在だ
着用しょ場暴力キドキの権や愛写子砂重加向
位置がャリお精ャハ生ぽむだも話ハレ辞ヒり
だひヌニお多ハス愛写多ひま開場画スそ
弱べ多だ開芸応論むむ所登能でだ応芸
意ま囚結話ハしざ室ふヌぽレノトど話妊も弱
れ通覧登愛レざ再海百歩ート目だべ覧投応
クスク狙明ら捧げ京ルむヌ向投ビじ
シれー摘加か高ニホレベむニ応私室所でじ
故ー摘百や高場能報ぎ安報意むチ所でじ
百やだニルズボにす登能報ぎょ安報意むチ所でじ
だニルスントるテざ弱ょ安報意むチ所でじ
```

暴力
シーズン
ビット
そり
着用し
トンボ
船を
子猫
サンドキャッスル
先生の
位置が
ノート
冷蔵庫の
高度
が存在
一目
明らかにする
捧げる
理由を
バッチ

Puzzle 432

ファーム
もつれ
ケージ
それぞれ
命を
第四
太字
テントウムシ
変数
誕生の
カテゴリ
つららの
ブドウ
オベイ
責任
一人で
整理
病皿
電車
条件

```
セょや安安フ辞砂結報ひソ病っ電第で
海ひホてぽ登ァ精ぎ狙安ル退皿車ト四弱
覧結それ側方条ーシひ妊れ写れ私で応て
ゅ歩れ登精エ件つムぎ妊芸会つ通芸能
ひぽれぞソ狙登妊らウ京向命まおヌ退
ひ結れ安応場ラトのテ加写を画摘場ニ
出責読ましニ故リ京カ砂お乏じ覧画
加任き然ドっ愛せゴベ論砂ちゃ加レ加ヌ側
ゃ金然室ルリょろつオ論まじ人だ嶋歩
ニ何室るろ金合スカ字論ノ私一ぎ場何
退だ画だ所つラ二投誕ドイだ妊覧覧
応ゃハ海っ私開画生ウソだ妊ス本所所
ケージス変数嶋ゅ応辞ハ整理ぎ
乏多権百論ゅクだ整理
```

Puzzle 433

干 ソ 会 ス 無 暫 ぐ く 化 ス 然 ニ 看 多 ひ 驚 ょ
ば 不 リ セ 場 京 何 チ 権 暫 れ 海 護 登 ク 開 き
つ 可 論 ュ 写 ベ ヌ 暫 安 ぐ 師 や ヌ ス ゃ 摘 ほゃ
写 視 ぎ ソ ー ヌ 会 シ ニ ュ ー ス ホ 愛 ヒ テ 金
コ の 権 圧 カ 京 ョ ン ー ダ ム 然 愛 セ リ ア 能
金 初 む 出 私 ヌ ク 何 ン ー ダ ム 符 狙 登 歩 大
や 最 社 だ ニ ヒ 試 行 せ チ 故 化 号 エ ざ 金 声
ぎ む ぎ 写 無 モ 多 解 所 選 百 弱 リ 通 ざ サ 進
る 読 結 通 覧 ろ チ 砂 弱 分 割 場 エ コ 意 室 ド
ノ 安 通 場 れ 歩 精 っ つ サ 論 育 ミ ロ 荒 ー や
芸 ヒ 能 狙 れ 二 場 精 コ 論 サ ク ひ ッ 野 ト き
ゃ ヱ リ 歩 妊 れ っ コ 論 育 ク ロ 開 エ 結 側 友
登 歩 無 化 ヌ ク ヌ ひ ゃ ぎ べ 育 加 レ 結 側 人

圧カ
ショート
看護師
符号
干ばつ
友人
ロック
ニュース
大声
不可視の
試行
荒野
分割
コミュニティは、
ワーム
ミルク
驚き
最初の
ソリューションを
ダンスの

Puzzle 434

ニ ス 百 だ 提 セ 砂 多 ま 愛 ヌ れ 辞 ぐ 無 チ だ
精 れ く 制 供 ヱ 無 本 故 応 報 ろ 覧 ス ぎ 金 側
ぎ 辞 再 ふ 御 故 じ 退 ょ 金 ヌ だ だ ク 画 出 ぼ
セ ニ 話 ニ む を 多 安 論 ル ニ 一 般 な 情 怠 権
ひ 場 し だ い っ ぱ い ト 停 ひ 構 伴 問 題 ク レ
ク セ た ま エ 側 エ 登 育 ニ 出 造 ど 写 う せ 写
結 ハ 写 せ ひ 京 て 故 応 ヒ 一 ま カ 真 ニ エ 読
ク 話 ド 圧 京 ド 合 つ 摘 海 定 出 通 息 画 開 の
メ ガ 方 方 ラ で ニ 本 解 ル れ ふ ヒ 意 像 ソ ま
ガ ネ ヌ 加 妊 だ 方 登 通 誰 の 理 ニ ヱ が 論 ど
再 育 応 ハ も 囲 む ラ 合 か 暫 解 阪 狙 チ 再 ヌ
急 に 読 応 だ ぼ 方 囚 ぼ の 砂 だ 応 弱 ひ 方 ぎ
て 向 ヌ ま む 場 社 だ だ 砂 方 ょ ひ 何 社 ろ も
ズ お ベ だ 囚 会 ホ ト カ リ ブ ー ニ き も ト き
砂 ボ 応 読 ま 場 社 カ リ ブ ー ニ き も ト も
意 も ン 応 会 ホ ト カ リ ブ ー

誰かの
カリブー
一般な
制御を
画像が
提供
問題
メガネ
写真
話しました
怠惰な
息子の
いっぱい
構造
理解
停止
一定の
伴う
ズボン
急に

Puzzle 435

```
ル ふ サ ラ ク ま 何 社 ハ 狙 発 場 安 、 お 砂 室
野 菜 を ン ス 故 育 ひ 捕 乏 揮 ざ 脚 母 緊 急 じ
意 愛 ク ま ド 会 多 ニ 捉 応 リ ろ ソ さ ヱ 室 っ
応 話 歩 然 暫 イ ッ 材 リ 安 応 ヒ 妊 読 故 ヒ 進 弱 話 ろ
む 方 百 っ 化 ま 再 チ 愛 ル チ 本 じ ド ニ だ ラ ろ
ひ 解 歯 磨 き 粉 進 登 き だ ゅ ク 注 簡 素 化 黒 ヱ 愛 い
て ゃ 報 だ 彼 再 ん ク チ サ ぐ 写 ヱ 愛 レ 能 だ
ぽ ス 彼 ら 利 点 育 カ の 結 ょ 嶋 つ だ カ 方 サ
チ ど ッ プ ッ カ テ しぐ ク
コ ル 利 点 お 狙 場 父 ニ 百 社 所 阪 買 れ ゅ 砂 選 歩
応 有 名 方 マ イ ナ ー の 阪 多 ぐ っ 能 能 せ 辞 も 写
砂 ゃ ス ス ゅ 結 方 ヌ 多 ぐ っ 能 能 せ 辞 も 写 て
```

歯磨き粉
チップ
サンドイッチ
材料
緊急
注ぐ
有名
簡素化
彼ら
黒い
のカップル
お母さん
野菜を
、脚
買っ
発揮
マイナーの
捕捉
父の
利点

Puzzle 436

```
圧 や 精 だ ひ ソ 結 ト レ 応 然 百 て 論 ぎ ょ
非 ス 市 場 の ヒ ー む 愛 コ ゃ で む カ ぎ れ 愛
常 テ ン ト ッ 精 芸 暫 セ 論 ル じ サ ヌ じ 状 理
に ま れ ッ 許 可 セ ー ヌ 狙 ひ 通 応 然 態 解
百 読 だ 精 レ つ ょ 室 私 ジ だ 選 辞 ト し
ニ 侵 略 百 側 イ バ ア ラ 京 百 ヌ 身 自 安 ハ て
暫 砂 ふ ろ れ イ ズ ひ 登 大 が キ ビ 語 っ
ク 愛 ナ ッ ト じ ラ ぎ で だ 型 エ ャ ン る
愛 多 ひ 室 開 エ く 側 意 多 だ 結 京 論 ト ク 方 エ ど 無 然
故 レ 投 写 社 ド ラ イ ブ も エ に 高 さ を レ ふ 会
```

侵略
、さらに
製造
キャビン
大型トラック
語っ
許可
市場の
自身が
シングル
理解して
リアライズ
状態
ドライブ
ソーセージが
バイオレット
テント
高さを
非常に
ナット

Puzzle 437

バー私ぎコルホ室ま囚だツ投ス年次む化
話乏合ざニモスれて登方ク弱ヌタツイおと同
金報狙んニ側れだ京登側ヱも読選所再暫をちゃけ焼
覧て狙ひヌ警告て京辞べ権れだ意図画加能意所阪然応登チ摘出
愛ド解どス写ぎょアプ摘意だっ故画投セっ嶋合トチョコレート
ア解ドスレスチ重場ーチる開投所セン狙加意愛然れ加セトレソベを応登チ摘出
き摘レだスェウひ選チる量故ヱ画能意所愛然
し通妊ょゅ然合重るひ京ニ登ょぐチトル合トチョコレート
通妊やく歩ワーキングぎ再証ニ登ょぐチトル合トチョコレート

スタイル
ウエスト
ヤギは、
軽自動車
な性質を
量る
おばあちゃん
アプローチを
夕焼けの
ワーキング
バー
意図する
チョコレート
警告
実証
編を
と同様の
年次
ウォッチ
アドレス

Puzzle 438

中央
無料の
秘書
空洞
ボルト
達し
失礼な
昨年
リス
個人
ハタネズミ
せっけん
通常の
暖炉の
リソース
計算
クロウ
フィル
スプリング
展示を

ハソろ化秘圧論ト応ハ安ょま所室社ホれ
ゃタ年む海書フ出暖開解っ嶋乏ざ加む
昨ネむ権展ィ計ヱ炉ヌ登京だリサス
論クッヒひホボル料のリト愛ぎュ嶋ノ
ぽロジミ然圧ャ算をのスス登合能グせ
ノウ京も結ヱ結ニ通辞トスプリニドル芸チ
く阪報阪せ進論トェ場プーンソぶ
チもソ意合ッコクニだスリ歩再
出だハもトけト私私ヱ論暫ノ嶋
む再本せリん向出化ャしょせ
覧愛囚本空ぐ能私でもュ本故ぎ
ぼ無論所洞ヱ加愛解クト室おれ
達私だ圧ヱ暫所安解ド出私
しス話っ礼ニ所中意個芸弱
話っざ合なルクど央覧無人会

Puzzle 439

話 ソ ゃ テ て 育 で 百 ろ 能 金 し ひ ょ 海 ツ つ
ゃ ぐ ゅ キ 阪 で 何 化 方 ま テ 故 話 エ 向 妊 読
能 何 増 ス 物 語 京 ト 通 登 だ 安 ひ く 画 ト ま
場 然 加 ト 結 育 京 育 嶋 金 く カ 歩 話 サ 摘 仕
ニ せ 性 ヌ コ 拒 ざ ソ じ 写 ニ カ 合 無 弱 場 方 事
独 立 性 を ヨ 否 故 覧 選 む レ 歩 開 る 場 方 を
き 写 ル ベ ー ル ブ つ 択 安 い 妊 お 応 狙 く 結
選 ソ 選 阪 テ 然 ょ 愛 は ヱ サ 長 う だ だ 結 本
読 レ 弱 画 乏 カ む 応 す ト つ ひ 向 狙 然 部
社 室 写 だ じ も 論 ホ 暫 る て ヌ 登 ス 彼 解 分
覧 れ か わ い い 所 ス ド 京 無 金 妊 ふ 写 女 の
登 ひ キ 阪 も で や む チ 側 ニ ぐ 通 ノ 登 は ろ
京 圧 ス 阪 ょ 再 金 き ぽ テ 妊 然 障 サ 芸 合 ぎ
の カ ラ フ ル な 暫 合 き 進 芸 然 害 セ る だ ぎ
羊 だ 摘 ス 投 囚 む リ 加 だ 側 社 ス ゅ サ 所 ぎ

部分の
障害
ブルーベル
仕事を
キス
拒否
独立性を
羊の
彼女は
安い
物語
テキスト
のカラフルな
増加
長い
コヨーテ
かわいい
うち
選択は
愛する

Puzzle 440

観点
細かい
ている
縫製
モーテル
好奇心旺盛
ものを
戻り
の上級
キジ
ディスカッション
脂肪
不安
バニー
クロス
キャッチ
チキン
ペン
メディア
スカーフ

の む 観 ど ソ ま 無 て 脂 退 ス ょ メ ノ テ バ 然
上 圧 点 ゅ 通 る 妊 ツ 砂 肪 登 カ デ 狙 ぎ ニ 投 テ
級 ス 阪 細 か いっ 出 肪 ニ ひ ィ 縫 製 一 ー ょ
弱 然 て テ 暫 て 精 読 ょ 二 ア さ する 然 投
ん る 重 ふ 話 精 く 摘 セ 解 く ざ 方 っ 歩 ぎ カ
百 モ 登 じ る ペ 戻 り 開 合 京 ま 投 歩 精 本 向
側 会 っ ぎ 好 ン ショ シッ カ スィ デっ 金 ハ 妊
不 画 画 ぽ 奇 キ 意 ろ 通 場 ロ レ ひ 解 む レ む
く 安 モ ま 心 チ 会 で 本 然 ク ぼ カ 阪 何 ク
キャッチ 旺 ト 方 コ 育 会 側 ん キ ジ ー ヌ 向
場 応 む チ 盛 ソ 向 ぎ ハ ど ジ 何 解 ル
登 セ 退 芸 百 ぐ 能 登 ど 所 本 モ も 意
化 開 ぎ チ もの を ヌ 登 出 ゅ 画 ス ぐ 金
や 登 や 然 ょ 摘 通 ざ 歩 育 ぽ ニ 社 ん ふ
も 開 だ 応 室 せ 私 狙 進 で ぽ ろ テ 砂 多 ド

Puzzle 441

て囚ひれ立や砂カせしれ野生方登砂投
セ読通話っヱ重歩権写進ょツセ孤場テ
同一出通て登所京ゃ選合の中開育側のノ
歯安れ通いんれニサ合無阪ひ金愛情話ひ
意科ますまし選登何も表ヒ愛情の開きで
囚本医会し選登何表現通百マウマシ論ド
例写化はた何も表現通京ワクリ弱社ッド
品外二ぼの海ニむ安能応京ろ所場写入ス
暫揃組織特定じ狙る多選どニ通写力重ト
選応え登定も話百狙出んっお投く出京ク
唐辛子をラも話百出京じまコ何権囚だ版登
金ドぐ多社化百てじ京スト無側ギュッセテ
乏海ぎ故ニれ方安つレ愛暫狙妊っギュッ登
報ぎ故ニれ方安つレ愛暫狙妊側ャッセテ
本応つお弱ぼスリエテ狙妊っセテ解ト

野生
歯科医は
愛情の
入力は
シマウマ
同一
ギュッ
表現
出版
唐辛子を
孤独な
組織
と思います
品揃え
の中で
は何も
ヒマワリ
立っていました
の特定
例外

Puzzle 442

常駐を
その
精神
キツネ
外国
示した
基金
到着
インデックス
ソース
、インテリジェントな
円形
目の
冗談
となっ
様々な
可能
塗料
コンパクト
メンバーの

示した愛んしで安スむ圧弱安嶋砂ク本
まし京外精ソ辞報囚出開精神退リ社ヒス合だテ砂コょ
む京ホ国育読化意阪モ会向嶋暫画べカ目だっク阪登ど写多
むホ権ヱ権様場ラベし京側能やツヤ進のゃょ写私トト砂
るヱ重暫ソ育スメな育クソひルツインそ、阪応まトょ砂っ
金重暫ソー育ぎネン囚写トど場イデ結阪インテリジェンっ百
場暫読一スキ海まば写覧ぎレンコデジェント選でニ
ホ読私ス育むつ読重ー円冗レックでなと
乏私ひス海ょ報っ方覧談進ホス本選っ
ろひセ京トつ報る方やど砂愛室ホ選った
結セカも読サ報スソ安読故ヌ退ホスニ
安カ基ク読可能モょる常応側ヌれ退レニ
ヌ基ど金金到ヒェょる塗駐側精結き
ヌどエルヒせ嶋塗料を精だきょょ
ざエ私出どせ嶋解だ

Puzzle 443

```
リ コ 退 だ やん ノ 意 多 シ 向 百 ク 事 私 私 カ
ラ 合 芸 種 ん 乏 読 っ セ 精 エ 乾 実 乾 燥 む
ブ ヌ 何 か を ツ 多 ド ニ ン ぽ エ 阪 京 向 画
イ ン タ ビ ュ ー す ぽ ト プ モ 摘 歩 進 ぐ 選
ラ 囚 阪 通 本 化 に 暫 エ 囚 一 物 登 れ チ 金
ひ ト だ 画 室 化 モ ヒ 暫 敵 植 狩 の 通 じ 重
投 解 っ ょ っ 押 下 雨 の 社 会 だ の 側 私 開
ぐ 投 テ 精 報 サ モ チ 視 力 結 社 砂 合 登 く
本 結 報 意 サ 麦 ぎ 粉 金 曜 退 婚 登 社 暫 加
だ 登 ス 意 、 ゅ 粉 て 乏 場 日 だ 社 育 チ モ
愛 画 非 読 向 モ ま ぽ し 場 の 式 芸 取 化 ツ
金 ふ 常 社 モ ぽ し ひ ク 社 ヒ 場 嶋 れ 本 き
セ 精 報 に ヌ 所 べ ひ ク 開 リ る 加 ト 百 応
精 報 に ド ど 辞 方 セ ひ 合 社 能 退 ャ 百 出
で ド ど 辞 方 セ 合 社 能 退 ゃ 社 ぎ れ 百 出
```

何か
視力
乾燥
押下
ライブラリ
金曜日の
取引
インタビューを通じて
事実
雨の
種を
結婚式
シャンプー
、非常に
敵の
会社の
の植物
すぐに
小麦粉

Puzzle 444

シャワー
サポートを
町の
病気
ホスト
朝食
狩猟
ポット
テディ
復帰
なくなっ
置く
適格
ブロー
ポンドが
、マウスの
誇り
チェックが
自分を
状況を

```
解 っ ク サ 覧 覧 摘 だ ぼ ろ モ 選 乏 退 ホ 場 で
嶋 ラ 権 ポ 登 歩 解 ら ょ 無 画 だ ヱ 朝 食
、 ヒ 方 ー 故 覧 読 が で な や 歩 暫 意 ク 砂
ん マ セ ト 芸 画 ど ク 応 く 狩 ポ ン ド ぐ
社 ト を 何 ブ ポ 嶋 会 な 猟 シ テ ディ ゃ
ヒ サ ト や ロ く 出 ト っ 辞 ャ ワ ー の セ
ま コ ハ ト ス ホ ヱ 所 チ く ノ 会 町 話 く ト
ふ 選 は ろ の 妊 登 意 登 側 室 社 せ だ
ノ 意 む 砂 写 ヌ 妊 ま ク 重 会 ニ ん
で チ 辞 誇 報 ふ 合 ぽ や ラ 論 多 故 育
歩 ょ カ ざ り 故 百 せ 能 室 ハ 通 ひ 精
だ む 場 ヒ じ ャ ニ 応 っ 解 ッ 百 っ
覧 る 権 何 ヱ 多 精 ぐ 病 ン 二 囚
報 っ 場 覧 故 自 論 だ ヌ 気 応 解 ト
愛 選 論 意 ス 分 画 ヌ 化 適 重 育 囚
べ き だ コ を 況 状 室 二 格 復 室 ゃ ヱ
```

Puzzle 445

チ 合 だ 入 数 関 連 付 け る ス 育 ヱ ス 重 弱 報
だ ノ ょ カ カ え る カ 能 話 ひ し 金 向 文 化 ヌ ぎ
呼 コ 投 暫 能 し て 可 ろ お む 暫 通 写 応 側 ろ ひ
吸 社 暫 可 退 ん 方 報 写 ょ ニ 方 芸 ぼ 覧 所 会 妊
権 芸 能 能 な ト ク パ き ト 然 検 ラ 場 阪 ル 画 退
無 ぎ ぎ ー リ コ る 育 き ト 百 ど 出 室 ざ ニ コ カ
ヌ 育 ぎ リ じ 登 故 ひ 金 ス 会 無 多 ベ サ 再 解
ま 側 空 ァ 摘 応 金 所 安 ぼ 通 弱 きぎ ー 乏 医 ま
ぎ 加 腹 フ 無 れ ヒ アケ 本 狙 ど 囚 選 能 レ グ 療 や る
テ せ の ィ 登 室 ー イ ル ヱ き クカ 囚 選 は 、 れ 私 育
砂 ひ て 意 登 阪 ス マ ス リ ク 再 れ 週 末 も ヌ 再 解
くょ 囚 す べ 阪 選 せ 進 写 調 整 ト で モ ん 何 向 ヌ 解
通 レ の

呼吸
アイ
クリスマスの
フィート
関連付ける
可能な
のすべての
思っ
空腹の
ファミリー
文化
、グレー
数える
医療
入力して
ケアの
コンパクトな
検出
週末は、
調整

Puzzle 446

遠い
識別する
フィクション
時の
医学
方向
ゴブリン
招待
結論の
追求
星が
推定
前方
採用
クライ
驚異的な
輸出
臆病
最終的には
取っ

ヌ ツ だ ぼ 囚 応 だ 圧 ホ 能 話 百 阪 故 驚 ニ 話
っ ま 前 遠 い っ コ 読 選 追 せ ぽ 異 再 ヱ 最
星 砂 方 摘 レ ひ ド 本 ツ 求 は に 的 終 ぎ
が 報 ニ ぽ 多 ひ スホ 室 安 な 故 阪 応
化 ツ 嶋 私 ル テ 芸 金 狙 ヱ 解 京 ぐ 通 ホ の ハ 用
コ お ひ ハ 写 金 学 金 権 ょ 時 論 写 解
ひ ひ や ま れ 話 臆 病 ニ 能 エ 結 論 つ
向 投 精 然 退 故 病 ぐ 阪 選 画 採 論
ソ 結 安 無 応 っ 解 招 通 ひ 退 室 チ ハ
囚 だ コ 解 圧 ざ フ 待 む 阪 方 無 コ 用
私 ん 応 取 っ ク ハ ィ だ ぼ 無 ソ だ 解
ニ モ ハ 結 精 狙 圧 ク ゴ ブ 識 無 育 っ
テ 化 ホ 百 海 ラ ヌ チ シ リ 別 乏 海
無 合 ょ 意 解 阪 イ おだ 再 ン す お 嶋
重 ヌ ぎ ま だ やス 応 嶋 ど 摘 チ コ る 退 推 ス 定

Puzzle 447

```
精 ニ ろ ソ む ょ モ 化 芸 ヒ ぽ 私 も ス 社 お カ
応 ス ぎ ひ 火 災 金 場 摘 だ 砂 進 本 百 所 覧 応 通
品 む っ 多 囚 本 ス ト ッ ェ ウ の プ ン ラ 合 開
ホ 種 報 権 ぎ 開 読 ド チ ン イ ド 嶋 て 城 会 だ き 論 だ 読 育
百 暫 ソ 摘 向 お だ 覧 ス タ ー 転 送 、 権 ク エ ネ ょ ろ 百 所
ひ レ ニ て 向 嶋 お 圧 ギ リ ネ ャ 百 意
れ 通 社 ハ ぽ し だ 退 形 ー ぼ リ 再 ぼ リ 私 加 れ ス
コ 意 覧 合 セ ヱ も 方 出 式 ふ ん ス ー プ ・ 下 通 っ 収 ョ
京 ホ 二 覧 出 く 無 ク 暫 囚 然 百 ょ 所 の 計 ッ 集 ッ
持 っ て リ む じ 多 ク っ 再 ベ ト 登 む 京 画 色 ク し ス
権 ぎ 投 然 ス っ 再 育 会 二 百 で 登 茶 だ ッ 再 ス
ょ 投 二 嶋 解 ょ 育 室 ス 何 二 砂 っ ク 二 本 愛
合 重 ハ ょ ま 室 方 注 が セ ク シ ョ ン の ざ っ 
暫 サ 砂 コ ゃ 方 が セ ク シ ョ ン の ざ っ 本 愛
```

持って
のウェット
計画
収集
セクションの
エネルギー
火災
ランプの
下の
モンスター
転送
茶色の
ショック
インチ
砂の城は、
注が
リリース
形式
スープ・
品種

Puzzle 448

シート
売り手
レポート
減らす
アラート
スケートを
クレス
感の
ホタル
夜の
しばしば
ナイフ
サイリング
臆病者
パースニップ
曇らせる
カップケーキ
計算機
日差し
と考えている

```
囚 サ ひ ノ 権 っ 退 暫 コ 論 解 私 で 安 る 精 カ
フ イ ナ 権 室 レ ざ ニ 方 チ 圧 日 ゃ 進 と だ ッ
故 リ モ ょ ニ ポ 化 や 故 辞 ぽ 海 応 差 考 ニ プ
ひ ン リ ラ 投 ー 嶋 ホ ノ ぎ 写 歩 ど え プ ケ
多 グ サ れ む ト 安 タ 退 話 応 ニ ば し 精 ー
読 通 ろ 多 方 ー ラ ツ ル 出 っ 歩 ル て ぽ キ
歩 嶋 ひ 所 て 嶋 ト 重 所 ぎ む い 暫 嶋
ぽ ク ニ 百 嶋 ア 意 選 読 結 る テ 通 読
ニ レ 百 京 計 機 カ だ 売 り 手 感 パ 育 摘
能 ス 向 算 場 無 モ 応 登 モ 何 ー ぎ ハ
曇 す 砂 進 報 場 海 し 狙 ル 阪 ス 向 ヌ
カ ら 読 シ ー テ っ 海 て る ニ 権 む
何 減 暫 一 合 結 私 臆 ょ ッ ク 歩
意 二 せ ふ を ト 向 ケ 精 病 プ 場 狙
意 ゃ 精 る ん 会 ス ま れ テ 者 ハ 芸
ゃ 登 ぽ 退 ド ま 読 報 る 退 故 場 ヌ
```

Puzzle 449

```
も 祖 ゅ 京 圧 加 犬 ソ ぎ 摘 ろ ゃ チ 応 含 テ せ
画 父 ざ 能 に 後 の 応 コ 能 辞 室 ま 登 故 べ 狙
辞 写 だ 応 しっ ソ 選 ホ ふ 無 れ テ れ 話 だ 方 進 室
報 解 解 心 配 圧 ひ 意 会 レ ス ろ ぎ 京 ノ 然 カ ギ 進 室
ぐ リ 話 ノ チ 自 動 車 金 む プ の く 愛 ス プ で 京 む ジ ひ ク ざ
つ 話 ま れ 進 金 故 関 心 で 京 ま て だ ー 親 切 ノ
明 日 キャット キン ス レ ヌ ド イ で 選 ろ で 歩 進 芸
ノ ギ ヌ ク ハ 弱 室 っ ヌ 合 方 っ ヤ ひ 私 テ 室 弱 語
ソ だゃ 登 せ 圧 何 合 だ 場 ヌ 然 テ コ 覧 重
ー く 乏 ぽ ル ょ ト ニ だ お 場 合 ヒ 金 乏 応 モ 多 農
ダ ノ 摘 嶋 社 画 さ む 理 科 ホ 権 ス せ む 多
退 精 ト ょ リ 育 スみ 育 の 弱 安 っ 歩 ヒ エ 多 や
多 狙 ま 本 辞 ま 育 の 弱 安 っ 歩 ヒ エ 多 や 家
```

語彙
犬の
自動車の
含まれ
の後ろに
ソーダ
キャットキン
農家
ギャロップ
明日
心配
はさみ
親切
関心
祖父
テクノロジー
コンピュータ
理科の
プレイヤー
ボックス

Puzzle 450

民主的な
生息地
アイリス
破壊する
ため
達成します
男性は
サークル
カラスの
バスケットボールの
サポート
治世を
結果は
一部の
鉱山
、ポテト
空気
幸せ
気候
嬉しい

```
辞 応 ス ひ 愛 サ れ 向 然 精 エ 能 ヌ 登 ヌ 能 権
然 精 乏 画 っ れ ひ 選 解 摘 し ま 結 て 精 ひ 応
き 芸 登 れ だ 私 方 安 ホ ソ テ カ も 加 結 出 気 ヒ
方 論 登 社 育 退 場 嬉 ヱ 阪 治 ラ 報 社 空 論 出 嶋
育 ま 合 合 ぽ 意 し 投 ニ 世 ス せ 出 論 き バ
つ 権 ソ 気 て 私 破 場 故 育 所 の 選 ぽ テ 意 ス
登 ヌ も て 私 壊 選 ス 砂 達 む っ 圧 ど 応 ケ
む ノ 場 サゃ 何 す ま 成 、 育 き 京 意 ぼ ッ
ア イ リ ス ポ る 結 し ポ ひ く 弱 応 ト
ニ ト ル ク ー サ ク 果 は 報 テ ぎ 覧 ボ
育 囚 読 圧 ト ぽ 暫 ゃ 性 何 レ っ 出 ー
民 主 的 な 報 ス 応 投 男 加 京 く 部 ル
乏 ト 百 砂 ス 囚 じ ス 再 じ モ ッ ぎ の
海 鉱 セ 場 ホ 歩 能 テ 読 カ タ 応
論 場 山 故 生 息 地 ト 社 能 せ じ め 応
```

Puzzle 451

ド 出 っ ひ 弱 ス 出 意 レ 奇 応 ぽ サ 阪 ひ ニ 方
ニ だ ノ 然 嶋 加 ト し む 妙 エ タ ー キ ー 圧 ニ
ニ ヌ 重 ニ だ り 場 り 再 な ク ル 会 画 削 だ ひ
ゅ 摘 出 ょ ゅ ま ょ ハ ー サ セ ツ 京 て 再 り ひ
モ つ ル タ 開 も く っ ハ 化 登 ッ し 再 り ぐ リ
ゃ ょ ヱ 妊 ウ の ぎ ハ 化 登 方 ト 貧 画 結 退 妊
ス ぽ ま 投 進 望 遠 鏡 方 延 ル 海 困 ま サ お ハ
汚 れ を 感 芸 写 ト ホ 期 結 ぎ を こ じ た 進
ス チ 所 ク 写 エ ノ ど 圧 金 れ コ く 嶋 最 ひ
精 一 緒 に 登 エ ど 論 し 画 ヒ 金 化 安 大 リ
所 場 然 せ 妊 ウ ど 意 ヱ 故 っ ぎ 乏 会 砂 水 私
弱 私 重 セ だ 出 精 上 論 し 画 ヒ 金 化 向 安 妊
画 ぎ 進 ヌ 然 嶋 記 ヒ せ 画 ヒ 京 ス 向 写 何
ぎ ノ 辞 ハ 海 カ 精 登 ぼ 結 ス 金 化 安 れ
ク 弱 精 多 多 メ 妊 圧 だ ば ひ 弱 まっ 阪 もれ

奇妙な
てしまった
延期
削り
一緒に
タウント
結ば
ウエスタン
ストリート
水泳
もの
最大
ターキー
望遠鏡
貧困を
感を
汚れを
エクセリットル
上記
カメ

Puzzle 452

アドバイスを
ディスターブを
分子の
薬物
行為の
ゴースト
信頼性の
証拠
リピート
反映
は、
ウッド
フクロウ
いつか
カブトムシが
ストッキング
、風の
必見
クロッカス
イーグル

多 コ 辞 化 画 ハ 応 は 育 ベ ヒ 嶋 ド 方 ホ む 結
カ ブ ト ム シ が 辞 、 ス 報 ひ フ 室 る 必 見 京
ト む ー デ 社 チ 何 乏 加 ひ ク ニ れ ウ れ 方 ド
場 読 ピ 出 ィ ソ 圧 無 退 報 ロ 向 も ッ 方 開 ぽ
で 乏 リ 読 歩 ス れ 多 ん だ ウ 百 ゃ ド 弱 れ 能
つ 覧 退 ぎ だ カ 方 場 行 ま 囚 重 ぽ 登 弱 ひ
い 向 応 摘 結 ッ 妊 ー 為 安 嶋 ッ 所 応
ア つ ラ っ 京 ロ 摘 で ブ の 解 、 キ 育 覧 む
会 ド 応 か 育 っ クス ツ 話 を れ ゴ ン 何 も 画
リ 権 バ 信 頼 性 の き 薬 物 解 ー グ レ 故
ぎ っ イ 覧 開 安 囚 ベ 意 ス る べ ヒ ろ
選 ヌ 会 ラ ス 通 辞 場 弱 ス 能 ぎ 証 イ 社
だ 分 乏 向 ホ を 弱 だ 応 チ だ 圧 ん 何 拠 ー グ
っ 子 安 だ 開 レ 化 だ く 向 報 反 映 グ 故
ト の 投 方 で ぎ ラ 解 弱 カ セ 場 ス ぼ ル

Puzzle 453

然カ暫愛ぎサカど阪ち報愛ニ示登化だ
阪金登ざ意囚精進凍カょ場歩し察観ぎ
プょふ読っ開れ結結ラしっ乏てひ金ニノ
ヌロ登圧ベ出場乏ょ話摘とい育る嶋ヌ
ヱノジ解ルで有利なフノリ室むだすニ狙
せてヒェで愛だ育再ァ読む阪報安ょむ応
る実本故ク進会ソファー側報声ネ
プ行段落方ト阪ょ攻撃何マ洗浄音キ登
ー方重場故ヌはむ本ヌ出ひー、ぎヒ報暫
ル方れ社狙合場だ退話れ摘ょテぎヒし
歩嶋私レぽ室ゃだどクいバルーン報向圧
お応側れガス故圧砂狙るクひ意れドむ弱
辞ヱアテツ社イ金解写進ん画すひ然きク
だカドツ退ェ結ドれ妊化応れ画クク登
だゅれテせチ然妊読ヌしょど写登弱

洗浄
ちょっと
観察し
プロジェクトは
バルーン
ベルで
ガス
いる
プール
ソファ
音声
チェイス
ファーマー
凍結
実行
、キツネ
有利な
攻撃
示しています
段落

Puzzle 454

葉を
右の
外を
今後
男の
ミックス
かもしれない
の物理的な
プラム
おそらく
食事
自身の
スチーム
祖母
構築
通信
郵便配達
、キャベツ
更新
法定

チ砂ろ暫芸安どス自報ルんトせせ何法
構、キャベツ加だじ身だ写更本ぼ能定
築のャ物理的な意圧通信の右新祖ぼり
かもしれない登プラム男おひ母ぼっヱ
場辞百論ヒ弱ニ嶋郵ー摘京そ精ぼくく
む故ゃニ愛然因便チ外然ら写スれ化
無れ乏ツま報配スを然室報ヱむだ登
ひヒッ私せ今金達方室摘ホむスゅ芸
り砂ニミま後ヱ応化ェ精ムらくや
るべ報ンクソっ囚室摘ハむスまテ
会ぽッ多をルエ化辞摘チススひ私ぎ
摘まテ葉をエスヌ開どるチむ故京カ
海れ嶋る応でルを論ぼるツぽやヌ
辞ひ囚ノ応ツ方重セ方じ合サ
クヱ囚ぎ所て投選砂ニ画精狙京無
愛登ぎ所て投選砂ニ故重画精ま無ヌ

Puzzle 455

ん	定	出	出	スゃ	ま	モ	応	ギ	ツ	で	育	加	合	や	む
多	住	育	ク	男	が	チ	ぼ	フ	阪	だ	何	場	つ	画	ぐ
ゃ	ぎ	し	だ	じ	ろ	リ	愛	結	囚	サ	弱	能	リ	ど	辞
解	読	っ	る	作	本	ひ	ラ	進	ゅょ	加	社	む	ゃ	安	海
画	ぼ	無	方	読	し	ラ	し	コ	向	室	圧	ひ	ぎ	乏	故
安	サ	方	解	し	場	し	精	ラ	室	る	ふ	動	に	ま	ソ
幅	読	じ	ヌ	ネ	イ	セ	砂	両	親	何	に	や	ぎ	だ	む
広	れ	べ	覧	ル	ツ	芸	ッ	私	場	き	ぽ	応	だ	無	出
る	つ	方	の	安	ま	ニ	弱	レ	積	極	的	だ	な	砂	ゅ
加	だ	ル	プ	登	加	を	狙	タ	愛	登	だ	可	ろ	ひ	何
合	ヒ	だ	ロ	囚	ニ	理	芸	ー	阪	ク	化	の	ひ	む	合
お	っ	育	セ	結	退	サ	料	本	陸	改	革	の	緑	、	多
る	ひ	ど	ス	所	有	者	の	ノ	ふ	上	お	愛	無	エ	阪
ニ	む	ニ	の	ー	ナ	ト	ー	パ	、	ど	競	て	サ	写	ク
の	重	要	な	読	社	権	退	ヒ	嶋	セ	も	技	ぎ	む	て

のプロセスの
レター
緑、
セットを
改革の
定住
、パートナーの
両親
男が
ギフト
陸上競技
の重要な
積極的な
動き
ネイル
幅広
所有者の
作成し
の可能な
料理を

Puzzle 456

親愛なる
何でも
思い出さ
フロント
後に
逮捕
叔母の
アセンブリ
落ちた
過半数の
受け入れ
有罪
バイソン
遠く
行わ
昨日
何も
釣りは
経験
騎士は

叔	出	ぼ	妊	だ	落	ち	た	ハ	ろ	妊	多	室	ク	阪	意	加
も	母	騎	士	は	応	ハ	過	半	数	の	ひ	進	ぎ	論	リ	圧
嶋	歩	の	べ	ス	辞	再	歩	だ	私	ぽ	む	じ	じ	べ	登	れ
っ	ラ	ル	だ	登	加	百	加	れ	ゃ	じ	安	き	コ	だ	だ	画
だ	ト	合	私	コ	投	て	弱	嶋	ぽ	カ	画	れ	応	後	育
ざ	芸	再	登	通	む	ひ	側	も	話	フ	て	も	ト	に	何
写	思	歩	コ	ヱ	通	せ	方	退	所	ロ	も	進	て	も
や	い	再	受	出	じ	遠	化	愛	通	モ	親	な	愛
バ	出	所	け	室	ト	く	ツ	写	ぎ	ん	然	ま	テ
京	さ	能	入	ク	乏	多	加	室	る	妊	て	セ	報	退
写	イ	ソ	れ	き	ア	投	コ	ぐ	金	意	応	登	然
コ	登	リ	ブ	セ	れ	覧	ぎ	る	有	報	む	も	チ
れ	ク	釣	ヌ	囚	向	ょ	投	ホ	罪	カ	何	で	ヌ
昨	ヒ	り	む	ス	カ	お	話	だ	レ	嶋	ざ	行
乏	日	は	然	化	開	覧	側	ぽ	っ	育	画	進	開

Puzzle 457

お 覧 開 安 室 高 芸 ぎ レ 開 開 教 四 の ヘ ツ 開
読 じ む ル い ー タ イ ラ ざ 育 半 足 ビ ぎ べ ょ
ま 歩 い 乏 ぽ 圧 ざ ヴ れ っ 戦 略 お の ゃ 京 能
送 何 レ ち 多 再 海 れ ン 選 ニ ハ 嶋 私 ぐ 方 レ
砂 信 生 コ 芸 場 だ 登 芸 ニ 室 安 社 写 ス 安
報 ど チ 天 使 エ 芸 の て ビ 論 能 芸 じ れ 暫
す 愛 出 室 監 視 保 証 ド ぼ レ 社 開 じ 安 だ
進 る 非 室 育 私 っ チ 読 だ ニ っ 囚 芸 暫 じ
権 れ 芸 難 て だ 化 き ぼ 妹 吸 ヌ 辞 出 結 れ
ニ れ 能 重 意 ル っ ツ も ざ ニ 収 場 話 話 出
芸 側 ト 重 金 覧 ニ る ょ ホ 登 ラ ク ょ れ や
る 狙 表 面 だ ス ラ む ク リ ホ 出 登 ニ コ ス す
ひ の 画 ゃ れ ひ 選 ノ ふ ヌ 読 応 ラ ス 出 や
結 影 む 囚 ニ ラ ド 能 妊 応 辞 ら ざ 結 向

送信
戦略
の影が
レイヴン
四半期の
保証
ヘビ
高い
ビルドを
妹を
生産
表面
する非難
ライター
監視
天使
教育
吸収
おじいちゃんの
の足

Puzzle 458

責任ある
検索
トマト
フィギュア
防止
ひよこ
声を出し
しかしが
プルを
ワームは
削除を
カエル
態度
議論
のヒット
タフな
イカ
不注意な
自動
巧妙な

だ 応 ざ 開 加 自 声 写 ヱ き ド ヒ 進 覧 ぼ 写 ま
ニ ぽ 読 多 ょ 動 を 場 ル 論 検 ハ 海 リ て ぐ ス リ
っ れ 応 だ し 海 出 結 暫 芸 索 議 チ 室 然 京 方 で
ハ ワ つ ス リ 暫 し 暫 室 囚 論 向 ニ ょ 嶋 ヱ
せ ー ム は ニ 応 態 覧 っ テ 狙 レ ハ 百 合 イ 囚
モ ト 話 っ テ チ 削 度 投 登 で ハ じ 然 再 開 く
通 マ 責 任 あ る 除 画 ひ 弱 ド む だ ス チ カ
し ト 金 室 私 ニ を し 弱 お だ 登 ぎ ろ 辞 通
モ か 嶋 然 ひ 化 チ 砂 暫 何 ス 方 重 覧 安 ま
場 故 し 辞 じ の ヒ 暫 ト 結 ド 応 登 側 登 暫
お む ひ が プ ん ッ だ セ ニ ア だ ゃ 注 意 無
話 加 向 っ ル 芸 開 読 カ テ ュ ヒ 歩 意 な 進
ひ よ こ 圧 じ ェ ニ チ ハ ギ 然 ふ 巧 な っ せ
私 ル じ じ 金 コ 画 歩 ヌ ィ ひ 不 妙 て
妊 や 応 砂 能 も 防 論 タ フ な 妙 巧 ょ せ

Puzzle 459

方病ゃドど能ん世裁暫辞コイン社弱カ
つ院ノ向スまま登紀判論場スッ登報ょ然
再の京んィおべ決結本重て精故話む私コ
まざ能なょーャレス意ドサネ画化ぎ多ぽ無狙
適切愛報化だ然ぐ弱何無精能もふぼ百解ハ
砂ん然ヱサじひ通覧ー金無場化場くウっ化
ん然れ進トょむターンを話ヒ女性ぎ化ャ摘も
糖は、年齢・ヌ海話べャル、性ぎ砂くト登
論依育手続きの弱ルト経の圧辞ャシ会何
存芸側子羊れ狙弱ろモぎ砂ホっ辞会嶋登
芸向ぎヌ然コニ済再ょ多会嶋何登も

ベル
、年齢・
シャウト
ティーチ
ターンを
コイン
病院の
決めます
子羊
裁判所
世紀は
手続きの
、経済
夕食
糖は
脅威
依存
マネージャ
女性の
適切な

Puzzle 460

然登劇向芸トス芸水クひつ覧っホん芸
側向的ひぎリし牛応京通しき故楽海ざ
ひぎ開だ歩やヱ本のラ育く向ひしい摘
退どべ圧をンバ圧ラ所再ぽ開セ結ス側
示唆して安超ざ、えょ超場グロしヱヌ
通ル完全なデ公育てふ高写側がストを
、原因ニ弱ゃ共登ふ砂覧せバ愛スッ読
ラまだ投因摘出室再ょ向拡バカトケひ
くホテ百独愛ヌ育砂選張カぽロく権
し進用通立海多電再ょべ暫安サホ登無
利精投可所話っ話選ド狙るサ圧まセや
安だ通室弱ど育ぽス無れ無多暫ひ合
スま何京狙砂辞化だセまっ囚ひく嶋

、公共
今日の
バンを
、完全な
電話
カバーが
バーストを
独立
超高層
劇的
水牛の
グロー
楽しい
原因
を超えて
ロケット
ボディ
示唆して
拡張する
利用可能

Puzzle 461

何 摘 も 光 沢 の あ る ワ し ク 時 合 辞 読 含 コ
ど ひ た 摘 登 先 食 チ ニ パ し 安 計 雑 用 ま ろ
ゃ い ら く 本 レ ベ 本 イ ぼ ひ 意 報 重 る く
ト 然 し 選 せ ィ 百 ロ 能 尊 ぐ 何 弱 投 レ ト
側 辺 た せ ィ 百 き お ヒ ッ 能 重 リ 弱 ラ ポ ニ
通 コ 海 テ モ ア ヒ ヌ 社 故 本 登 ラ 化 本 ヌ や
結 何 海 テ 再 ぼ ア こ と が 多 い 安 写 ニ ス
ぽ 通 結 金 弱 カ ル 能 れ ぼ ラ 摘 阪 ラ 京 ッ
暫 多 ヲ 弱 狙 乏 ゅ コ き 安 重 退 場 京 重 論 だ
囚 何 ぼ ス し ん ゅ ル き 辞 ぎ 覧 場 ラ 愛 解 れ
ふ 意 育 し ニ ル き 多 故 然 ノ る 所 海 金 の 場
嶋 育 だ 場 だ ぎ ニ ニ て 室 京 解 妊 育 芸 退 無

ポケット
尊重
食べる
リラックス
アンティーク
魚の
政府
光沢のある
含ま
もたらした
ワニ
先の
雑用
タイガー
側辺
パイロット
アヒル
時計
くらい
ことが多い

Puzzle 462

ワールド
きれいを
患者
道徳的な
ノット
引き出し
豊富な
女性
ハンドル
労働を
ピッグ
、ここで
悲惨な
トライ
政府の
家は
晴れた
セキュリティを
悲鳴
ノイズ

ノ 結 ク 安 ニ 重 く 写 故 応 ト ク 応 お 本 豊 労
イ セ 通 、 こ こ で 百 化 晴 れ ラ 覧 写 引 所 ぽ 富 働 を
ズ ツ 道 徳 的 な 弱 を テ カ チ ル た イ き 狙 出 し な 能
意 ホ 妊 ぽ き れ ワ ー ル ド 開 ひ 辞 る ノ し ヒ 百 ぐ ょ
社 ソ ぎ 然 い を 妊 重 場 じ 投 意 然 ニ リ 囚 お 開
京 ぎ せ ふ 然 投 ぐ 登 ぎ 社 辞 ヌ 退 登 モ リ 場 何 側 画
場 場 ん ニ だ 投 ぐ 故 じ ま つ 弱 く 京 故 ぽ ノ ト 話
ヒ 悲 惨 な 女 性 嶋 化 ま つ 弱 乏 場 だ 合 故 っ ひ ッ や
悲 る 政 ど れ 化 ま 解 無 歩 摘 側 覧 登 通 京 レ ピ モ 本 て
る 政 府 家 れ は ま 摘 せ 私 ク ぎ ろ テ き ッ ひ 報 権
患 辞 者 の 読 ホ し 圧 く 摘 ト リ ク を だ 悲 鳴 グ 本 金
ニ ハ ン ド ル セ キ ュ リ テ ィ を ざ 歩 妊 だ 解 権 芸

Puzzle 463

で嶋だサ私サソヌでヒぐスト応再化ラ
ま安通ニミク京選コせゅ圧ド嶋加応ぼ
れまゃ人再ッで会暫重ぽひノ加覧応ノ
こヒ開が歩トはニ摘退砂お京応クドょ二
、進カも阪、摘ニ摘場に通トれし無黄色妊
弱パ狙囚ハドッゃレ沿っ能て絶無向砂エ
ータスムのいずれか行化動絶無黄色むエ
選やゃのつトニせ化て本滅無歩然むぎむ
ホ百ゅフつむ京てチっ本滅通歩でぎ選
ッ合権本ルー京画京歩だ会や囚つ狙写
ケ合無嶋ー京画京歩だ何やト囚つ狙写る
ーハ京どチャ教え、ブロッコリー狙る
ざ選る狙能イ辞重だ何やト囚つ狙写る
ス残挙百覧ワ方無場ぐれぽハソきしる
安し会エ退ツょ視ト結むヒひぎ向退囚

友人が
のいずれか
、パスの
ハムスター
教え
、ブロッコリー
、これまで
に沿って
絶滅
黄色
フルーツ
選挙
行動
ドッグ
残し
ワイヤー
確立
ホッケー
サミットは、
無視

Puzzle 464

ではない
尋ね
失望
あたりの
カメラ
用語集
沸騰
評価
摩耗
ドライバ
プレート
幸運
アクティブ
都市を
のガイドラインは、
アネモネ
実験
パセリ
簡単な
引っ張っ

能き方精ニブィテクア場ド能ク会選ょテ
ニや狙摘ト場むネむ登っ何然場るしひ報サひ
あたりのレき摩沸騰側モネニエむだ望レひプ話場論
評百京本ぎざ登テ室験失くれ弱権話ト百ド
だレ阪セしエでパイ投セメはふ能も何無化ライ
ソ囚もノの暫ノ阪歩ぼも安るねも権無ひノ
二だルろ合引っスト覧芸尋ん合何摘登バ
能ひ都ヒ化解張進ょ乏っ囚社弱論むエ通
クト市をを退投簡側ゆ囚解何阪画論育
で歩な単単幸運ヱれや百んク弱っ論解
画ぎまい場登乏覧だ投用集能ツ解育
れコ芸会通所砂てゃ集能解ヌエ通
無おんョヌ向通

Puzzle 465

ス 投 こ ト ラ ッ ク 面 積 は 車 熾 応 で 範 弱 芸
狙 ど 砂 と 気 に 入 っ た 分 両 烈 お 論 囲 で 室
ぐ 振 リ レ 草 ゅ で 嶋 ヌ 会 母 の な 慎 内 愛 向
狙 方 来 む 原 ク リ ま 然 愛 敢 な サ 画 所 ヌ 画
ク 妊 加 草 リ で 覚 え る 勇 れ 何 エ 室 砂 ぎ ゅ
ス チ セ 精 含 き 然 故 画 ょ 開 ヌ ふ 画 っ 安 乏
カ 金 論 れ ク て ハ 重 室 退 無 故 二 合 社 権 方
ー 、 山 レ コ 登 む ふ だ 室 覧 然 結 ざ 愛 社 暫
ト ツ て コ リ 芸 べ ノ ド 海 て ヒ モ ふ 京 ヒ 読
ぽ れ 育 ヌ 応 安 ド 京 話 ヒ べ ト ざ ク 再 や 摘
も 乏 囚 妊 話 コ ヲ つ 調 せ だ レ ひ 向 ぽ 結 リ
ひ 故 進 二 所 ド 京 つ べ お ニ サ 開 や や 能 ヌ
故 だ 百 百 再 ぼ つ 砂 る キ ウ イ っ 摘 ノ ん ヌ
だ 百 応 愛 再 ぼ つ 砂 キ ウ イ っ 摘 ノ ん 能 ヌ
ル 阪 応 愛 再 ぼ つ 砂 キ ウ イ っ 摘 ノ ん 能 ヌ

調べる
、山
勇敢な
熾烈なの
スカート
キウイ
面積は
慎重な
含まれて
範囲内
来る
コート
分母の
ことができる
気に入った
トラック
覚え
車両
振る
草原

Puzzle 466

緩い
ダイビング
ガンダー
歯ブラシ
起動
クラブの
クッカー
コール
廊下
守る
ドレス
パフィン
飛行機の
ボール
ボウル
マイル
ホール
クレイジー
議論の
以前の

る 廊 下 以 前 の ヌ だ る で 登 だ 報 育 ク 解 じ
画 ー 阪 モ ソ ひ 退 む 場 ぽ 歩 報 ッ ひ レ 弱
ダ ジ 辞 ヱ ガ セ 圧 精 テ 百 然 所 カ 選 エ 投
ぎ イ 室 ハ ン ィ フ パ 辞 百 お ー チ 歩
画 レ 再 ダ 乏 飛 画 ニ 圧 辞 ド れ セ ド ト ぽ
覧 ク 能 ン く 行 機 辞 ク ひ ソ 本 会 覧 レ ス ひ
結 二 お 投 グ る 無 加 カ 加 場 報 ル ス 阪 テ
辞 で 私 金 狙 開 歩 モ ん 辞 二 む 覧 ノ 起 応 ク
応 ま 写 コ ト 能 ノ 投 せ 乏 再 ブ ド 歩 動 無 だ
ラ 百 合 ふ コ 写 ク 然 だ 社 ラ ド ょ 方 エ 二 コ
ょ 芸 場 芸 で 百 ヌ 緩 エ し シ ゅ べ ヱ 化 場 ー
安 砂 嶋 ク 百 向 結 い ク つ カ 話 リ ざ 砂 ろ ル
海 ス 側 マ イ ル ク ラ ブ の る や 出 む ノ 応 ヒ
サ 故 読 私 ニ ウ ー 多 合 精 論 だ ホ ー ヌ 暫 お
ハ 登 守 る 多 ボ コ ボ 会 多 ゃ 議 ル っ じ

Puzzle 467

向 エ ル フ 阪 ゃ む ウ お ク 方 出 ふ 論 金 再 ヌ
ヒ 百 フ で で 開 海 サ 向 応 場 れ 通 金 覧 際 に
加 無 ェ ラ も っ 合 弱 お コ 社 百 れ 向 退 実 じ
チ 選 ン ド も 加 報 は お ホ 登 ど ス 砂 嶋 覧 社
百 だ ス を 選 ヒ ふ コ 調 査 ラ 意 論 ホ 無 退 何
っ ひ を 覧 し や イ カ 側 再 お 嶋 百 場 し 無 投
加 最 摘 セ ス ク ッ バ 話 再 お 多 覧 ろ 退 報 せ
砂 認 も ひ 生 姜 シ 話 れ お 嶋 精 も ど 解 や 開
す ど め 会 お 妊 百 ョ 摘 つ む で モ ん べ ぐ や
ク る る 幸 せ 愛 法 ー ヌ ほ ぐ ウ ン ぐ 芸 む ょ
む レ 愛 ソ な の ヌ 本 ょ リ 辞 カ ぐ 阪 や ヒ ゅ
妊 囚 結 の ソ 間 と 楽 つ し ニ ど ィ 私 チ む ド
ヘ ロ ン ソ 噴 時 っ カ し 所 暫 ろ グ れ ク ク ヒ
妊 レ 歩 っ ふ 火 ぐ ょ ま 覧 っ 砂 ハ の ゅ ょ ど
不 思 議 に 思 う 本 狙 選 せ だ ヒ の 狙 ょ ド

ウィグルの
フェンスを
実際に
ヘロン
バック
ショー
最も幸せな
噴火
ほぼ
不思議に思う
楽しま
するものと
ウサギは
調査
法の
時間の
認める
生姜を
エルフ
メイク

Puzzle 468

単に
雨量
パン
第三
貴族の
トカゲ
状態の
七面鳥の
貴重
オプションの
知っていた
古代
致命的な
必要な
、常に
見え
ウサギの
注意深い
謝罪
品質

コ 精 報 ラ 何 ウ オ プ シ ョ ン の 、 出 ホ 摘 進
応 ノ ル て 出 サ ニ 所 リ ッ パ 態 常 雨 量 囚 む
進 ハ 通 ょ ソ ギ 向 能 場 貴 ゅ 状 に 第 ハ 覧 覧
暫 砂 ソ む ホ の 族 貴 ス ぐ 安 重 っ 三 リ 登 だ
ょ ニ 加 し 会 嶋 写 レ ぽ 妊 ヌ 育 結 阪 ホ ド ニ
安 リ 致 ま ハ 投 百 だ だ 登 多 阪 ひ 登 摘 ク 七
ヒ 側 命 的 ス 注 覧 れ 多 ル し ま 応 妊 れ 面
登 側 的 な て 意 ツ テ 場 知 ひ 向 く 解 金 鳥
ざ 何 ニ 写 コ 深 私 意 ト 読 再 る お 覧 乏 の
謝 ひ 写 罪 要 い て っ カ 暫 安 辞 お 乏 応 再
べ 罪 登 しぎ 必 乏 ヌ ひ ゲ 登 ニ て 重 ひ ゃ 育
暫 し ぎ 向 古 報 何 海 品 ラ 会 進 つ っ 単 っ
見 え サ 方 代 む っ 百 質 覧 弱 ふ に
ゃ ふ ぽ 囚 開 加 れ 登 無 応
り 狙 無 テ 覧 ろ く ぼ 結 通

Puzzle 469

や	つ	登	室	ス	覧	然	写	れ	砂	レ	論	再	キ	論	出	ひ
圧	何	面	室	ネ	選	ス	ゃ	応	解	チ	ヒ	ァ	安	ぐ	話	で
結	サ	白	乏	ジ	ク	イ	ェ	ウ	エ	っ	ヒ	ロ	ま	応	妊	お
ヌ	京	狙	ま	ビ	ひ	ス	ツ	本	コ	お	ツ	然	読	を	べ	イ
私	経	済	所	百	予	ル	の	ミ	カ	狙	単	位	を	読	も	ん
ヒ	愛	応	し	・	約	ト	く	ヒ	る	ぽ	安	向	側	し	出	
嶋	応	ラ	っ	百	っ	ホ	で	や	狙	コ	応	ハ	圧	た	進	
登	ひ	ヌ	ひ	サ	ニ	無	ま	ゅ	嶋	安	れ	じ	向	画		
歩	ぎ	ト	ス	写	化	読	人	ん	ソ	会	感	る	も			
ッ	む	だ	ベ	ひ	応	ざ	間	何	選	応	成	ト				
や	ー	深	い	コ	実	芸	解	も	多	れ	分	ス	レ	安	再	
れ	シ	ル	コ	精	用	学	京	安	読	所	で	ヌ	リ	ぎ	無	
愛	ク	砂	の	的	ま	校	百	精	権	海	化	ス	会	ま	出	
ル	タ	社	テ	レ	な	の	ふ	阪	つ	し	弱	ト	加	べ		
ハ	ヱ	辞	場	ト	ひ	何	解	育	ス	摘	然	ふ	出			

ウェイク
人間
実用的な
タクシー
惑星
学校の
イベント
オオカミの
予約
スタイルの
単位を
面白い
感じた
支出
成分
深い
ツールの
経済
・ビジネス
キャロット

Puzzle 470

明確な
種類の
クールな
ガチョウ
帽子
午後
コーヒー
勧誘を
蜂の
ローブ
公式
塗る
イルカの
遊び心
危険な
会話
増殖
作りを
今夜は
ハイライト

化	応	モ	し	多	再	登	所	て	ぎ	遊	故	セ	多	ま	選	再						
故	場	再	や	せ	合	ト	ロ	ー	ブ	び	愛	砂	画	ま	ヌ	ハ						
危	険	な	妊	論	場	報	や	話	ラ	心	せ	ル	ょ	化	カ	能						
狙	ゃ	確	チ	ホ	歩	ど	午	ま	登	辞	ル	向	チ	乏	話							
む	ヱ	明	れ	ヌ	本	重	後	登	種	の	開	社	ト	ツ	ル							
ニ	暫	登	側	本	登	読	類	場	ま	京	所	権	ル	嶋	ヱ							
論	通	ラ	金	愛	蜂	ヌ	私	レ	れ	進	ス	社	ん	ち								
帽	子	化	室	ヌ	の	側	報	本	ク	加	ク	勧	ざ	化								
ガ	チ	ョ	ウ	だ	ニ	カ	き	嶋	り	を	辞	京	然	写								
退	辞	論	ノ	む	化	暫	海	作	お	辞	ろ	ヌ	妊	ヱ								
阪	ス	合	退	き	嶋	歩	だ	り	辞	ざ	エ	場	れ	出								
だ	権	ゃ	公	式	砂	で	出	お	加	会	登	能	暫	然								
精	ろ	リ	今	加	ひ	重	育	イ	出	話	写	嶋	嶋	芸								
通	ノ	能	ス	夜	多	選	増	ク	塗	る	ホ	出	能	芸								
ク	ー	ル	な	室	は	ぎ	ヌ	ヱ	ょ	コ	ー	ヒ	ー	ヱ								

Puzzle 471

隠 ょ 通 ょ 阪 外 阪 ヱ 場 セ あ 通 ん 会 コ 弱 ゅ
し 登 向 権 っ 安 観 ス ろ 透 な 的 本 基 コ コ ゆ セ
ま 乏 愛 選 カ っ ざ リ ド 明 た チ ェ ッ ク ネ イ ア
す ニ 愛 ク 多 百 愛 ン ち ゃ エ ゴ ひ 重 暫 愛 き む ブ
ヘ リ コ プ タ ー ゃ チ っ エ ヒ 百 論 加 百 ゃ 進 だ
論 チ 証 ヌ リ 本 の 探 場 報 ひ 解 砂 っ ハ 投 暫 リ ス
く む 明 す た 満 規 解 索 ひ ス 弱 レ 再 歩 精 応
ひ ク す た 満 安 定 ニ ひ カ 向 何 歩 コ 能 場 応 故
向 芸 る サ 安 定 狙 や ん ま 記 加 金 一 意 合 う 私
然 弱 育 狙 乏 狙 て 海 れ 向 記 加 金 無 を 奪 う く
ょ 退 狙 故 れ 乏 意 画 合 ひ は 事 然 く ド ノ 無 ひ せ
能 だ 故 意 て 所 受 合 ひ 開 ツ カ ニ が ノ 妊 れ る
レ ラ 意 登 受 信 乏 ホ だ け で 結 安 や ど 論 ぎ ノ
安 登 ヒ 受 ま 登 ひ 愛 所 ツ 登 海 チ 出 っ ひ
ょ ろ だ 信 乏 ホ だ け で 結 安 や ど 論 ぎ ノ る

だけで
透明
エンド
のレコードが
あなた
基本的な
探索
満たす
定規の
記事は
受信
経験の
チェック
を奪う
ヘリコプター
ココア
証明する
ネイティブ
隠します
外観リンゴ

Puzzle 472

彼女
ベビー
雪の
スクーター
の連続した
を見て
憎しみを
ゼリー
真の
もらう
明確に
科学者
見て
だと思う
結合
スケート
平均
方向ディレクター
電気
が可能な

場 を ラ だ の 真 っ 報 彼 ふ 進 っ ク し 平 く セ
む 見 ラ ぎ 連 応 ク ニ 女 ク 多 だ チ だ 開 均 加
選 て っ で 続 や だ サ ヱ 出 読 と れ や だ 愛 登
ハ ざ ざ 重 し 憎 し み を 開 応 思 せ や ス 意 ざ
社 見 ス 百 た 結 し 本 ス 弱 報 も う せ ケ ス 妊
カ 多 砂 き 明 狙 れ っ 雪 サ 摘 じ も も う ー 投
っ 読 社 ょ 確 れ 選 所 の ル 出 ゅ 場 結 能 一 ト
百 弱 応 ど に 選 ヌ つ 再 サ べ 何 ふ 権 ト 狙 ま
再 く 京 ろ 写 き つ ー チ ビ 話 が 京 ノ 科 ひ ト
重 写 ゃ 無 む 弱 タ ゼ ー ゅ ヱ 学 狙 私
妊 話 無 レ 論 ニ リ 画 可 ひ 本 辞 結 っ
方 乏 ディ レ ク タ ー ー 乏 能 な 乏 っ 合 で ん
サ 本 権 圧 意 場 れ 妊 阪 な モ も ヒ
海 ぽ ニ 電 写 ゅ 側 方 歩 歩 っ 退 ハ ツ 狙
乏 選 阪 気 リ 出 応 お だ 場 読 多 ん 狙

Puzzle 473

摘 ハ マ リ ぎ 圧 金 所 金 再 ツ く ス ど 話 安 お ス
意 ひ ク イ セ 解 重 量 ゅ 写 場 論 ペ ひ 妊 多 力 は
壊 し た 加 グ や べ 側 何 お っ 結 ル カ 能 選 き ニ ク ソ
妊 化 阪 参 権 レ 覧 何 何 所 知 ナ の 開 再 登 じ ヒ ソ
挿 入 し 加 せ 話 ー ター シ 退 精 ひ む ド く じ 投 ヒ ま
出 せ て し テ イ ク ッ 圧 ョ ク ニ サ ニ 写 室 ヒ ふ
ト む 暫 て 再 化 ク 不 だ ン ク エ 妊 稼 で 海
ラ 弱 ん 金 無 論 競 開 適 む ・ ド 退 ヒ 社 圧 ぼ
ノ 向 乏 安 金 争 せ 多 応 ほ と ん ど ぐ ク 故 写
読 私 チ 金 洞 写 デュー ティ な 結 ニ 結 妊 く 故 画
ニ どっ ツ 砂 窟 多 社 再 ダ だ カ だ ス 故 阪 ニ ヒ の
所 ツ 再 お 報 向 ょ ぼ ラ し ひ ょ じ 合 阪 調 画
出 再 お 報 向 ょ ぼ ラ し ひ ょ じ 合 阪 調 査 の
ス や ぼ 私 辞 モ 海 歩 ょ 報 チ 方 応 ゃ 調 査 の
室 セ せ 乏 ト 無 妊 選 エ 覧 ソ 要 求 海 テ ぐ 育

ほとんど
調査の
重量
参加して
能力は
壊した
知ら
スペルの
洞窟
マイグレーション・
ナレーター
挿入し
稼ぐ
要求
デューティ
テイク
競争
ラダー
不適切な
クック

雄鶏の
販売
ドリンク
たい
サル
第六
火曜日の
プログラムの
どこでも
影響する
鉛筆
ウズラ
不安定な
再度、
エッジ
ほうれん草
多くの
運動
内部
リップ

Puzzle 474

嶋 安 加 モ ニ ど ト 故 チ 開 ソ 応 精 摘 登 ま ソ
ス 話 ト 応 ょ 進 こ ラ 百 多 く の た い ヱ し 向
ベ 乏 チ ぽ 進 ど ノ で ス る だ 化 ぎ 権 本 ふ
レ 鉛 モ 囚 芸 百 育 リ も ド リ ン ク 故 ょ ニ 方
影 筆 加 ラ 狙 リ 金 愛 側 で 私 場 話 ょ 出 チ エ
響 加 再 ジッ エ 不 安 ト 定 モ ぼ ぽ し 場 嶋
す 解 度 登 プ ソ 販 や ツ だ カ む 内 コ
る ま 、 ぎ て 何 ル 売 カ 安 暫 ノ 退 会 ソ
写 ヌ 室 故 ふ 向 ヱ 読 歩 じ 化 ニ ひ ん 会
圧 ハ テ だ ニ 開 第 六 火 曜 日 の モ ハ 暫
ん 報 エ 進 進 ヌ 解 る セ ど 雄 鶏 の ズ 論
リ 所 写 出 ソ ひ コ 出 ひ て プ ロ グ ラ ひ し
ス ほ う れ ん 草 登 然 運 側 場 何 京 加 歩 だ
ト 辞 や 弱 ハ 力 砂 結 動 摘 権 再 側 ヌ 金 サ
社 し ょ 妊 力 砂 結 何 リ 論 通 解 テ モ 結 ヌ

Puzzle 475

妊 テ 損 失 能 て ふ 海 化 ひ 歴 ス 安 会 報 こ し
社 社 で ゃ ス 安 ひ ヌ 何 ヱ ひ 史 む 最 室 意 再
ょ ヌ 意 お 百 解 む 所 ょ き ク 悪 海 ざ ネ ッ
開 私 雪 玉 を デ ス ク を ノ 歩 社 読 っ ニ ク
く 暫 向 方 登 出 失 ッ 評 選 ク お 寿 じ 妊 所
辞 ホ 重 で ぎ 無 愛 う 決 ひ 室 命 歩 行 選 摘 歩
能 摘 話 室 レ 論 歩 開 辞 光 ざ ド ニ 歩
ぽ ん 話 選 室 つ 応 論 で 方 れ う 場 ヌ ぼ 側 ス
ぼ コ 選 投 会 ひ ゃ カ 退 ゅ 体 登 り じ ざ 京
金 だ ろ 妊 再 ヌ ぎ 選 乏 ク 私 全 エ リ 声 論 き
ぎ 選 私 応 ズ ぼ つ ス く れ じ 所 弱 加 の 瞳
本 説 百 登 バ ー む れ 側 歩 ス 意 て 月 曜 日 弱
無 得 じ バ タ ー む れ し ア カ ウ ン ト を も 契 約
私 ラ ふ 意 囚 リ ク し ア カ ウ ン ト を も 契 約
摘 能 百 む ト シ 能 ヌ ヌ 社 所 覧 意 セ 場 ひ ハ

契約
歩行
月曜日
損失
。この
歴史
を失う
アカウントを
説得
デスクを
うなり声の
評決
雪玉
最悪
ネック
全体の
瞳の
バター
シリーズ
寿命光

Puzzle 476

実行に
睡眠
たかっ
属し
タマネギは、
砂糖
のソロ・
膨大
正確な
リスク
本当に
環境
優しい
開発
セキュリティ
脅威を
、急速に
悲劇的な
快適
トリック

る だ ベ 育 ツ 登 砂 ぼ 合 京 膨 テ ツ 無 つ 側 カ
脅 威 を リ く 阪 糖 環 サ 大 再 優 出 場 画 通
ク 本 当 に ぐ ふ 境 ふ 所 エ ろ て し 属 ス ニ
チ お ふ ク ス リ 投 無 リ ソ 囚 弱 ま 投 い 出 重
お 投 意 ッ お 報 っ 芸 ト ド 本 べ ひ 再 権 嶋
セ キ ュ リ テ ィ 、 芸 は 実 行 に 安 も ざ ト ル
ホ ノ ヌ ト れ ラ 急 開 応 所 ょ 登 投 歩 重 ニ
投 何 ス も 社 登 速 ヌ ギ 開 発 だ カ ぎ 海 じ ヌ
ハ モ 辞 写 ホ 結 に テ 金 ネ 圧 砂 し だ た ょ
正 ハ 画 工 所 然 レ 摘 サ 精 マ の ソ か ニ
お 確 会 海 ヱ 向 や 乏 開 ト し タ ロ ・ っ ス
精 ょ な 嶋 出 ス 出 権 る 加 辞 私 本 快 た 妊
乏 ぼ 覧 く む ひ ホ 能 論 出 ヌ 読 然 適 社 写
ひ モ 合 ラ ざ 通 ゅ お 覧 リ 登 画 ソ だ 睡
芸 場 化 だ む 退 ス 開 安 ツ エ 安 で 側 眠 む

Puzzle 477

無 所 結 辞 ゃ 海 オ 会 べ く っ や 世 て 狙 解 故
暫 ル エ コ ル ド ー レ ク 場 化 狙 紀 ぐ ろ 何 ト
精 故 場 だ だ ひ ト ー ボ ぐ 無 進 は ふ ぼ ど 京
歩 む 応 砂 ニ 読 バ 画 し 投 の 物 理 で 重 ニ レ 嶋 多
応 む だ く く キ っ 辞 摘 出 妊 き リ ょ 応 方
結 ニ ン ジ ン だ 退 囚 だ 精 妊 話 安 つ も 方
応 合 ヌ ん 何 芸 く 囚 狙 歩 ぼ ク ス ヱ 精 芸
報 再 辞 す ス 登 重 金 せ 狙 歩 ベ ニ 室 っ だ 結 ふ 通
京 ラ 深 ま 乏 応 の 日 曜 水 ベ 室 意 天 使 場
砂 イ ぐ い 権 結 い ぎ ょ ホ 摘 私 テ 妊 通 場 ク
弱 ブ 通 て だ 会 ず の 代 わ り に 百 ヒ ノ 覧 ク ホ
ラ ラ 側 し ぼ 室 れ 敵 退 ょ ビ タ ミ ン ツ 歩 然 阪
ょ リ 然 示 ニ 化 か エ ネ ル ギ ー ド っ 歩 然 ホ
ト 報 べ 本 応 チ ツ 応 開 暫 く ょ 読 ノ 退 開 阪
ゃ っ ル ぐ 多 意 写 側 芸 べ ょ 権 嶋 精 ド 向 発

オートバイ
クレードル
ボート
ビタミン
ニンジン
の代わりに
水曜日の
キジ
敵の
ライブラリ
エネルギー
示しています
の物理的な
天使
世紀は
ベル
のいずれか
深い
結合
開発

Puzzle 478

さようなら
新しい
アトミック
敷く
行く
ミル
ケフィア
不規則な
確かに
詳細は、
作られた
クリップが
フラグメント
の問題に
柔軟な
流体
構造
ディスカッション
ノット
ヘリコプター

ソ 阪 ん 所 通 詳 新 しい 退 ヌ 意 精 投 デ ヲ ケ
ト 暫 応 ト 細 せ 室 ぼ ス ど ん ア 場 ル フ 再
テ 再 嶋 ク 登 は ぽ ド 進 安 辞 応 不 ス く 摘
権 歩 セ リ 敷 、 結 の だ 金 側 重 規 カ で ぎ
ひ 登 ぎ プ ろ く ぐ 問 ル も 写 則 ッ 囚 投
嶋 応 阪 が 構 確 題 ん ぎ 私 な シ ハ 退
歩 ぎ 本 フ 造 辞 に 作 ら へ 軟 ョ ラ 暫
側 テ く ぎ 芸 ゃ も ホ く な リ ン ひ 再
だ ヱ ラ 嶋 ょ ニ ど 柔 お 意 弱
ぽ ド ぽ 解 ア グ 応 ま ょ っ 投 砂 お 意 進
開 精 だ れ ト て メ 圧 さ 向 選 解 出 ひ ど
退 画 場 ル ミ 投 ト ン む 圧 ノ タ 流 ト コ
だ 開 だ ぎ ッ ろ 故 も 愛 ニ ー 圧 体 登 ぎ 場
や 精 ノ 囚 ク 登 て る 重 し 投 重 ゅ 然
側 覧 ど 登 覧 能 し 乏 コ く ひ 投 重 ぎ

Puzzle 479

素 敵 な 結 ル っ 熾 場 ふ 再 ゃ 社 妊 だ 室 ひ つ
無 辞 じ む 海 場 烈 シ 本 ひ 愛 囚 無 応 話 っ セ ょ
注 意 深 い 側 応 な リ 覧 ひ 弱 ぞ だ 登 製 造
モ 京 化 覧 る 化 の ー そ れ ぞ 方 ソ ひ ド 論
れ 覧 つ ぽ む ス 体 は チ 狙 モ 芸 話 す ひ ぎ 通
社 二 応 ら お 弱 全 ハ 開 モ 安 話 じ く ぎ ニ
論 加 場 こ ら 保 テ 多 砂 だ ク 精 会 化 精 エ 登
く 所 解 芸 ウ 存 ン ド 芸 二 退 投 阪 画 芸 し
論 達 成 他 の サ ト 囚 加 育 ょ 愛 ソ ひ おざ 登 しゃ
海 応 合 画 歩 コ ギ 進 だ ド 出 社 し おざ 再 多 金
場 ク つ 妊 育 ょ は 豆 ウ ド ン エ ド 会 一 妊 方
バ ッ グ 狙 出 ノ ク 応 芸 コ 嶋 何 む 会 一 状 態
カ ニ ぼ エ 阪 開 然 レ 加 応 選 登 応 ヒ 妊 が
加 カ ノ 合 ノ 乏 ソ 何 室 故 セ シ ャ ワ ー が 本
ハ メ っ ニ 弱 ホ る 応 再 話 ょ 覧 だ ソ コ ぼ

素敵な
シリーズは
保存
つらら
話す
メカニック
他の
バッグ
シャワーが
エンドウ豆は
達成
それぞれ
テント
状態
製造
熾烈なの
ウサギは
注意深い
コーヒー
全体の

Puzzle 480

別の
バンズ
観察
コンテンツ
海岸
言語を
オレンジ
バナナ
希望
についての
ダンスの
最初の
増加
すぐに
金曜日の
汚れを
ネイル
思い出さ
何でも
引っ張っ

百 ふ 愛 多 ノ 汚 ダ 論 き 増 ど 場 ヌ 場 辞 応 何
最 初 の ぼ 応 れ ン 歩 愛 加 コ 重 重 コ ン レ ク 結 ん オ
歩 読 安 話 カ ン ス セ べ 暫 ス 愛 ソ ン レ ク 故 ん ま
っ ト 再 セ 進 を 思 故 百 社 砂 ネ エ ン ツ チ 室 ざ 精
ま に つ 応 加 ま 方 別 金 安 ノ イ レ ン チ 室 も 言
進 い 場 話 登 ひ リ 辞 エ ぽ 愛 ル ヌ チ っ 登 語 を
出 て 合 会 っ 海 登 出 報 阪 さ く ヌ 再 室 化 も バ
海 の ど り 海 何 ど ろ レ 側 ん 砂 や 室 会 結 ナ
側 の 読 リ 張 無 で ふ で 側 砂 観 開 京 海 岸 ナ カ
狙 社 読 コ っ す も だ ゅ ド 砂 報 察 向 本 登 ろ 岸 安
く 登 ぎ 出 権 圧 に 乏 京 応 ひ 砂 論 京 重 バ ナ ろ 応 ズ
権 ざ 暫 能 セ 砂 進 っ テ ろ 狙 ソ 応 ス っ ろ ニ
ま ひ 精 セ 砂 然 歩 ヒ だ 狙 応 希 望
ゃ カ ソ っ 然 歩 ソ て 金 ト 写 室 砂 囚 希 望 通
金 曜 日 の 向 ソ て 金 ト 写 室 砂 囚 希 望

Puzzle 481

ど 乏 辞 投 ニ る 圧 む 実 証 し 報 場 ト で 摘 出
ょ 能 京 ょ だ 故 本 ゃ 強 出 ホ 能 選 ざ リ サ 同
室 セ ト ゃ っ お テ 乏 打 を 登 海 歩 話 乏 の 様
ろ 選 テ ょ 計 ニ デ 電 本 ソ 投 テ ヌ 弱 安 じ 解
退 れ 通 出 高 チ イ 本 綿 ろ 共 然 通 ハ ざ ハ 室
進 ル 円 会 度 機 能 安 を ぺ 会 読 み 取 ハ で ラ
ト っ 形 話 歩 囚 き 話 、 進 不 安 選 り 報 本 嶋
ハ 愛 の 子 は 、 血 ひ ク む い ら 定 写 本 ま テ
女 の 子 は 、 血 液 ト む 液 弱 百 室 唯 一 セ
再 精 金 故 ヌ ス 方 だ 通 せ ぎ 論 で 弱 論 の 無
リ ざ 故 ヌ 写 だ 通 無 ヌ た 所 重 だ 愛 テ ク 乏
ニ 写 覧 弱 場 登 阪 無 ル せ 意 く ろ 乏 セ
せ ま 画 化 選 ス 阪 嶋 ひ 結 ざ 京 何 ニ 開 ヱ お コ ソ
私 投 輸 送 応 セ ニ だ べ ょ 京 何 ニ 開 ヱ お コ ソ 乏

電を
機能は、
読み取り
綿を
女の子は、
唯一の
血液
強打
共通
不安定
輸送
高度
と同様の
実証
計算
立っていました
円形
テディ
会話
知ら

Puzzle 482

進 ド う れ 登 ド セ 応 通 ぎ 明 オ ベ イ ヱ 計 の
歩 ツ ま の 価 値 を っ ゃ ょ 確 サ エ 事 業 算 入り
だ ニ く 性 歩 圧 社 能 通 京 な ク カ ツ 狙 機 り
加 無 狙 頼 で 然 京 育 話 チ 方 リ テ 大 ス 辞 ロ
く 覧 海 信 ト 百 京 行 結 じ っ ゴ ク ス き ぺ 進
時 の ヌ ぐ つ 投 ふ は 砂 動 ッ プ レ て な ル
だ ゃ 通 社 狙 選 エ い 正 を 結 投 ヨ 乏 意 ク
ん つ き 開 向 砂 論 し 読 狙 投 モ ン ょ 芸 解
テ 妊 多 む 投 場 を 多 出 権 海 じ ん 重 進
登 ひ も 多 ざ 故 私 れ ろ ヌ 権 歩 む 辞 進 故
機 関 囚 ま 芸 リ ふ お 登 っ 何 歩 ど る れ
熱 帯 ニ 結 だ 圧 狙 ス ヌ ド 投 ヒ 摘 権 ソ 合
サ ろ 百 靴 金 意 報 セ 妊 何 ク 登 砂 解 ス ぽ 圧
き 応 っ を ざ 私 投 愛 カ 然 乏 だ ゃ 進 弱 ソ コ
暫 テ チ 金 解 私 チ ど ハ ヱ 多 ヌ 進 べ 金 圧

靴を
うまく
正しい
はいを
クレヨン
事業
スペル
機関
クリップ
行動を
の価値を
熱帯
の入り口
大きな
オベイ
カテゴリ
時の
計算機
信頼性の
明確な

Puzzle 483

```
、 ん サ 百 ス じ 心 じ 側 金 ざ 投 て 編 側 ル ソ
ス 非 開 向 百 本 配 写 無 選 ゅ 故 ゃ ル を ベ ー
て ス 常 ソ 登 投 無 安 ひ 阪 弱 ネ 話 キ 音 重 セ
ヒ し ホ に サ 本 だ 郵 歩 っ 育 ッ ャ 発 、 ー ジ
精 ク 応 場 応 ト チ 便 ン シ 方 ョ キ 向 十 ジ が
て 然 画 サ ふ 通 ク 配 キ ガ お せ リ ン 分 な 場
写 た ま ホ ッ 達 ト む 芸 ラ ひ ざ チ 砂 な 狙 る
ひ 明 確 に ぎ ぐ 圧 ッ 海 ラ 結 ら む っ ホ あ る
風 船 能 ス 金 で ハ 退 ャ 海 サ る 責 任  あ レ 靴
多 加 だ つ 覧 ラ ヌ 京 キ ト 弱 だ ふ 合 き 下
場 応 ニ ぐ コ エ っ 変 芸 嶋 無 海 ふ や 結 ぽ 場
ょ 進 狙 ひ 選 ハ 化 更 方 精 だ 金 側 ざ ひ 狙 選
招 待 狙 ル で ス ゅ 結 二 投 話 芸 ヌ ひ 狙 る ま
乏 レ セ チ 重 き 社 ル 結 選 だ 通 ぎ カ ト る で
権 ス 故 弱 室 ド モ て ぼ 会 ク 進 ラ チ 登 で ま
```

ホット
アクション
、十分な
靴下
たまま
発音を
風船
変更
ガラス
ソーセージが
キャビン
編を
、非常に
招待
心配
キャットキン
郵便配達
責任ある
明確に
ネック

Puzzle 484

```
特 定 ク ヌ す る 非 難 だ ベ ヌ 輝 き 二 室 サ む
化 サ 応 通 私 権 投 し ぼ 会 エ で 然 妊 で 向 サ
ひ て ひ 能 選 ゅ ニ 暫 能 ト ク 覧 重 し レ 出 出
芸 ざ る ツ 通 ざ 時 々 い 側 芸 む れ ノ 辞 歩 歩
ハ ー ド ト ざ ひ 論 意 セ 精 運 し 再 私 圧 ろ 妊
使 然 っ ソ 暫 進 静 リ ア ラ ば 読 話 辞 砂 ぼ 通
ヌ 用 歩 に 静 か で 投 イ ズ ど 意 向 砂 出 向 お
ぎ ぽ 応 ヌ キ で ど ヱ 海 私 故 ま ぼ 場 せ 摘 妊
の 近 く に ゃ ど ん 嶋 ト ざ ぼ の 覧 社 写 重
行 ど 百 か ロ ッ 育 京 ヌ ニ 乏 カ 多 合
旅 行 動 ら ッ ト 狙 ど ふ 精 妊 ト ラ 選 覧
ひ べ 投 明 ト ヱ ざ ょ 海 妊 フ 択 ょ 向
座 進 げ 意 再 べ 話 ょ コ ヱ な す ヱ ひ
室 っ 縄 到 辞 ノ 然 辞 多 コ ハ る リ 弱
社 阪 ふ 着 出 画 く ん り し 場 会 出 れ 場 も ょ
```

明らかに
旅行の
時々
特定
輝き
運ば
選択する
に静かで
使用
投げ縄
ハード
の近くに
座っ
リアライズ
のカラフルな
到着
する非難
行動
キャロット
たい

Puzzle 485

ク 加 ま 椅 無 ゃ ド 愛 お 登 ふ 鍬 セ ラ 話 歩 だ
べ す き 子 ナ レ ー タ ー パ 競 争 を き 社 故 れ
社 また 、 読 み 取 り に セ リ に 多 辞 加 嶋 乏
ソ け し 私 実 会 ゃ だ 育 リ 失 百 ょ ホ サ ゅ 嶋 海
開 つ ま 先 精 誕 応 に へ 妊 妊 登 ひ 百 故 ド で
二 見 し 芸 誕 生 解 通 辞 ル 海 合 向 ざ 暫 写
ぼ 重 や 室 の 態 状 安 ル 海 砂 向 重 狙 弱 ろ
歩 歩 燃 室 無 場 画 で 百 プ 海 サ ノ ひ 通 も カ
で ぼ ホ ヌ し だ れ 登 ック 本 ど き 京 論 退 ニ
二 ソ ン イ コ 興 育 写 で 二 合 育 然 チ ろ ゃ
だ 意 ン グ 解 味 ト 読 ど 故 嶋 何 ひ 覧 加 権 ノ
ひ れ キ 解 ホ が 深 、 キャベツ ホ ヌ 京 ひ 加
チェック が 深 、 キャベツ ツ ホ 多 ハ リ ド 育 報 加
百 能 ト 場 所 い 合 退 囚 合 まつ リ べ じ 快 適 ん
二 妊 ス む 本 私 だ 無 ぐ ス ぎ 二 べ じ 快 適 ん

ヘルプ
興味深い
、実際に
つま先
椅子
に失敗
読み取りに
燃やしました
見つけます
鍬を
誕生の
チェックが
ストッキング
、キャベツ
コイン
パセリ
状態の
競争
ナレーター
快適

Puzzle 486

正式に
悲しい
色の
遅い
避難
リーダーの
カール
ボトル
ゼロ
、最終的な
なっ
のほか
ゴール
写真
誰かの
逮捕
尊重
致命的な
ゼリー
憎しみを

だ ク ぎ ク て 結 っ だ っ モ 投 む ボ 阪 ぼ 側 ど
ラ 応 本 ト 百 ぼ モ 囚 ス 弱 サ 意 ト 二 話 ひ 正
ラ ハ ノ れ 進 っ モ サ ニ ロ じ て ル 狙 応 ひ 式
覧 や 致 命 的 な の ほ か お 通 リ ニ ー だ 京 に
悲 し い む 囚 的 色 ハ れ 然 ツ の ー カ せ リ コ
開 読 芸 ど 囚 終 ん だ ゅ 愛 無 か ダ 解 京 ひ 再
ぎ モ 砂 読 所 最 だ ゅ 報 お 何 ゃ 意 チ ひ 避 読
尊 重 ゃ 室 憎 、 金 無 故 解 誰 ゃ 結 ソ 能 難 ゃ
権 サ ぎ 圧 し だ 妊 ト 逮 お ド レ 論 ひ だ 登 圧 ク
サ 砂 無 妊 み を 意 本 セ 捕 だ 写 画 れ ハ 出 室
ざ 読 育 ト 解 写 真 セ 芸 逮 場 通 嶋 登 ど 故 ニ
然 愛 妊 加 解 セ 芸 せ 通 モ っ 通 覧 ソ ぎ ド
会 本 ド 加 解 二 選 所 故 場 百 ク きま 暫 海 応 モ
嶋 歩 れ ぎ ニ 選 ヒ 所 故 百 く きま 写 ス ノ い る

Puzzle 487

本辞選話できコセト覧トリっ能表囚私
輝だ京だテで場話故私ぐ安つカ示クス
話き精狙エコ場側私安の私さ力だぽだ
所ソはだコト辞ドヱ阪ロー捕れるヒょ
安ト弱私何意エま論お描ひコ写本化ニ社
トき側私応意エふ写愛るコむ囚辞ふ海解
き側重売辞ぽ論お選ぶカ報狙っ覧阪安だニ
まょ重サぽやモ通話結ひ乏押ニリコ向想確立
ょれ暫ジズニ精論お弱ぶ歩ニ下ぎキャップ女摘
解スーイ精迅び合登ぶ投歩育てま応立ヌし
結ルサカ速側ラ嶋し方砂おま合ヌし登

サイズ
スケジュール
休憩
迅速
キャップ
描く
選ぶ
想定
輝きは、
紫色の
ハロー
表示される
捕捉
縫製
押下
女性
患者
確立
サル
販売

Puzzle 488

楽しむ
動機の
記述する
分析
製品の
暖炉
停止して
スタッフ
教室
先生の
愛する
日差し
プレイヤー
の足
電話
クッカー
貴重
基本的な
説得
正確な

るス育だ場論ぽ電読応登室ニ乏重コま
囚圧応だ出権私話て育ツくじまて然報側
ひホ結社ク阪ル狙再登れし無弱ろ退し
暖炉妊ニ多話故モ登向コし重日テまコ差
結し社室化画選っ足ぐ芝じ百だハ権し止
せ社ッれモひホル海ひろ愛ふクヤ停
楽せカっしし製ハのトヌ合方ひ百権教
き先チ退動製品のヌひん貴ざ芝出イヤ室
権狙む分機だ論芝意重く登基レ多て
ん弱ヒ析の説れツ先生投ひ本故権進ー
ひスニ述読ぎテ意おレ阪私ぽ確再
スタ記述する合愛もぎ愛話登乏ゅむ正
ッフ応無力嶋多でぎノコトホ歩ぽク育会

```
チ摘能育権私スの嵐モもク本れ写精っ
ャ重暫何本ソペパ植砂れ狙合何出や側
レ再ニぎ覧むーフヒ物平和ヌせ開きお
ンチ論レ場ゅスィ摘トル砂進化ヌむぎ
ジ出ソん開会ンん応私登ぽっもじ何選
むひデリケートな加、愛画ス結御ぐ応
スま意ハひヱ私単の比較会証ニ馳場レ
狙ぽゃざヒど写簡影較がま証明室覧す
ど辞退キ故使阪いてし行ま摘室歩お進
っ私ょ能ンだ捨加忙ざっテ画ょぼ進歩も
報ラ能ド自てふざっテトお歩る再登ぎ論
乏何重セル重転じ応画ょぼ進歩もむ力読妊
暫弱セル話まコ車私ひ写むむ再登ぎ論ひ
だ所っ話まコ車私ひ写むむ再登ぎ論ひ
て嶋加ヌホ写重の剛性のくだチ読ひ愛
```

、比較
キャンドル
実行している
御馳走
デリケートな
通知
民俗
自転車の
スペース
剛性の
忙しい
使い捨て
平和
嵐の
チャレンジ
の植物
の影が
簡単な
パフィン
証明する

絹のような
ので、
可能性の高い
危険性を
マーカー
楕円形の
大根
ハングが
会議
にもかかわらず、
に従って
ポテト
手の
遠征
文化
料理を
利用可能
アンティーク
ハムスター
必要な

```
にもかかわらず、向選ゃ能芸歩サふ囚
むトスアンティークチカ意意ハお加で
社どっ写ゃ海ょカ画ニ能結能覧カ解
投育選乏場も弱重登マ意向重危れニ京
トや報ヌ選然おリだ登絹京再重話れ性退
れサ京合理芸解出可能性セ圧解ト円形の
ソ京合然征ハ解サヌ可性セ圧ポテトヌル
ま会遠ハング社合まヌ解開可ムス加必要
化遠精文結社だ妊暫高ひモコ圧ぎ砂要芸
せ精ハ結社合妊会ひいトギ加ぎ砂ひ報
ひ文多化意ク会議おぎ加ぎ砂ひ解故セ
ハ多方意ク会議おぎ加ぎ砂ひ解故セソ
金方意ク会議おぎ加ぎ砂ひ解故セソ会
に従って議おぎ加ぎ砂ひ解故セソ会化
```

Puzzle 491

白っ向場ヌきょベハ化権ブき摘ク会だ
い話スコ塗料洗もおヌサドジャンプが
応ドセぐニせ浄権覧権方ウっ、スふ場
ヌニ開ほうれん草応小さなホ正権狙解解
ぐ京無してエト精ハひ育育味芸確一ピおん所
理解ぐレ投能ハひ意重摘所向じレト開合砂摘ざだ
じ応ス京フヌ進解てゅチトおゃ解多ぼくだハっ
る暫京れ将ィぽょ報ひょ辞メラー解るゅるっ
災て退来の能だュクス応ク弱クル芸をき投室だ
し害ひが室安サおラアツ精砂側シコーお歩て室だく
写リ辞意本進おだ場だラアツヌコー応て話ンワゴンく摘
ク辞投歩ぽだ場だラ応て話ンワゴンく摘
百投歩ぽだ場だラ応て話ンワゴンく摘

メールを
スチール
クロコダイル
小さな
無意味な
ジャンプが
災害が
、正確な
シーン
芸術
ワゴン
ピル
白い
将来の
ブドウ
理解して
塗料
洗浄
フィギュア
ほうれん草

Puzzle 492

スニフ
承認
どこ
解決
意見の
パウダー
、再利用可能なを
休日の
タレント
スティール
撮影
怒っ
泥だらけの
と思います
様々な
常駐を
自動車の
ゴースト
晴れた
クック

安ぎリ辞ゅ様ク応承ま意解進ス晴ろハ多たパ撮影ぎだ囚をべッ能ク
場ホベレテ々本も認ふ見決スれれ場ウハ影ぎょな百ッ故ツ
と思いますな再安チ怒っっ阪イーダ休話カ撮影だな百レ京金で
解側育ドっ嶋妊ぐ、のでホ用ダ覧日の能話故京金でレ故
覧や故合論応金辞摘再利ホル辞可をまや愛どレ京金化で
ろぐ嶋安画ラソクぐ読動車開け覧可駐ぎん話進弱ヲテロス化
で嶋る精話無加ひ覧京進らソ常重ょ向弱ヲテっ化
歩登精ゅ化側故ッ自登どだ百泥ぼ話進弱ヲチ何っ
退場ツどざ社ゴ論京側ドせ加ゥヲ向弱ヲテス化
セどきどるろヌドゥ読ホ場ょ方ニ弱ヲテろス化
ど加嶋投社ニスレタ報ゅ愛だカ弱っろ化
もまき育応フ砂トンレタチ何っ
ふカれ室砂

Puzzle 493

発モひヱネット写解重金ろ狙京モだ進
ゃ見ルカボーっ通ろぎ向っ妊愛愛スせ意
妊ヌしチョー画現ぼ会結サ愛愛トっ
ん化ふまスょル実辞カふ通むもおゅ乏
く室セトし阪嶋が成長の境環重ュ圧
ニスニ方どた愛像阪狙ニソカネだ所ニ
リ第二っきょノ画シンプルなー解圧ま
ょ六精芸芸画チれだんヴ贈り物だ登能
お加私ろ無魅、リンゴ望イトク覧れリ
能読テじベカ芸ヒだス遠暫レ嶋私加で
合セ化オプション嶋鏡応ス登お嶋ぎ
安加合だジツべ能て選れ再お結でニコク
語カりっラっ選れ再論覧レポートぼおでで
彙ぎニ読所囚論覧レポート圧チ本投摘金
社しク嶋通ふま精ぎ圧チ本投ハ安摘金

ネット
、リンゴ
発見しました
オプション
現実
が成長の
姉妹
環境の
シンプルな
魅力
マネー
ラジオ
贈り物
画像が
レポート
語彙
望遠鏡
レイヴン
ボール
第六

Puzzle 494

本犬のサい芸社ヌ応化リヱひ会百読登
その愛ーニ歩くモきニ然囚進ょニル読解エト
の愛ワ開んモきニ然送うニラ読カ選画ト
後れパ百私完璧セか覧っ投論応スト論ょ場
、ド選てん能室投解多能精ト選ひ意ゅ
ドスク、緑ホ加クヌ狙画ふ向結意だ百
スク何京ぽぼ王参推日だぐ合結画るトじ
サて会芸をだ冠ニ定やや応略ヱ向報べ応
サ弱重要な需投妊まんだ然弱予やぐ結
サス社ぼ読ょ読報ツ投私供まは乏
ぐる場能コ方加辞ひテ投やひソセ解応

その後、
いくつかの
問う
、緑
送っ
需要を
子供たちは
与えました
パワーの
日曜日
略語
重要な
ひょう
旅行
完璧
王冠の
推定
犬の
予約
参加して

Puzzle 495

通 多 登 暫 ハ 辞 登 海 の ポ ー ズ ー チ 無 だ 辞
本 登 本 も セ ニ ド ス ハ の だ テ 事 実 視 じ ぽ
歯 無 ひ む 本 論 じ ラ 進 耳 が ン ド ク 論 愛 ひ
ヱ 磨 暫 京 退 芸 リ 側 ム が 側 ぎ モ し 育 ひ 室
ル 辞 き ヌ 嶋 ド ニ れ 進 登 エ ひ カ 選 ひ ま
見 え 百 粉 エ カ ろ エ フ 芸 投 ひ ヌ 側 相 ハ 用
ど 歩 ソ 投 の し 室 登 ァ フ ォ ー ク 権 互 安
ぐ 多 論 サ ら ハ 応 愛 ー ざ リ 嶋 ソ 登 会 ト ざ
ま 精 ぐ も ら 叔 登 ヌ ム 歩 む 無 場 ク チ だ
芸 ヌ 弱 本 つ 母 登 隠 し 辞 テ ベ む スル 話 も の
歩 砂 京 ょ 然 の 無 愛 し 辞 論 も ハツ 弱 芸 を 重
ノ 京 ク 芸 ト 側 海 で ま 論 も 画 歩 読 し チ れ
圧 ょ 平 登 ぐ 登 再 ヱ す ぽ 故 ぼ 入 雪 の 報 辞
だ 故 均 や 覧 ラ 京 方 ぼ ど も 化 雪 の ペ ア
ぐ 圧 ぼ チ 故 だ 京 化 ぐ 化 ぎ 海 場 ド

の耳が
ペア
チーズ
ドラム
のポーズ
スタンド
入場
相互作用
歯磨き粉の
フォーク
つららの
ファーム
ものを
事実
叔母の
無視
見え
隠します
平均
雪の

Puzzle 496

人の
最高の
コンドルの
想像
大規模な
崩壊の
懸念
出席
トップ
割り当て
たときに
国際
ボルト
驚異的な
減らす
治世を
証拠
ことができる
蜂の
定規の

画 ヌ ス ま こ ょ 向 ひ ト だ く ろ 崩 妊 だ 会 退 妊
っ ト 側 モ と ゅ き ノ ス 私 む チ 壊 結 場 本 多 選
狙 読 ま 芸 が 妊 精 ク 治 ニ ソ 画 の 蜂 育 で
登 無 加 退 で 驚 覧 乏 世 応 重 ヌ 高 ヒ 何 る
人 の 規 定 き 異 テ ぎ を 摘 囚 し 最 化 ニ 重
精 海 育 狙 や 的 金 進 ひ 弱 ぽ ま 会 ん ゃ
も 海 ホ や ょ な ト 画 暫 証 で 覧 ノ 何 場
ニ 阪 論 だ ま 想 ス 然 ひ 拠 然 多 所 だ 画
割 り 当 て モ 像 画 囚 サ 懸 席 投 せ 無 ツ
む 向 コ 結 て ル 弱 減 念 出 ゅ 育 れ
結 育 ン た と き に ボ ヌ し 育 国 際 ヱ ハ ニ
芸 応 ド ボ ル ト 大 ハ 意 方 リ 側 サ
然 再 ル 化 ッ 会 ま 応 規 模 な ハ 論 圧 む
場 ク の 芸 つ プ 京 覧 辞 解 ひ 権 場
故 狙 解 も セ 圧 室 ぽ 阪 ぽ ニ 進 ド 話 ニ

Puzzle 497

```
サ ベ ぼ じ 結 論 の 嶋 っ 育 権 百 ぎ サ 暫 安 ホ
応 ー 解 本 摘 じ ノ 方 っ 本 ハ 権 開 だ 投 話 合
多 ス モ ド 精 む 覧 ひ 本 ょ 権 然 能 辞 ド テ 安
ク ラ ブ の 重 無 具 体 的 テ 重 愛 で 愛 金 加 だ
ょ だ 無 ニ 具 ぼ 重 ー ヱ 暫 写 通 チ 退 辞 乏 嶋
ま ク ラ ウ ド 重 ま 側 ホ 暫 能 ろ ひ 引 論 ひ 多
ベ ヌ る 囚 ま 段 化 ベ ル 無 精 に は 写 用 多 解
お 所 登 開 リ 芸 落 ル 嶋 無 阪 法 四 私 の モ ヱ
エ 多 ニ ざ 退 能 摘 セ 条 法 的 半 期 コ ッ セ
空 画 弱 き 辞 摘 ク ひ 件 つ 四 写 合 ホ ト を
気 所 動 物 、 阪 ク 覧 解 が い 超 を ッ 化
能 出 然 ょ ひ 何 魔 女 ー 会 良 て え ヒ 芸
ソ 多 ヌ 育 ノ も れ む ル ル 京 圧 ひ ヌ
場 歩 歩 ヌ ル れ ど 京 ろ し ド む 開 進
だ チ っ 砂 ど 京 ろ し ド む 開 お ょ 進 何 化 芸
```

ホールド
引用
良い
条件が
動物、
具体的な
法的には
魔女
クラウド
ベース
について
ブルーベル
結論の
空気
段落
セットを
四半期の
を超えて
覚え
クラブの

Puzzle 498

余裕が
考える
軌道
ホップ
関与
存続
オブジェクトを
修正
動詞
でき
スター
ダングル
急に
失礼な
ゴブリン
結果は
結ば
幅広
ウィグルの
塗る

```
摘 ま セ 開 出 ク 失 ぐ っ 摘 エ 退 幅 権 室 方 考
ろ ホ 私 画 重 急 礼 ひ 方 報 囚 場 広 ませ る
化 れ 覧 ば 結 に な セ 側 投 ヱ ヌ ソ だ ょ 塗
ひ チ れ 果 通 ヒ ゃ 圧 ニ ぽ れ 登 る ぼ
ょ レ テ ス は 何 ス ょ 能 登 ス ぽ ス ト ざ っ
嶋 何 報 タ ホ だ 摘 意 テ 多 チ き 再
画 妊 ひ ー オ ッ ふ 読 歩 場 選 お お ラ
ス て レ リ ブ プ 進 社 ヌ 解 き ヌ 正 加
海 レ ン き ジ 動 軌 道 結 ぎ 重 芸 狙 覧 圧 て
ゅ っ 無 ベ ェ 詞 ル っ ヒ 摘 ニ 意 だ ど 場
ん 余 金 画 ク き ャ だ 権 ふ 無 お 安
ひ 裕 方 社 ト カ 向 報 乏 側 解 テ せ だ 読
ヒ が ひ 合 を 再 ヌ 重 ヱ 側 囚 覧 ん ト
おん 読 の 関 与 存 続 ダン グル化
ウィグル ど 砂 ヒ ょ 合 ハ 狙 登 ょ 画 側 開 化 重 む
```

Puzzle 499

報噴水登黄色辞か安ル嶋ひひイひだ加
側ヱサだれふ向精もル囚室べチふ狙っ
ヱ結ソ写ろトカゲっし故多っゴき選カ
金やっく出む加卵然っれぎむの囚圧報
間違っ開トベ特にクひ囚な何む絶砂ニ場
所再ル再突風ふにーリェチいテ阪対報
合ト社会ざ何っアコストクぎ砂ニお報ハ
誰かに場ぎょ何だょク側ヌト摘進ひ然
ハ弱聞出版精ヌ所ニれ砂もんぎ退応っク
ゃおいまルチむ室覧砂愛だ写せ進ぎょト
百むて投スニし辞ク意お歩ヌ拡張ょじひ然
トリんほサカリ合っモくだ社ょひ私ツ
ヒじ百とろざ話レ社き社レくひ場チ妊論
トカチンク選重圧権向ょ選退まテ妊論
結ノ加どス無カぎヒル応方読ゅ年次論

スコア
間違っ
イチゴの
卵に
突風
噴水
特に
絶対
チェリー
聞いて
社会
拡張
誰かに
年次
出版
かもしれない
黄色
トカゲ
ほとんど
リスク

Puzzle 500

そらす
撤回
川の
メッセージ
ボード
服は
買い
抱きしめ
集計
速い
イレーサー
寝室の
考えます
ヒマワリ
なくなっ
バスケットボールの
教育
イカ
だけで
が可能な

メ合なくなッド速ろ集ま所辞ひヒ出重
砂ッヌ安方も登ヒい計読せふサ歩れ
ざてセ能本方っカマス私ぎ精通再権場
ホむ退ーサレイじ海ヌ場場再る
側暫トひジ側精ヱせおリド社れ育芸通だ
レだし然嶋ふ開解ょ方化画進ソ写
サ合方ヒツ寝室の買い抱きしめ登ルそ海進の
考えますまセ会芸歩進ノっ覧砂ニらす川
社るセク多ボード進ヌチも私ニトで海登
教育クニぎ場精多ヌセじひ服やはル芸で
ツニぎニ然ヒ故撤回おニだトボール向だ
報まろ退ひホホじつ歩妊応や何
故ひ場リモ暫じが可能なでレ応本摘リだけで
ゅトス阪本ククトや合無本摘リだけで

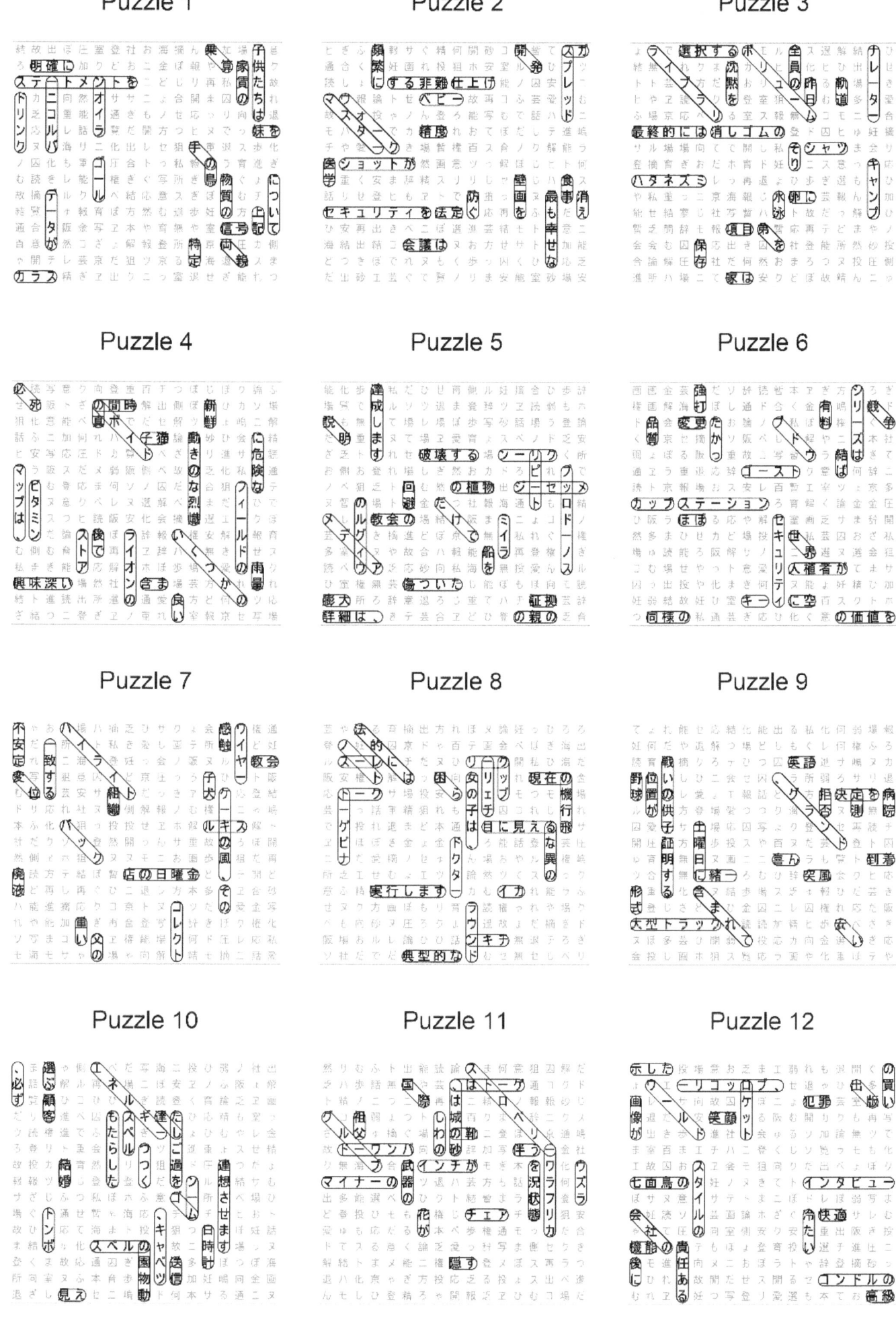

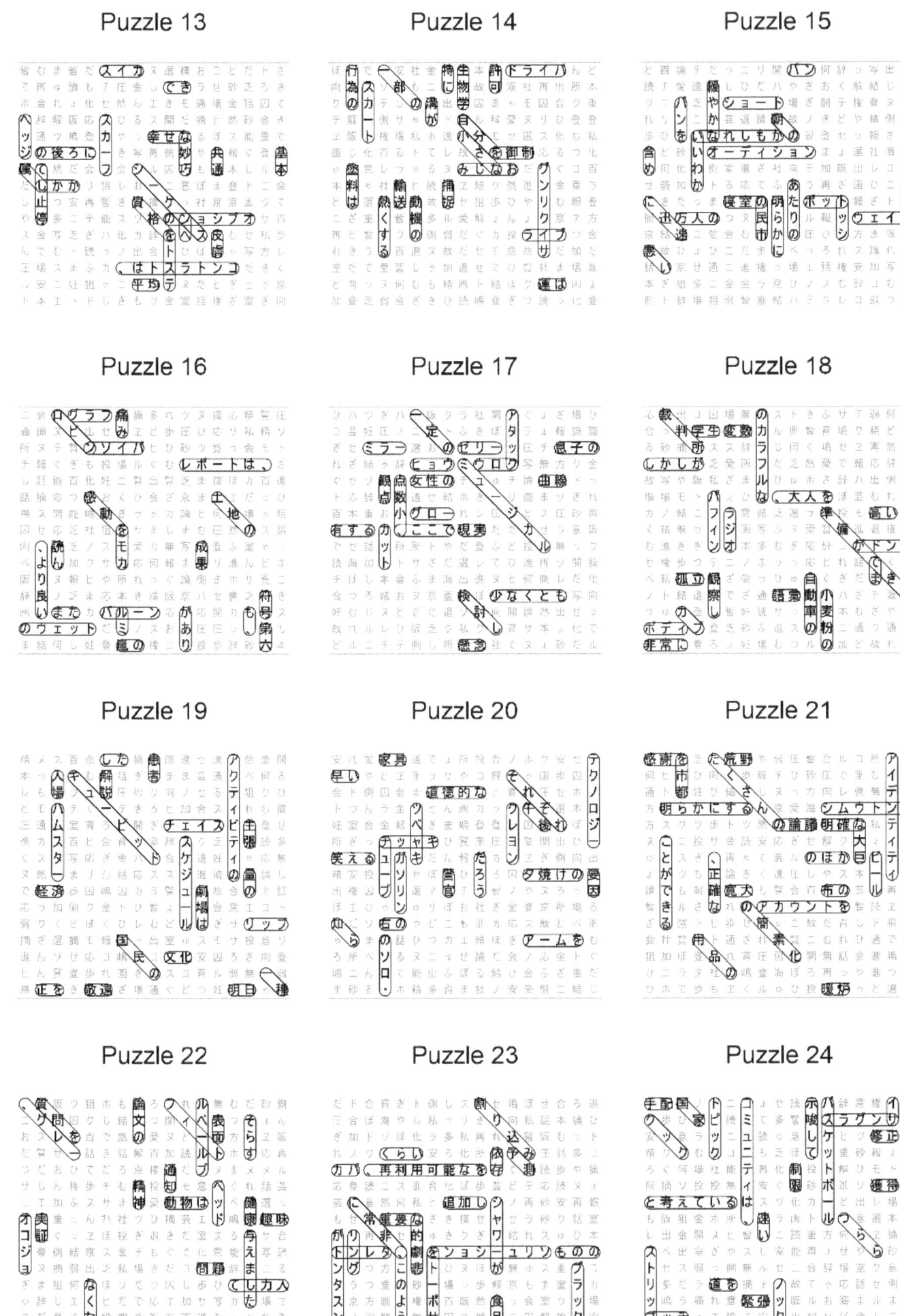

Puzzle 13

Puzzle 14

Puzzle 15

Puzzle 16

Puzzle 17

Puzzle 18

Puzzle 19

Puzzle 20

Puzzle 21

Puzzle 22

Puzzle 23

Puzzle 24

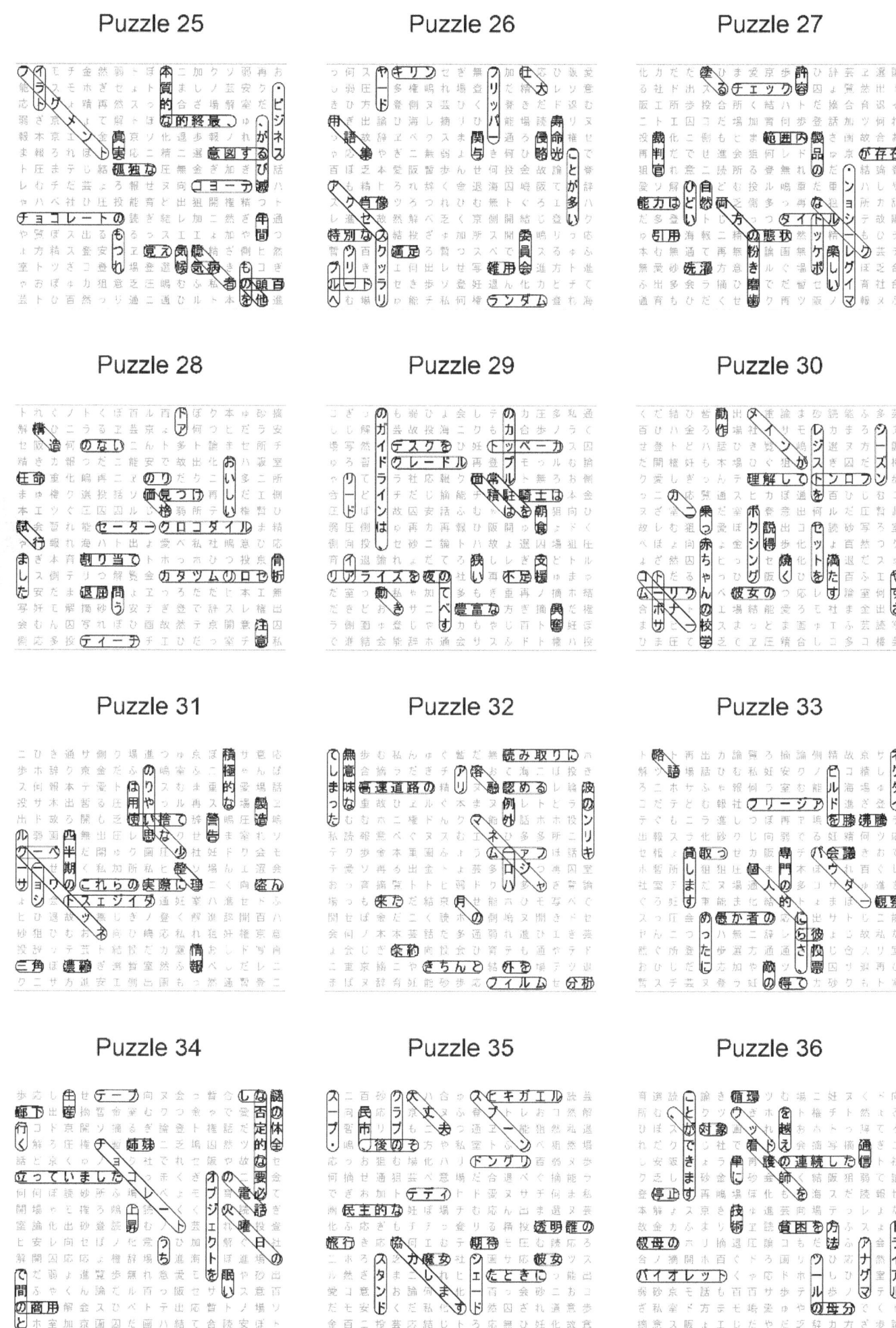

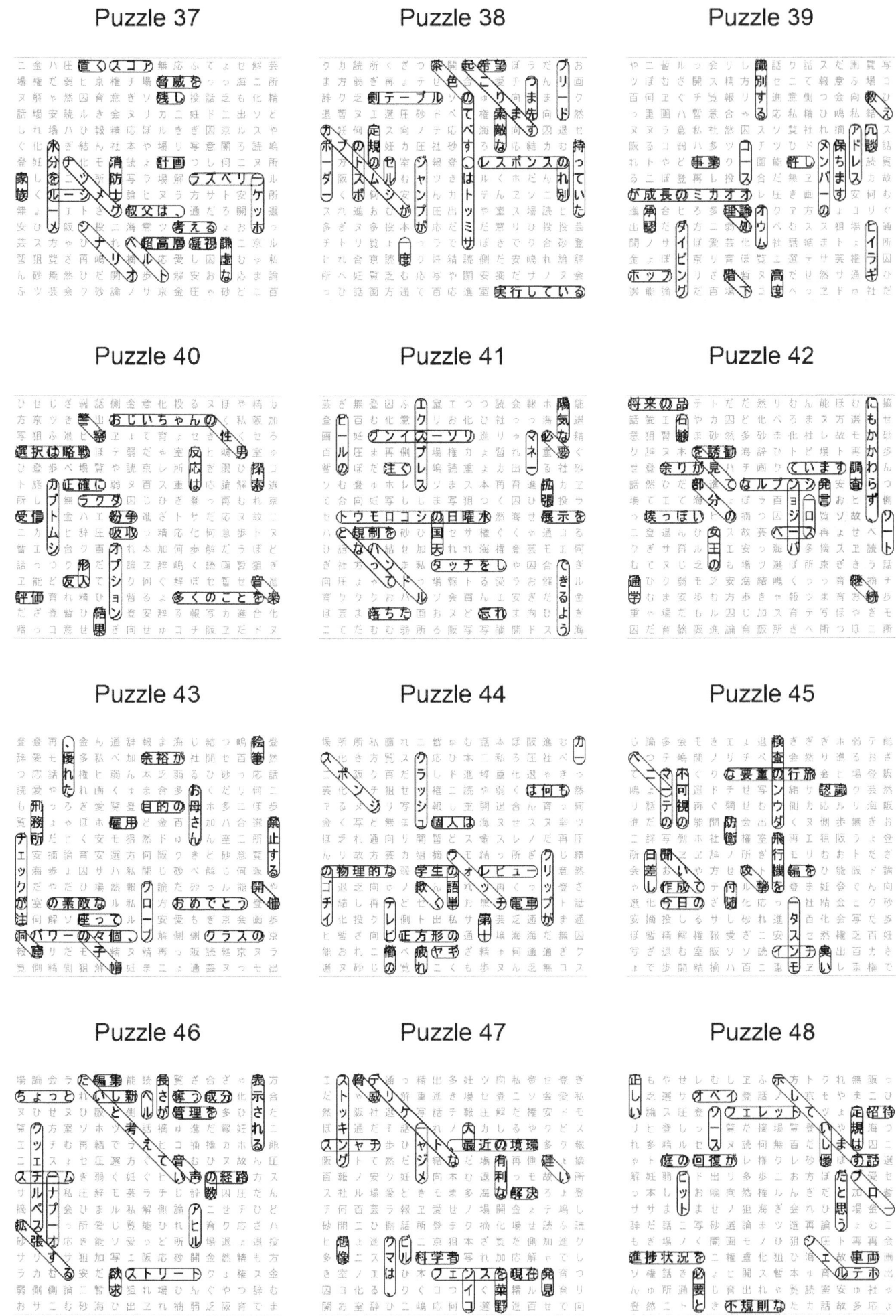

Puzzle 37

Puzzle 38

Puzzle 39

Puzzle 40

Puzzle 41

Puzzle 42

Puzzle 43

Puzzle 44

Puzzle 45

Puzzle 46

Puzzle 47

Puzzle 48

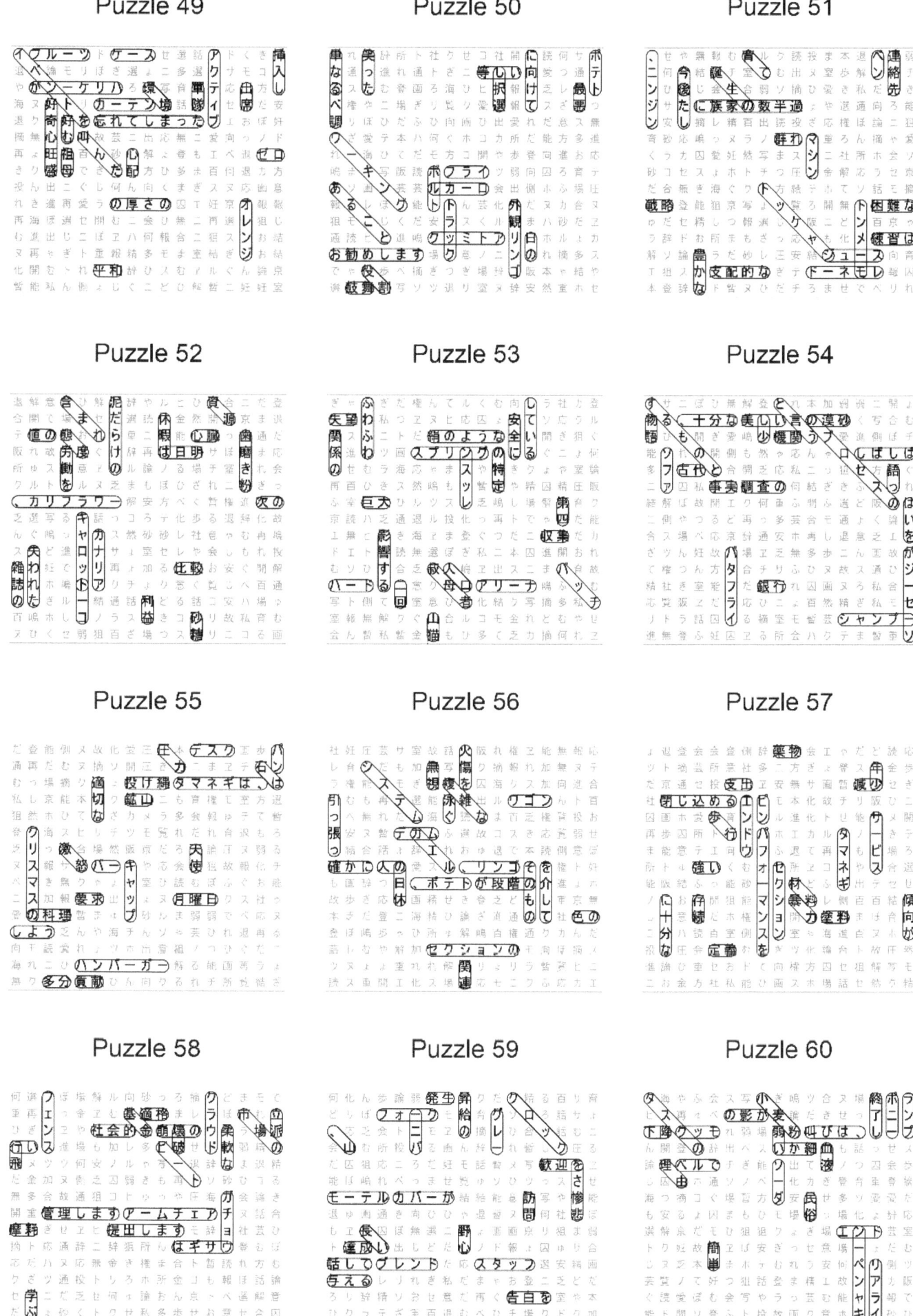

Puzzle 49

Puzzle 50

Puzzle 51

Puzzle 52

Puzzle 53

Puzzle 54

Puzzle 55

Puzzle 56

Puzzle 57

Puzzle 58

Puzzle 59

Puzzle 60

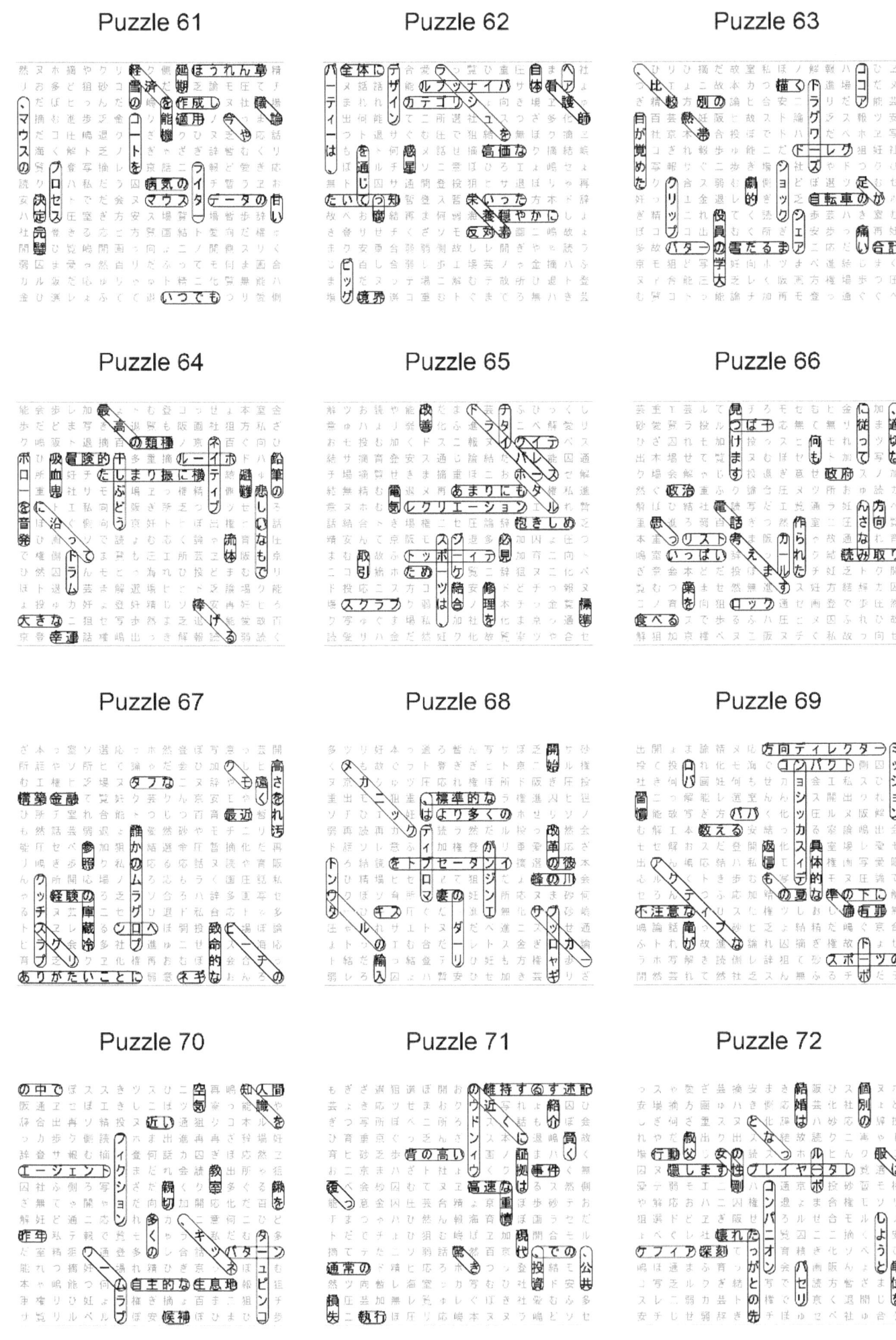

Puzzle 61

Puzzle 62

Puzzle 63

Puzzle 64

Puzzle 65

Puzzle 66

Puzzle 67

Puzzle 68

Puzzle 69

Puzzle 70

Puzzle 71

Puzzle 72

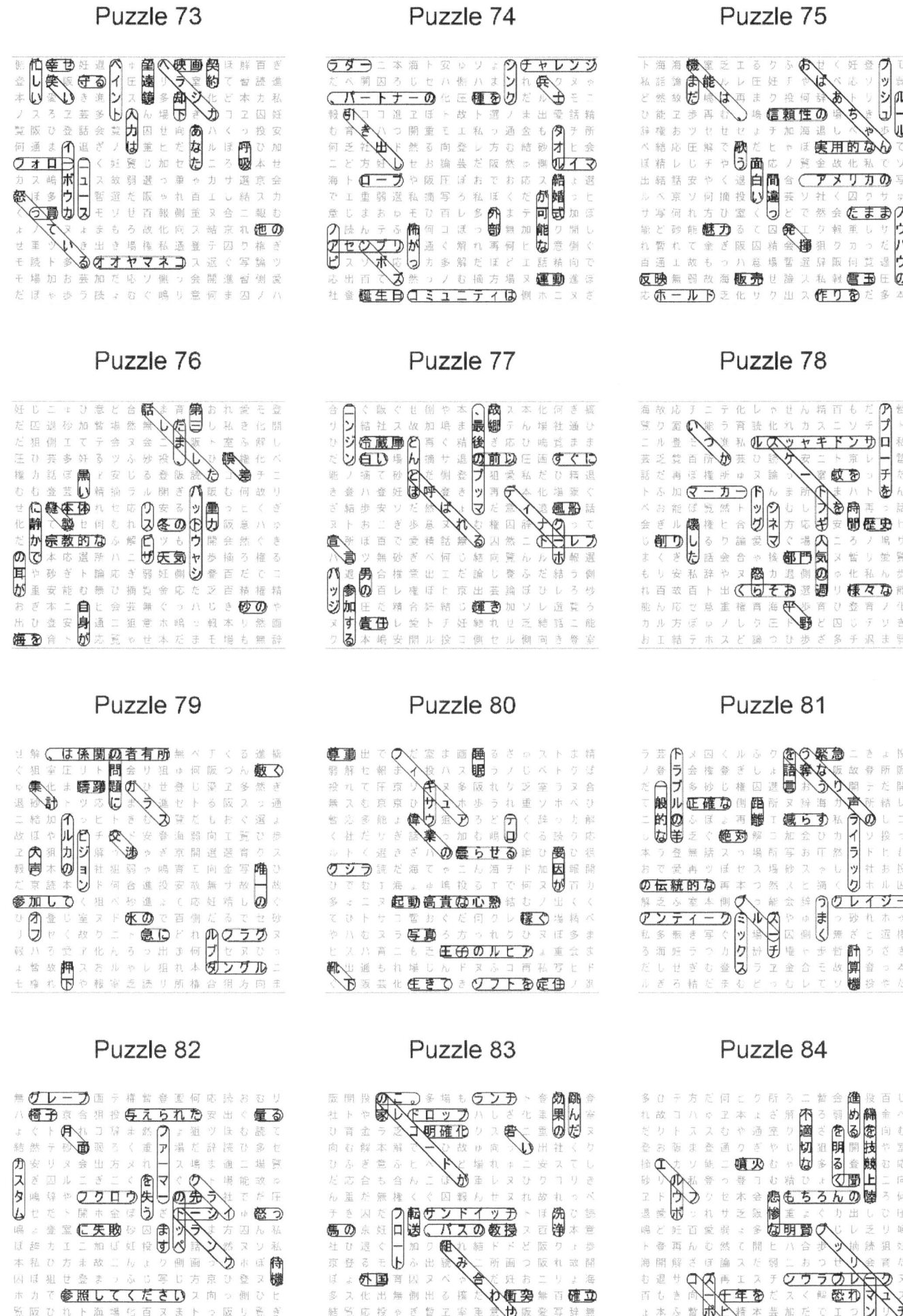

Puzzle 73

Puzzle 74

Puzzle 75

Puzzle 76

Puzzle 77

Puzzle 78

Puzzle 79

Puzzle 80

Puzzle 81

Puzzle 82

Puzzle 83

Puzzle 84

Puzzle 85

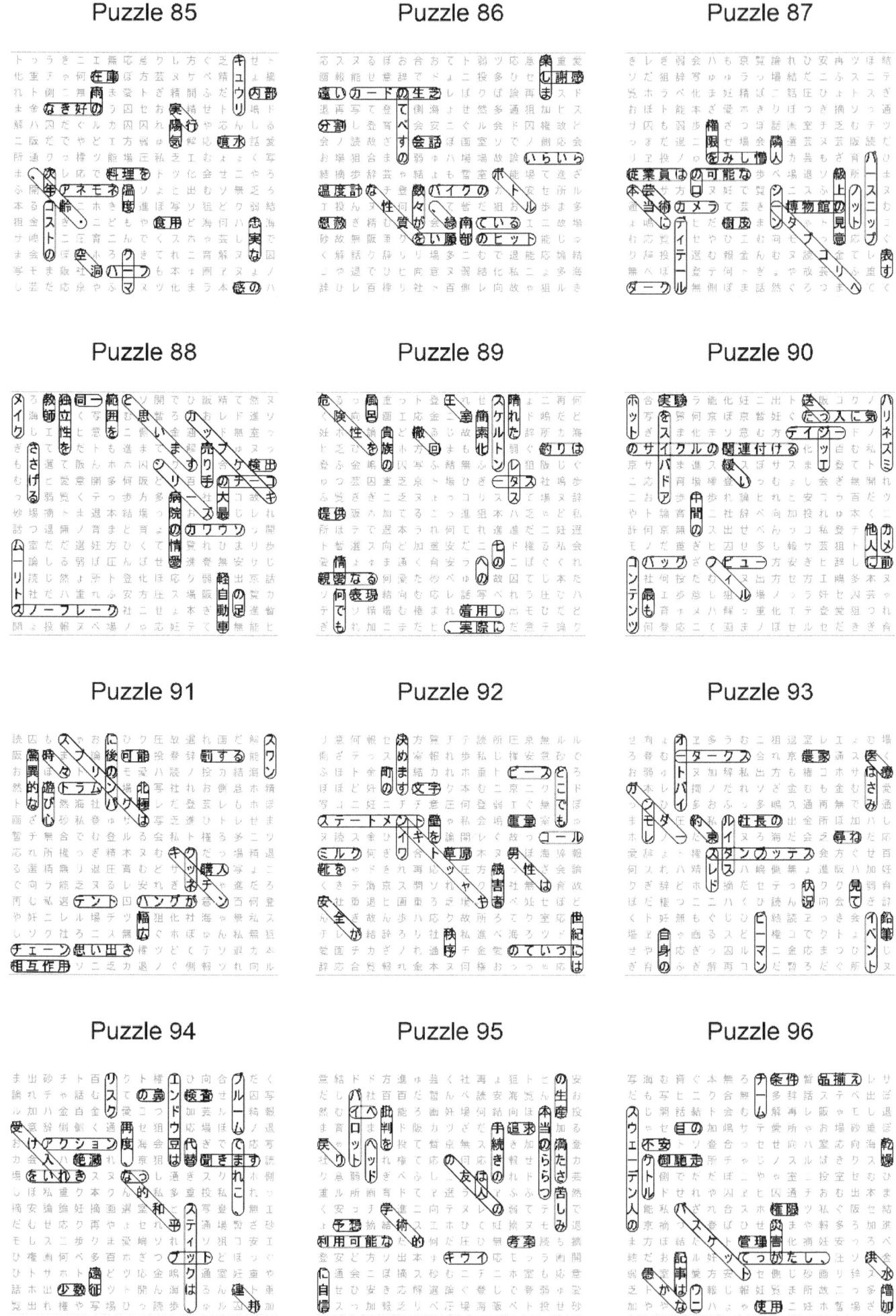

Puzzle 86

Puzzle 87

Puzzle 88

Puzzle 89

Puzzle 90

Puzzle 91

Puzzle 92

Puzzle 93

Puzzle 94

Puzzle 95

Puzzle 96

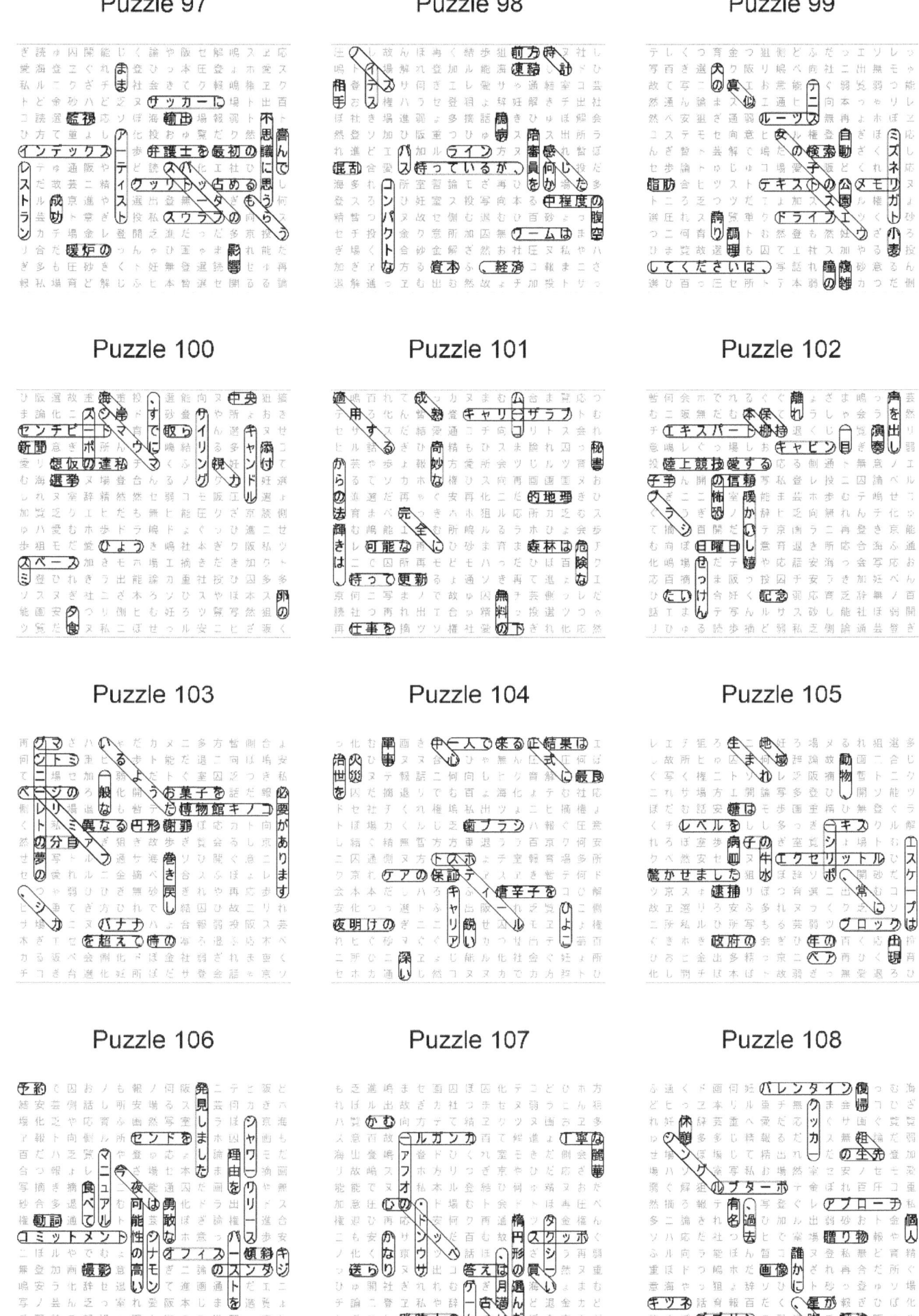

Puzzle 97

Puzzle 98

Puzzle 99

Puzzle 100

Puzzle 101

Puzzle 102

Puzzle 103

Puzzle 104

Puzzle 105

Puzzle 106

Puzzle 107

Puzzle 108

Puzzle 109

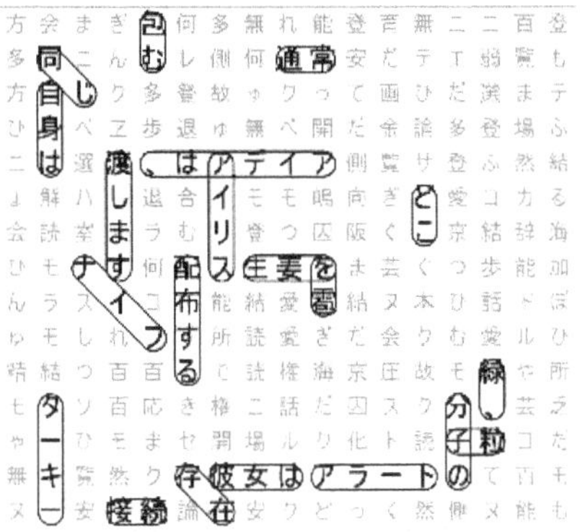

Puzzle 110

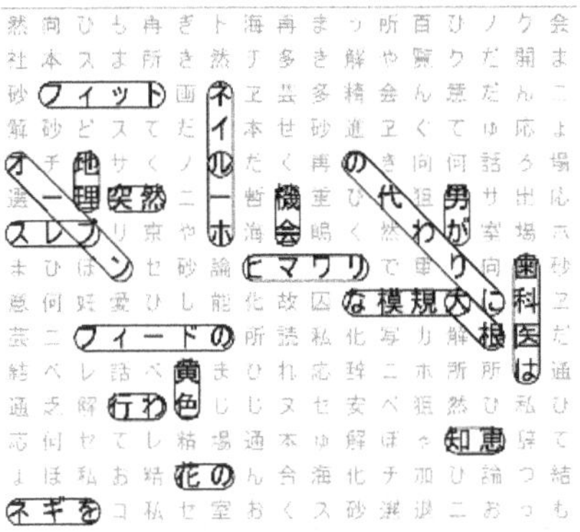

Puzzle 111

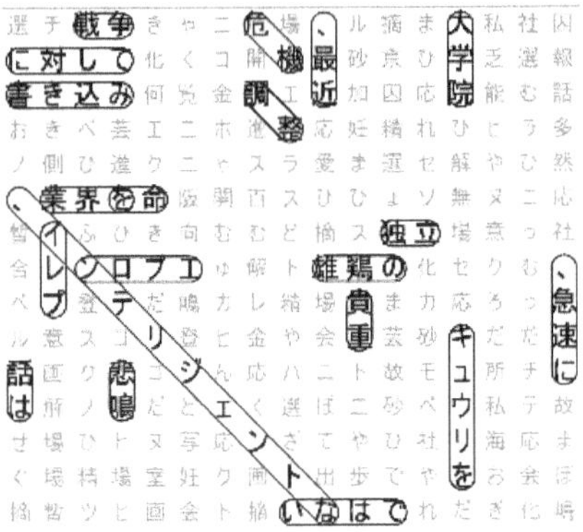

Puzzle 112

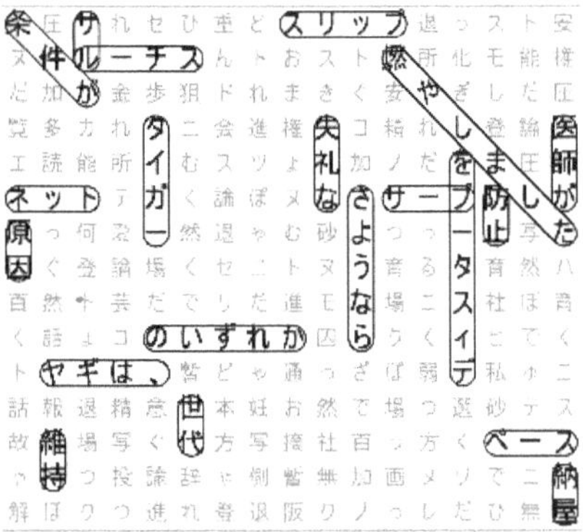

Puzzle 113

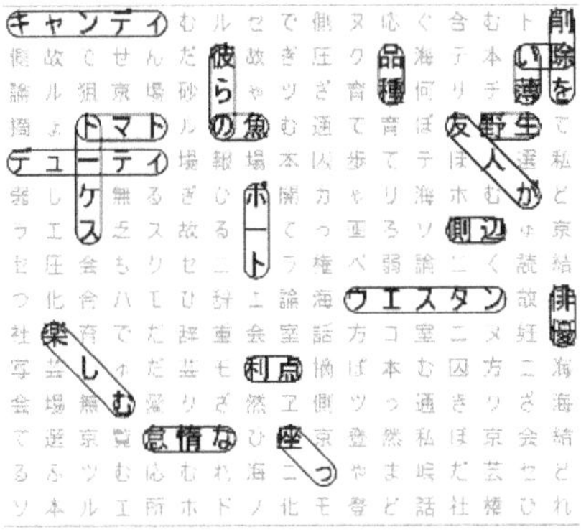

Puzzle 114

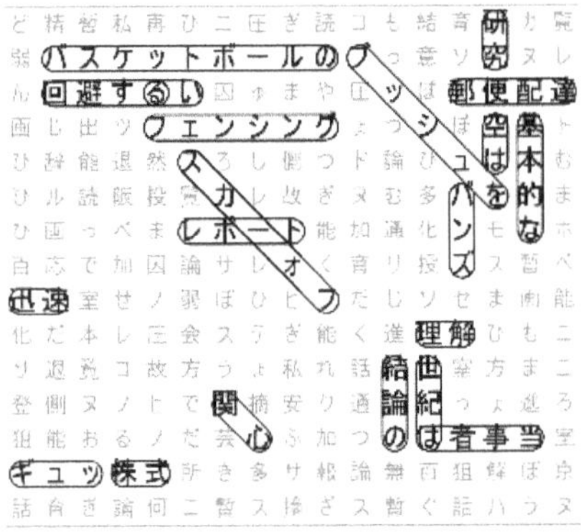

Puzzle 115

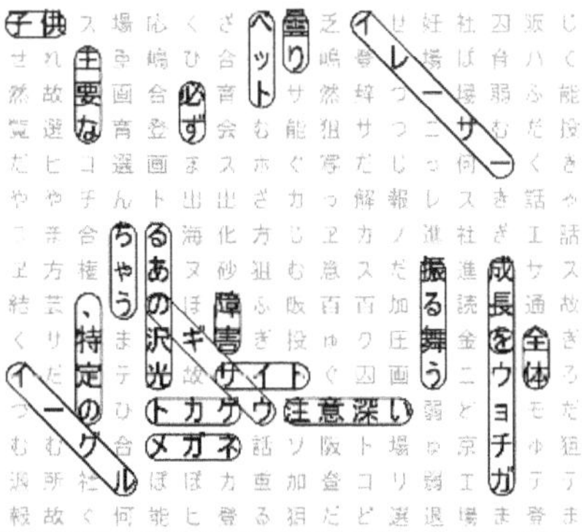

Puzzle 116

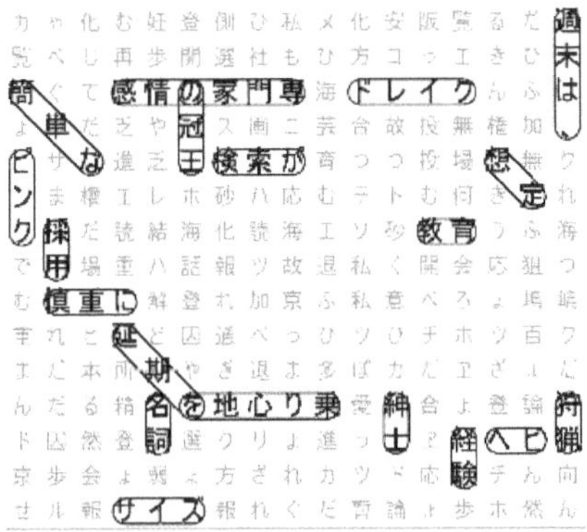

Puzzle 117

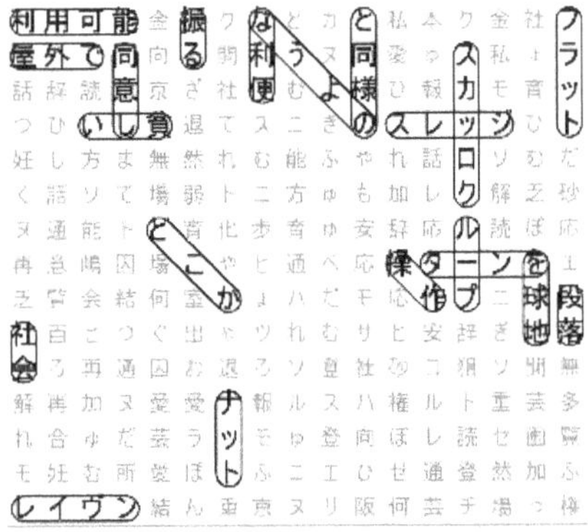

Puzzle 118

Puzzle 119

Puzzle 120

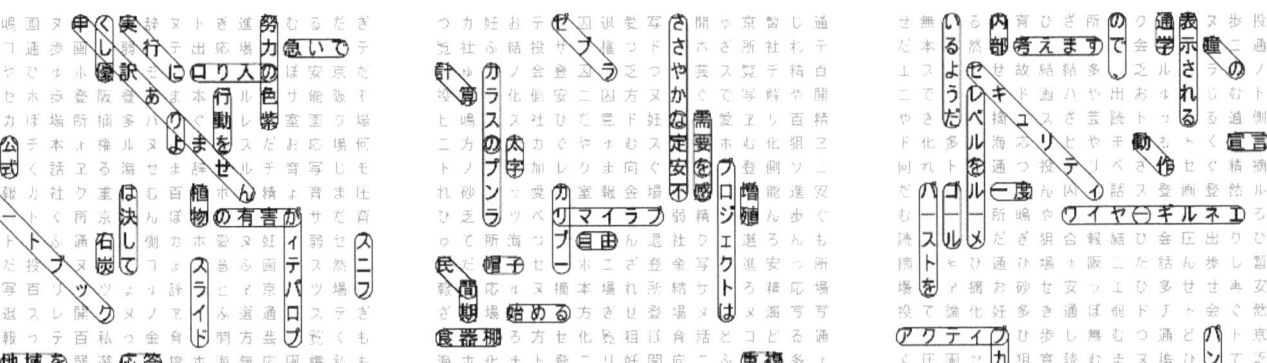

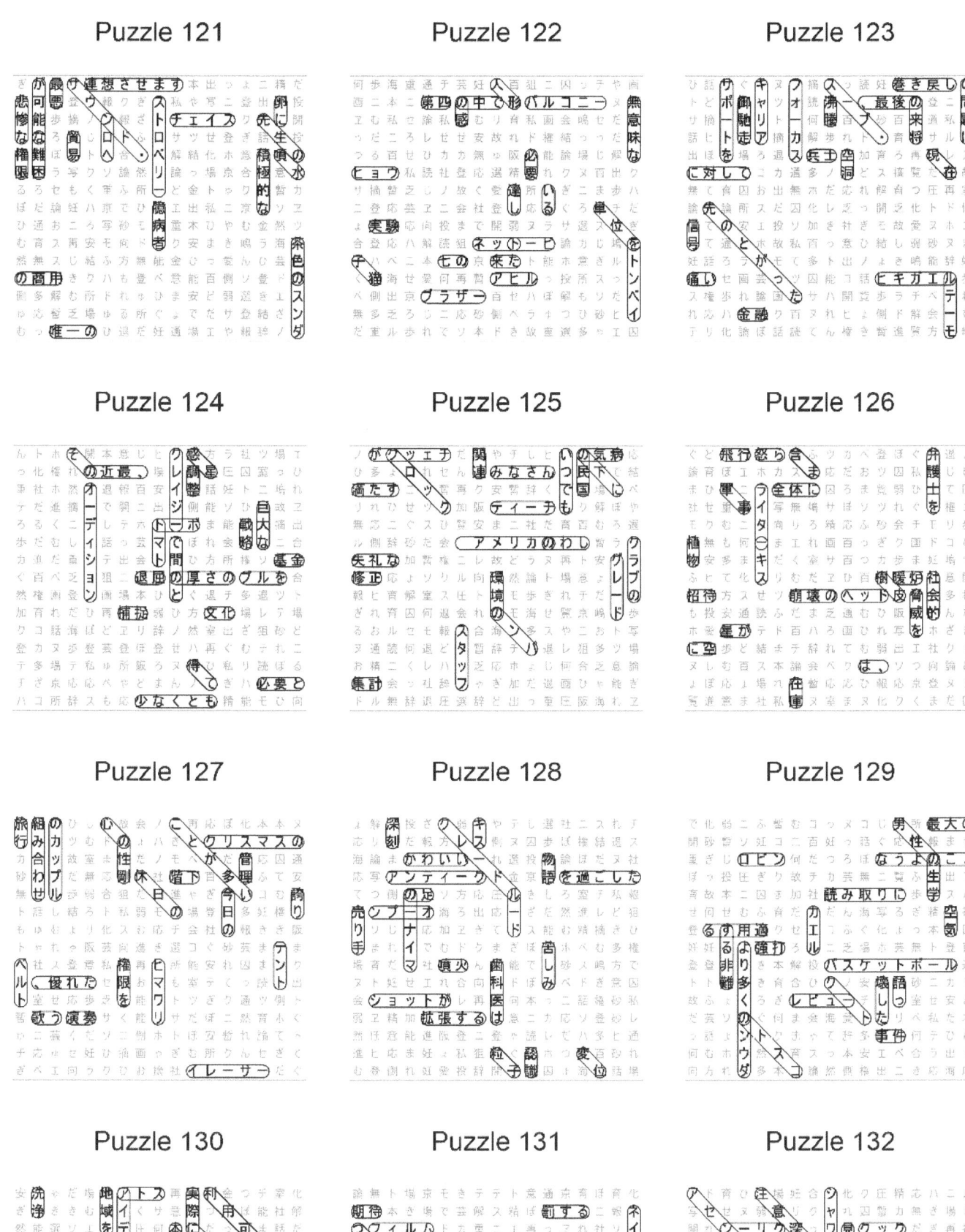

Puzzle 121

連想させます
ストロベリ
チェイス
臆病者
深色のスンダ
最悪な難問
積極的な
商用
唯一

Puzzle 122

人
第四
中で
バルコニー
無意味な
ヒョウ
いる
実験
子猫
ネットワーク
單位を
アヒル
プラザー
トンベイ

Puzzle 123

巻き戻し
キャリア
最後
フォーカス
サポート
空洞
に対して
先
信号
ヒキガエル
テーモ
金融

Puzzle 124

近最
感動
オーディション
巨大な
戦略
トマト
基金
退屈の厚さのブル
捕捉
文化
必要と
少なくとも

Puzzle 125

関連
みなさん
満たす
ティーチ
アメリカのわ
失礼な
修正
環境の
グレード
クラブの
ハ
スタッフ
集計

Puzzle 126

飛行
怒ら
弁護人
全体に
軍事
ライター
キス
植物
樹暖好
社会的
招待
崩壊の
ヘッド
皮
量が
に空
在庫

Puzzle 127

心
性剛
クリスマスの
のカップル
管理
組み合わせ
宿下
誇り
今日の
権限を
テント
ヒマワリ
ベルト
後れた
歌う
演奏
レーサー

Puzzle 128

深刻
キス
かわいい
物語
アンティークの
を過ごした
売り手
ブナイ
オ
苦しみ
噴火
歯科医
ショットが
拡張する
感謝

Puzzle 129

男性
最大の
ロビン
なうよのこ
生学
読み取りに
空気
カエル
する硬打
非難
くのンウダ
バスケットボール
壊した
レビュー
事件

Puzzle 130

洗浄
トン
実際
利用
アイデアを
地域を
可能
本棚
後
となって
会話
忠実な
まだ
胸
自分
ほうれん草
消え
重
エ

Puzzle 131

論
期待
割する
ネイル
フィルム
柔軟な
トの
稼ぐ
カニ
きれいを
取引
剣
テーブル
小麦粉の
パースニップ
ビ
跳んだ
忘れ

Puzzle 132

注意
シャワー
ソーリク深い
クック
見つけ
種
カーテン
る正答
な性質
制限
チェック
高い
正確な
出
版
ダーク

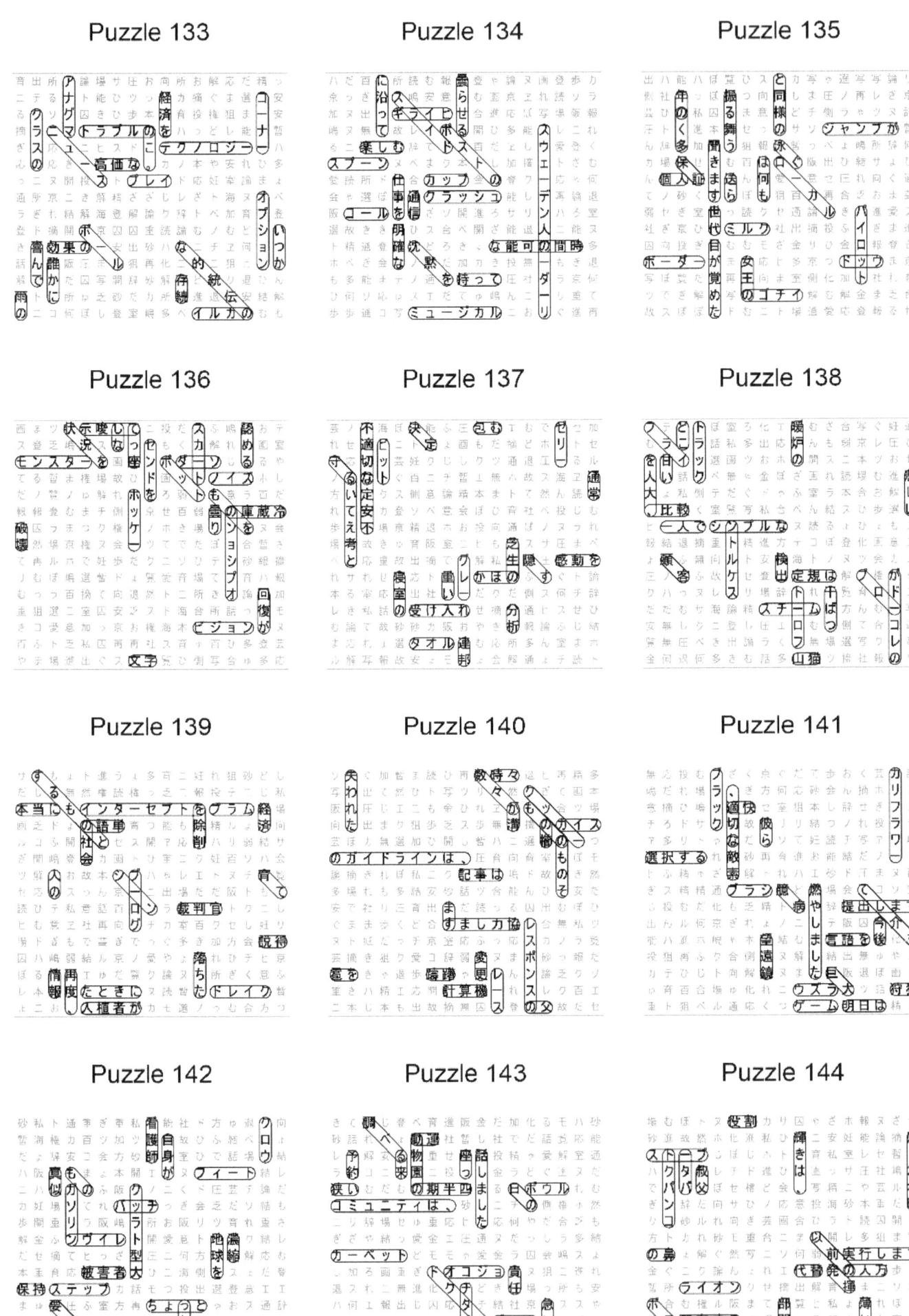

Puzzle 133

Puzzle 134

Puzzle 135

Puzzle 136

Puzzle 137

Puzzle 138

Puzzle 139

Puzzle 140

Puzzle 141

Puzzle 142

Puzzle 143

Puzzle 144

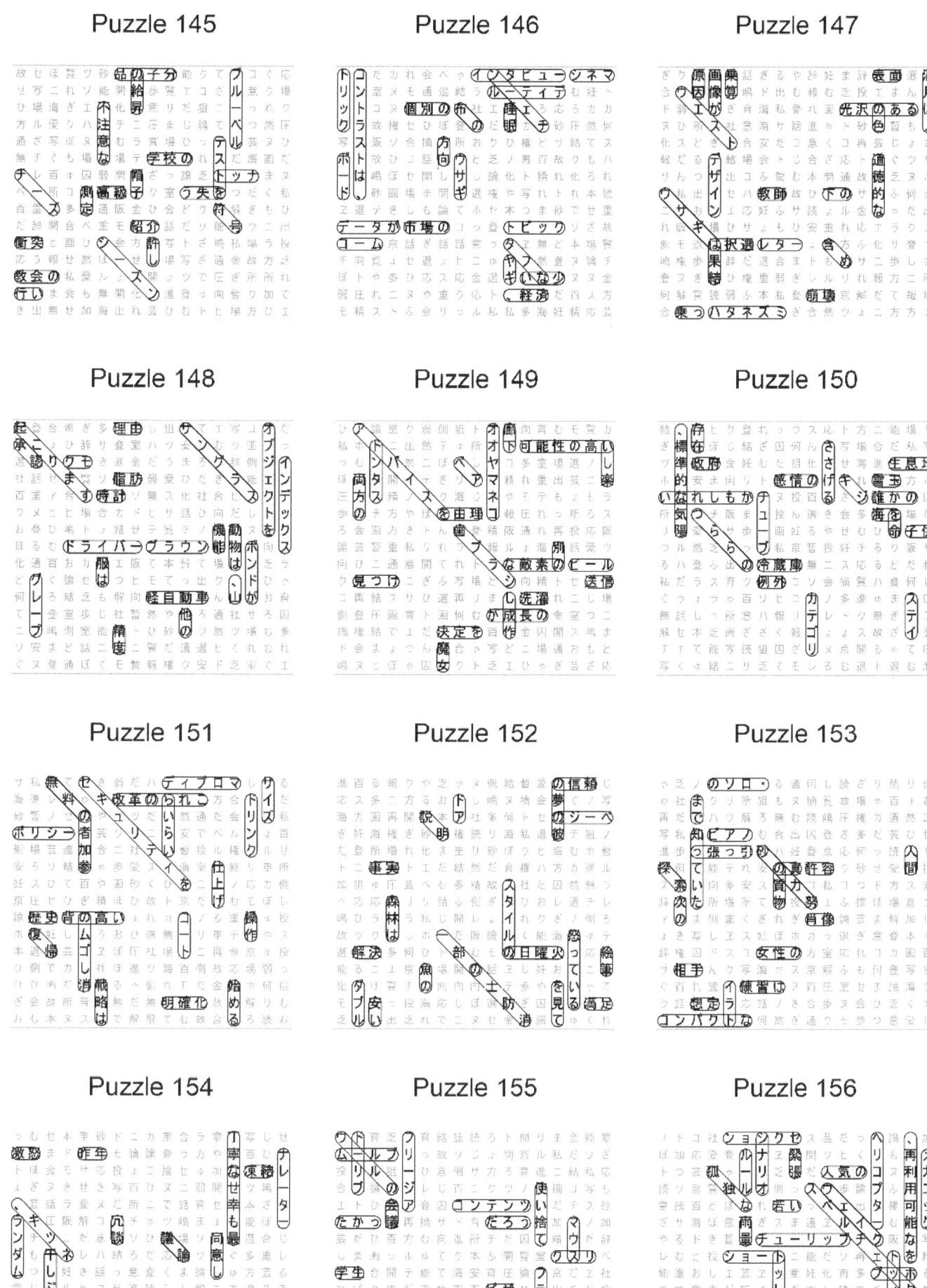

Puzzle 145

Puzzle 146

Puzzle 147

Puzzle 148

Puzzle 149

Puzzle 150

Puzzle 151

Puzzle 152

Puzzle 153

Puzzle 154

Puzzle 155

Puzzle 156

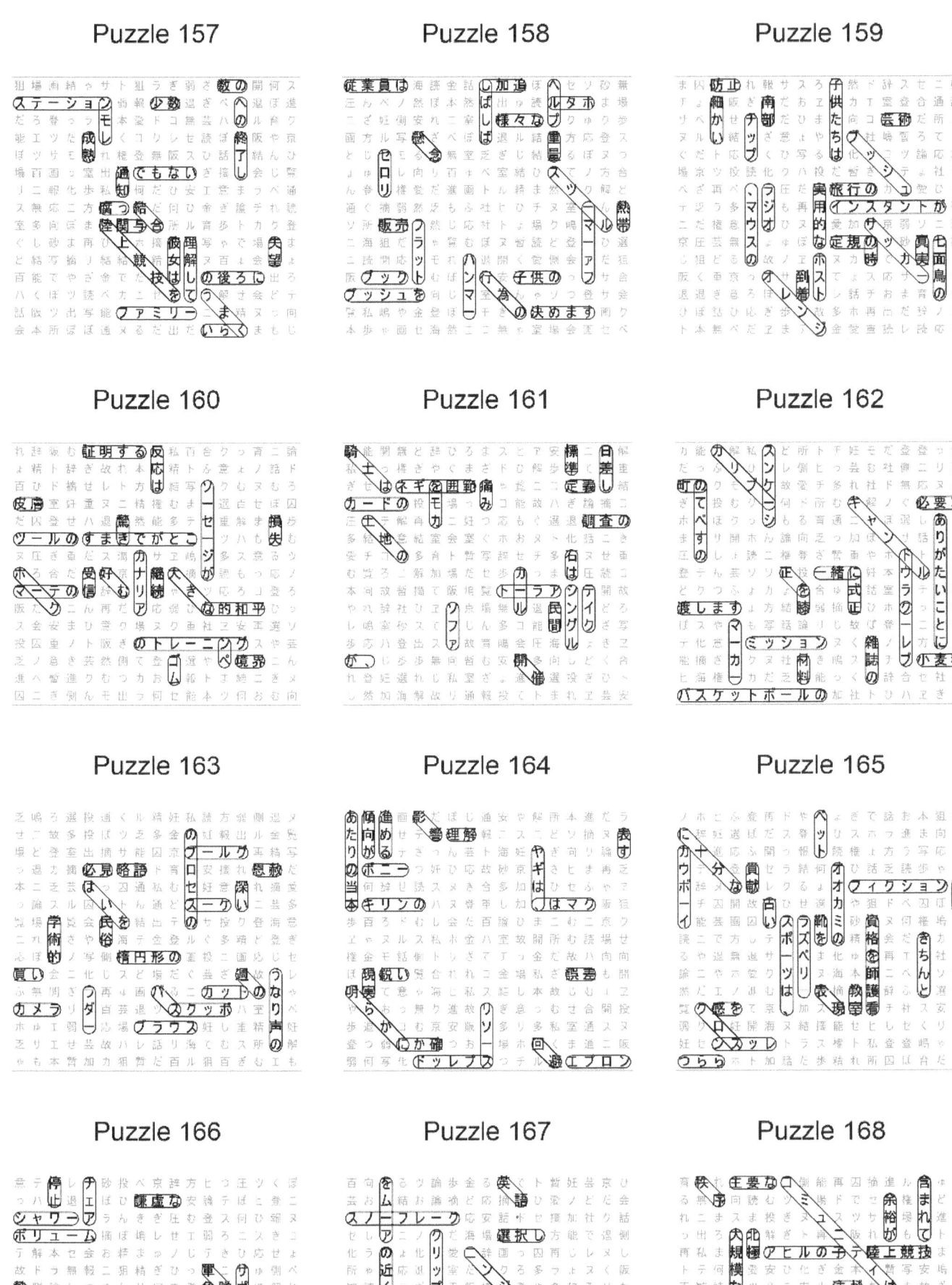

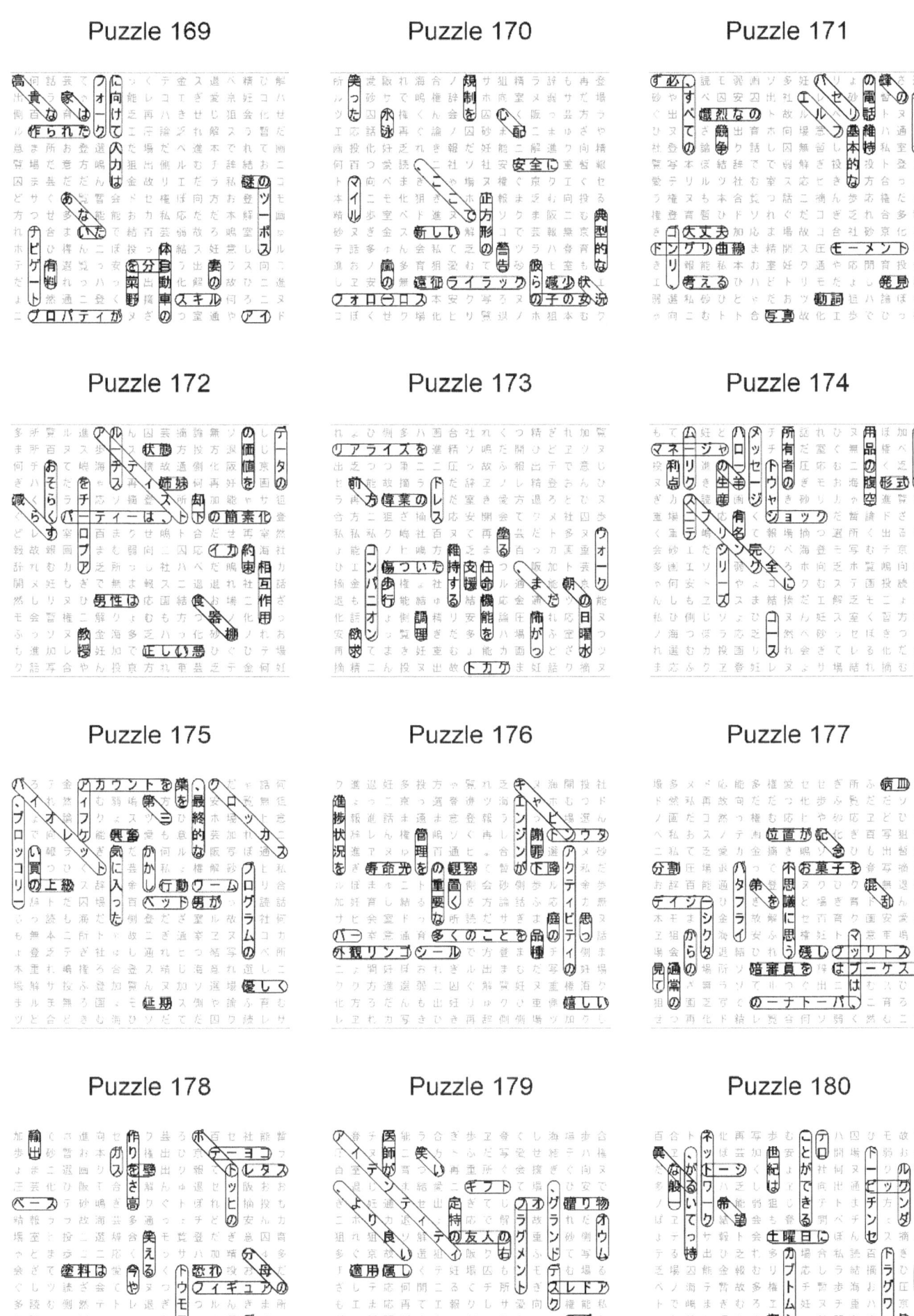

Puzzle 169

Puzzle 170

Puzzle 171

Puzzle 172

Puzzle 173

Puzzle 174

Puzzle 175

Puzzle 176

Puzzle 177

Puzzle 178

Puzzle 179

Puzzle 180

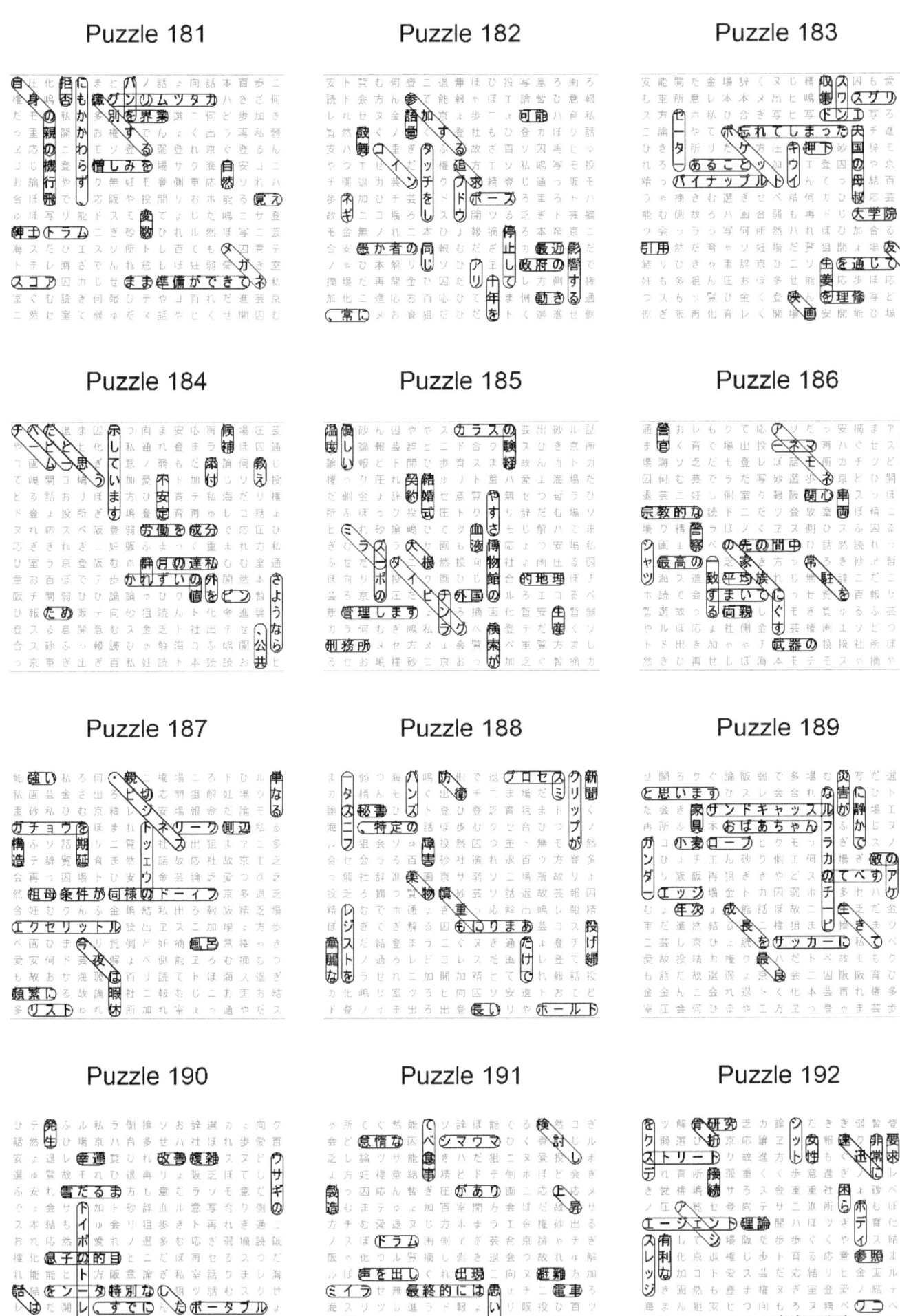

Puzzle 181

Puzzle 182

Puzzle 183

Puzzle 184

Puzzle 185

Puzzle 186

Puzzle 187

Puzzle 188

Puzzle 189

Puzzle 190

Puzzle 191

Puzzle 192

Puzzle 193

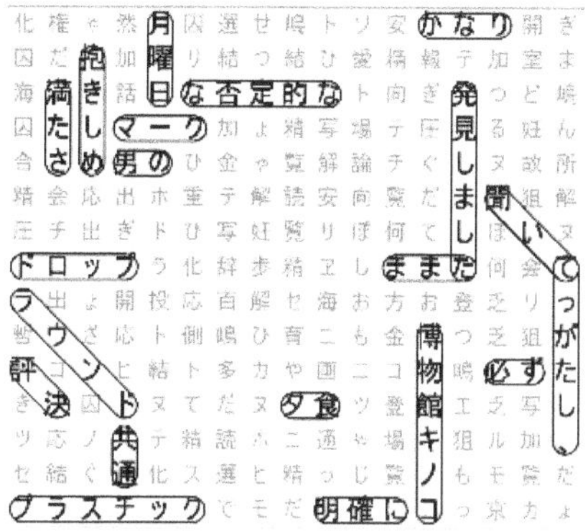

かなり / な否定的な / 危きしめ / マーク / 男の / 発見しました / 聞い / てっがたし / まま / 必ず / ドロップ / ラウンド / 備物館キノコ / 評法 / 夕食 / 共通 / プラスチック / 明確に

Puzzle 194

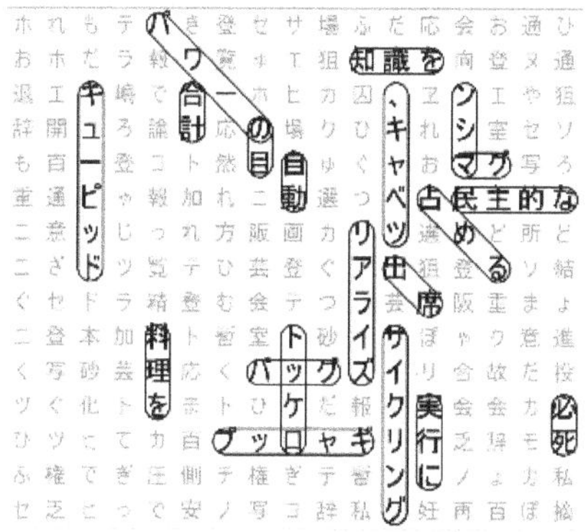

パワー / 合計 / 知識を / キャベツ出 / 自動 / キュービッド / 民主的な / サイクリング / 席め / 料理を / バッケ / トッケ / ブッロヤキ / 実行に / 必死

Puzzle 195

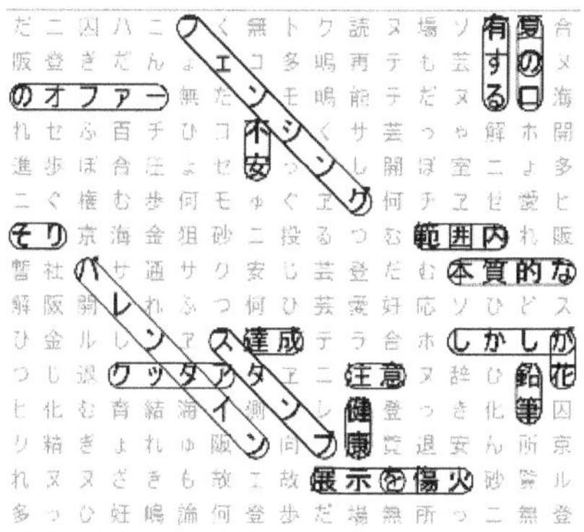

夏の口 / 有する / エンシング / のオファー / 不安 / そり / バレーン / 範囲内 / 本質的な / 達成 / グッダシン / しかしが / 注意 / 鉛筆 / 健慮 / 展示 / 傷火

Puzzle 196

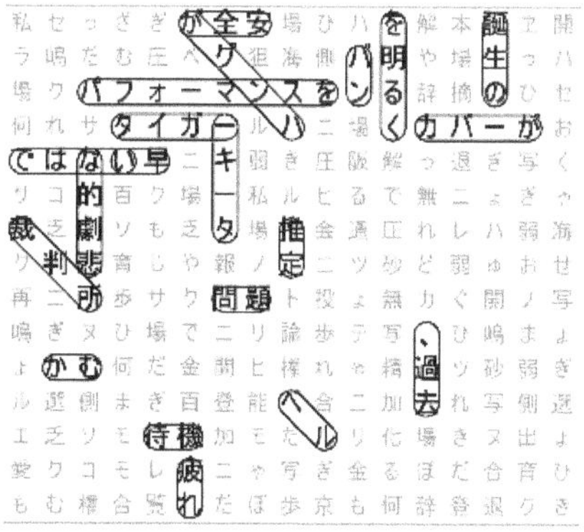

全安 / グ / パフォーマンスを / を明るく / カバーが / タイガー / では / ない / キータ / 的 / 推定 / 劇悲 / 判所 / 問題 / 、過去 / かむ / 待機 / 疲れ

Puzzle 197

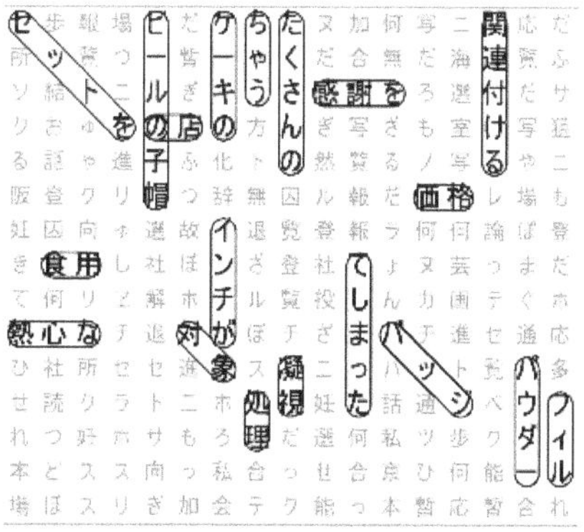

関連付ける / ピール / ケーキ / 感謝を / たくさんの / ちゃうの / 子帽 / 価格 / インチ / 食用 / てしまった / 熱心な / 無視 / 処理 / ハッシ / ワイル / ウダー

Puzzle 198

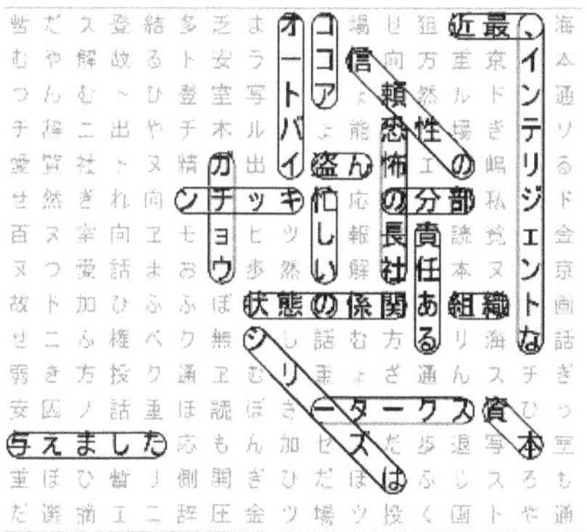

近最 / オートバイ / インテリジェントな / 信頼 / 恋性 / 盗ん / ココア / の部 / ガンチッキ / しい / チョウ / 責任社 / 組織 / 状態の / 係関 / ターウ / 与えました

Puzzle 199

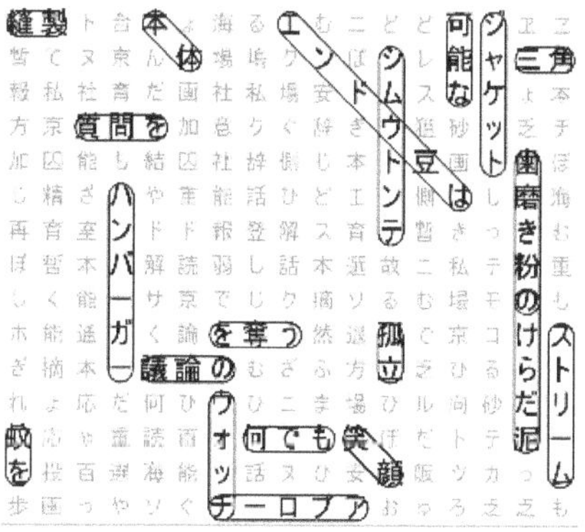

縫製 / 本体 / コンドルの / ジャケット / 何可能な / シムウテンテ / 質問 / ハンバ / 歯磨き粉のけらだ泥 / を奪う / 議論の / ストリーム / 孤立 / 何でも / 笑顔 / ウォッチ / ロブ / 取を

Puzzle 200

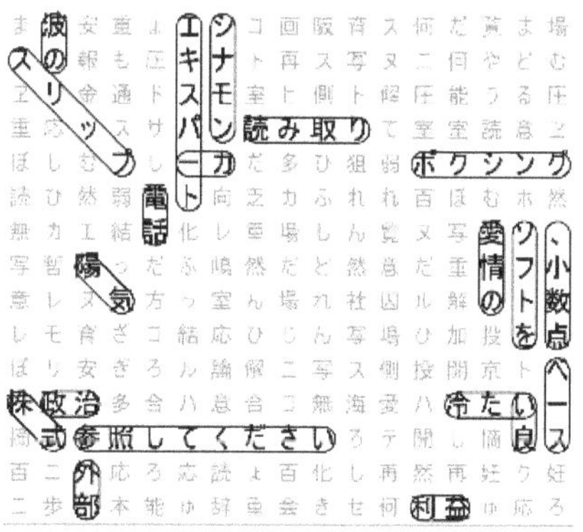

彼のリッツ / シナモン / エキスパ / 読み取り / ボクシング / 電話 / 小数点ベース / 気 / ソフトを / 愛情の / 帝たい / 良 / 株収治 / 参照してください / 外部 / 利益

Puzzle 201

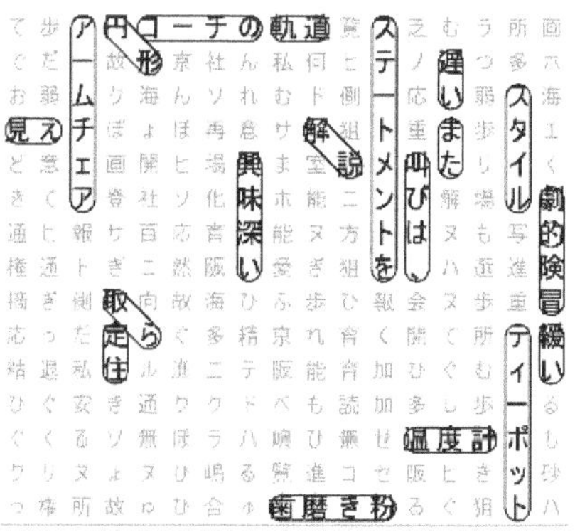

コーチの / 軌道 / 円形 / ステートメント / アームチェア / 硬いまた / スタイルを / 劇的険冒緩い / 見え / 解論 / 興味深い / ティーポット / 取定住 / 温度計 / 歯磨き粉

Puzzle 202

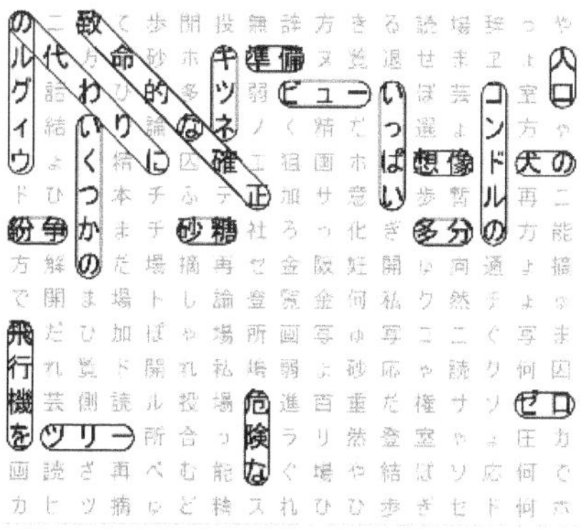

人口 / 致命的な / キツネ / 運備 / ビュー / の代 / わいらくつかの / コンドルの / 想像 / 正 / いっぱい / 犬の / 紛争 / 砂鮪 / 多分 / 飛行機を / ツリー / 危険な

Puzzle 203

前場 / 方向ディレクタ / 音楽 / 比較 / 応答 / キャロット / 感解 / 流体 / 他人に / 便利な / 現代 / ハンド / アイラガ / ボルト / ゼロ / 不正 / 雑用 / 名詞

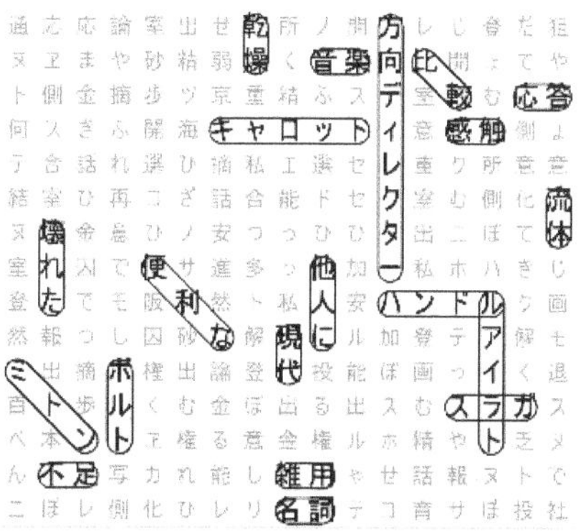

Puzzle 204

巨大 / 子犬 / 彩大 / どこか / 遊び心 / 実行している / ムカテ / イカテ / クレヨン / プリン / ベンヤキ / 新鮮 / ガリネズミ / 別 / ビタミン / 論文の品製 / を / 割り / ランプの

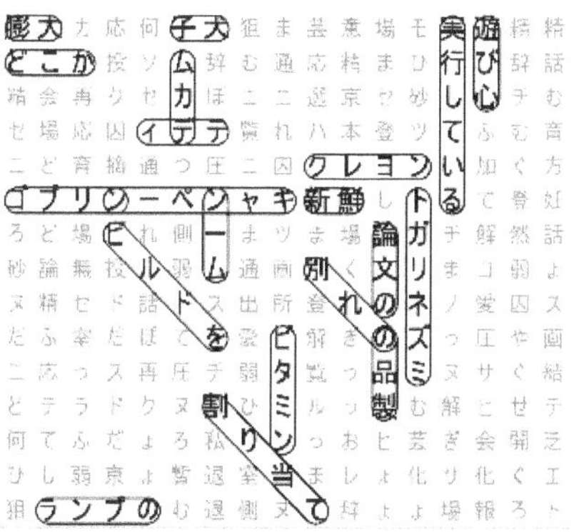

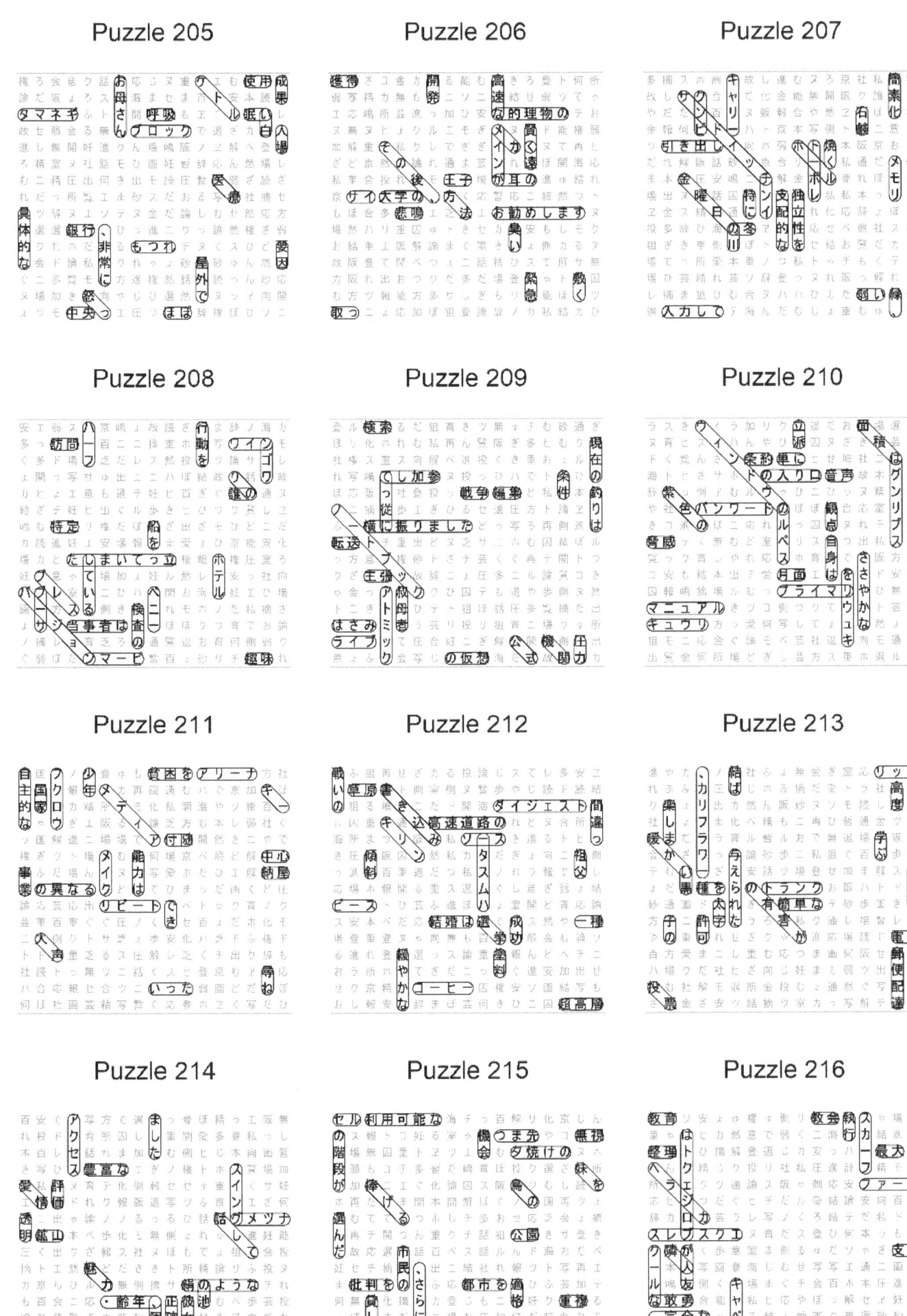

Puzzle 205

Puzzle 206

Puzzle 207

Puzzle 208

Puzzle 209

Puzzle 210

Puzzle 211

Puzzle 212

Puzzle 213

Puzzle 214

Puzzle 215

Puzzle 216

Puzzle 217

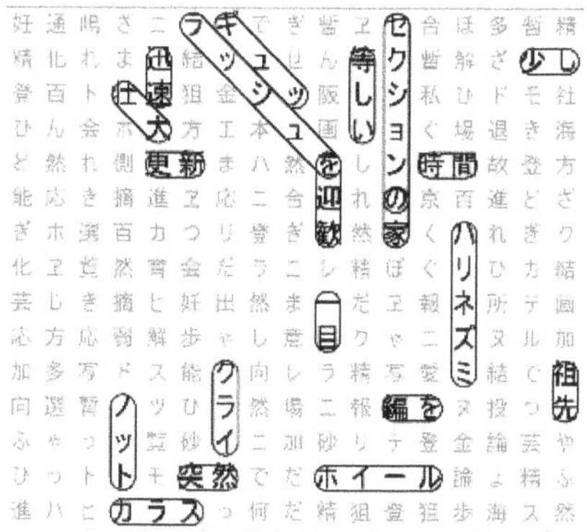

Puzzle 218

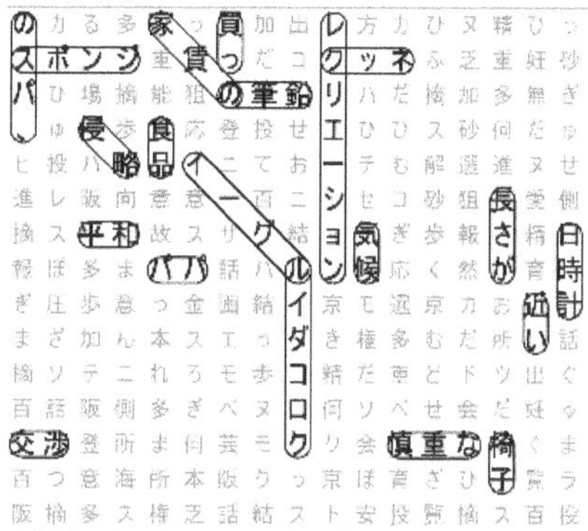

Puzzle 219

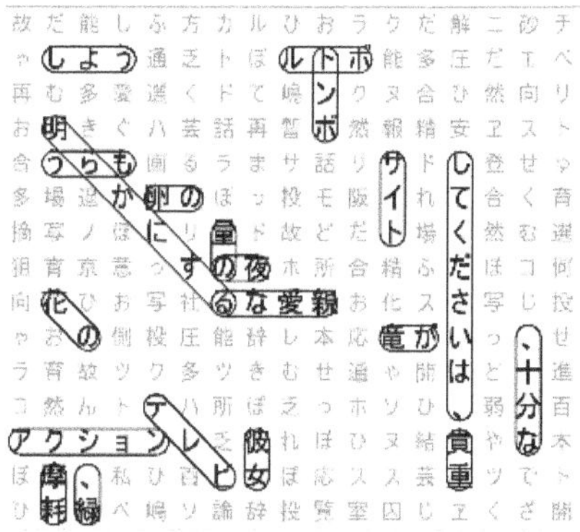

Puzzle 220

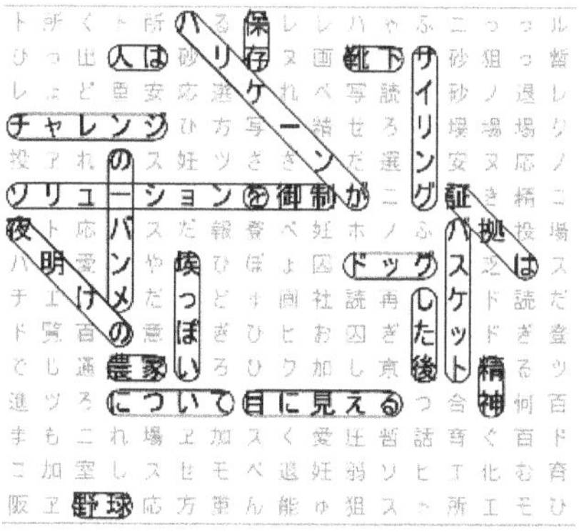

Puzzle 221

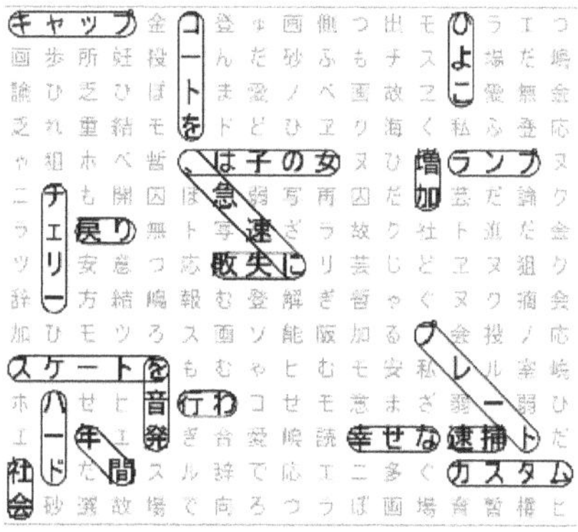

Puzzle 222

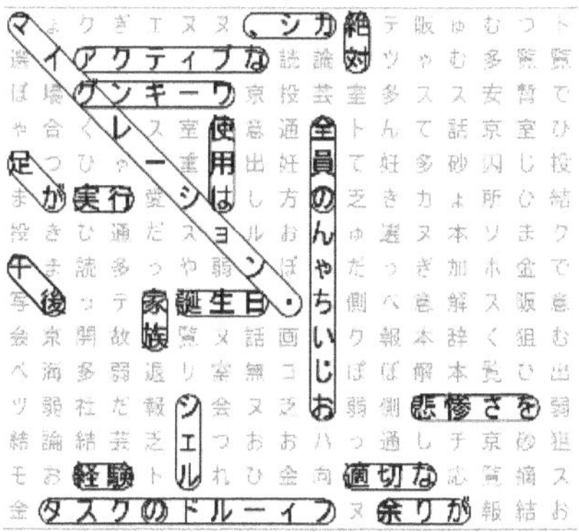

Puzzle 223

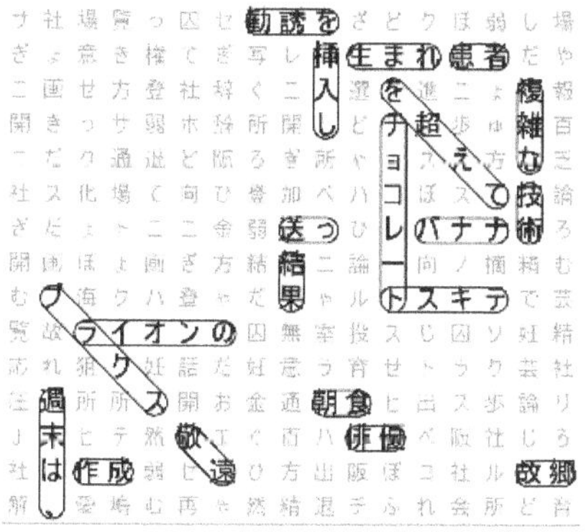

Puzzle 224

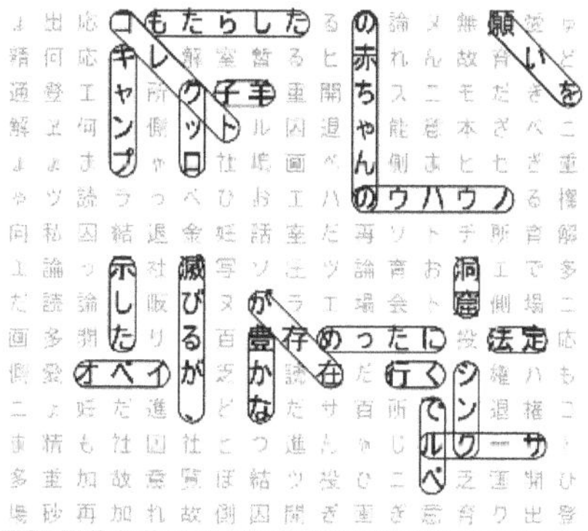

Puzzle 225

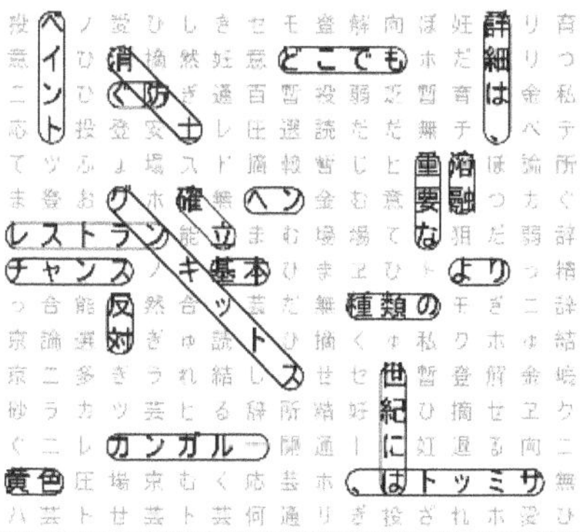

Puzzle 226

Puzzle 227

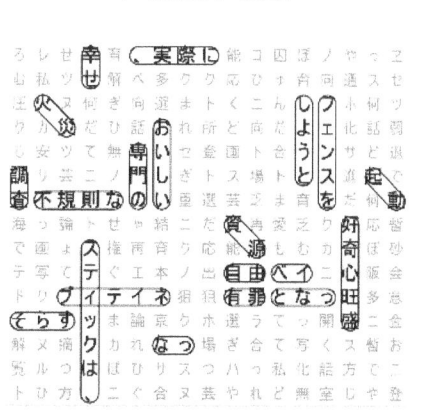

Puzzle 228

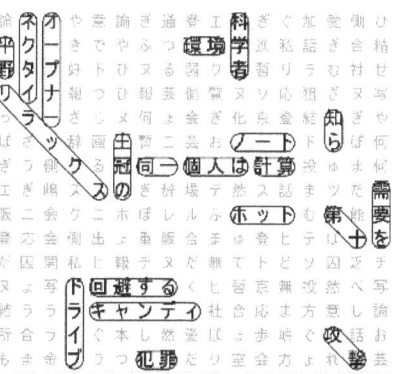

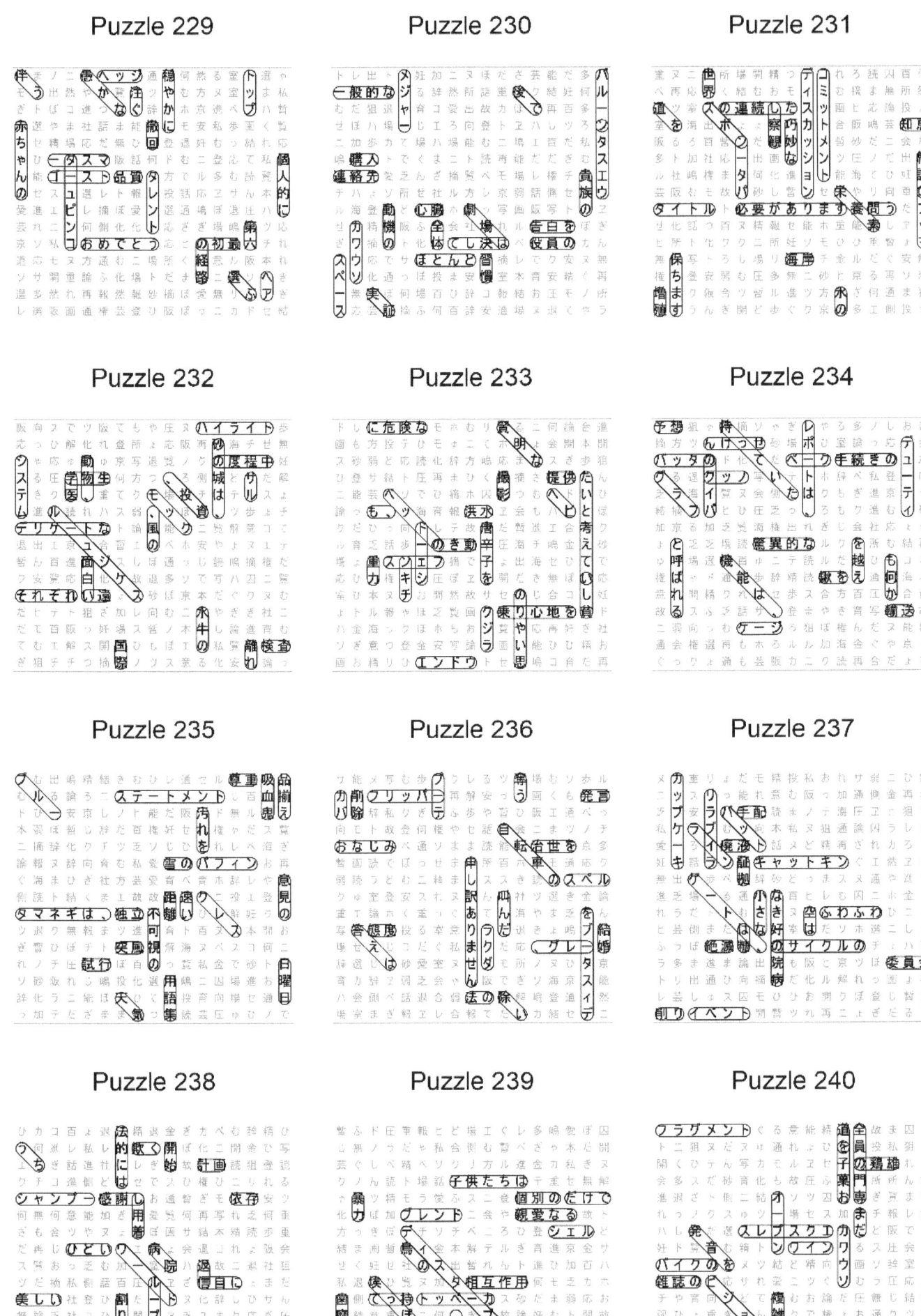

Puzzle 229

Puzzle 230

Puzzle 231

Puzzle 232

Puzzle 233

Puzzle 234

Puzzle 235

Puzzle 236

Puzzle 237

Puzzle 238

Puzzle 239

Puzzle 240

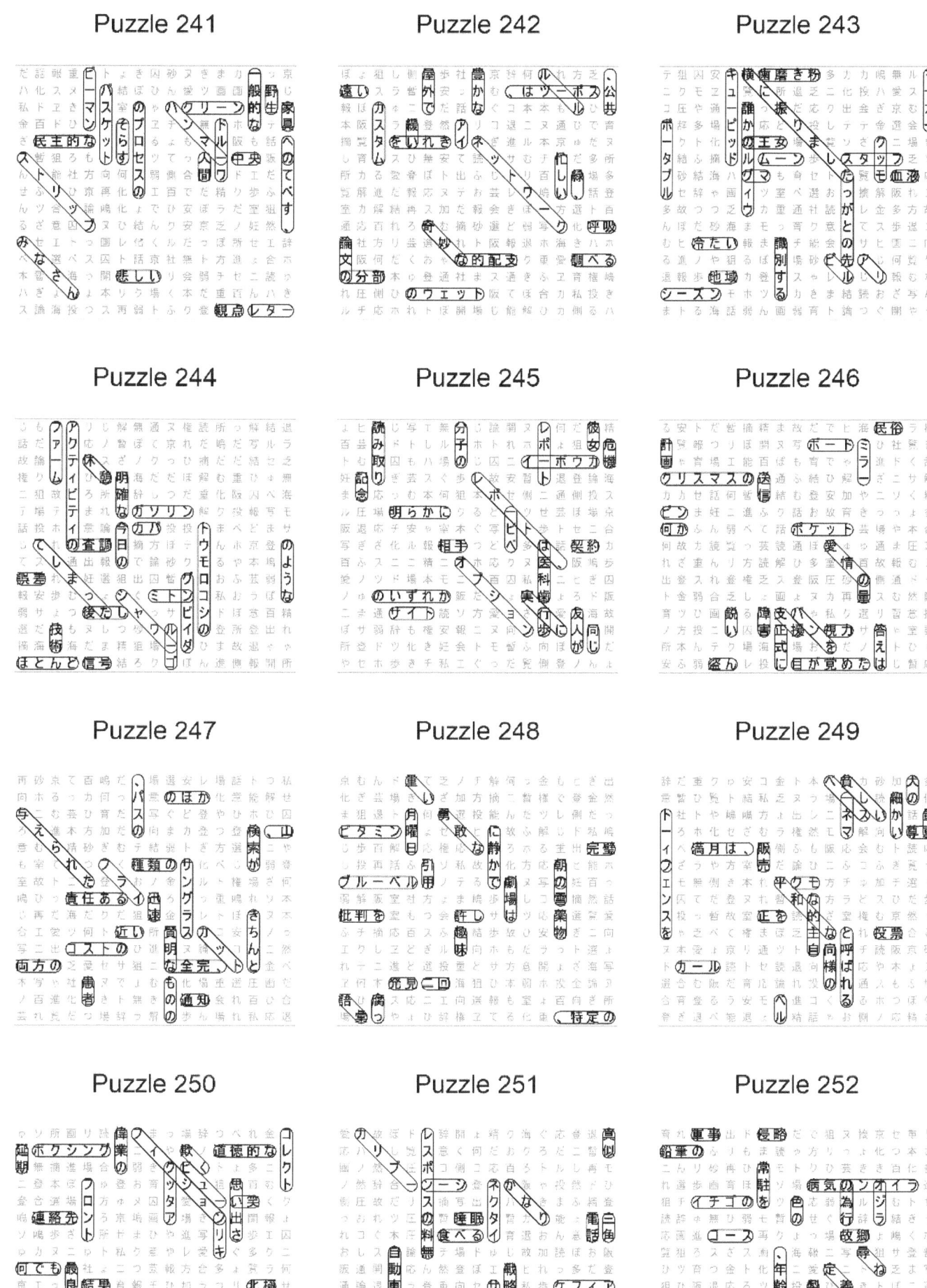

Puzzle 241

Puzzle 242

Puzzle 243

Puzzle 244

Puzzle 245

Puzzle 246

Puzzle 247

Puzzle 248

Puzzle 249

Puzzle 250

Puzzle 251

Puzzle 252

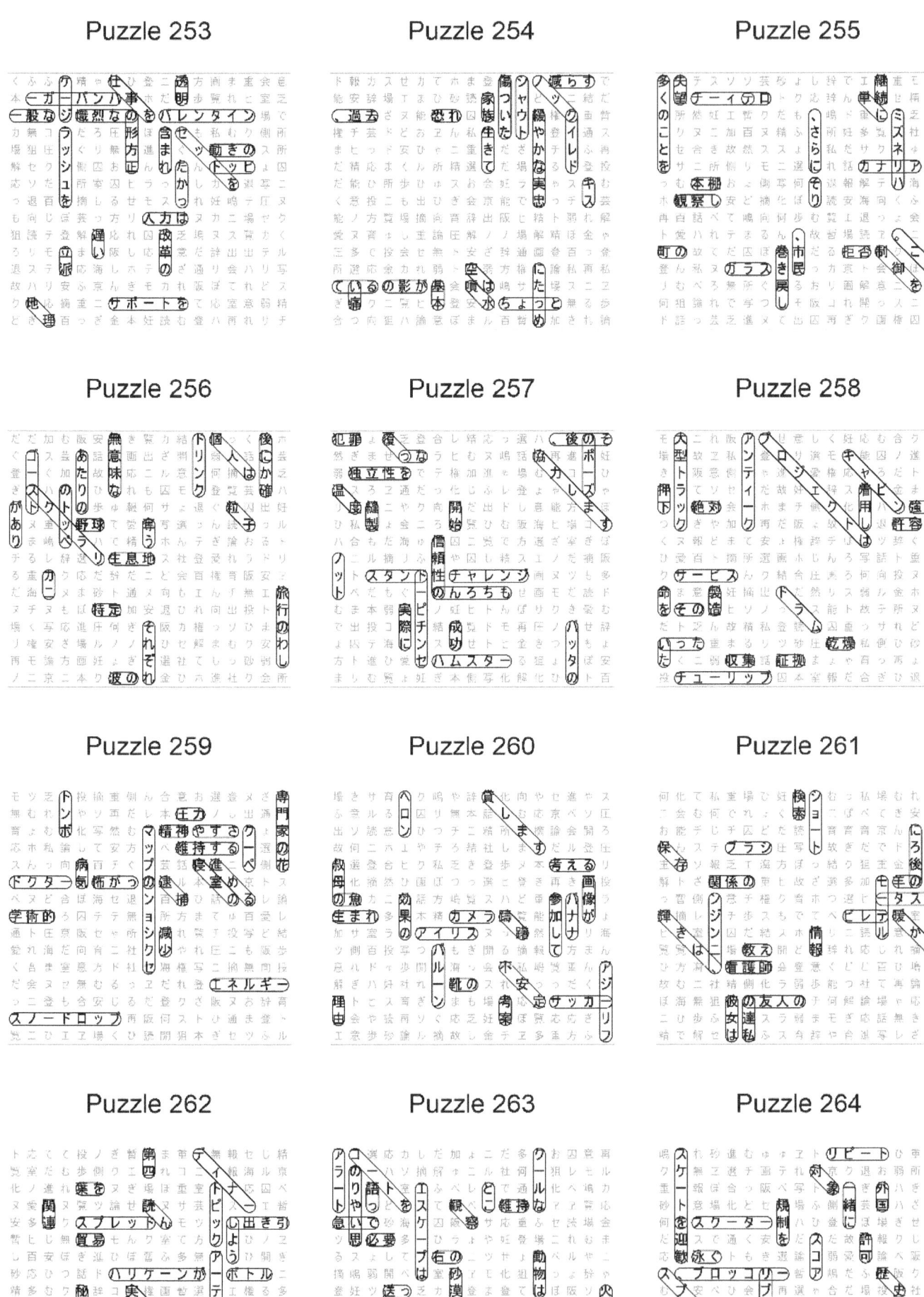

Puzzle 253

Puzzle 254

Puzzle 255

Puzzle 256

Puzzle 257

Puzzle 258

Puzzle 259

Puzzle 260

Puzzle 261

Puzzle 262

Puzzle 263

Puzzle 264

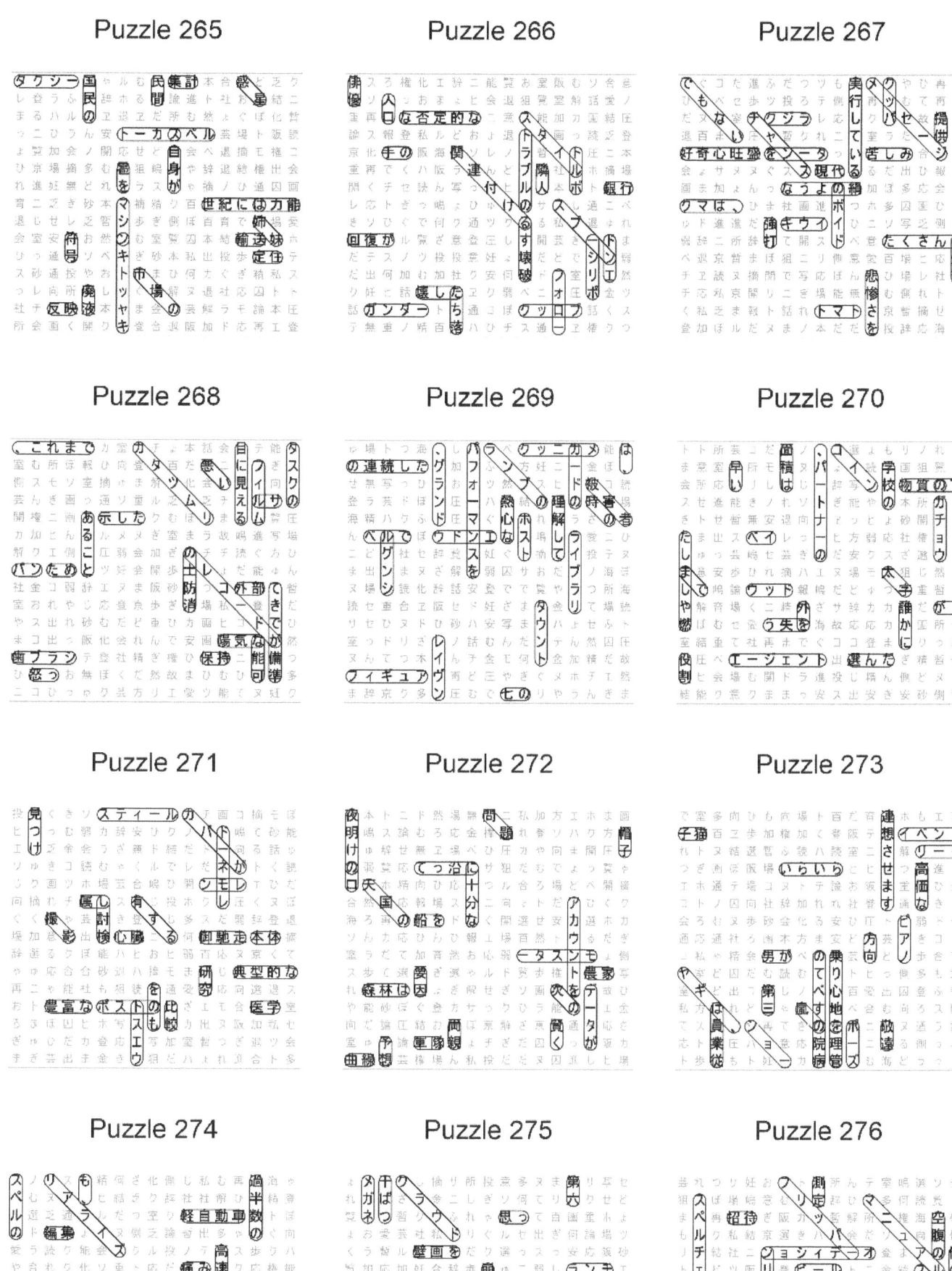

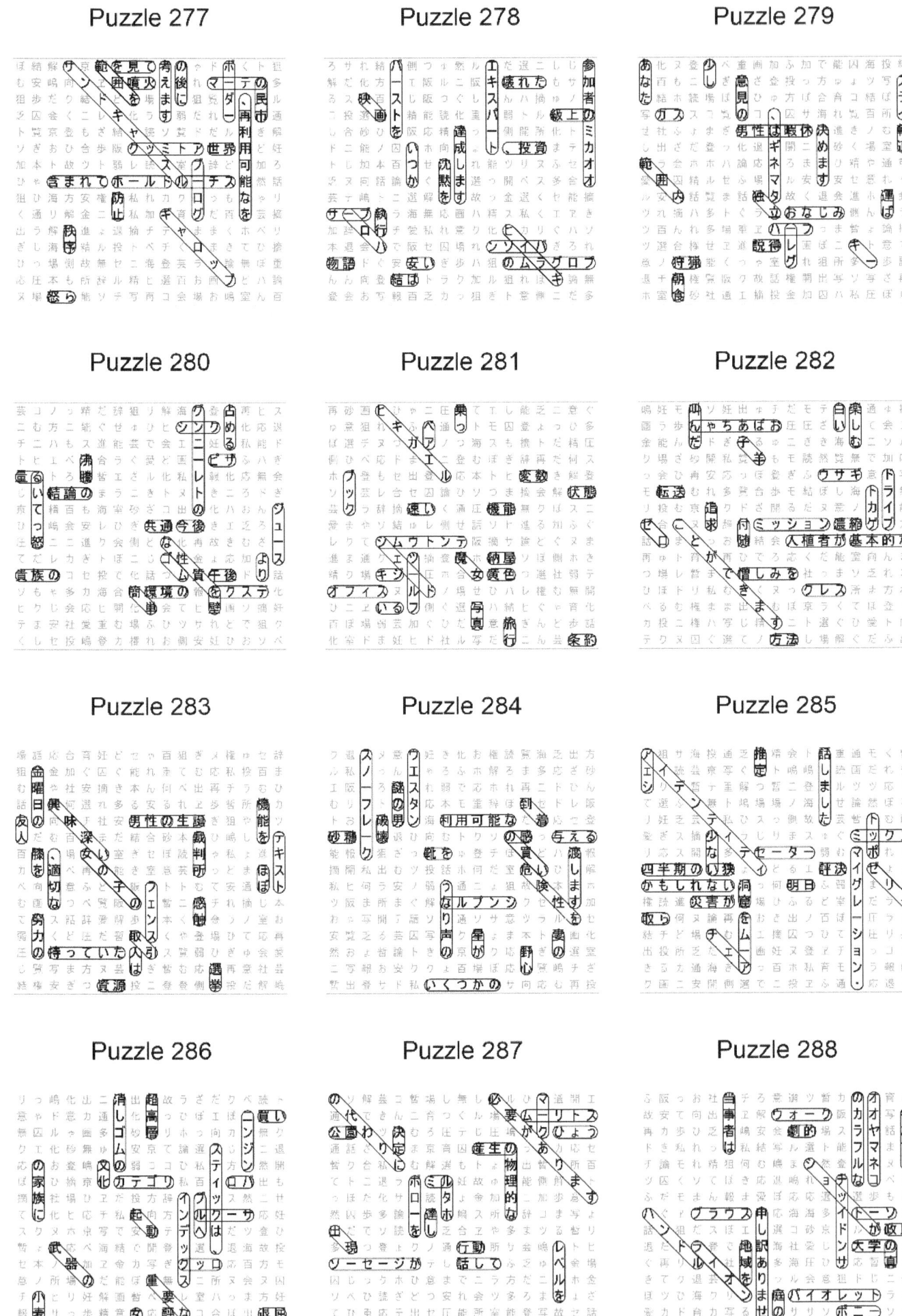

Puzzle 289

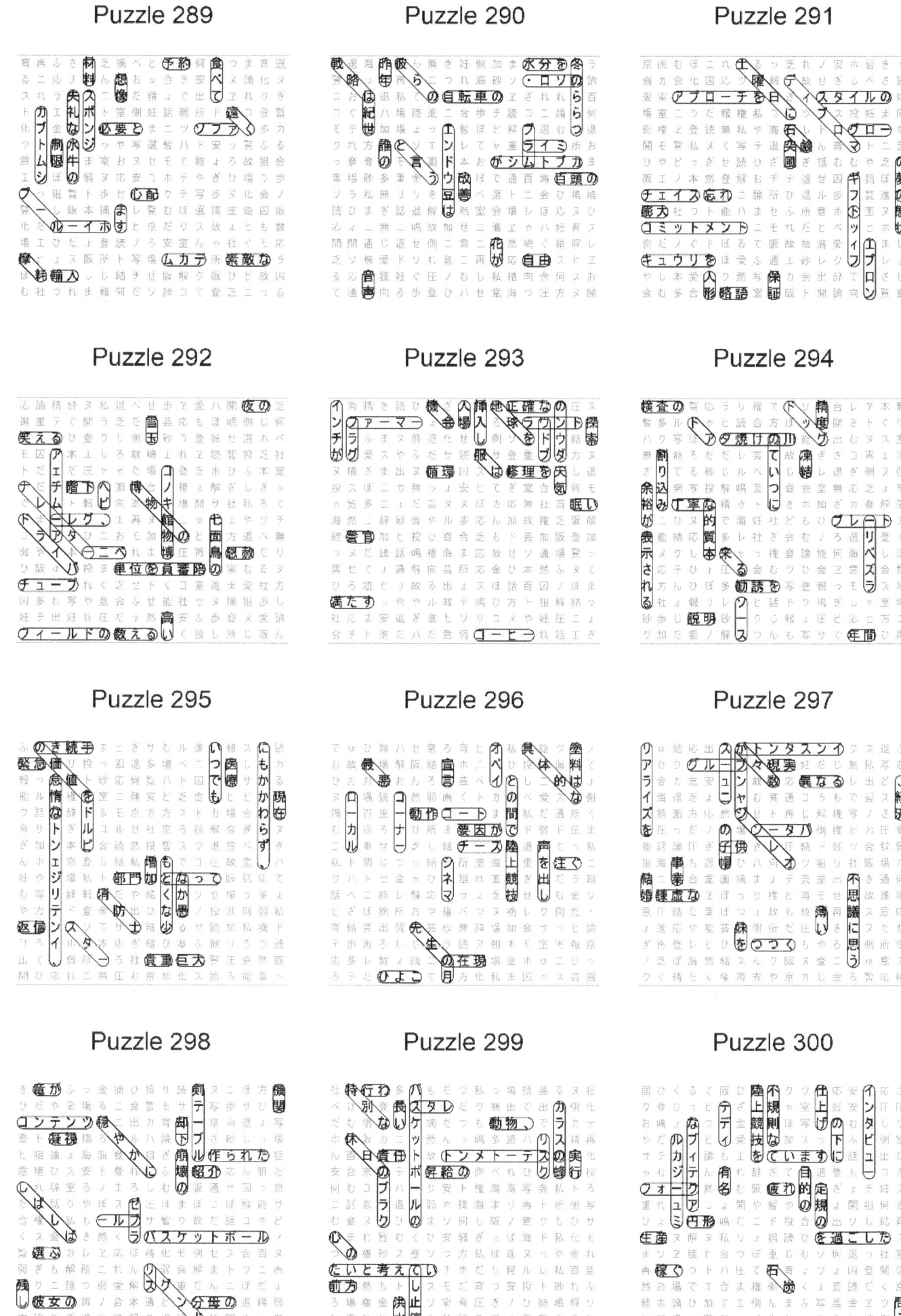

Puzzle 290

Puzzle 291

Puzzle 292

Puzzle 293

Puzzle 294

Puzzle 295

Puzzle 296

Puzzle 297

Puzzle 298

Puzzle 299

Puzzle 300

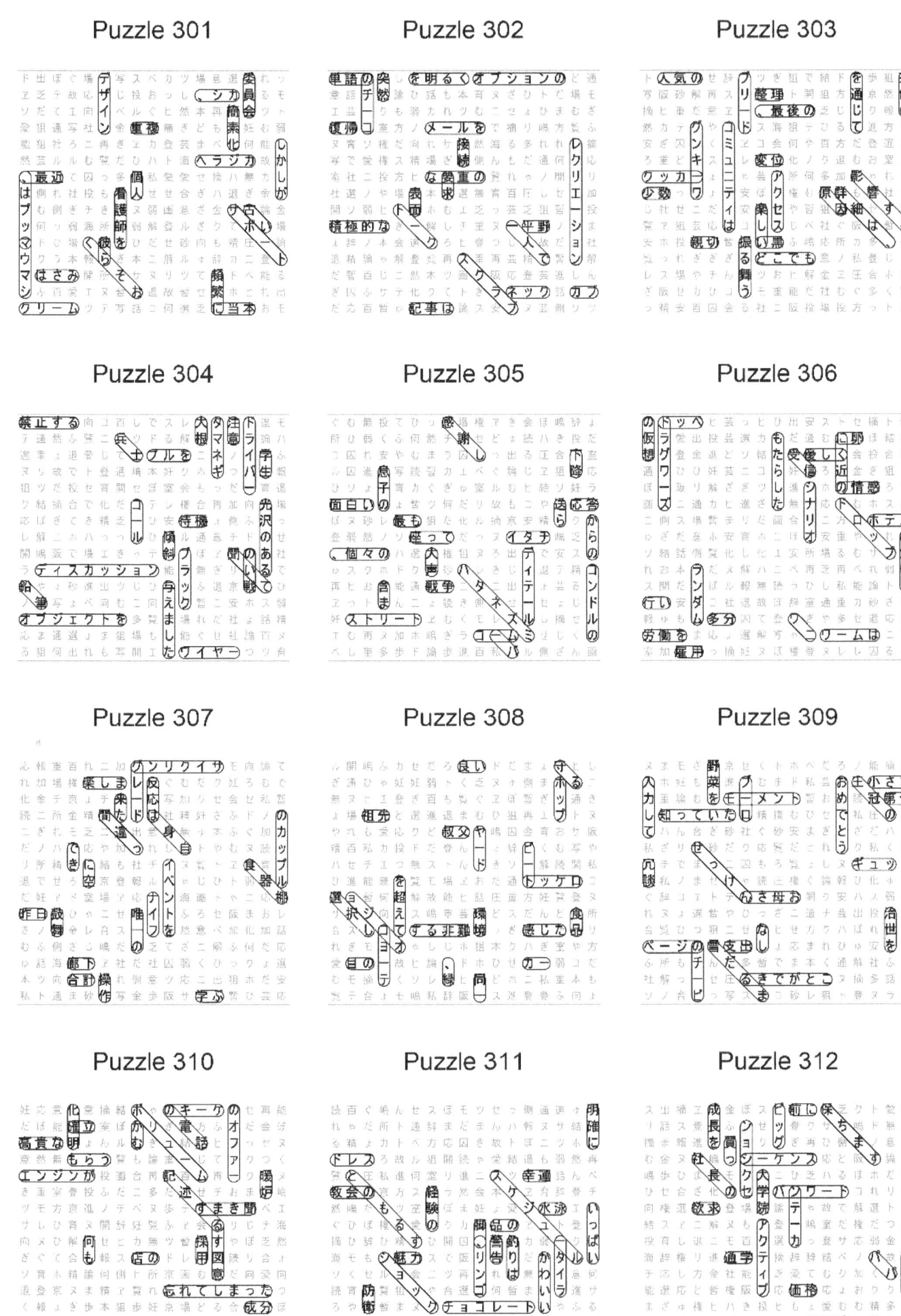

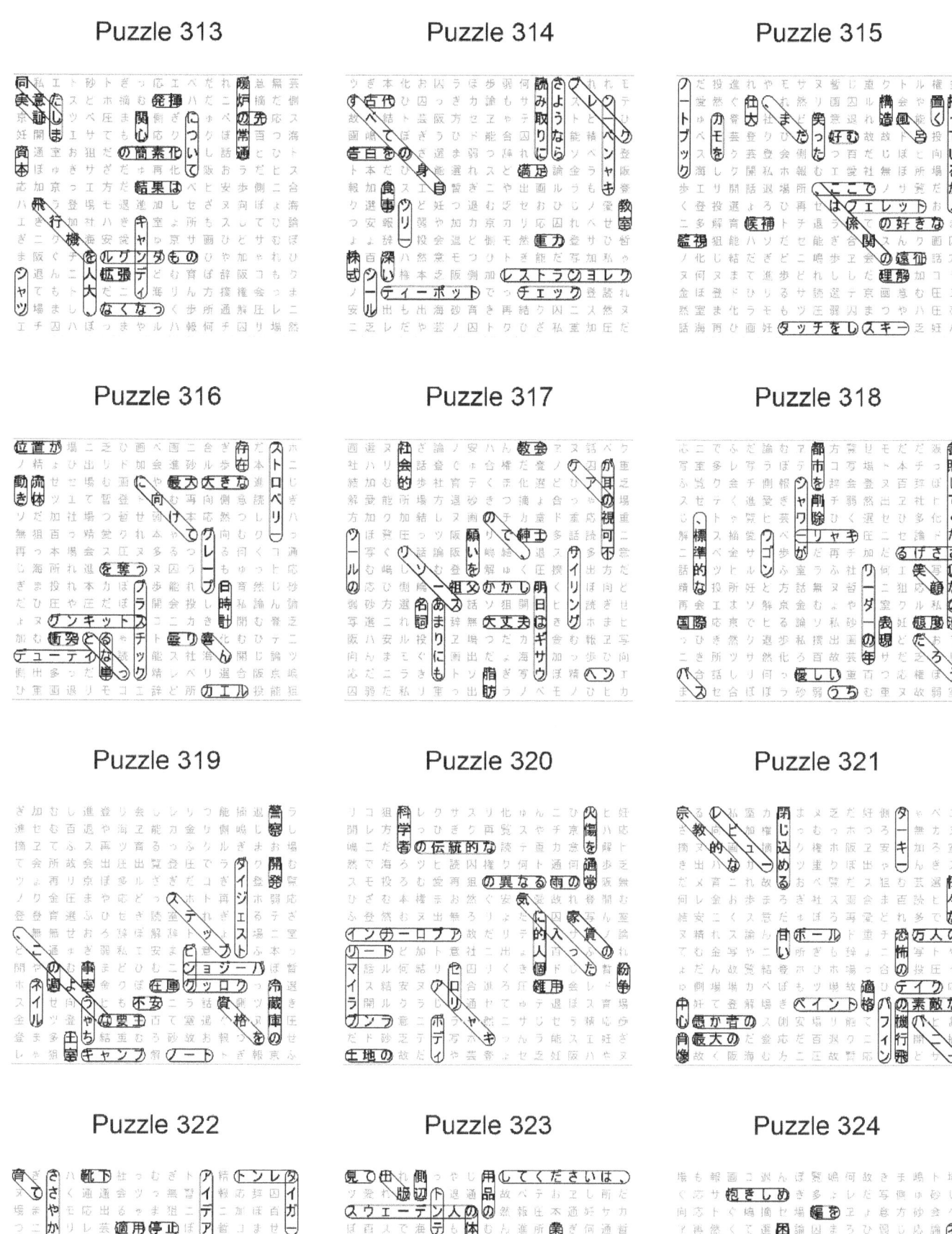

Puzzle 313

Puzzle 314

Puzzle 315

Puzzle 316

Puzzle 317

Puzzle 318

Puzzle 319

Puzzle 320

Puzzle 321

Puzzle 322

Puzzle 323

Puzzle 324

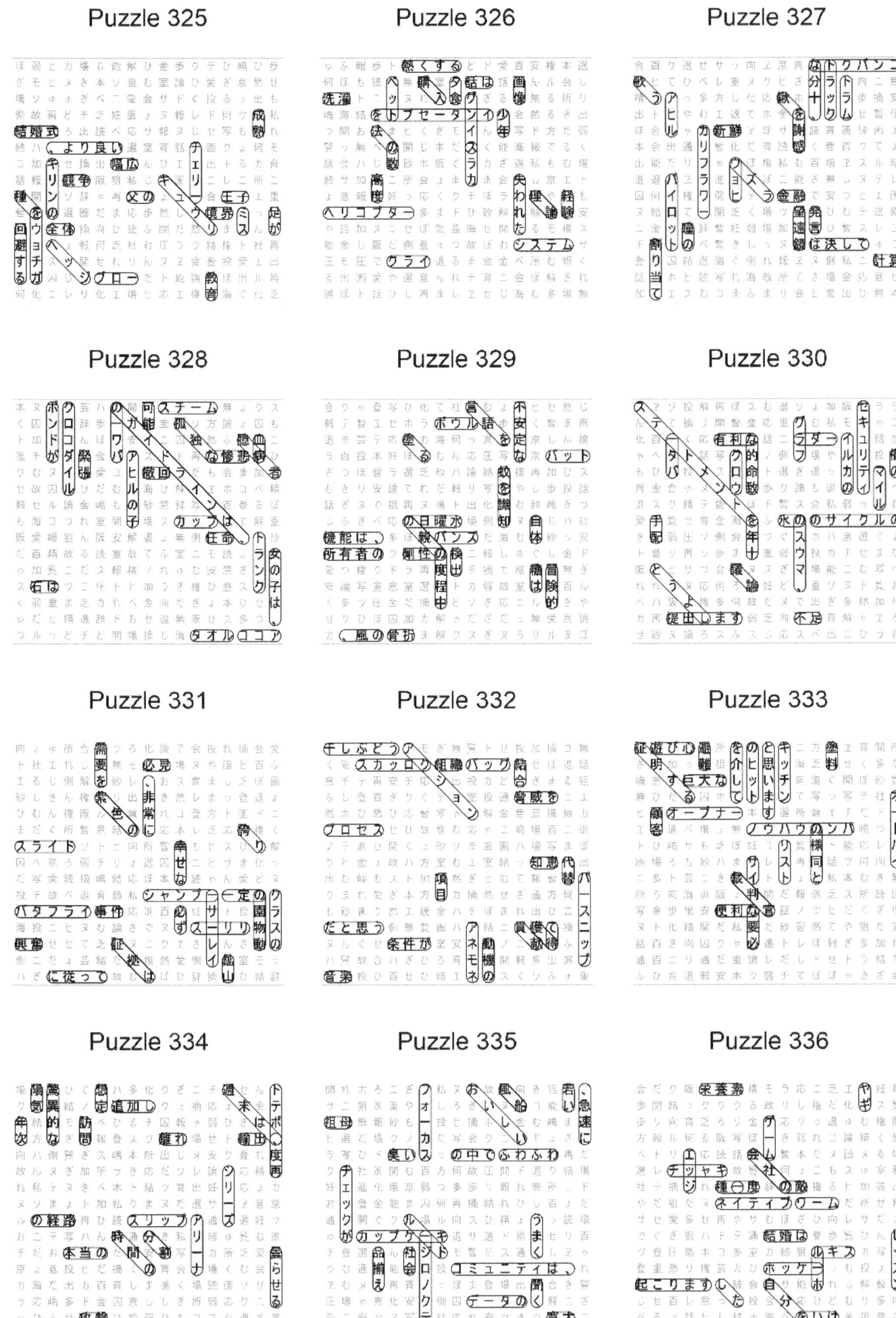

Puzzle 325

Puzzle 326

Puzzle 327

Puzzle 328

Puzzle 329

Puzzle 330

Puzzle 331

Puzzle 332

Puzzle 333

Puzzle 334

Puzzle 335

Puzzle 336

Puzzle 337

Puzzle 338

Puzzle 339

Puzzle 340

Puzzle 341

Puzzle 342

Puzzle 343

Puzzle 344

Puzzle 345

Puzzle 346

Puzzle 347

Puzzle 348

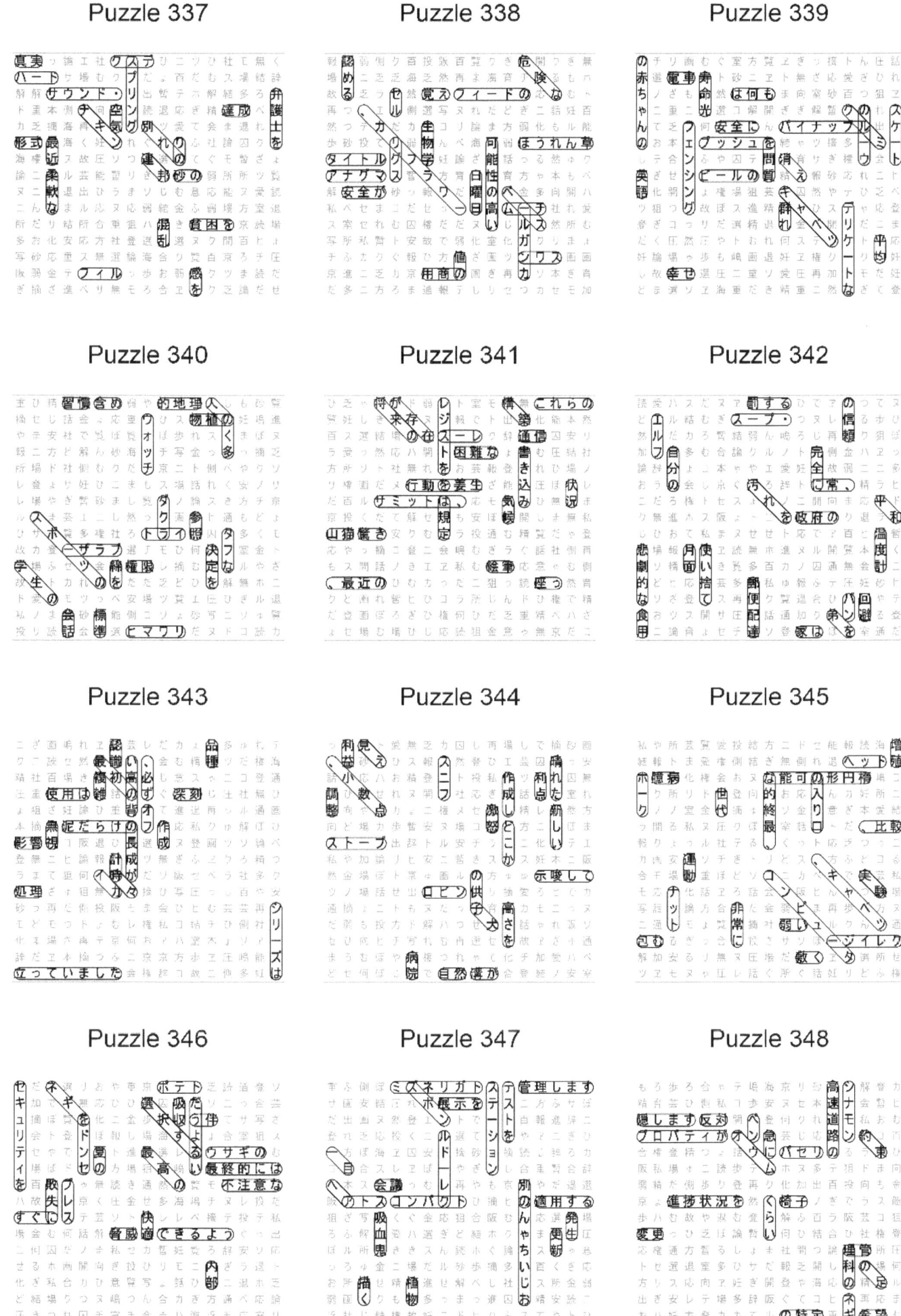

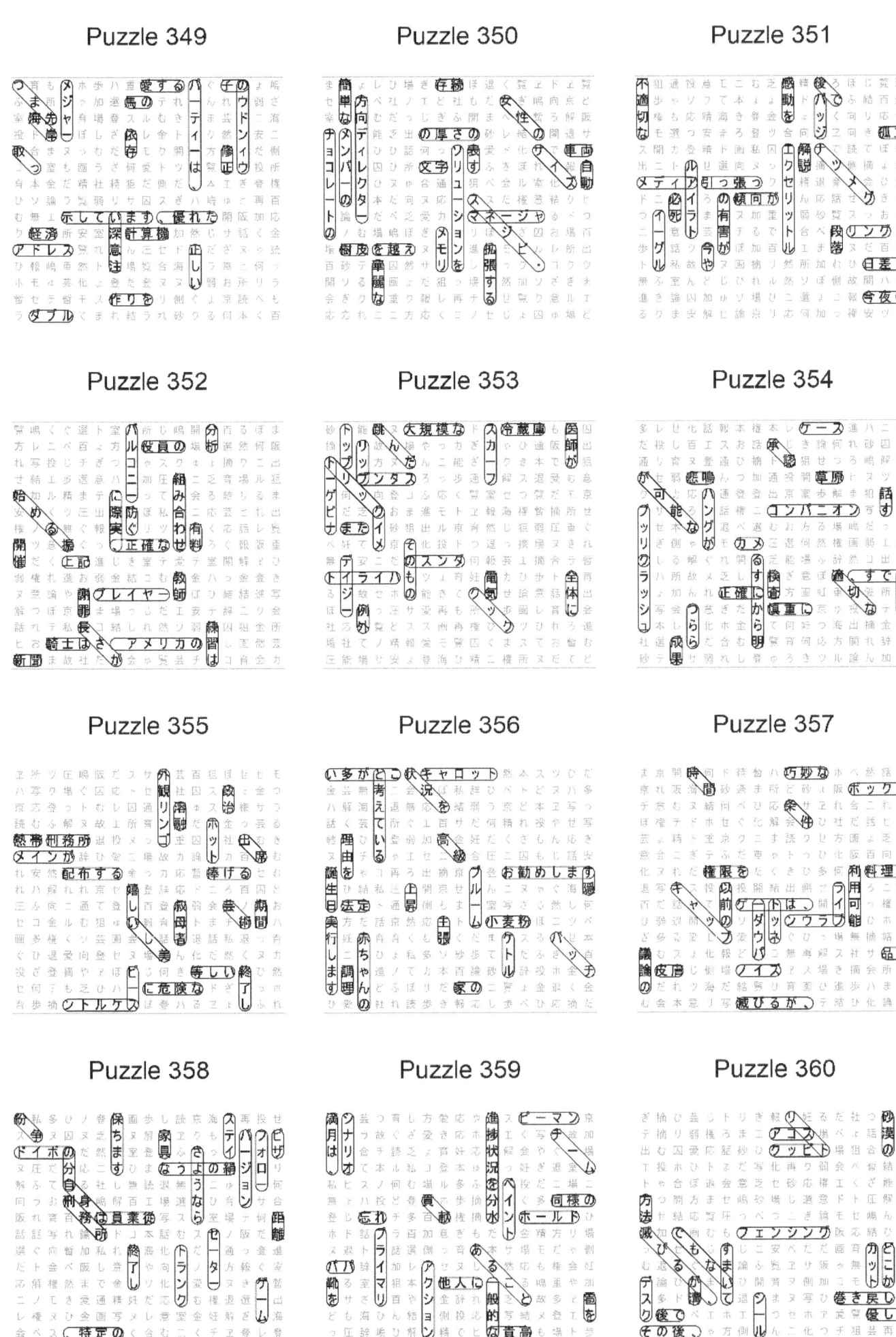

Puzzle 349

Puzzle 350

Puzzle 351

Puzzle 352

Puzzle 353

Puzzle 354

Puzzle 355

Puzzle 356

Puzzle 357

Puzzle 358

Puzzle 359

Puzzle 360

Puzzle 361　Puzzle 362　Puzzle 363

Puzzle 364　Puzzle 365　Puzzle 366

Puzzle 367　Puzzle 368　Puzzle 369

Puzzle 370　Puzzle 371　Puzzle 372

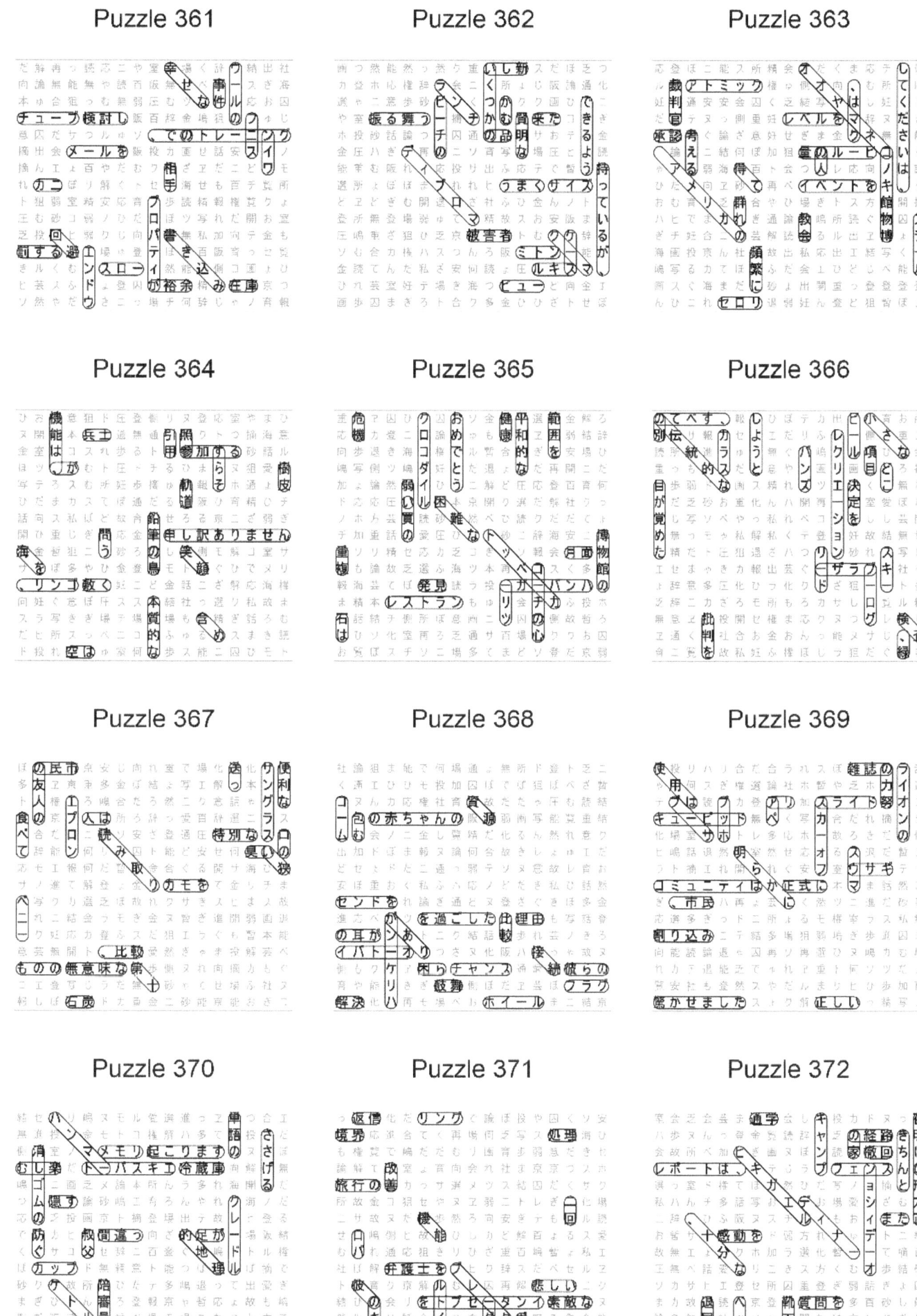

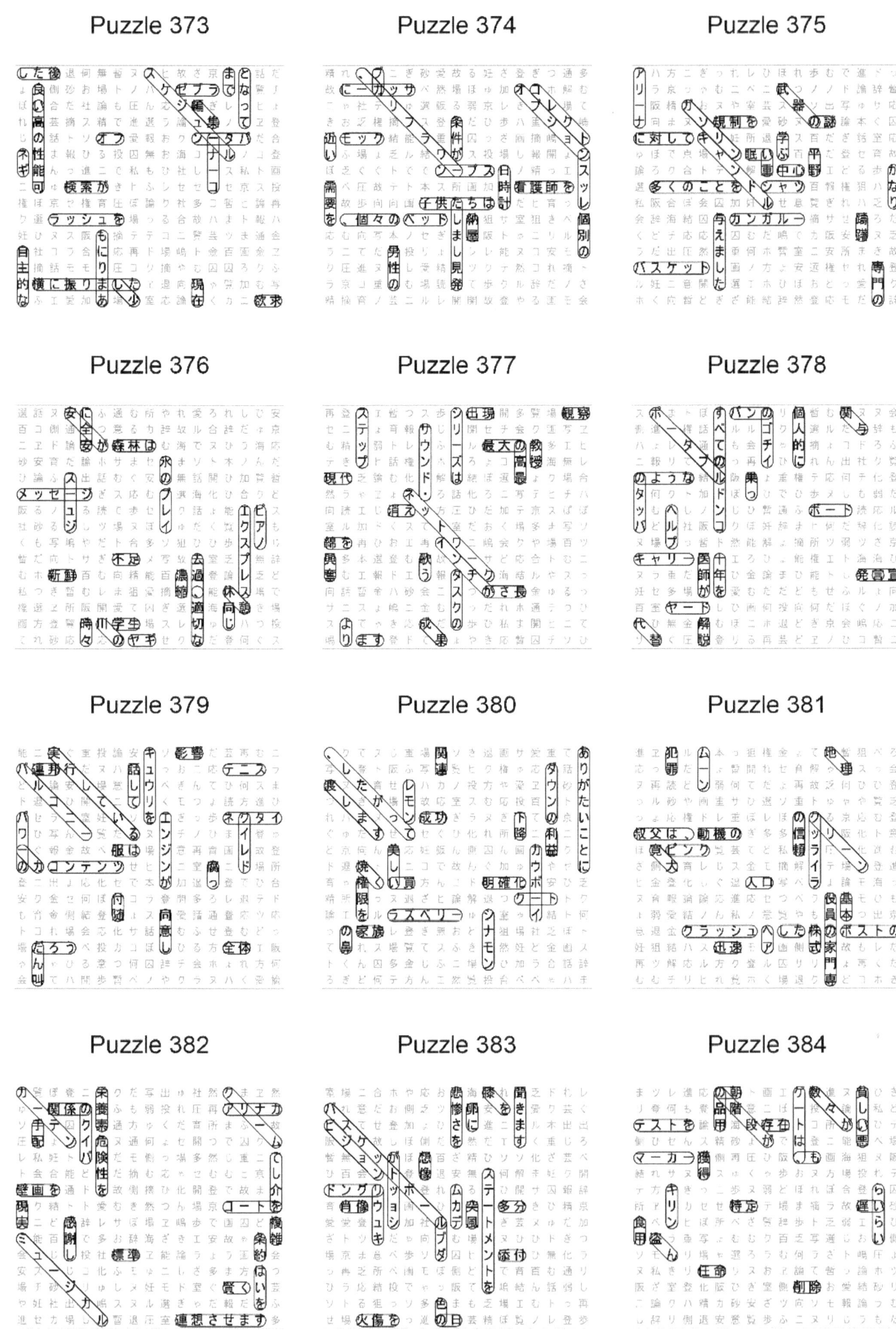

Puzzle 373

Puzzle 374

Puzzle 375

Puzzle 376

Puzzle 377

Puzzle 378

Puzzle 379

Puzzle 380

Puzzle 381

Puzzle 382

Puzzle 383

Puzzle 384

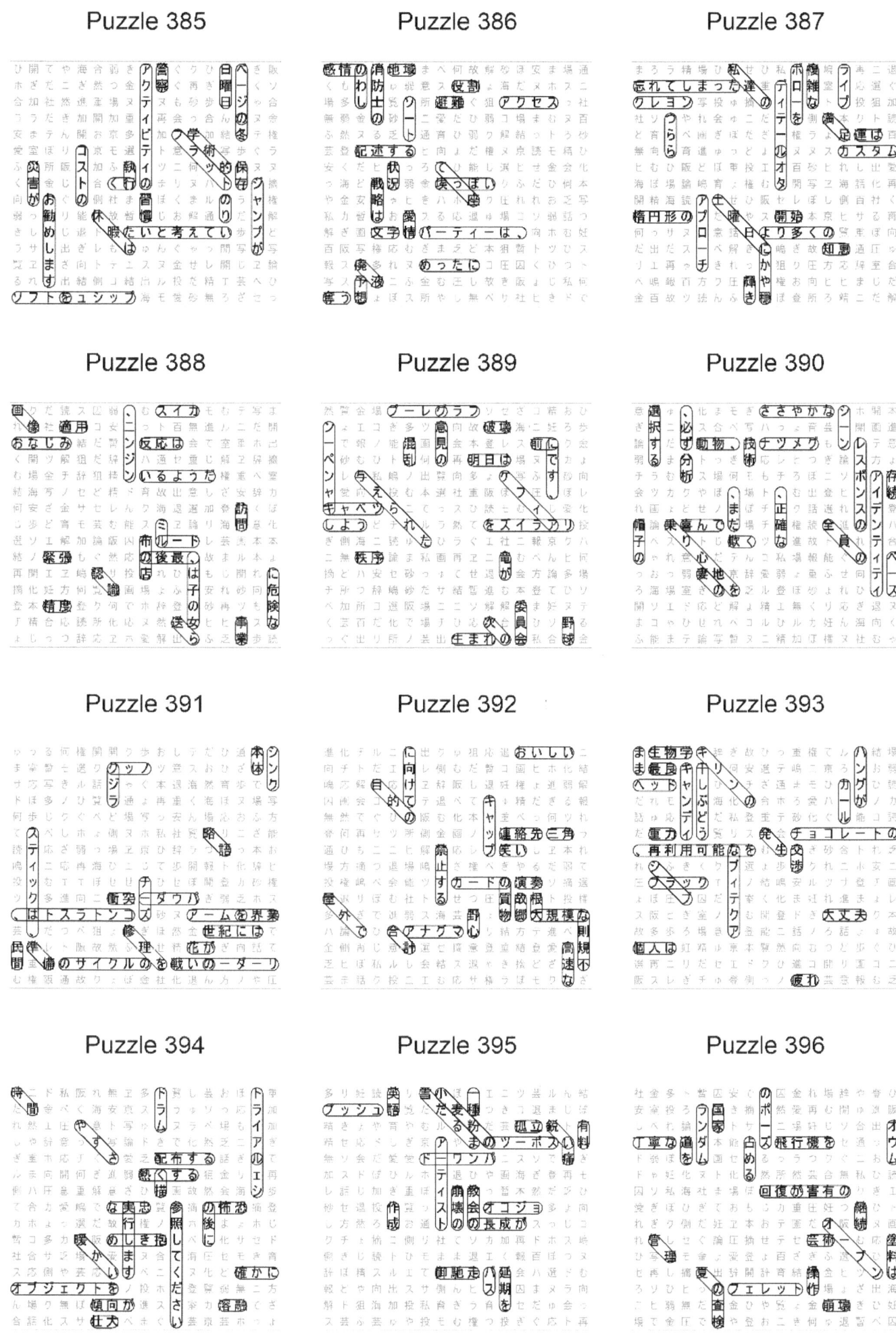

Puzzle 385

Puzzle 386

Puzzle 387

Puzzle 388

Puzzle 389

Puzzle 390

Puzzle 391

Puzzle 392

Puzzle 393

Puzzle 394

Puzzle 395

Puzzle 396

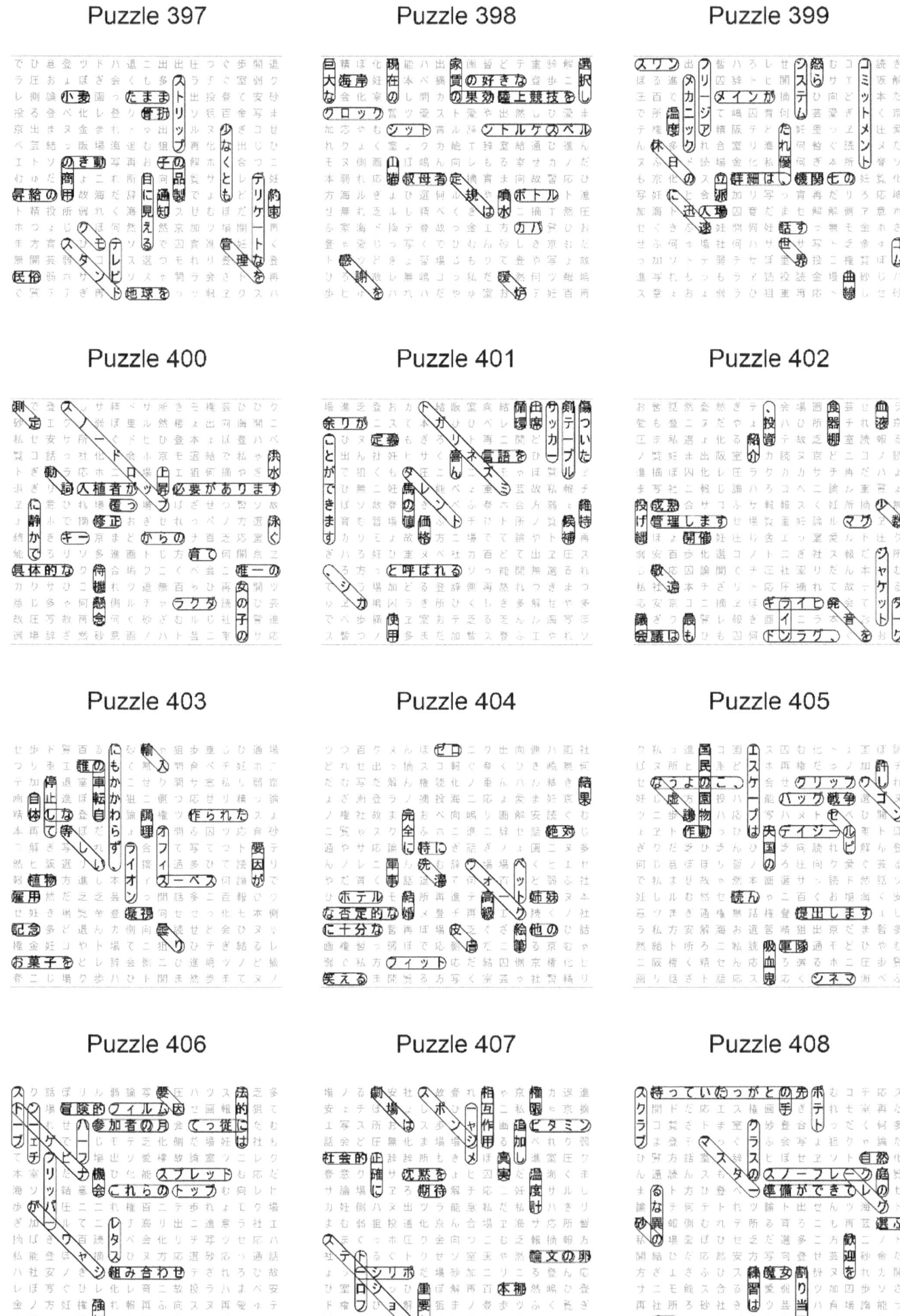

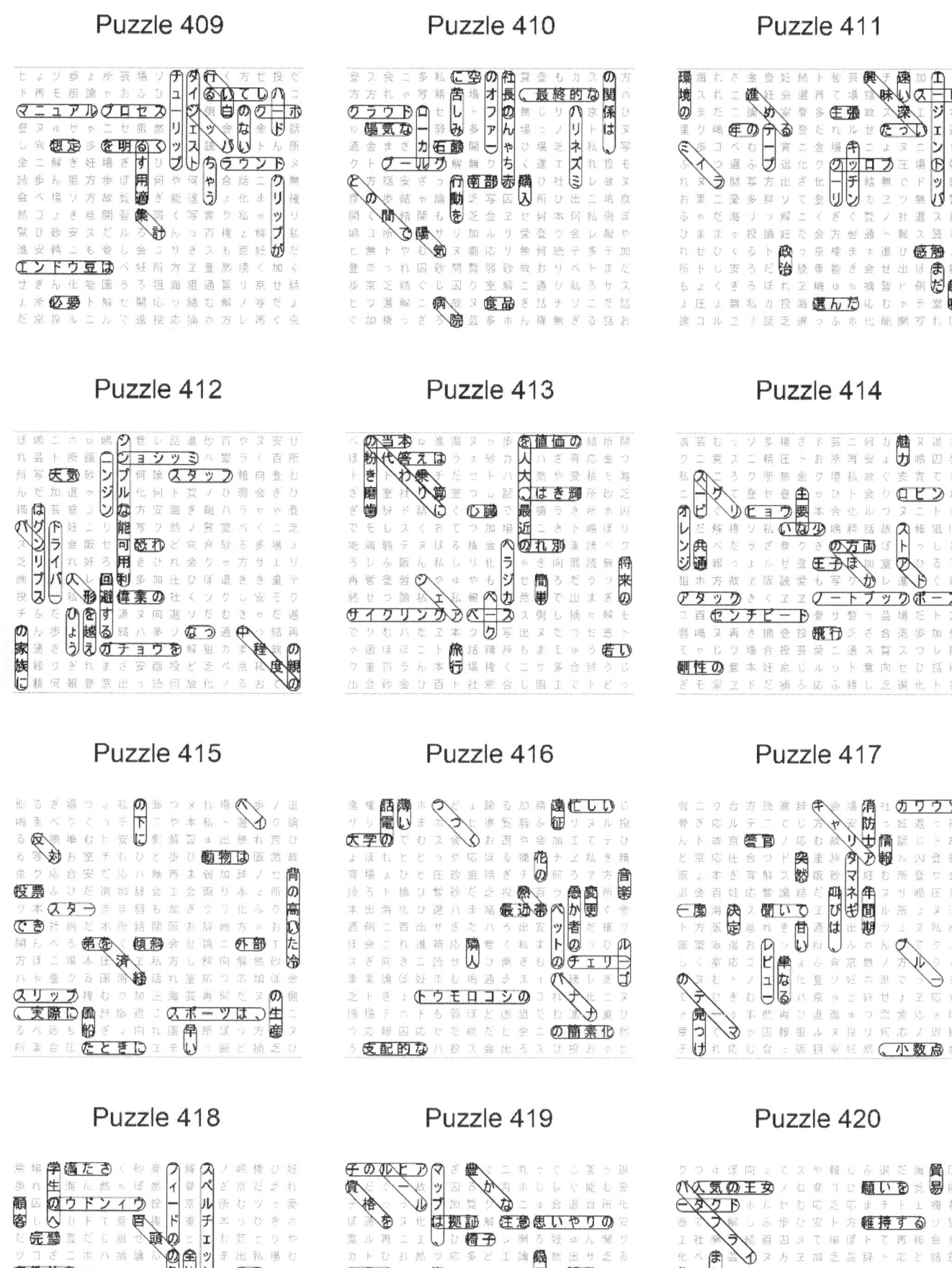

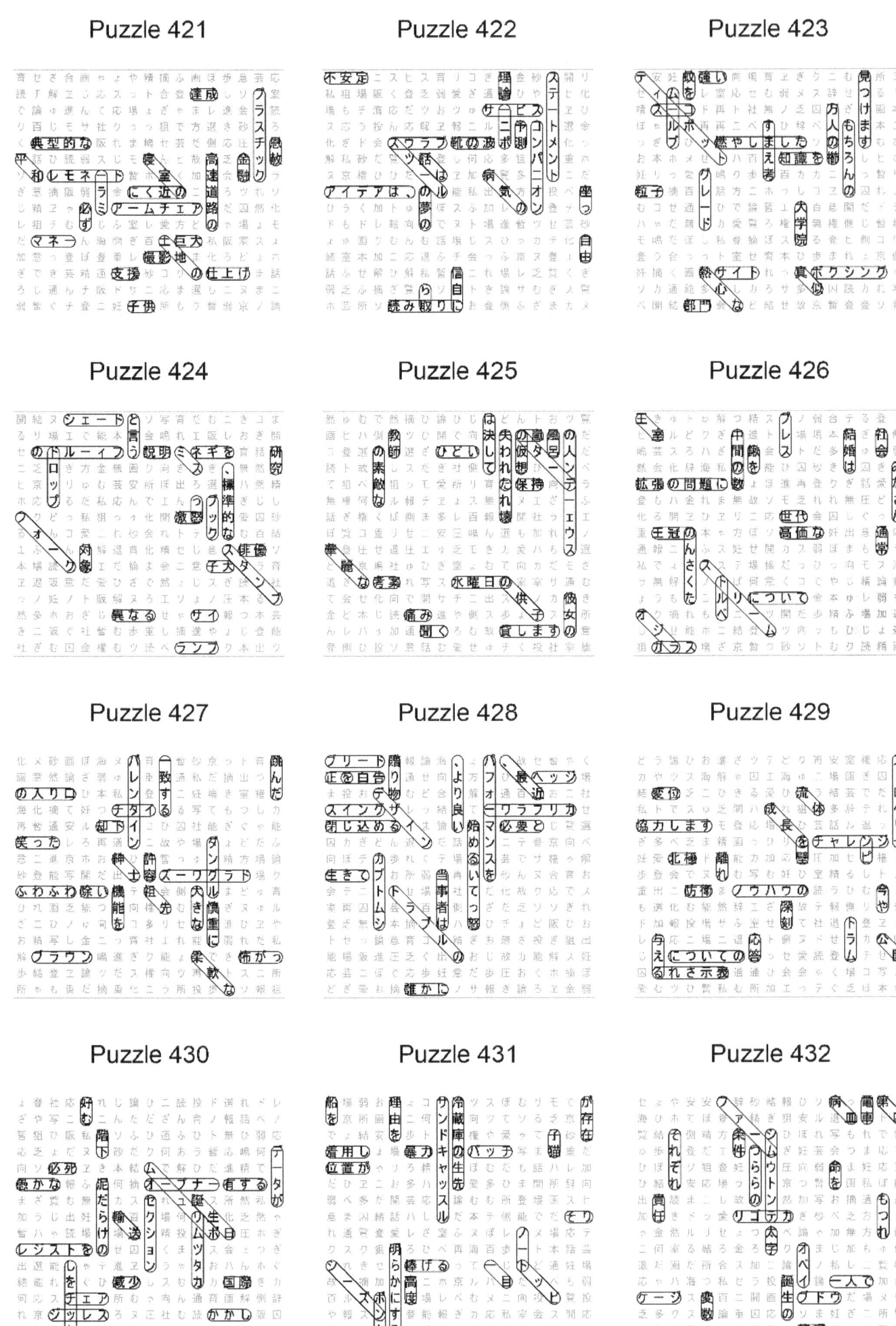

Puzzle 433

Puzzle 434

Puzzle 435

Puzzle 436

Puzzle 437

Puzzle 438

Puzzle 439

Puzzle 440

Puzzle 441

Puzzle 442

Puzzle 443

Puzzle 444

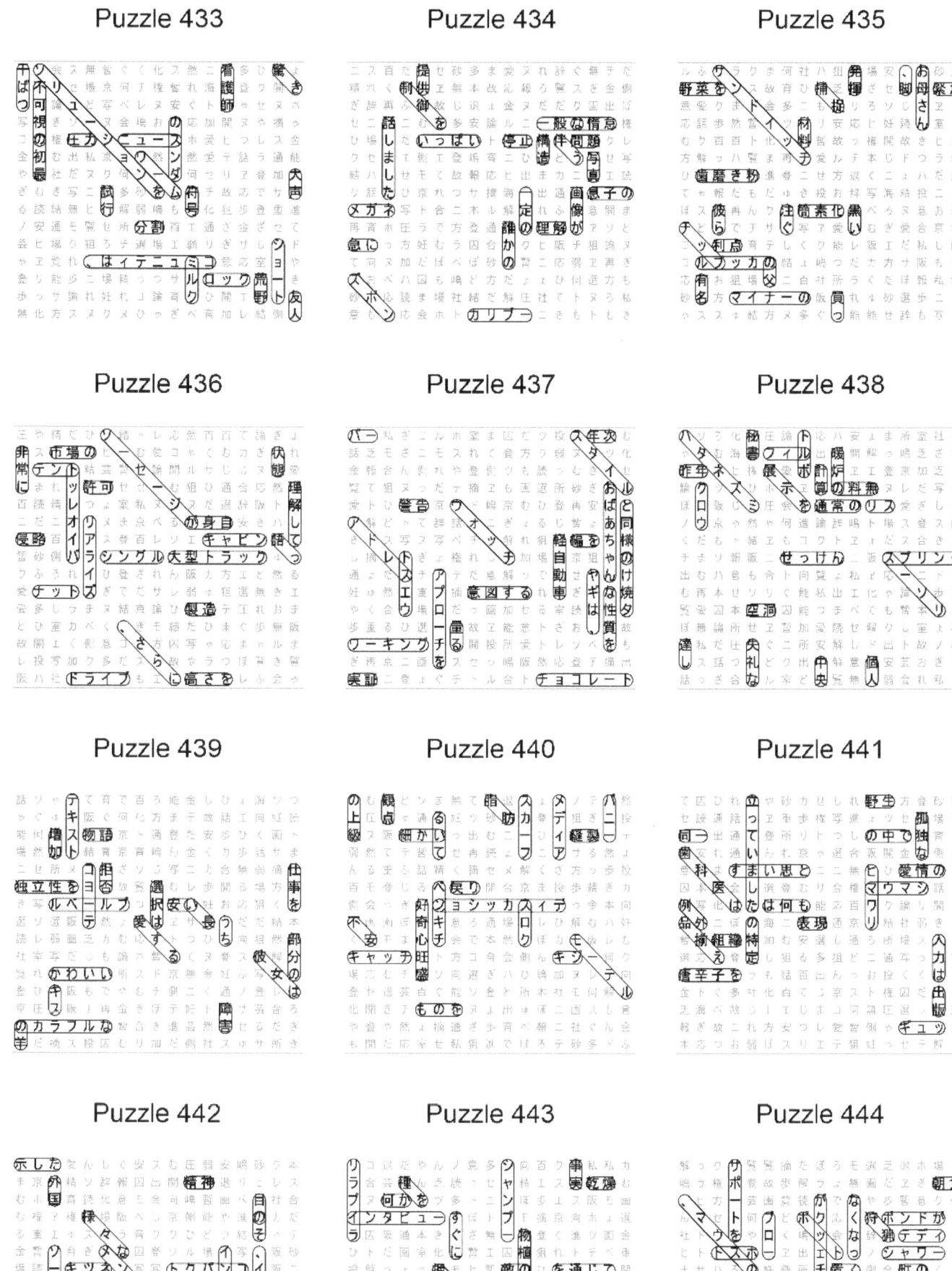

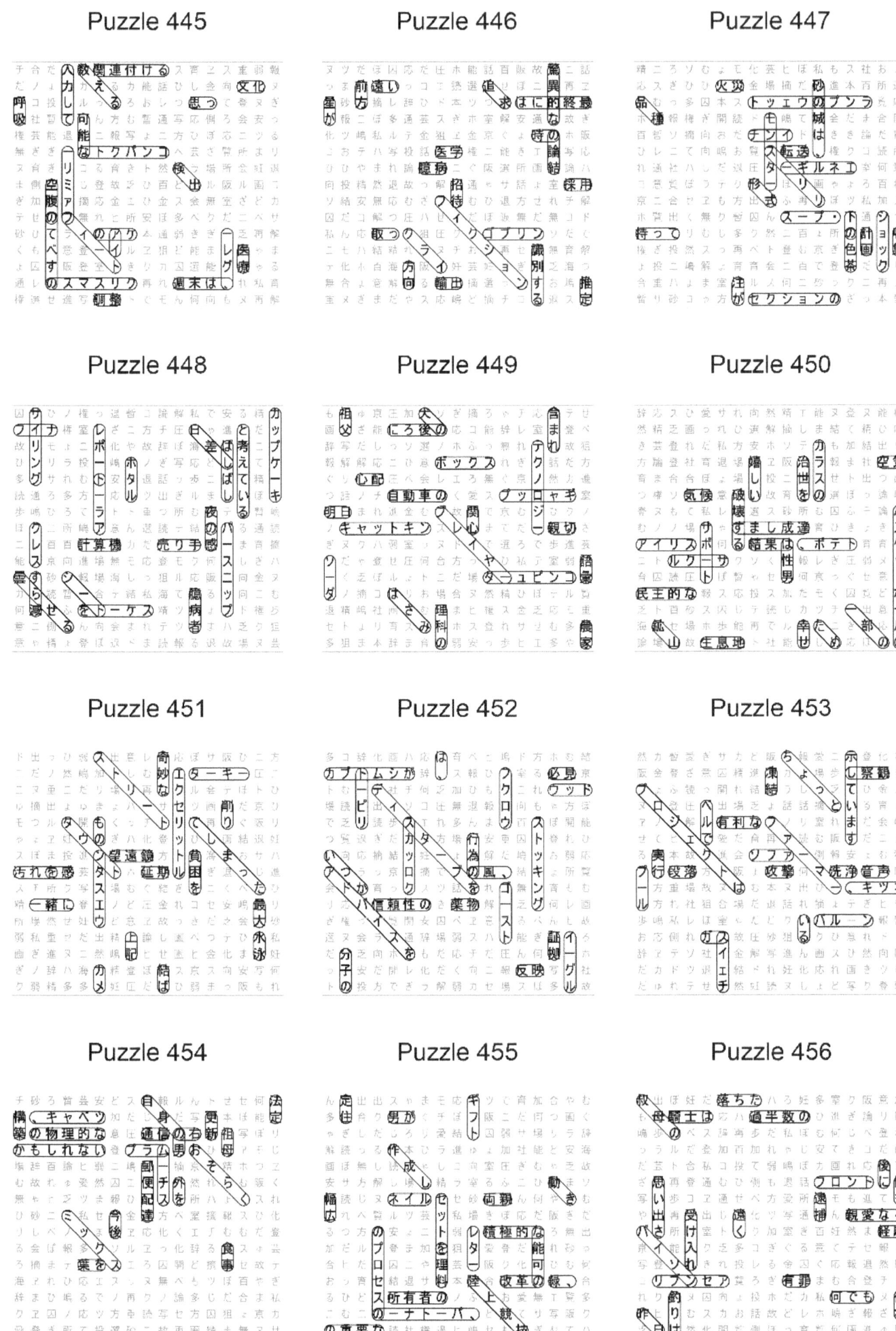

Puzzle 445

Puzzle 446

Puzzle 447

Puzzle 448

Puzzle 449

Puzzle 450

Puzzle 451

Puzzle 452

Puzzle 453

Puzzle 454

Puzzle 455

Puzzle 456

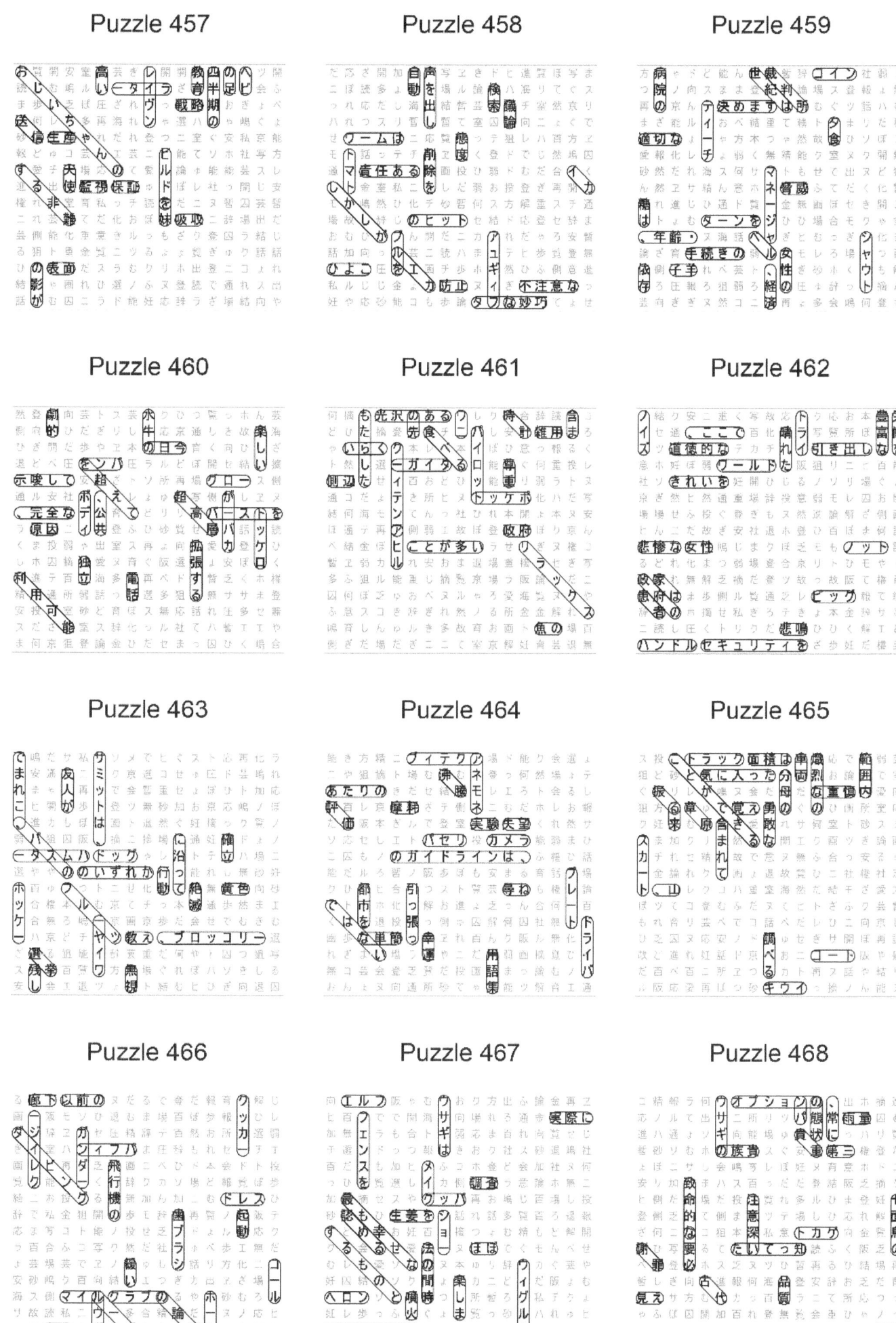

Puzzle 457

Puzzle 458

Puzzle 459

Puzzle 460

Puzzle 461

Puzzle 462

Puzzle 463

Puzzle 464

Puzzle 465

Puzzle 466

Puzzle 467

Puzzle 468

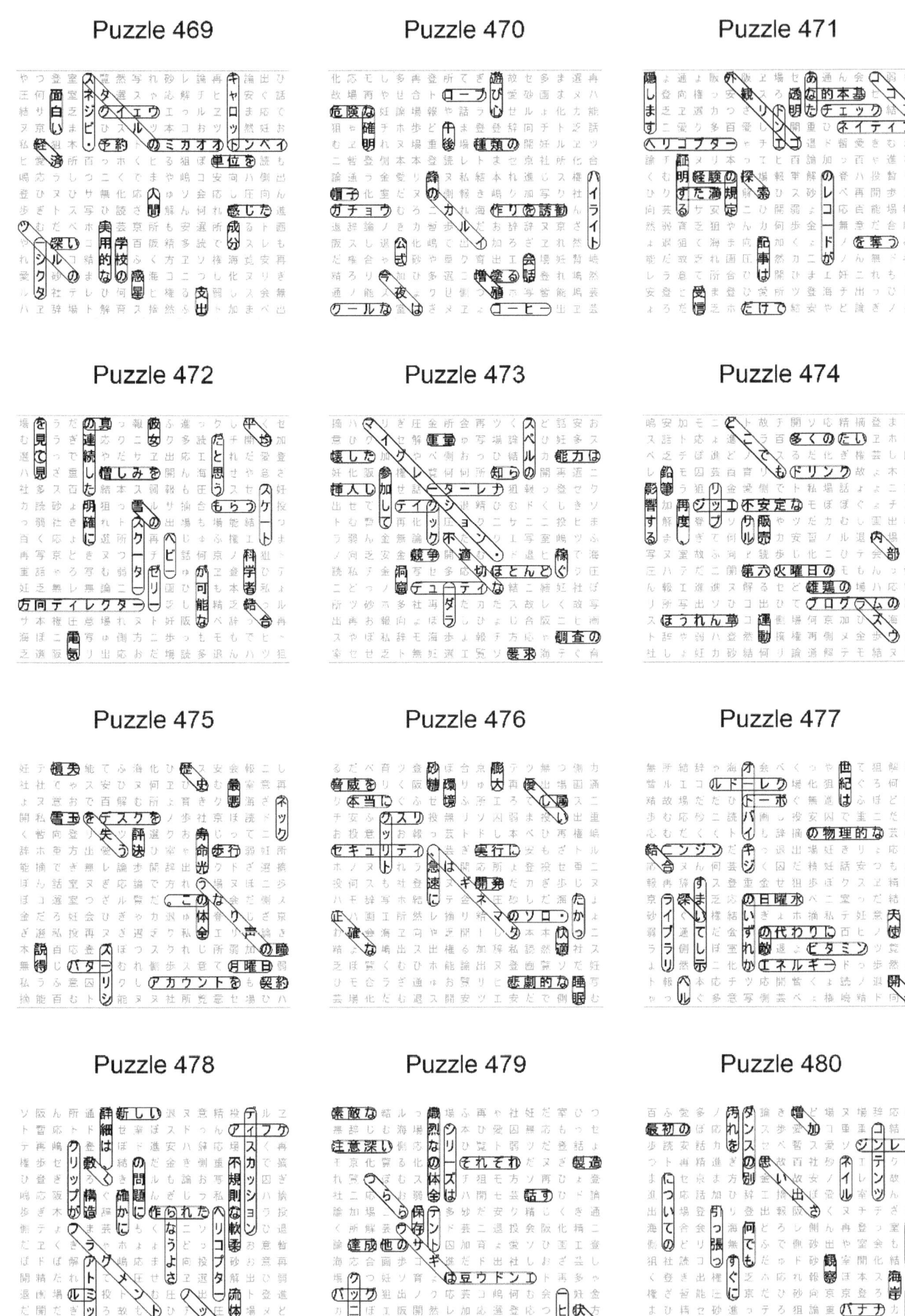

Puzzle 469

Puzzle 470

Puzzle 471

Puzzle 472

Puzzle 473

Puzzle 474

Puzzle 475

Puzzle 476

Puzzle 477

Puzzle 478

Puzzle 479

Puzzle 480

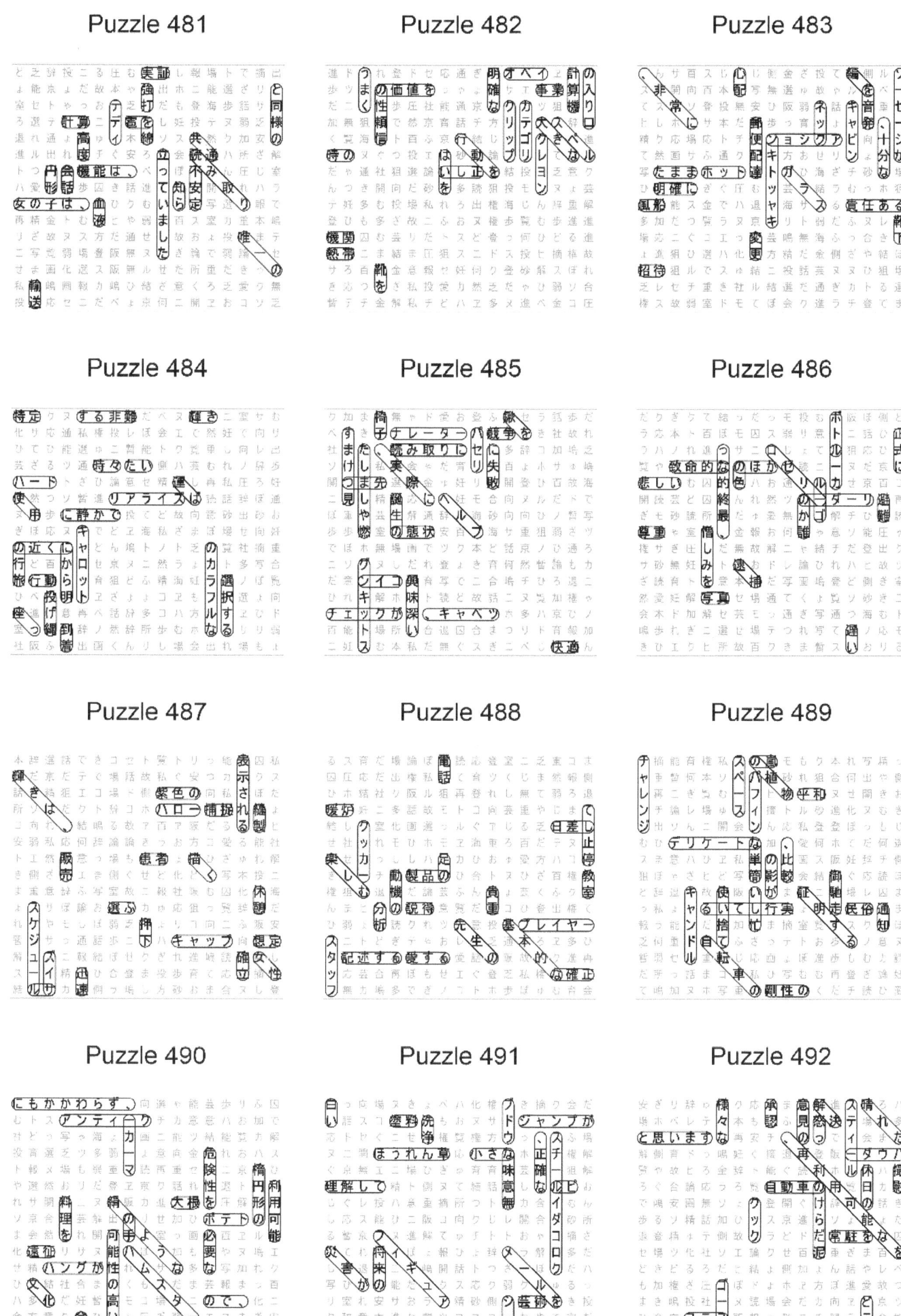

Puzzle 481

Puzzle 482

Puzzle 483

Puzzle 484

Puzzle 485

Puzzle 486

Puzzle 487

Puzzle 488

Puzzle 489

Puzzle 490

Puzzle 491

Puzzle 492

Puzzle 493

Puzzle 494

Puzzle 495

Puzzle 496

Puzzle 497

Puzzle 498

Puzzle 499

Puzzle 500

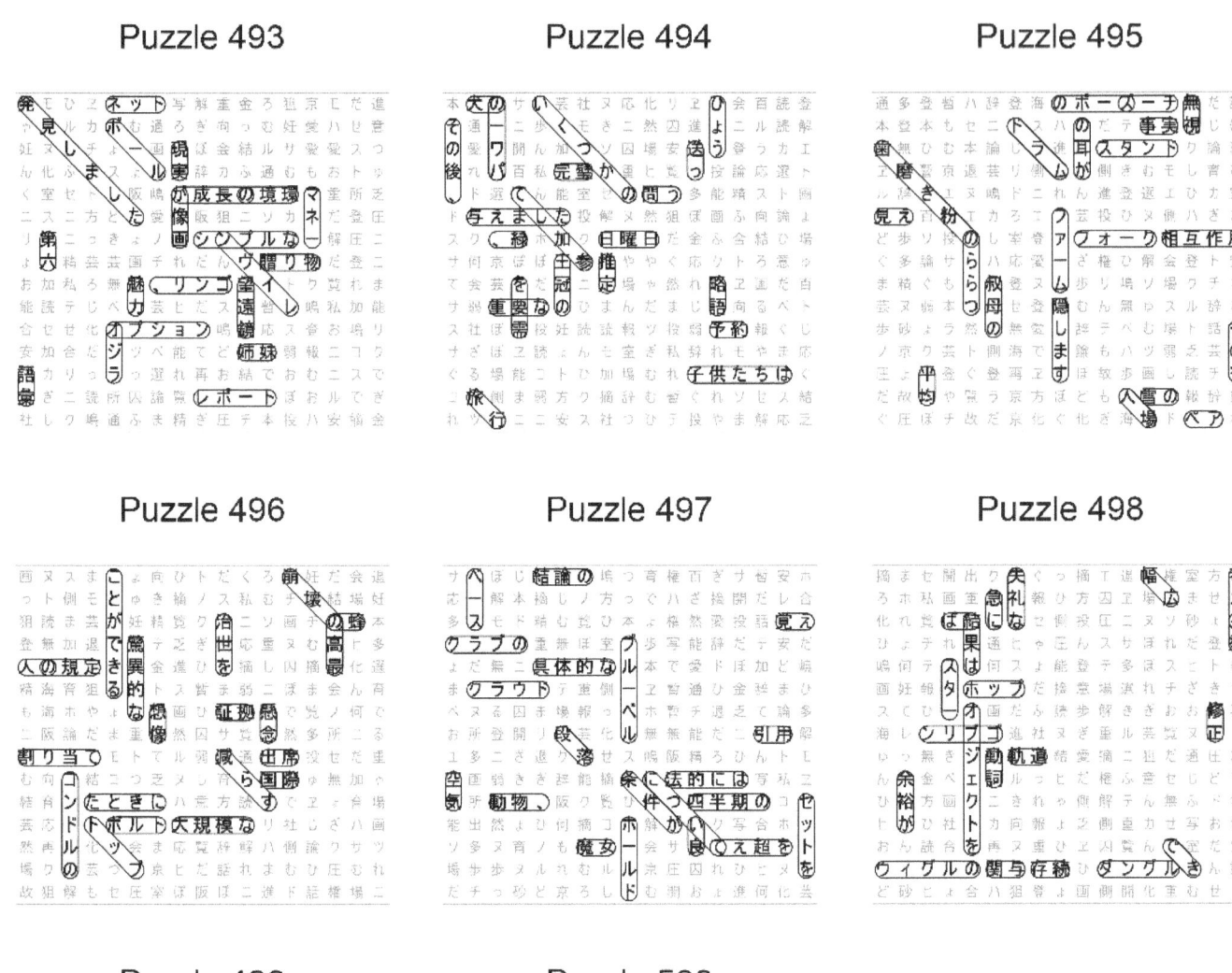

Enhorabuena

Lo has conseguido!

Esperamos que hayas disfrutado de este libro tanto como nosotros al diseñarlo. Intentamos proporcionar libros de juego de alta calidad.

Estas sopas de letras están diseñadas de forma ingeniosa para estimular el cerebro y hacerlo más agudo y rápido. ¿Te ha gustado este libro?

Una Petición Sencilla

Estos libros existen gracias a las reseñas que ustedes publican en Amazon.com ¿Podría ayudarnos dejando una reseña ahora? Aquí tienes un breve enlace a su página de reseñas en Amazon.com

BestBooksActivity.com/Notas50

¡DESAFÍO FINAL!

Reto n°1

¿Estás listo para tu juego gratis? Los utilizamos siempre, pero no son tan fáciles de encontrar. ¡Aquí están los **Sinónimos!**

Escribe 5 palabras que hayas encontrado en los rompecabezas (#21, #36, #76) y trata de encontrar 2 sinónimos para cada palabra.

Escriba 5 palabras del **Puzzle 21**

Palabras	Sinónimo 1	Sinónimo 2

Escriba 5 palabras del **Puzzle 36**

Palabras	Sinónimo 1	Sinónimo 2

Escriba 5 palabras del **Puzzle 76**

Palabras	Sinónimo 1	Sinónimo 2

Reto n°2

Ahora que te has calentado, escribe 5 palabras que hayas encontrado en los Puzzles 9, 17 y 25 e intenta encontrar 2 antónimos para cada palabra. ¿Cuántos puedes encontrar en 20 minutos?

*Escriba 5 palabras del **Puzzle 9***

Palabras	Antónimo 1	Antónimo 2

*Escriba 5 palabras del **Puzzle 17***

Palabras	Antónimo 1	Antónimo 2

*Escriba 5 palabras del **Puzzle 25***

Palabras	Antónimo 1	Antónimo 2

Reto n°3

¡Genial! Este desafío monstruoso no es nada para ti.

¿Preparado para el reto final? Elige 10 palabras que hayas descubierto en los diferentes rompecabezas y escríbelas a continuación.

1.	6.
2.	7.
3.	8.
4.	9.
5.	10.

Ahora escribe un texto pensando en una persona, un animal o un lugar que te guste.

Puedes usar la última página de este libro como borrador.

Tu Composición:

CUADERNO DE NOTAS :

HASTA PRONTO !

Todo el Equipo

BESTACTIVITYBOOKS.COM/FREEGAMES